PALGRAVE
STUDY SKILLS

帕尔格雷夫研究技巧系列

TEACHING
Study Skills & Supporting Learning

■Stella Cottrell

（美）斯特拉·科特雷尔　著

赵亚军　王彬　赵克　译

教学的艺术
如何传授学术技能

东北财经大学出版社
Dongbei University of Finance & Economics Press

大连

辽宁省版权局著作权合同登记号：图字 06-2013-90 号

本书简体中文翻译版由 PALGRAVE MACMILLAN 有限公司授权东北财经大学出版社独家出版发行。未经授权的本书出口将被视为违反版权法的行为。未经出版者预先书面许可，不得以任何方式复制或发行本书的任何部分。

版权所有，侵权必究。

图书在版编目（CIP）数据

教学的艺术：如何传授学术技能／（英）科特雷尔（Cottrell, S.）著；赵亚军，王彬，赵克译. —大连：东北财经大学出版社，2013.9
（帕尔格雷夫研究技巧系列）
ISBN 978-7-5654-1189-2

Ⅰ. 教…　Ⅱ.①科…②赵…③王…④赵…　Ⅲ. 教学研究　Ⅳ. G420

中国版本图书馆 CIP 数据核字（2013）第 099757 号

东北财经大学出版社出版

　　大连市黑石礁尖山街 217 号　邮政编码　116025
　　教学支持：（0411）84710309
　　营销部：（0411）84710711
　　总编室：（0411）84710523
　　网　　址：http://www.dufep.cn
　　读者信箱：dufep@dufe.edu.cn
大连美跃彩色印刷有限公司印刷

幅面尺寸：170mm×240mm　字数：486 千字　印张：25 3/4　插页：1
2013 年 9 月第 1 版　2013 年 9 月第 1 次印刷
责任编辑：李　季　刘　佳　　责任校对：孙　萍　赵　楠
封面设计：冀贵收　　　　　　版式设计：钟福建
定价：56.00 元

出版者的话

从学习的革命到教授的革命

师者，所以传道、授业、解惑也，教师在增加自身知识储备，提高自身修养的同时，如何有效传授知识也是值得研究和探索的问题。

十多年前，《学习的革命》风靡了整个世界，成为西方最重要的畅销书之一，引进到中国后，一时间洛阳纸贵。尽管有评论说这本书很像一部报告文学，通篇地引经据典，实际上缺乏可操作性，但这并不妨碍人们对学习方法探究的热情。若干年后，斯特拉·科特雷尔（Stella Cottrell）的《教学的艺术：如何传授学术技能》（以下简称《教学的艺术》）犹如一枚重磅炸弹，再次点燃了我们讨论学习方法和学术技能的热情。与前者不同的是，《教学的艺术》更侧重于从教师的角度来阐述面对不同层次的学生和不同的学习环境，该用什么样的新方法和新技能来辅助他们，使学生不仅能够顺利地完成学业，而且帮助学生找到能够受益终身的学习方法。从这个角度来讲，《教学的艺术》的实用性和可操作性似乎更强一些。

综观全书，从问题设计到具体的练习安排，无不细致周到、体贴入微，这同斯特拉·科特雷尔细腻而又独特的女性视角不无关系。斯特拉·科特雷尔是英国利兹大学终身学习研究中心主任，20多年来一直致力于学习技巧、成人教育以及教育发展的研究。2011年，斯特拉·科特雷尔因其对终身学习研究的杰出贡献和广泛参与而被贝德福德大学授予荣誉博士学位时说："我一直在想，如何才能创造出好的受教育的机会给由于种种原因，没有好好学习，或者未能走进大学校园接受高等教育的人，让他们享受到教育的抚慰和光芒。"由此可见，斯特拉·科特雷尔作为一个教育家一直在思考如何改进自己的态度、方法和技能，以帮助学生精进学业，这与传统的单方面要求学生改进学习方法和学习技能以适应老师的教学有很大不同。而这种新的理念在《教学的艺术》一书中得到了淋漓尽致的体现。

正如"世界上并不缺少美，而是缺少欣赏美的眼睛"，斯特拉·科特雷尔也愿意相信学生本没有什么优劣之分，只是他们对于学术技能的掌握程度不一样，再加上努力程度不一样，所以反映在学习效果上会有差异。而技能的习得是可以通过训练来掌握的，所以，作为老师首先要给学生营造一个有助于培养和训练学术技能的环境。

　　《教学的艺术》全书共分两部分，25 章。第一部分专注于研究如何营造有益于培养学术技能的整体环境。在这一部分，作者先从微观层面入手，主张老师除了讲授专门的学术技能课程之外，可以尝试着把学术技能纳入课程内容，以协助学生根据自己的专业在具体的"环境"中培养学术技能，也就是说，它必须与学生的专业科目学习相关。这种学习方法的效果是显性的，通过学术技能和专业内容的结合使用，学生能够体会到学习的效果——成绩的提高和技巧的掌握。继而，作者从更高的角度阐述了学术技能的培养需要系统性的合作：作者认为学术技能的培训不单单是某个个人、班级或者院系的事，而应该把其扩展到整个校园，主张打破院系间的壁垒，在院系和学校建立完善的辅导机制和辅导中心，满足学生对学术技能训练的个性化需求。

　　值得一提的是，在这一部分，作者对大学老师在学术技能教授中的角色进行了重新定位，非常契合时代的发展和当下对老师"新"的要求。自中世纪以来大学老师即被认定为"知识的传承者"，然而，到现代，信息不再是有限的产物，因此现代学生最主要的任务不是取得信息，而是学会在取得信息后如何利用信息：如何适应这么大量的信息，如何挑选、操控、理解、处理信息，以及如何在考核中或在不同的听众前展现所获得的信息。学习内容和老师定位的改变，必定要求老师采用新的教学方式和教学技能来教会学生如何利用遴选、利用信息，学会如何自己把自己教会的技能，而这其实正是学术技能习得的过程。

　　斯特拉在第一部分详述在具体的学习环境中习得学术技能时，引入了构建主义理论和平衡理论，并且介绍了 SEEC/HECIW 分级标准在学术技能评估中的应用，这为第二部分具体的练习活动提供了理论基础和操作框架。第二部分是《教学的艺术》的重点，在这一部分，斯特拉从学习目标管理、作业管理、学生组织管理到写作技能、汇报技能等方面全面分析了培养学生学习能力的技巧和方法。这种模块式的学术技能课程设置，每一部分既可以作为相对独立的专题来进行针对性技能训练，又可以作为整个学术技能课程的相关程序或者步骤供老师或者学生参考。更难能可贵的是，第二部分的各章在具体讲解个别的学术技能前都有一段背景介绍，为老师说明学生可能会遇到的困难、困难从何而来，以及老师该采取何种应对策略帮助学生减少这些困难。为了及时地反馈学生遇到的困难和技能掌握情况，每一章章后都设有资源列表、推荐阅读、练习活动和自我检讨，以备老师在检验自己的教学或者学生自查时使用。从这个角度来讲《教学的艺术》和同类书籍相比，实用性和操作性就显得特别突出。

　　斯特拉思维缜密、周到，把老师在传授学术技能时，各种背景的学生、学生可能遇到的困难以及原因分门别类地都收录其中，并且有针对性地、科学地提出了改进意见。她的文风正如著名媒体评论人维克多·格林所说的——清楚、简洁，却又传递出广阔的学术背景。《教学的艺术》于2001年由英国麦克米伦公司出版，斯特拉的书由于畅销而被专门做成一个系列，然而由于种种原因，这本《教学的艺术》的翻译版至今才和读者见面。有读者看完后曾说："如果10年前我能看到这本书，我的生活可能不是现在这个样子。"我想这位读者可能在读书的过程中找到了自己当年遇到困难的影子。我相信一本好书带给人的影响犹如黑夜里的一盏明灯，让人们在无路可循时，借着灯光依稀辨别着脚下道路的深浅，一步步走下去，直到人生的道路越来越宽广。在终身教育已毋庸置疑的今天，好书不怕晚，希望《教学的艺术》能够帮助更多的老师提高教授技能，也希望更多的学生能从本书找到困扰自己的问题突破口。

东北财经大学出版社

前　言

学生不知道怎样才能把书念好

本书根据多家教育机构与二十岁以上的大学生之间的合作经验而编制。尽管这些学生的年龄、教育背景与就读的教育形态各有不同，但他们却不约而同地表现出同样的问题。

其中一个问题就是，有许多学生，无论成绩好坏，都对自己的能力没有自信却又极力在老师面前隐瞒这种想法。他们把学业表现不佳，归咎于经济负担，归咎于课外还需兼职，归咎于还有家人要养，这当然要比承认因自己害怕失败，害怕自己不够好，害怕自己真的是"太笨"而念不好书，来得容易多了。

20 世纪 90 年代初，应东伦敦大学（University of East London）辅导学生培养学术技能的需求，我出了一本名为《成功的技巧》（*Skills for Success*）的小册子。这本小册子引起了值得关注的社会反响：许多学生说这本小册子改变了他们——他们以前错误地认为在大学里念书，不是"生来就成功"就是"注定要失败"。

老师经常要求他们"做得更好"，但是学生们不知道怎么才能做得更好，也不相信会做得更好。但是如果他们了解到，确实有某些方法和态度能够改善学习的结果，那么那些为成绩而挣扎的学生，也就更愿意把精力集中在学业上了。

灵活运用读书方法

我们与这几百位学生进行深入合作后发现的第二个问题是，虽然学习方法很重要，但是世界上没有一个适用于所有人的学习方法。因此，我们在本书的练习活动中纳入了不同的学习方法，《学习技术手册》（*The Study Skills Handbook*）一书中的练习活动亦然。此外，只有策略亦不足以取得学业上的成功，自信也同样重要。令我们惊叹的是，有时候学生只需很少的付出，就可以取得很大的进步。

这时学生使用的方法固然重要，但是更重要的是应该让学生相信有方法可以使自己进步，而且如果一个方法行不通，还有别的方法。这些学生表示，有人（特别是老师）相信他们的能力，并肯花时间告诉他们该怎么改进学习方法，这对他们非常重要。而这样的理解对他们来说也非常珍贵：念书多少会遇到困难，但遇到困难并不代表失败或愚笨。

Skills for Success 后来成为本书的基础。本书经过仔细的编排设计后，使用方便，并研究了如记忆、批判性思考和技能的转移性等这些在其他类似书籍中经常被忽略的领域。书中同时提出了更复杂的问题，如天资、学术研究和个人学习方法等，以促进学生采用更具反思性的学习方法。这本书非常受学生欢迎，多所大学现在也将该书作为主要的培养学生学术技能的参考教材。

进修风潮使得学术技能的培养在高等教育中成为更重要的议题。大学老师也越来越意识到，将学术技能融入到课程内容当中的重要性，以及应如何采用适当的教法以改进学生的学业表现。然而教授学术技能的责任往往被分派给没有受过教学训练的老师，更别说去教导那些辛苦挣扎的学生了。"如何教导学术技能"这方面能提供给老师的训练非常少，针对老师或相关专家而写的指导文章也寥寥无几。

就如同学习的方法有很多种一样，教导学术技能的方法也不是只有一种。本书的目的不在于制定教导学术技能的方法，而在于协助忙碌的大学老师去了解其中的某些问题，开展能够培养学生学术技能的活动，并在一般教课当中针对学生的学术发展为其提供更广泛的支持。

本书提出了许多建议，这些建议来自于在各种各样的教学环境下产生的意见想法，但是我们希望这些建议只是一个起点，希望以后这些建议能够引发出更好的点子，引起更大的反响，老师可以将此作为基础，然后在此之上提出更具支持性的教学策略。

本书简介

本书的目的在于协助大学老师教授学生学术技能，并在学习过程中给予学生相应支持。我们的做法是从几个不同的层面探讨学生的需求，注重为学生营造全面的学习环境（不管是在整所学校还是在课堂上，抑或是在一对一的教学过程中）。

本书旨在提供各种建议，以期建立这种支持性的学习环境，进而帮助学生改善其表现。学生在学习过程中需要的相应支持，不能单单由专门的课程或专家的服务来承担，所有的老师都须在协助学生改进其学习方法与学业表现上扮演一定的角色。本书的目的就是为专门教授学术技能的老师，以及教授其他专业的老师提供帮助。

本书提出的是具体的"建议"，因此其目的并非在于指定或规范，而仅是提供可采用的做法，以适应不同学生群体的需求。同时，详细描述各活动、步骤和做法的细节，以期协助老师更快掌握学生面临的困难，为学生提供实际的支持，以达到事半功倍的效果。

第一部分

本书分为两大部分。第一部分专注于研究如何营造有益于培养学术技能的整体环境。在这一部分中，我们采取的是一种"发展性"的观点，也就是学术技能并不是一种抽象的东西，而是一整套结果的一部分，并且这个结果可在互动支持的学习环境中获得。

本书也可作为教材供专门的技能课程使用，但是我们更侧重于在平时上课的具体环境中引导学生掌握学术技能。学术技能与考试、学业表现以及专业成就之间的关联显而易见。在学术技能的领域中，下列两者仅一线之隔：一是学生方面，应准确理解什么叫做"技能"；二是教育机构方面，应明确规定它有哪些责任、如何引导学生以及怎样配合学生的知识经验与表现。

第 2 章指出一般学生的学习方式，并探讨学生在当今的大学生活中所面对的挑战。第 3 章提出建议，说明高等教育机构应如何更全面地支持学生的校园生活，以使学生更好地融入到高等教育的学习环境中，避免学生中途中断学业。第 4 章特别提出入门期间策略的重要性，进而说明在此期间高等教育机构可以很好地引导学生了解高等教育的要求、制定课堂守则、明确双方的责任，并协助学生养成良好的学习习惯。这段时期也是找出哪些学生"最危险"，并给予其特定支持的关键时期。

支持性的学习环境意味着不只是学生需要掌握学术技能，老师和所有跟学生有接触的人也都需要具备某些技能。老师需要以身作则，因为光是开设技能课程并不足以使学生获得纯熟的技能——只有老师能够跟学生进行足够多的接触并具备必要的威望，才能使学生于在校期间完成技能培养的过程。第 5~7 章是特别针对老师而写的，以协助老师领悟这些必要的技能。

此外，第二部分的各章在具体讲解个别的学术技能前都有一段背景介绍，为老师说明学生的困难从何而来，以及如何减少这些困难。第 7 章特别为负责学术技能课程的老师而写，担任导师的老师会在第 8 章找到用于单独辅导学生的方法。第 9 章为老师提供一个反思的机会，使得老师能够思考自己的做法以及判断自己是否需要技能指导方面的训练。

第二部分

第二部分提供了具体的练习活动，以期协助学生培养出学术技能，其中包括能够帮助学生不断改善其表现的技能。这些练习活动，分别被划入到人们公认的各个学术技能领域中，如组织能力、复习与考试的方法、写作等。此外还有记忆、基本思考技能、批判性思考与分析性思考、学习指导等。第二部分的引言还会详细说明如何在不同的大学、不同的教学环境下选取适合的方法。本书所涵盖的内容主要以下列三种方式加以呈现：

1. 纳入每日的教学与学习过程，见第一部分及第二部分各章的开头部分。
2. 学术技能课程，见第二部分。
3. 一对一的辅导，见第 8 章。

不过，在此基础之上当然还有更大的范畴，而这三个层面之间也有一定的关联。培养学术技能不只能够帮助学生改善其成绩与表现，同时能够丰富他们的大学生活。学生对学习过程以及身为学习者的自己有了更多的了解后，就会更自信地去掌控自己的学习过程。有了这份自信，他们也就能够享受到学习的乐趣。

目　录

第一部分　在环境中学习

1

将学术技能纳入课程内容

1.1　改变中的议题

自 20 世纪 90 年代初以来，高等教育界对于学术技能的态度产生了很大的转变。现在，对于大学、学院、中学、政府和雇主来说，学术技能都是非常重要的议题。而在"技能"这个大范畴里，大家正开始把焦点集中于"个人发展计划"和与其相关的主要技能——也就是"改善自己的学习与表现"上。

"个人发展计划"与"改善学习方法"并不同于学术技能。但是正如本书所主张的，对学术技能持有一种检讨性与发展性的态度对于改善学习方法来说是非常重要的，同时还能够为学生毕业后获取所需的其他技能奠定基础。"技能改革"意味着学术技能的哲学也在跟着变化。

十年前，学术技能的培养基本上是以学生存在的缺陷或不足为前提，也就是说技能训练意味着一种"矫正"、"补救"。而现在强调的是如何定义、传授、教导，并通过一般的课程学习结果来评估这些技能。现在关心的是：

1. 如何使所有的学生都意识到学术技能的重要性？

2. 如何通过"进展记录"，记录学生在大学里学到了什么技能？

"技能"是一个十分热门的议题。诺丁汉大学设立了"学习发展"课程；而鲁顿大学、肯特大学和普利茅斯大学则将之纳入到一般课程中；此外，还有一些大学通过系上的小型计划将之纳入学习范围，如爱丁堡大学的"苏格兰历史系写作工作室"和圣安祖大学的"地理系团体技能计划"。但是，这个现象同时也引发了一个问题：大学和学院应该去哪里取得相应的专业知识，以适应这个新议题的需求？

目前，面对这个新议题，只有极少数的课程或教材可供老师参考。培养学术技能的压力来自诸多方面：政府、雇主、进修风潮以及有心检讨大学职责与学生表现的老师，信息革命正在不断改变学生与老师对此的认知。大学获得多少资金，开始很可能取决于学校面对技能这个议题时所采取的方式，尤其是在跟就业有关的领域。

传统上反对将学术技能纳入到课程内容中的主要理由是：如此一来老师就没有

足够的时间教完科目本身的内容了。但是现在大家逐渐认识到，在研究出版物和学术出版物的数量与日俱增的情况下，我们根本不可能期望课程能够涵盖所有的教材，也不可能期望学生彻底了解所有学到的东西。因此，有的研究结果就认为"教材过多"或"负担过重"，反而逼得学生不得不采取"表面"的学习方式。

英国皇家教育视察团在一份报告中也指出，过分依赖"讲授"的教学方式（通常在正式的演讲课上）与学生采取死记硬背的念书方法相关。这份报告认为，学生没有培养出在高等教育中该有的学术技能，也没有学会怎么理解和应用所学到的知识。换句话说，"涵盖"或"接触"并不等于学到东西。

现在大家逐渐体会到，让学生接受学术技能训练是有意义的，因为学术技能可以给予学生基础与自信，使其能够调整自己的学习方式。这里一部分是技能训练的问题；另一部分则是培养出一种"终生学习"的文化的问题：当学生离开大学时，心里必须非常清楚，他们的教育不是到此就结束了。

长期看来，更有用的做法是训练学生学会自己管理自己的学习过程，学会更全面地探讨科目的知识，了解自己的不足之处，并在离开大学后不断更新自己的知识，而不是用大量的教材加重课程的负担。

一般来说，我们可以用多种不同的教学与评估方法来改善学生的学术技能，而且也不会影响到正课的进行。身为老师的我们，努力帮助学生学习得更有效率、更有创意、更清楚透彻——其实就是帮助学生自己教会自己。

所有的学生都会受益于自己学习方式的改善，何况学习是一个终生的活动。对于任何一个学生来说，"学会怎么学习"都是其学生生涯中最重要的一部分。

1.2　将学术技能纳入课程的好处

☞ 学生

通过课程加强学生的技能，对每个人都有好处。对学生来说，如此一来他们就更清楚老师对他们的要求，也更知道怎么实现这些要求，整体的学习情况就会获得改善，而且那些因不知道该如何改善学业表现而引起的不必要的压力也会减少。等到毕业离开学校时，学生将学会如何更全面广泛地求知。他们会更了解什么是能力、技巧，并能够在不同的环境下活用知识与经验；此外，他们还会更有自知与自信地进入到各个专业的工作领域中。

☞ 老师

老师的教学经验同样也会因此而受益。当学生被训练得更能对自己的学习负责，更懂得在学习当中运用解决问题的策略和互相请教协助时，他们对老师的依赖也会减少，而老师也将会看到更多的学生取得更好的成绩。

　　能够促进学生学术技能提高与推进学生个人发展的学习环境，往往比老师一个人在台上演讲的传统授课更活泼有趣。这样的环境，能够减轻老师作为"授业者"的压力，因为它赋予学生更积极主动的角色，而老师也有机会去更全面地了解学生。

☞ 职场

　　学生投入就业市场后的雇主，也会因此受益，因为这些大学毕业生清楚自己能够贡献什么，也懂得在不同环境下活用学术技能。

☞ 教育机构

　　高等教育机构也会因此受益，因为如果学生都学会怎么把书念好，那么中途离校的人数就会减少，学校在财务收入方面也会跟着受益。

1.3 培养独立自主的学习能力

　　当今的教育思想强调的是增加学生在学习过程中的主动参与能力，以培养其独立自主性。这样的想法，有一部分起源于雇主要求新进雇员具有更高的独立自主性。1994—1996 年，英国前就业部资助了六项研究计划来探讨在高等教育中如何培养出学生的独立自主性，因为独立自主性已成为人们在现代社会中成功生存的必要条件。

　　不过，不是每个学生一开始的时候就能准备好担任起独立自主的角色。学生并不是天生就能独立自主，而是需要接受训练，以获得"自主、批判检讨、做出决定以及独立行动的能力"。此外，不同民族背景的学生对于正式的授课方式可能会有不同的期望，当学校突然取消传统教学时，也可能会使部分学生失去学习的动力。

　　在引进任何独立学习的方法之前，学生与老师都必须做好妥善的准备。研究显示，就连转变顶尖学生的态度都需要花上一段较长的时间。学生需要不断接受引导，才能走向独立自主，这是整个技能培养过程中的一部分。

　　学生的独立自主性，是无法跟技能的培养分开讨论的。引导学生培养独立自主的能力，能够帮助他们了解自己需要哪些技能。总的来说，共需要四大类技能：学术技能、个人管理、自我认知以及"元认知"能力（metacognitive skill）。学生需要接受训练，以认识各部分技能之间的联系，体会自己掌控学习的过程。因此，在课程当中，通过老师的引导，学生可以得到检讨、计划与自我评估的机会。

1.4   进修风潮带来的挑战

"进修风潮"并不是单单把更多的学生带进高等教育的规划之中，而是同时注重把不同类型的学生吸引进来。终身学习（1ifelong learning）计划，吸引了各种年龄的在职者回到学校。政府提高高考升学率的政策也意味着过去因其学习方式和学业水准无法接受高等教育的学生，如今也能够顺利地进入高等教育机构就读了。因此，高等教育的课程如果还依照传统的方式来进行授课与考试，那么许多学生就会觉得很辛苦。现在的大学也逐渐了解到广开大门还不够，教授方法也需要跟着时代的发展不断改变，以应对新类型的学生。

改变一部分，就会改变全部。如果要改变社会体系中的某一部分，我们必须同时考虑到该部分的改变对整个社会体系的影响，这样才能使该改变达到完美的效果。学生类型的改变，其所带来的影响之一就是过去被认为是补救、补充的做法，如今却变为主流方式，成为课程当中的一个主要部分，并具有自身的价值。

部分不具备传统入学资格的学生入学后，依旧取得了良好的表现，这显示此类学生在高等教育的环境中还是能够取得成功的，甚至还能丰富其他学生的整体校园生活，但还是有不少学生须苦苦挣扎，甚至遭遇不必要的失败。学生辍学的原因很多、很复杂，但是最主要的原因还是大学传统上所要求的学生入学时所必须具备的能力、习惯和态度，与当今学生入学时的实际情况具有明显的差距。很多学生并没有为很好地融入大学的生活与学业做好充分准备。

另外的原因就是各院系把教学或学习的内容设想得太狭窄，也就是没有考虑到在传统环境下原本可能无法顺利就读的学生实际上所具有的不同能力。

大学设定的诸多要求，有很多是学生在没有协助的情况下难以达到的，尤其对于那些来自"进修风潮"背景下的学生。如果学校想留住学生，改善学生的表现，就必须根据学生入学时的实际情况做出不断的努力，而不是固守某种观念，认为新生"应该"会些什么。学校应该做出相应调整：要不就改变课程，以引导跟训练学生，从而帮助学生取得学业上的成功；要不就设立专门的基础课程或入门课程，以为学生提供这方面的引导。

本书的观点是，不管采取哪种做法，技能的培养都必须针对科目来进行，而这必然需要各专业老师的积极参与与支持。本书在后面的第2章会提出，技能的训练必须与其他的教材综合在一起融入到课程当中，进而成为课程的一部分，如此一来，学生就可以看到技能与学业的实际联系。这种做法能增加那些最需要技能训练的学生接受训练的可能性：因为这类学生通常也是最没有时间去参加额外相关课程的学生。此外，职场技能的相关研究也显示将技能训练包含在专业课程当中效果最好，这远比额外开设训练课程有效。

不可否认，将技能训练纳入到课程当中的做法会影响到教学、评估、课程设计，甚至可以说这影响到学生校园生活的每一部分，它给学校带来改变的压力。过去的大学，其教学方式有时候可以用"自生自灭"这句话来形容，暗示念书念得不好是自取的。过去的大学可以依靠那些积极进取、经过精挑细选进入大学且在入学之前就已熟悉大学学习方式的学生。这样的学生无论老师教得好或不好都能够把书念好。而对于如何有效教学，老师在这方面通常极少得到奖励，更别说是培训了。

"进修风潮"带来的好处之一就是鼓励大学去反省自己的行为。过去老师可以把有困难的学生"打发"给专门的辅导单位，而目前的趋势则是积极教导所有的老师如何合理地进行教学，从而以妥善的教法来减少苦苦挣扎的学生接受额外"辅导"的需要。1991 年，在提升大学教学品质的期望下，"英国大学校长与副校长委员会"策划了一份绿皮书，列出了一套评判教学品质的标准。自此以后，许多英国大学都以"英国教职员及高等教育发展协会"认可的"研究生资格"为标准，教导学生如何在高等教育环境中进行学习，而"英国学习与教学机构"的成立则旨在促进大学老师的专业发展。目前已有"如何将学术技能融入课堂"的课程来供大学老师参与，虽然这类训练的发展还处在起步阶段，但是这一趋势应该会继续扩大的。学生类型的改变，同时也带来了对不同教法的需求，以及对技能培养的重视——学术技能即为其一。

1.5 就业能力与学术技能并重

把学术技能纳入课程的主要推动力之一便是学校越来越重视毕业生的就业能力。从 20 世纪 80 年代末期以来，就业能力这一问题便悄然成为了高等教育的议题之一。

"高等教育中的企业"（1987—1992 年）计划发起的目的便是鼓励大学从能力的角度出发，采用以学生为中心的学习方式来跨越职场与高等教育之间的鸿沟，而且它特别着眼于雇主对于毕业生的疑虑，即不少雇主指出大学毕业生缺乏职场必备的能力。

该计划推动了一连串的活动，如主导"成就记录"与"自导学习"，其内容可见 *The Study Skills Handbook* 一书中，而与其相关的老师训练教材正是本书的基础之一。职场技能有时候被认为与大学的目标是互相冲突的。然而实际上，在大学里念书所需的技能和雇主所期望的技能之间的差距常常被夸大了，TM worldwide Research 的研究列出了雇主希望雇员所具备的技能，其中最重要的三个技能分别是"口语沟通"、"团队合作"以及"倾听"；其次重要的技能则包括"书面沟通"、"解决问题"、"人际关系"、"变换沟通方式的能力"、"时间管理"以及"与他人分享知识的能力"。

这些都是既对学业有益，也对工作有益的技能。但是尽管经过上述各方面的努力，雇主还是发现大部分的毕业生都还不具备足够的能力，甚至"书面沟通"和"口语沟通"这两样最基本的技能在毕业生身上也很难找到。"英国大学校长与副校长委员会"在《高等教育中的技能发展》这一报告中，整理出了学业上与职场上都需要的四大类技能：

1. 传统的知性技能：如批判性地评估证据的能力、问题解决能力、逻辑辩论能力，以及挑战假设的能力。

2. 主要技能：包括沟通、数字应用、合作、科技应用，以及改善自己的表现，不管是在职场上还是在学校里。

3. 个人特质：如独立性、适应力、创意以及常识。

4. 机构如何运作的知识：虽然最后这一类明显更偏向职场导向，但我们还是可以将其纳入到主要课程中。此外，我们也别忘了，调查显示，学生之所以要接受高等教育，改善就业机会是很重要的原因。

在这份短篇报告列出的四类技能中，前三类对于学生的学业与就职都非常有用。我们有充分的教育理由鼓励学生在合作中学习，培养自我管理的技能，积累问题解决的策略，以及信息管理的技能。雇主重视这些技能，也重视批判思考、资料分析、书面沟通，以及口语沟通等技能。老师与雇主都希望学生能够独立自主，有组织、有计划，具备写作能力，按期完成工作，懂得使用电脑。换句话说，学生在学校里获得的技能和特质，往往是能够转移到职场上的，只要我们能够教会学生在不同的环境下活用所学。但是值得我们注意的是，在"TMP 世界研究"与"英国大学校长与副校长委员会"列出的职场技能中，有多项都是与人际交往有关的。在这方面，"实体有形"的大学，就比远程大学或在线大学有优势多了。主要以被动接受的形式传递知识的课程（大堂演讲课、做笔记、作业和考试）可能会更加受到在线大学竞争的冲击，因为在线大学可以把传递信息的课程包装得更方便、有效。因此，实体大学应该尽量利用这个可以互动合作的机会。视频课程很难让学生在互动中学习，哪怕是积极踊跃的远程讨论也一样。

有些大学已开设专门课程来培训主要技能，多所大学也已将之纳入到一般课程当中。例如，鲁顿大学便与当地雇主一同创办"毕业生技能培训计划"，为离校毕业生设计以实际工作为基础的学习计划。此外，鲁顿大学还将各种学术技能与职场技能纳入到一般课程当中，所有的学生都可以接触到。换句话说，大学可以同时着手改善学术技能和就业议题。

在课程设计上，大学也可以将职业调查与职业规划作为学生的专题报告，或以专门开课的方式将其纳为院系课程。如果大学注重学生技能的培养，那么大学的学术水准将有所提高，学生的就业机会也将增加。

1.6 个人、专业和学术发展

学生在攻读学位的时候，不仅在学术知识上会成长进步，同时也会增加自己进入专业职场的机会以及培养自己的个人特质。然而，不是每个学生都能察觉到自己在学科内容之外所达到的成就；他们可能不会应用所学到的技能和展现其培养的个人特质，特别是在跟其他毕业生竞争同一份工作时。为了改善这个现状，"英国高等教育质量保证机构"建议在未来几年内将"个人发展计划"纳入大学的服务范围，以"进展记录"追踪学生的各种职场技能的发展。其基本要求为：

1. 大学的说明资料，应说明学校将如何促进"个人发展计划"中相关技能与态度的培养。

2. 在学生刚进入高等教育机构就读时，大学应向学生详细介绍院系内的这项"个人发展计划"服务。

3. 学生在学业的每一阶段，都有机会制订并实施"个人发展计划"。

4. 学校应为学生解释该院系内的"个人发展计划"在不同阶段的基本原则。

最好在学生刚入校时，大学就为他们介绍"个人发展"这个观念，特别是在大学将技能训练纳入一般课程后。如此，学生就更能体会互动式教学的意义，并会更加重视如口头报告这样的任务，因为这种任务一开始可能会使学生非常畏惧。

这种方法也把技能的培养置于一个师生平等的成长环境中，学生更容易接受。对大部分学生来说，"个人发展计划"能否成功，可能主要依赖于其在改善学习与表现等主要技能上的能力。

1.7 技能指的是什么

"技能指的是能够随心所欲、良好地表现所学知识的能力"。技能与表现有关，技能为"在活动中有效行动的能力"，与在行动中应用的知识与经验有关。技能这个概念隐含着"能力高低"的性质：一项技能的娴熟度可高可低；此外也隐含着"控制"的性质：技能的运用不是出于偶然，而是通过意志力和应用过去的知识与经验达成的。因此，我们可以合理期望大致相同的表现是可以重复出现的。

技能受到练习与策略的影响，如果有时间多练习，那么技能是会改善的。技能指的是"表现的品质，该表现乃是通过练习、训练或经验形成的"。

然而，若要精进一项技能，个人特质则成为不可或缺的因素，如动机、热忱、恒心、对自己进步的察觉能力，以及面对挫败的能力。

"技能"的范围，与个人特质的范围是有重叠的，同时也与知识的范围互有重叠，即技能不能脱离经验与环境，尤其是学术技能。就某方面来说，"技能"还是一个错误的用词，一个很容易被滥用的称呼，而非精准的描述。学术技能的培养，是不能跟学生的学习经验分开的，其中包括专业科目的基础知识。

有时候"知识"与"技能"被错误地对立起来，有人担心技能的培养会影响到"知识"的吸收。然而"知识的获得是一个过程，而非产物"，知识不是最终的产物，不是一套独立的信息，它可以从这个人的头脑传到那个人的头脑里，或是从这篇文章搬到那篇文章中去。知识意味着处理信息，意味着"了解"，意味着在更复杂的层面上进行理解，依据不同环境的需求，注意不同类型的信息，并适当地顾及相关细节，进而获得科目的相关知识。这是与各种技能息息相关的，如辨认重要性、批判的能力，以及将资料应用于特定问题、做出决定、陈述已知的信息等。

换句话说，学术技能的培养不是可以替代知识基础的另一选择，而是一种激发学习潜力的方法，以使知识的获得更容易、更彻底。

相关名词解释

探讨"技能"的相关文献中使用了各种不同的名词，有时候的确令人很困惑，包括核心（core）技能、可转移的（transferable）技能、主要（key）技能、学术（study）技能、学习（learning）技能、职场（employability）技能、终身学习（lifelong learning）技能、处理（process）技能等等。这样将技能分类并没有坏处，但是却很容易致使我们过于专注不同名词之间的微小差异。

有些次技能（sub-skill）可以同时隶属于几个不同的主要技能。例如，时间管理（time management）技能就可以被视为是问题解决（problem solving）技能中的一部分，也可以被视为是个人管理（personal management）技能中的一部分，甚至还可以将其视为是团体合作（group skill）技能中的一部分。

不同的分类方式，可以将这些次技能划分于不同的类别之中。我们对照了最近的多份技能列表，将大学毕业生应该具备的技能与特质整理于附录一内。尽管有如此多的分类方式，但不难发现不同的分类所包含的技能其实都是大同小异的，下面进行详细说明。

1. 学术技能（study skill）

现在，我们越来越了解到包括高等教育阶段的学生在内的所有学生的表现，都可以通过接受相关的学术技能培训而获得改善，这些技能一般被称为"学术技能"。学术技能是"包括高等教育在内的所有教育领域中的主要技能"，如果能够专门向学生教授这些技能，那么学生将会受益无穷。

换句话说，学生于每个学术阶段都必须培养和精进学术技能。不能误认为学生从高中或大一习得的技能，就足够他们一直用到毕业，取得学位。这些技能每年都需要进行精进与扩充。例如：

■ 个人管理技能。

■ 工作管理技能。

■ 研究与信息管理技能。

■ 团队合作技能。

■ 批判思考技能。

2. 可转移的技能（transferable skill）

雇主不只需要雇员具备学术技能，同时还需要他们具备所谓的"可转移的技能"。"可转移的技能"一词，通常用来指可以从一科转移到另一科，或是从学业学习转移到工作职场上的技能。这种可转移的技能为"元技能"（meta skill），也就是根据不同环境甚至是按照不同认知领域来"选择、调整、应用"技能的能力。这一类技能包括：

■ 团队合作技能。

■ 书面沟通技能。

■ 电脑操作技能。

■ 问题解决技能。

这些过去被称为"可转移的技能"，与最近出现的名词"主要技能"有许多重叠之处。有些似乎很容易转移的技能其实并不如预期中的那么容易被转移。在实际操作上，所有的技能基本上都是"可转移的"，但是没有一项技能是可以自动转移的。要使技能可以转移，通常需要：

（1）至少进行三次练习，从而通过在实际环境中积累的具体经验，建立起对该活动的抽象理解。

（2）老师或训练人员明确说明或指示如何将该技能应用至其他环境中。

技能的转移性非常依赖"跨应用"的辨识能力。如果问题解决这个技能训练得好，那么学生就有可能培养出相关的"元技能"，进而使其更独立地发展出这样的辨识能力。

我们将在第 8 章指出"转移性"与各技能表面上的相似性（写信、写论文、写商务报告）并不一定有很大的关联，反而个人对于该任务的认知才是关键。对于某些人来说，表面上看起来非常不同的技能（如缝制衣服与写作），实际上却可能具有相同的问题结构，此时他们便可以把已知的技能（缝制衣服）转移到新的环境（写作）里。

3. 核心技能（core skill）

"核心技能"一词用来描述各种跨科目的技能，如语言、数字、电脑和个人效能。不过我们也可以说，即使是在高等教育中，数字、电脑和语言等在各科目中也会有不同的要求。

　　如果学生需要强化英文方面的能力，但又没有足够的时间去全面地强化英文这种语言，此时他若把时间集中在学习与科目相关的主要用语与词汇上，则会大有帮助。本书并不探讨核心技能。

　　4. 主要技能（key skill）

　　主要技能与阶段及院系有关，同时也是成功完成各阶段学业所需的学习技巧与能力。主要技能为沟通、数字应用和学术技能，但是任何该专业所需的特殊技能也包括在内，如使用专业器材或是更深层次的阐释技能。

　　"英国资格与课程局"将主要技能定义为"在职场上、学业上和日常生活中取得成功所必需的技能"，并列出六大主要技能：

- 沟通技能。
- 数字应用技能。
- 电脑操作技能。
- 团队合作技能。
- 改善自我的学习与表现技能。
- 问题解决技能。

　　前三项技能是"英国一般国家职业证书"的课程中所有学生都要掌握的技能。这三大主要技能加上团队合作技能以及改善自我的学习与表现技能，共同为现代的学徒们接受相关训练打下了基础。结合学位课程与工作实际中"基础学位"的相关要求，大学非常有必要将这些技能引入到高等教育的课程中，其课程必须提供"受到认可的主要技能"方面的相关训练，包括"沟通、团队合作、问题解决、数字应用、电脑操作、改善自我的学习与表现"等技能。

　　在研究以上的所有课程时，只具备这六项主要技能是否就已经足够还有待探讨，不过有些技能可能也可以被列为是高等教育的主要技能，如"创意"和"分析能力"，我们也可以说，研究和调查的技能在高等教育中也算是一种主要的技能，因此最好能够将其从问题解决这个大类中独立出来。

　　我们甚至也可以说，在目前的职业教育风潮中，"职场准备"（或是类似的名称）也可以被视为是一项主要技能，它可以涵盖以下内容：

- 职业生涯规划的技能。
- 了解劳动市场的技能。
- 了解组织运作的技能。
- 认识工作场合的行为技能。

1.8　六大学术技能

　　"英国高等教育质量保证机构"为不同学术科目制定了不同的标准技能。尽管不同的科目包含了不同的技能，同时这些技能的名称也稍有不同，但我们还是可以找出六大类最基本的技能，而这六大类最基本的技能大致上与上述的主要技能一致。这六大类最基本的技能就是：自我管理能力、人际互动能力、任务管理能力、沟通能力、电脑操作能力、信息管理能力。当然，我们还可以再进行相应扩充，进而归纳出更多的技能大类，但是这六大领域基本上就已经涵盖了所需的大部分技能。至于每一大类的技能实际指的是什么则可能会随科目或专业领域的不同而稍有变化。

南英格兰教育协会（SEEC）与威尔士高等教育学分协会（HECIW）共同推出了一项广及全英的合作活动——为大学课程的分级标准制定出标准化的架构（见附录二）。"英国高等教育质量保证机构"列出的 QAA 六大标准技能便相当于SEEC/HECIW 分级标准中的"主要可转移的技能"。"英国大学校长与副校长委员会"列出的第二大类技能也大多可纳入到 SEEC/HECIW 的"主要可转移的技能"之中。

此分级标准非常有助于老师规划学习与技能发展的成果，也有利于学生掌握自己的表现。现在有些大学已要求所有的课程都按 SEEC/HECIW 分级标准的形式来记录学生的学习成果。为配合这些已采用 SEEC/HECIW 分级标准的课程，本书均按照 SEEC/HECIW 分级标准来设计第二部分中的练习活动，并将问题的难易程度定在了第一级。

下面简单说明这六大技能：

1. 改善自我的学习与表现

为自己的学习与表现负起责任；检验实践的过程；

学习怎样学习；在新环境中应用所学进行自我检讨；

应用学习理论进行自我管理；独立自主。

2. 与他人共事

团体互动技能；专题计划工作；

倾听的技能；建设性的批评；

与大众或不同的客户群共事；团队合作；

与同事合作及分配任务；谈判、咨询，访谈、观察；

会议技能；互动与介入；

情绪管理；自信；

注意个人行为对群体的影响。

3. 问题解决与任务管理

时间与空间管理；按时完成任务；

组织的技能；调查的技能；

研究技能；认清问题的结构；

在新领域中应用知识与技能；试用不同的模型；

将理论应用于实际工作。

4. 沟通

依对象与目的的不同适时改变书写风格；口头报告的技能；

使用电脑辅助报告；小组报告；

用不同的媒介与不同的对象进行沟通；倾听的技能。

5. 使用电脑

基本应用（Word、Excel 表格、数据库、图表、电子邮件）；

使用网络；使用课程软件；

使用统计软件；针对特定目的使用专业软件。

6. 信息管理与调查技能

汇集、管理、选择、阐释数据的能力，如统计数据与定性数据；

了解惯用的研究方法；评估数据的质量；

呈现数据；数字应用；

运用电脑促进研究技能的提高与储存信息。

我们必须把基本的学术技能纳入到不断更新的技能议题中，如"就业能力"、"个人与专业发展"等。上述的 QAA 标准技能与 SEEC/HECIW 分级标准虽然非常有助于促进技能议题的发展，但是从学生的角度出发，它们却并不一定切合实际。例如在具有正式限时测评（即考试）的课程上，记忆技能对学生来说就非常重要，此外还有复习与考试的策略。而 QAA 标准技能与 SEEC/HECIW 分级标准就不包含这些技能。

需要在学习方面进行辅导的学生往往必须先训练基本的学术技能，之后才能培养出更高级的学术技能，如基本的调查研究技能，包括阅读的策略、思考的技能、任务管理与组织的技能。如果学生缺乏这些技能，老师就很难向其教授第二级与第三级的课程。

本书所强调与探讨的技能——不管是学术技能还是"职场"技能，都是为了提供一个坚实的基础，以便让大学课程能够在此基础上面对来自技能问题方面的挑战。一般来说，数字应用、语言、电脑、职业生涯规划或"工作职场"等技能，都属于更专业的范围。本书并不涵盖技能议题的所有领域，只是着重探讨：

■ 培养传统的真知性技能（思考、记忆、批判分析、准备作业与考试）。

■ 改善自我的学习与表现的技能。

■ 与他人共事的技能。

■ 问题解决与组织技能（任务管理）。

■ 沟通技能（书面与口语）。

1.9 技能课程对学校与老师的好处

☞ 对学校的好处

这里所谓的"技能课程"，指的是在考虑到课程的技能要求与学生的技能需求的情况下，将技能培养的过程融入整个课程当中。如此，便能够创造一个支持性的环境，同时还可提升学生校园生活的品质。一直以来，"英国高等教育质量保证机构"（QAA）都把"支持与引导"（support and guidance）规划为独立的一类，并将此作为评估大学品质的标准之一。

虽然"支持与引导"有时候被认为属于课程之外的内容——即认为它是"就业咨询服务处"、"障碍学生服务处"、"学生服务处"或其他专门部门提供的服务，但是"英国高等教育质量保证机构"的稽查员却逐渐认识到这些部门的支持对课程学习至关重要。例如最近的《QAA 障碍学生服务守则》就在其具体条文中规定将具有特定学习障碍的学生纳入到其服务范围之内，并指出大学的每个领域与部门都负有支持学生的责任，同时还应将之融入到教学与课程设计当中。

QAA 稽查员现在也更懂得辨识课程或院系应提供给学生哪些支持，以及这些支持应如何与更专业的辅导相结合。例如，在现今强调"就业能力"的风潮下，稽查员就会更注意利用课程培养学生的技能，而不是只注意学校的"就业咨询服务"提供了哪些服务。

同样地，《QAA 障碍学生服务守则》也提出为有障碍的学生提供帮助应成为学校的整个支持系统的一部分。理想的做法就是让有障碍的学生得到其所需要的支持，与此同时学生不需要宣布自己有"障碍"或说明自己是基于"特殊"原因而寻求支持的。总的来说，整个环境应该支持所有的学生，本书将在第 3～5 章详细探讨学校应如何在实际的大学生活中为学生提供相应辅导，以便使学生能够以更密集、更综合的方式习得学术技能。

一个支持性与专业性兼备的学习环境有助于留住学生。例如，院系的文化风气会直接影响一位学生的去留。学生从一开始就会感受到院系的文化风气，即从入学前下发的资料、入门指导本身以及从老师对作业的批改或从老师在课堂上做出的评论中获得。

评估的过程可能是一个导致学生流失的重要因素。如果学生在高中阶段的考试中成绩不佳，那么进入高等教育阶段后他们也不会具有顺利通过考试所必需的技能，因此这些学生需要接受相应训练以了解评估的过程对他们有何要求。很多学生，包括高中成绩不错的学生，有时也不太知道评估时会要求他们具备哪些能力，但一旦经过训练、练习和加强自信后，他们在考试中就能有上乘的表现。支持性的环境有助于留住学生，并且对于大学经费的筹集、职员的去留以及大学的一些研究计划的执行都具有关键性的影响。

对老师的好处

"进修风潮"无疑加重了老师的负担。这里面有很多原因，其中的一个原因就是许多学生还没学会怎么管理自己的学习过程，并且对自己做出的决定没有信心。另外一个原因就是学生对于高等教育没有一个大致的了解，有时候也不太知道学校安排的课程到底要求他们做些什么。例如，高中生可能都习惯了老师告诉他们打开课本的某页、某段，因此进入高等教育阶段后，他们往往以为还会"有人"告诉他们什么时候该去做些什么。当学生被问起为什么没看课程手册或其他重要资料时，他们的解释常常就是如此，因为他们已经习惯了等别人告诉他们什么时候要读些什么。

一位大学老师就表示她在指导课前发下一些准备好的资料，那上面详细概述了学生该怎么准备这门课程，结果指导课结束后，一半以上的新生都没把资料拿走。此外，许多老师也都表示学生越来越需要老师像"保姆"一样照顾他们。学生似乎无法自己照料自己，总需要去询问老师，其实答案已经清清楚楚写在课程手册上了，而学生们无法如期完成作业或报告也暗示着老师得花很多时间去听学生讲述他们的各种理由和人生故事。另外，作业期限或考试所引起的恐慌也可能导致学生跑去敲老师的门，以向老师寻求额外的协助。

很多学生缺乏基本的学术技能，并且随着时间的推移，学生们逐渐进入高等教育中的不同阶段，也就越来越难获得更专门的技能。如此一来，理解受到阻碍，处理新资料的过程变得缓慢，更深的内容教授起来也就更麻烦了。学生在课堂上提出过多不必要的问题，往往导致老师无法教完预定的内容。

因此，将自我管理、书面沟通、考试准备、基本的批判性思考、基础研究等技能纳入到课程当中对老师也是有好处的。如果很多学生都缺乏这些必需的技能，那么最好就把技能训练纳入到课程当中，这样就可避免每个学生都追着老师寻求额外的协助。技能训练加上支持性的教学策略有助于减少学生给老师的压力，而学生也能够更顺利地进入更高的年级或阶段进行学习，进而更好地掌握科目所需的更专门的技能。

1.10　老师参与学术技能发展的重要性

☞ 老师在学术技能的发展过程中扮演了关键的角色

　　老师在协助学生逐步掌握技能的过程中扮演了一个关键的角色。如果连老师都觉得学术技能很重要，那么学生也就会更认真地看待这些技能。此外，需要额外辅导的学生常常很怕老师以为他们不是完美的学生。因为很多学生都相信，如果老师知道他们念书念得很困难的话就会自动给他们低分。不管是真是假，这都是学生的一个非常普遍的想法。因此学生感觉他们必须装出一副什么问题都没有的样子，因为一个强悍的表面本身就会为他们带来高分。

　　针对这一问题，老师可以向学生保证事实并非如此，同时老师还为技能发展与辅导赋予了正面的意义，并强调每个学生都应该正确认知自己有待提高的地方以及了解到学术技能的培养是鼓励"力求优异表现"的其中一步。

☞ 老师促使学术技能变得真实有用

　　很多学生都需要老师帮助他们将学术技能课程中的内容与平时在专业科目中必须解决的任务联系起来。就跟其他类型的"问题解决"一样，学生不一定能够看到书中内容与实际任务之间的关联，甚至是相似任务间的关联，除非有人协助他们找到其中的关联。老师仅仅在学期初发下学术技能的教材，并不一定能够真正帮助学生学会怎么进行学习。

　　虽然专门的学术技能课程能够帮助许多学生，但我们不能忘了学生花在学术技能课程上的时间只占他们全部上课时间的很小一部分，就跟其他课程一样，学生可能一下课就忘了刚刚在课上学到的东西，除非对学到的东西进行了相应的复习与巩固。因而，老师就成为带领学生将学术技能实际运用于专业科目的最理想人选。

☞ 教学策略创造发展技能的机会

　　只有老师才能为学生提供讨论、参与、互动学习、解决问题等方面的机会，以协助学生掌握各种技能。在传统的教学方式下教出来的学生往往只具有非常少的技能，而且也不知道如何在不同的环境下活用这些技能。

　　一般来说，老师对"学习"这一概念的理解大致有两种：一是传授知识；二是教会学生学习。老师上课的方法与风格往往会受到其对"学习"这一概念的看法的影响。学生进入高等教育阶段时也常常抱着这样的看法——教学是老师"给"他们灌输东西，而不是一件需要他们积极参与的事情。

　　因此，我们需要让学生了解老师也可以指导他们怎么学习，而不是仅仅对他们灌输技能与答案。在一般情况下，学生往往会依据课程教授与评估的方式来采取不同的学习策略，如果课程的教学与评估并不强调学生的参与，那么学生就不太可能体会到独立互动的学习方式的价值。

1.11　总结

大学的各部门与各院系都必须以其特定的方式来面对"进修风潮"、"就业能力"、"学生成就"等议题所带来的各种挑战。我们认为，大学需要提供一个支持性的学习环境以有别于传统的高等教育环境。同时，我们也强调这种支持仅依靠院系之外的专家提供的额外协助并不能很好地完成，而应将其渗透到政策、策略、课程设计以及每一位教职员工对学生的态度之中，使其成为一种全校的风气。

近年来，社会对于"技能"（不管是学术技能或是专业技能）这一议题兴趣的增加有助于增进所有学生的能力以及减少学生对于"补救"的需求。在本世纪"进修风潮"背景的影响下，学生的保留率与就业能力成为备受人们关心的问题，社会也越来越重视对老师的培训。同时，专注于技能的发展也已成为高等教育面对众多重要议题时的办法之一。

2

了解学习者

2.1 学习理论

为了增加学生的学习经验以及改善其表现，我们可以从学习理论、成年学生的学习经验以及老师的教学经验中得到启发。本章从介绍有助于了解成人学习机制的学习理论开始——如建构主义理论，进而在具体经验中学习、平衡理论；然后接着探讨会"阻碍"（因此妨碍学生发挥潜力）或"激励"（带领学生进入积极独立学习状态的"起飞"阶段）学生学习与表现的做法。学生对于高等教育的态度与方式在其中扮演了关键的角色，它有可能成为阻碍因素，也有可能成为激励因素。本章为后面几章提出的策略打下了理论基础，同时强调了在"进修风潮"的背景下其对成功的教学与学习所产生的影响。

学习是一个很自然的过程，我们的大脑就是用来学习的。亿万个脑细胞组成错综复杂的网络，帮助我们储存信息以及把信息从大脑的这一处传到另一处，并帮助连接新旧信息。

学习的方式也有无数种：听、看、模仿、想象、练习，或是通过思考两个不同问题之间的关联来进行学习等等。

我们具有无穷的内在资源，因此学习是很容易的。我们最密集的学习时期就是出生后的那几年，即在我们接受任何正式教育之前。对于每个小孩来说，学习既轻松又好玩，但是大人却可能觉得"学习"既困难又可怕。

然而，只要改变学习的状况——如改善学习环境或是改进描述任务的方式以及改变选择的策略或是面对任务的态度，就算是苦苦挣扎的学生也会发现自己有能力改善自己的表现。

大多数学习理论，其最基础的研究皆来自于对孩童的研究。不过这些理论也非常有助于我们了解成人的学习机制，不只是因为成年大学生过去的发展皆受到这些理论的影响，同时也因为成人一旦走进教室往往就会退化到小孩的学习状态。

因此，我们有理由去探讨是什么阻碍了幼儿阶段开放、易接受、简单的学习方式的发展，从而使得身为成人的我们和学生都觉得学习是这么困难？为什么有时候我们就是接受不了新的信息，或是感觉我们不可能再学会新的东西？

许多协助建立学习理论的研究都专注于学习障碍，从其研究结果中发展出来的教学与学习策略一般都已得到普遍的肯定与应用，因此可以协助我们为成年学生提供支持。本章接下来将详细说明几个主要的学习理论以及其与成年学生之间的关系，并概述出成年学生的哪些做法可能会导致其表现不佳、退缩或失败。在本章及后面几章中，我们还会提出能够改善学生表现、增加整体学习经验的教学方法与学习策略。而本章主要从理论上说明如何决定学术技能的传授方式以及辅导的方式，以使学习效果更加显著。

建构主义理论：内在基模

很多学生，包括高中成绩不错的学生，有时不太晓得学习理论中最具影响力的就是"建构主义理论"，建构主义理论的基本前提是当我们面对新情境时，我们会将之建立在已经存在的内在概念模型上。此概念模型被称为"内在基模"——是过去的反应或过去的经验组成的动态组织，它可被运用于每一个恰当的生物反应中。深入研究建构主义理论的皮亚杰（Piaget）认为，我们通过"与世界互动"获得知识——我们主动寻找新的经验，而我们的大脑不是把新经验同化于已存在的基模中，就是改变内在基模以适应新信息。

在每天的生活中，我们每时每刻的经验都在持续强化或改变我们已有的知识，巩固或削弱我们的内在基模。建构主义理论认为，学习就是一个积极建构新的现实模型或是巩固旧有知识的过程。专家采用此概念来支持主动学习的观点，将基模的变化发展与学习的"转化经验"联系起来。"除非基模被修改，否则学习就不会产生，学习（无论是认知的、情感的、人际的或运动的）是一个个人转化的过程。"

我们可能会以为，当我们接触到对内在概念模型产生挑战的新经验时，内在基模就会自动进行调整、改变，以适应此挑战。如果真是如此，那么教学就会非常容易，但事实并非如此。它只会挑战内在基模的"经验"，而且它与"学习转化"之间并没有固有的联系。换句话说，"经验"本身并不一定会带来转化。

一个学习的经验，如读一本书、听一堂课、从事一项新的活动或是参加老师进修的课程，并不一定会引起学习的转化。这些经验可能只是一个"接触"的动作，而非内在的转化过程。而且，人们甚至还倾向于修改或"转化"新的信息，直到其符合我们旧有的观点，而非改变旧有的观念以适应新的信息。

当学生的内在概念模型变得"稀少、脆弱、依赖环境"时，他们往往就无法顺利掌握新的知识。本章接下来将深入探讨阻碍成人学生学习的几个原因，并讨论能够激励其积极学习的因素。

学习环境：外在环境

维果斯基（Vygotsky）认为，我们所说的内在认知过程，如记忆、语言和注意力等，都取决于我们所处的社会文化背景。人际交往以及这些人际交往所发生的文化环境，决定着我们认为哪些事情值得注意以及我们如何创造价值系统和如何评价处在这些价值系统中的自己。例如，如果老师非常重视工整的字迹和正统的拼写，那么一个字体潦草、拼写不好但是却创意十足的人就可能被认为"不是很聪明"，而这个人也可能会将这种评价内化为自己的主观意识，甚至在听到别人提出相反的评价时依旧如此。特定老师的观点或一次很差的考试成绩给学生带来的影响远远大于其从别处得到的正面评价。

上面的例子，即可展现许多成人回到高等教育机构就读时的状况。这些成人心里都有一个由现有的社会标准所形成的内在概念模型，他们往往依据社会标准来判别什么是聪明，什么不是。然而，此概念模型往往低估了他们自身的能力，特别是在那些难以以考试形式判别的领域，如人际沟通的技能、创意、独立自主、企业精神等。

身为教育者的我们，必须认清这些过去的因素的确影响到了学生如何评价自己。因此，我们至少要做到不再制造那些有可能会强化不良学习方法的互动经验。如果我们一开始就能带领学生讨论他们如何看待身为学习者的自己，并请他们想一想这样的看法会促进还是阻碍他们目前的学习进程，那么这样做之后往往就会取得较佳的学习效果，而且对学生未来的发展也会产生极大的影响力。

皮亚杰认为，我们会很自然地从较低的学习阶段进入到较高的学习阶段。但是，维果斯基认为这样的发展绝非是自动发生的。他强调学习者需要有一位老师或导师为其组织活动，支持其从一个学习阶段进入到下一个学习阶段。他提出"潜在发展区域"的概念，指出唯有通过支持才能激发出学生的潜能，进而促使其努力进入到下一个学习阶段。他还特别指出成人要发展到抽象思考的阶段，需要特定的指引。而且，大部分的研究结果都支持这个看法——大多数成人不会自动发展到抽象思考的阶段。

金恩（King）的研究结果也显示，大多数的成人都没能通过皮亚杰测验的最高阶段，也就是"抽象或假设思考的运作阶段"。虽然皮亚杰认为青春期初期的孩子就会达到此阶段，不过金恩也强调那些没有通过皮亚杰抽象推理测验的成人，在日常生活和专业领域上，也可以达到更高阶段的推论与分析思考水平。换句话说，就是当在熟悉的知识基础之上进行操作时，他们可以表现出更高的水平。

伯纳（Burner）以"鹰架架构"（scaffolding）一词来描述儿童阶段的学习，指出儿童阶段的学习是成人以其现有的能力为基础向儿童提供一系列的支持，从而协助他们进入下一个学习阶段。在一般情况下，经验丰富的成人会通过组织特定的活动来向学习者传授学习经验，如此便可以使他们超越目前的表现水平。虽然伯纳的这个概念源于对儿童的观察，但是将其应用于课堂教学或是应用于成人的学习当中也是非常有益的。

此外，关于"问题解决"能力的研究结果也指出老师扮演着引导学生在新环境中灵活运用所学知识的关键角色。例如关于"数学问题解决能力"的研究结果便显示，要想让技能实现转移，就必须有人协助学生找出新旧问题或新旧状况之间的相同之处，尤其是两个问题的基本结构之间的相似之处。换句话说，就是老师必须非常清楚地呈现出新旧问题之间的关联，否则学生就可能无法了解到两个问题或两个练习之间是存在相关性的。此外，老师还应以一种与旧状况相当的难易程度来说明新状况。如果老师不注意这些基本原则，那么学生往往就会感到茫然畏缩，以为原因出在他们的智力上，而非问题被呈现的方式上。老师可以协助学生认清他们已经具备的知识，然后以此知识作为基础，努力协助他们进入到下一个学习阶段。

当我们一提到"可转移的技能"时，我们就会记起学生需要老师或导师为其构建一个能够在新环境中认清、应用、表达所学技能的框架。研究结果显示，大学生特别是大一的学生，一般在思想上都很绝对，一心寻求正确答案和恰当的做事方法，他们想知道怎么样才可以"交出"老师想要的东西。对于这个现象，我们可以从几个不同的角度来看。

例如，如果有学生问怎么样可以拿到第一名？那么此时，我们可以将之视为一种倒退，一种想被"牵着手往前拉"的心念，或是一种对灌输的渴望。但是另一方面，我们也可将之解释为一种学习的意愿，一种想要有所成就的动力，或是对现有表现的反省以及一种批判性的自省和对"应建框架"的开放心态。

2.2 自主学习与发现意义

自主学习

专家列出了四种传统的成人教育方式："训练与效率"、"成人教育模式"、"人本主义"、"批判主义"，每一种教育方式对学习者及其所需都持有不同的看法。不过另有专家在这四种不同的观点中发现了一个共同点：每一种观点都认为成人具备一种走向独立的自然潜能，并且只要某些障碍被移除，这种潜能就能充分发挥。

1. 训练与效率

此学派的观点认为，学生掌控学习过程后，就可实现独立自主，尽管是在事先限定好的知识技能领域内。

2. 成人教育模式

此学派的观点认为，学习者应以其已有的经验作为学习的基础，尽管这个观点对于所谓经验的阐释还有待考证。

3. 人本主义

此学派的观点认为，学习者需要从压抑的学习状况中解放出来，老师应该协助学生培养独立自主性。学习者要变得独立自主，"可能就需要拥有一个高度支持与相互尊重的环境"，以帮助他们认清并探索个人的需求。

4. 批判主义

此学派的观点不强调重视个别的学习者，而是注重社会层面上的解放。

从后现代主义的角度来看，在学习者的内心中并不一定只有一个"独立自主的学生"等着被解放出来。有专家认为，在学习者的内心中并没有一个原本或永久不变的"真实自我"等着被解放出来。

"自我"一直处于某种社会与文化环境中，处于某个教育与训练的过程中，处于某种意识环境中等等。教育可能会改变这个"自我"，可能会改变学习者，但这并不是仅仅通过移除障碍就可实现的，学习者主动地改变或再改变也是这个过程的一部分。

由于学生的自身情况不同，学生们对于学习方式的需求也不同。此外，学生若能很好地了解环境、过程和自我对话等塑造他们"自主学习"的方式，那他们自然也会从中受益。例如，若能引导缺乏自信的学生去探讨"智力"的定义和他们对于"智力"的态度的起源，以及他们为何在以前的教育文化中被评价为聪明或不聪明，那么必定会给他们带来很大的帮助。

发现意义

人们有可能因为任务对他们来说没有意义而无法很好地完成任务。如果该任务与个人过去的经验有关，那么它就会变得有意义，人们也就能够呈现出必要的推理过程，而如果该任务是以较抽象的方式呈现出来的，那么这样的推理过程就很难被呈现出来。例如，成人往往觉得需要精读或严谨地阐释特定字句的任务非常困难，特别是那些貌似与日常经验毫无关系的抽象任务。

成人倾向于略读以获得大概的整体信息，除非是受过训练，否则他们不太可能会考虑到使用逐字精读的策略。这就会对大学生在课堂上的阅读与评估产生很大的影响，因为此时系统分析的阅读与阐释非常重要，不习惯进行分析性阅读的学生可能就需要接受相关的指导，以及找出可以促使该任务显得有意义的理由。另外，这对于阐释考试题目来说也特别重要，因为此时已没有外在的环境来提供额外的信息给习惯略读的学生了。

学生表现不好时，人们常会假设这是因为他们不够"聪明"。其实，这可能只是因为学生在高等教育中接触到的具体经验还不够，还没有认识到高等教育阶段的学生应该是什么样子，以及对于应该知晓的惯例与常规还没有足够的认识。从职场回到学校、通过先修课程入学或是家里没有其他人上大学的学生，这点表现得更为明显。

此外，学生也有可能是因为对专业术语缺乏足够的认识，以致无法立刻听懂课堂上的语言，或是无法看懂考试题目。对学生来说，书面报告或考试这样的评估性任务可能跟实际生活一点关系都没有。但是，恰恰因为这样的任务显得毫无意义，所以学生基本上无法了解该任务对他们有何要求。研究结果显示，物理系学生解释牛顿力学的能力会因为他们所使用的例子是汽车还是曲棍球而有很大的不同。

现在，我们一般认为"个人的认知一向都处于某一社会与物理环境中，它很少能够离开环境"，把学术知识与学术技能视为是另外一种思考与能力的传统，并不能鼓励学生与老师去寻找学术学习与日常学习两者之间的相似之处。这也许听起来很矛盾，但是一个任务越抽象的确越可能是一个特定文化的产物。巴西街头孩童具有出色的"街头"数学能力，但是一旦进了教室，他们算起数学来就困难重重，这就是一个很有名的例子。

这种现象在许多其他的知识领域内也很普遍，包括植物学、物理学、医学、心理学和生物学等。尤其是成年的学习者，他们具备大量的知识与技能，但是在没有人协助的情况下却无法在新的学习环境中应用这些知识与技能。因此，他们可能就会低估或搁置自己已经具备的技能与知识。例如时间管理和问题解决的技能，它们可能是成人在家中或工作上常用的技能，但是成人一般都不会想到这些技能也可以被应用于高等教育中。

2.3　抽象的技能

我们进行抽象思考的能力可能依赖于我们在真实生活中遇到过的类似问题，例如"大方"这样的抽象概念，其实是具体的社会现实。真实的生活与具体的经验促使我们形成一种内在模式，而此模式就是我们在将来进行抽象思考的基础。如果缺乏具体的经验，我们很可能就难以了解一些非常抽象的例子。

如果一个熟悉的问题呈现在一个不熟悉的环境中，我们可能就无法看出两个问题在实质上其实是同一个问题。此时我们看起来就像是一个十足的初学者，而且可能还需要别人帮我们指出旧问题与新问题之间的相似处，然后我们才知道怎么解决该问题。

这个研究显示，如果我们希望学生培养出抽象推理的技能，那么他们就须以具体的经验为出发点。"这是一个矛盾的事实，虽然抽象思考需要的是脱离现实的能力，但它却只有在与实际行为相结合时才能取得最为丰富的成果。"

专家将依附于特定环境的"例行知识"与可转移至新情况的"概念知识"区分开来。他们发现，特定情况中的经验可以通过类比的方式发展成可应用于新环境的概念知识。此外，他们还发现那些光看别人做而缺乏直接实际经验的人比较难达到概念性思考的层次。这与高等教育教学的许多层面密切相关，尤其是技能培养的部分。如果抽象思考是一种由具体经验发展出来的技能，那么学生很可能就会觉得很难应用"脱离现实"的技能来练习所学到的东西。

不容置疑，如果学术技能的教法很抽象，而且与整个院系的课程是脱离的，那么学生一般都会非常不满。这是因为缺乏实质内容的技能训练，恰好与学生通过经验建立的概念性技能的自然倾向背道而驰。但是老师如果能让学生清楚地看到学术技能与课程和考试之间的直接联系，并通过主修科目的教材和案例来教授学术技能，那么学生就能比较容易地学会这些技能。

学生通过在具体经验中进行长期的练习，可以使其学术技能成为"概念"知识，并且学生也能将知识转移和应用至新的情境中。但是即使经过长期的训练，学生还是会需要一个既熟悉旧学习环境又熟悉新的应用环境的人来为他们指出该技能在新环境中的可应用性。换句话说，就是老师不能假设在课程的某一领域内能够很好地应用学术技能的学生，在别的领域内也会懂得应用这些技能。

2.4 平衡理论：面对困惑

皮亚杰关于同化（assimilation）与适应（accommodation）的概念，经常被用来解释学习的过程，虽然在皮亚杰的学习理论中最主要的部分还是所谓的"平衡过程"（equilibration），但是这个部分却经常被忽略。皮亚杰认为平衡过程有三个阶段：

1. 平衡状态。对自己的思考方式感到满意的既有状态。
2. 不平衡状态。发觉现有思考方式有所不足，并感到不满。
3. 更稳定的平衡状态。发展出更复杂的思考方式，克服过去思考方式的不足。

这里有一个例子：一个小孩以为只有动物才是活的东西。当他听到有人说植物也是有生命的东西时，他开始对"活的"这个概念感到不确定。这份不确定感虽然会带来暂时的不安，但它却是接受新概念的一个必经阶段。不满意的状态会在我们内心引发一连串的质疑，引导我们去探索新的选择。如果学生想要进展到运用更复杂的思考方式这一更高层次的阶段，那么他们就必须接受这种不平衡的状态，同时还要能够面对或包容某些短暂的困惑。否则，他们可能就会固守在过去稳定的平衡状态中。

☞ 老师：创造不平衡的状态

虽然大学一般都很重视批判的意识与清晰的思路，但我们还是需要协助学生进入并面对不平衡的状态。因此，在课程中，我们可能就需要创造机会，来挑战学生的世界观。学生需要时间与支持，以能够安心面对内心的不确定感，亦即面对不平衡的状态。他们可能还需要有人来支持他们度过，甚至是教导他们尊重这个困惑的阶段。此时，学生有着无法做出决定的痛苦，而且答案尚处在不明确的混沌状态。

此外，运用批判分析验证的假设固然重要，但是我们也不能忘了许多进步都是由所谓的"我想通了"（eureka）这一认可性的经验组成的。我们经常在事后采用传统的程序进行"后理性化"，但是事实上我们可能完全是通过非正统的方式得到新的理解。因此，如果想要促进这种"我想通了"的时刻经常出现，那么我们就必须鼓励学生多进行创意性的思考。

学生应有机会采用不同的方式完成任务，也应受到鼓励去尝试非传统的方式——不管是"胡言乱语"、主题对话、自由联想、涂鸦、游戏、天马行空还是做白日梦。身为老师的我们，需要确保在专业科目干净整齐的"人行道"上，以及在其严格的方法、正确的作业结构与规矩的段落之外，至少为学生留出一些可以让创意的种子苗壮成长的缝隙。

学生：对不平衡状态的抗拒

当学生进入高校时，往往已经失去了小时候刚开始上学那会儿对学习的开放态度，其中的原因可能纷繁多样。许多成人都能告诉你，他们现在的学习进展是如何被过去的学习经验所阻碍的——每次我们进入一个新的学习环境，都一并带着过去的学习经验。很少有学生在进入高等学府时，能够完全不被过去的经验削弱信心与好奇心。在某种程度上，每个学生的内心都有各种阻碍学习的心理。例如，对未来感到焦虑、害怕在同学面前丢脸、认为有些事情自己就是学不会，以及其他各种情绪上与态度上的反应。

学生可能会对"不平衡状态"产生强烈的抗拒。有些学生就是不想改变现有的思考方式，因为改变本身就是一种威胁；有些学生则是情感比较脆弱，无法面对不平衡状态及其所引起的困惑。如果过去的经验致使他们相信自己一向都不是聪明的学生，那么他们很可能会以为这种暂时的困惑就代表着他们根本无法完成大学的学业。

一向"优秀"的新生，也有可能为"不平衡状态"所苦。例如，一向都是大家心目中的"第一名"的学生，可能就会很难适应严重挑战其"第一名"身份的环境。一般来说，杰出的学生进入大学之后可能都会觉得竞争突然变得非常激烈。如果他们觉得自己的身份认同受到挑战，那么他们就很难再有余力去面对这种致使其内心信念受到挑战的不平衡状态。因此，有些总是拿高分的新生就会紧守过去带给他们成功的方法与信念，不愿去尝试更冒险的方法，即使新的方法有可能带领他们进入更复杂、更高深的层次。

学生在学习过程当中受到挑战时所产生的转变，可被称之为"过渡学习"。在此之前，学习通常是一个支离破碎的过程，"充满挫折与困惑，令人失去对自我的认知"。例如，在要求学生去思考"何谓有意义的学习"，并重新定位老师的角色

——即把老师当成协助者而非知识的来源时,学生心里可能会有一种"解体的感觉"——即觉得自我和自己所熟知的世界正在濒临解体。

就短期而言,学生可能会以要求"正确答案"的方式反映自我感受,同时在经历这个过程时也会深深厌恶这个过程。这个过程可能会令人害怕,因此学生需要支持与保证。但是,我们应该谨记这个过程的最终目的是让学生从中得到最大的收获。就长期而言,这个过程会使学生重新体会学习的感受,并对此产生更新、更深的理解。

2.5 受阻碍的学习与受激励的学习

尽管我们天生就具有学习新知的倾向,但我们大多数人还是会产生某些阻碍学习的心理认知,而这种认知的形成多来源于过去的学习经验。但是另外一方面,其他的经验则会促使我们变得更好奇、更开放、更欢迎新的学习过程。

所有进入高等学府的学生,至少都怀着些许的自信与动力,但是每个学生所具有的阻碍性反应与激励性反应,也各有不同。专家指出了发生"转化学习"的六个"层次":环境、学习的对象、行为、能力、情绪、信念与价值、身份定位、更高的目标,下图画出了这个模型。此外我们还加上了"学习的对象"与"情绪"这两个层次。这个模型非常有助于我们探讨阻碍或激励学习的因素,并引导我们找出帮助学生的方法。阻碍与激励的层次主要有以下内容,见图2-1:

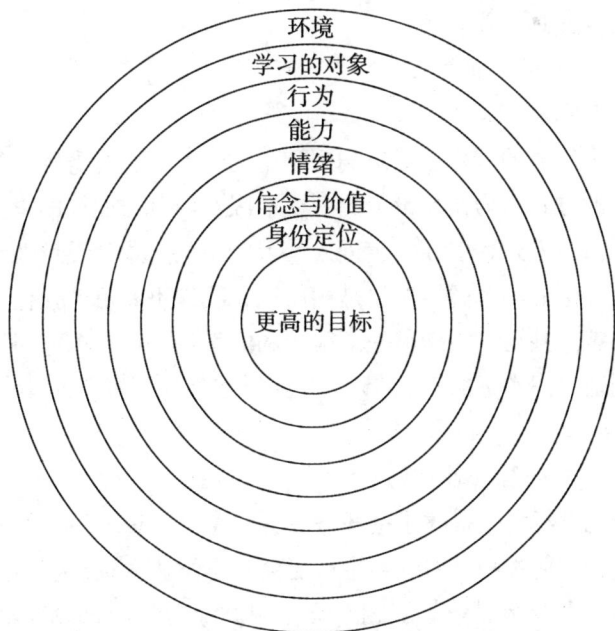

环境
学习的对象
行为
能力
情绪
信念与价值
身份定位

更高的目标

图 2-1   阻碍与激励的层次

(截自 Dilts *et al.* , 1990)

1. 环境（哪里？何时？跟谁？）

学习过程进行的整体环境，对于学习本身具有很大的影响。这个环境可以是社会上、文化上或意识上的环境，也可以是课堂上的气氛，还可以是类似于同学支持这样的间接环境。

例如，课程的内容与使用的语言，可能会使某些学生感到自己被排除在外，或者是被包括在内。如果他们的性别、种族、年龄或社会阶层被视为是一种问题（例如"暴民"、"劳动群众"这样的用词）的话，那么学生可能就会觉得自己被排挤在课程之外。无论学生属于哪个种类的弱势族群（包括年轻男性白人，只要他们在班上是少数），他们在课堂上都可能会觉得自己被"曝光过度"。他们在说话的时候、特别突出的时候，尤其是在显露困难的时候都会非常敏感。

在其他方面，某些对光、热或声音敏感的学生可能难以在当下的环境中进行学习；班上的风气（互相帮助或互相竞争）可能也会对某些学生产生大的影响。如果学生的学习困难主要来自于环境因素，那么他们可能就会在言谈中强调出来：

■ 我没办法在这里进行学习。

■ 我没办法在现在进行学习。

■ 我没办法跟他们一起学习。

■ 我没办法在这个课上学习。

■ 我没办法在这所大学学习。

■ 我没办法跟这个老师学习。

■ 我没办法从这本书上学习。

老师建构学习环境的方式也会影响到学生的学习。身为老师，我们应该明白我们的行为、评估的方式、为作业设下的上交期限、给分与回馈的方式、呈现信息的方式、与学生说话的方式、引导学生进入学习状态的方式、设计课程的方式等，都有可能激发学生天生的学习倾向。但是相反地，我们也有可能强化学生过去所形成的阻碍学习的心态。甚至过去念书一向很顺利的学生，也有可能因为我们而使他们的学习开始受到阻碍。本书的第 3~5 章会更详细地探讨如何为学生创造正面积极的学习环境。

2. 学习的对象：内容（什么？）

我们在之前就已经详细描述了把任务变得有意义的重要性，但迪尔兹的模型并未考虑学习的对象如何影响学习。学生可能会觉得学业太重，字词太陌生，或是案例研究跟他们的个人经验或信念互相矛盾。因此，老师应该改变描述任务时的用语，换一种指引方式，或是寻找相关的实例，这些都是他们在这个层次上能够影响学生学习的做法。这个层次的困难经常在这样的句子中表达出来：

■ 这个我学不会。

■ 这个东西一点意义也没有。

■ 这到底在讲什么。

■ 完全看不懂。

■ 好无聊。

■ 跟我一点关系也没有。

3. 行为（我们到底在做什么？）

行为指的是我们实际上在做的事。我们实际上在做的往往跟我们相信自己能够做到的，或是想去做的，可能并不一致。在"进修风潮"的背景下，这可以指学生在接受高等教育前缺乏相应的学习经验，同时也可以指学生投入到学业中的时间不够多。对于某个科目，学生可能阅读或思考得不够，也不花时间跟别人讨论自己的想法。这可能是由于问题的优先顺序（事情太多，时间太少）决定了他们没有时间去做好所有的事情，也可能是因为没有人引导他们如何很好地融入到高等教育阶段的读书文化中（因此不知道这或那实际上都应该是学生该做的事）。

学生对"不平衡状态"的抗拒在这个层次上会表现得非常明显。缺乏恰当的学习习惯、花在学业上的时间不够，都会给学生带来培养自己学术技能的障碍。这个层次的问题在言谈中会强调在行为方面：

■ 这个我学不会。

■ 这个我做不来。

■ 写论文太难了。

■ 做完这个要花掉我好多时间。

4. 能力（如何？）

如果问题是出在能力这个层次上，那么学生就可能会把说话的重点摆在表达能力的动词与状语上：

■ 我实在没有能力学会这个。

■ 我不知道怎么样才能学会。

许多从职场进入高等学府的学生，可能有把书念得很好的潜力，但是他们却缺乏适当的能力或技能来发挥其最佳的表现。他们没有机会培养出熟练、稳定、自动形成习惯、随意可使用的技能。如果学生已经离开学校一阵子，或是过去念书一向不大顺利，那么这很有可能表示他们也不知道怎么样才能取得进步。也就是说，他们就是不知道下一步该怎么做。此时，如果旁人只是指出缺点，却不告诉他们如何改善，那么这只会使他们更有受挫感。这个时候，采取"训练与效率"的方法就很合适，主要包括应试式学习、改进效果与效率的策略和提示、专业的捷径、培养能力的练习活动、实行建议的机会。

此外，"时间"也是一个很重要的成分。学生需要拥有足够的时间去练习、实验、培养习惯、建立起恰当的想法与态度。

5. 情绪（我心里是什么感觉?）

如果给予学生表达情绪的机会，他们可能会特别强调阻碍或鼓励其学习的情绪：

- 我觉得我永远也学不会这一科!
- 这让我觉得很烦、很讨厌!
- 这让我觉得很生气、很受挫折!
- 这让我觉得很有趣!

他们也可能会通过眼泪或其他行为来表达内心的情绪。我们可能会把学生的情绪归因于目前在学习上遇到的困难，但是这种情绪常常也夹杂着早期学习阶段的受挫感。

学生可能会把现在的学习与其他的经验联想在一起，像是被某个老师当众羞辱，或是考了低分看到父母失望的脸庞时内心的痛苦，甚至是某些在时间上或情绪上与关键的学习阶段相关联的人生经历，如亲人去世、被虐待、被欺负等。

"我从来都不知道从我爸离家出走开始，我就一直把写字跟一种痛的感觉联想在了一起。"一名成年的学生在分析其学习问题时说。另外一名学生则说："我想在星期天下午念书，但是就是专心不了。后来我想起来，小时候我爸妈总是会在星期天带我几个妹妹去公园玩，我却得在家里写功课。这个经历对我造成很大的影响——一个人被丢在家里，其他人却在外面玩，我觉得他们一点都不在乎我。"

学生通常都可以在其早期的创伤经历中找到阻碍学习的原因。这些早期的创伤，事后可能会再度浮现，但是当事人不一定会看出它与阻碍学习的情绪相互关联。几年之后，最初的情绪可能又因后来的失败经验而恶化。

另一方面，正面的情绪则能够为学生的学习带来良好的影响。有很多一开始念书念得并不顺利的学生，常常都具有一段"脱胎换骨"的经历。他们之所以能够实现"脱胎换骨"，常常是因为某个老师花时间跟他们解释怎么去改善和进步，然后成绩有所起色并随之变得欢欣喜悦、进步飞快。

一名学生就曾跟我们叙述，他是如何在老师的一再指点协助下，从"不及格"的边缘一路往上爬，最后在一个有七千名学生的大学里获得"全校最优奖"的，而且是在短短一学年之内。如果对自己、对学习的环境、对课程、对于可能的结果感到乐观，那么学生就能够使自己产生很大的学习动力。我们与高等学校中"最有危险"、"最有可能失败"的学生的共事经验显示，只需要一点点的转变，就可以改变学生的情绪反应，而一旦学生产生了积极正面的情绪，他们的表现就会有大幅度的转变。

6. 信念与价值（为什么?）

我们的信念系统，对于我们的学习具有很大的影响力。一般情况下，我们都以自己的信念作为行动的基础。其中，我们对于自我价值与个人潜能所抱持的信念，力量尤其大。有些学生深信自己"不应该"在大学里念书，或是深信自己就是不够好。学生所抱持的基于智力和过去的不佳表现所形成的信念，尤其会造成他在高等教育中持续表现不佳。

我们所持有的对于所学内容的价值的先入之见，也同样具有很大的影响力。学生可能会觉得只有某些专业值得认真学习，即使那几个专业并不是他们特别擅长或有兴趣的科目。例如医学和法律可能很受家人的重视，但是学生个人的兴趣与天分却在别处。

态度与动机对于学生如何看待学习，具有深远的影响。学习困难出在信念这个层次上的学生，可能会在言谈与行为中将其表现出来，并且他们在价值与行为之间可能也会存在矛盾：

- 这个专业我是怎么念也不会念好的。
- 这样比较省事：先别管，先专心念好别的专业再说。
- 反正只是讨论课，不一定要去上。
- 音乐对我来说很重要，它是我最想读的专业，但是我以后要找工作，所以我就来念商学院了。

7. 身份定位（谁?）

我们的核心信念与价值决定了我们的身份定位，即决定了我们认为自己是谁。学生遇到困难时，问题有可能是出在身份定位这个层次上：他们认为自己"不是那种会念书的人"，并会在描述困难时强调"我"这个字：

- 我就是学不会。
- 像我这样的人本来就不该上大学。

学生可能早已认定了自己将来的专业出路，他们可能已把自己视为是社工、医师、艺术家，或者认定自己就是个优秀的学生。"学业"对有些人来说，可能就是其身份定位的延伸。有些人可能将自己定位为好学生，因为好学生在学校里会受到奖励和肯定；有些人则可能将自己定位为"无可救药的庸人"、"平凡普通的平民"、"耍宝的小丑"，或者"每次都坐在最后一排的人"。

"学习的自我"这个身份，由过去的学习经验以及自己与他人对此经验进行的阐释锻造而成。这些阐释会表现在个人总是谨记于心且表现出来的说法中。被转入辅导班的成年学生，几乎都记得曾有人对他们说："你永远也成不了大器。"不管今后这样的学生会有多好的表现，"成不了大器"的说法永远都会在他们的心中留下深深的烙印，并且远远压过由最近的成功经历所带给他们的积极影响。因而，尽管他们拥有成功的表现，但是"失败者"的身份定位依旧会在他们的内心深处占据上风。无论是表现优异还是表现不佳的学生，他们都有可能面临这种情况。

许多学生完全没有思考过，大学生到底应该怎么学习，这个大学生的身份又应该是什么样的。对于自己是否能够"创造一个新的自己"，成为一个成功的学生与专家，或是成为一个自信独立的成人，每个学生都有不同的看法。

很多学生都表现出一副他们相信自己的身份定位，以及基于此身份定位之上的生活与表现都是先天注定的。但是，挑战固有的身份定位，的确可以大大地改变学生的学习态度与方式。

8. 更高的目的

"更高的目的"指的是整体的方向与动机，它是推动一个人前进的力量。就学业来说，这可能是指拿到学位后学生期望得到的益处——帮助他人、成为孩子的典范、变得更独立、献身一个他们重视的专业领域，或是增进知识。

通常"更高的目的"都与为他人谋福利、献身创意与艺术，或与个人的心灵成长有关。如果将学生的学习能力与更高的目的结合起来，那么学生就会更有动力，并且也更能在遇到挫折困难时取得成功。

2.6 受激励的学习：体会"成功"的意义

前一节，我们探讨了可能致使学习受到阻碍或受到促进的八个"层次"。学生有可能主要在其中的某一层或几层受到阻碍，而这几个层次也是促进或激励学生学习的地方。不过学生若要在学术、学业上有所成就，那么就得积极投入到学习当中，而且他们还必须多多少少具有参与的意愿（见图 2-2 学生激励循环图）。

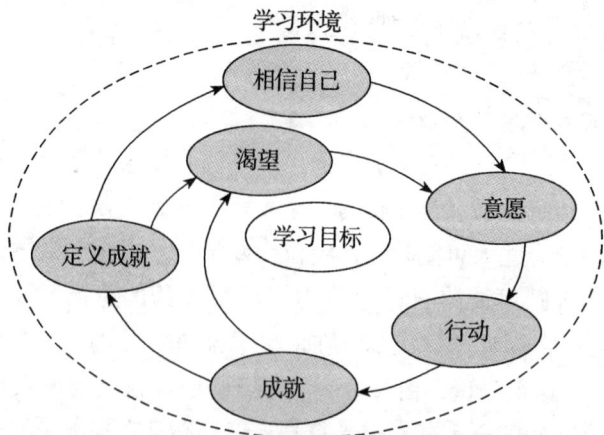

图 2-2　学生激励循环图

学生越相信自己有可能成功，他们的态度就会越积极，而且也会越有意愿投入到学习当中。不相信自己、觉得自己是只会失败的人，通常就不愿意冒险暴露出他们自认为无知或缺乏技能的一面。

高等教育界最近强调的是学习的"成果"，然而，在帮助苦苦挣扎的学生时，成果这个概念显然只是整个过程的一部分。就算是取得了成果，也不一定会带来学业上持续的成功。很多学生在学术学业上从来没有成功过，他们进入高等教育阶段后基本上就意味着坐等失败。一开始拿高分并不能让他们安心，除非他们清楚地知道为什么这次能拿高分；低分通常也不会刺激他们奋发向上，因为学生可能会认为这个低分表示他们在学校里永远不可能取得成功，表示"进修"并不适合他们。

学生阐释分数或成果的方式，其实比分数或成果本身都重要。65 分可以被认为是很好的成绩，也可以被视为是失败。判别成功或失败，除了要从评分的制度来看，同时还要看学生觉得自己"应该"拿到几分。

例如，学生有可能把自己取得的几次高分视为是成功的表现，也有可能将之视为是一连串的侥幸，并且认为迟早有一天好运会结束。但是如果有人给予其适当的回馈，并清楚地告诉他们应该如何提高成绩，那么即使是低分也有可能会被学生视为是走向成功的途径。

曾有一个成年学生，他的某次考试成绩比同学低了 20 分，但是他并不慌张，因为有人告诉他，他离开学校这么久还能够考过第一次考试，这已经是不小的成就了，而且不久以后他就有可能追上其他的同学。

学生很难向他人或自己畅谈其成功的成果。他们的自我对话或潜意识可能还没有转变过来，还不足以容纳自己有可能"成功"的想法。的确，为了"保留面子"，学生可能会故意表现不好，以摧毁成功的可能性。许多学生都表示，他们宁愿因为没有尝试而失败，也不要冒险努力用功而最后还是"不够好"。如此一来，一个主要的激励因子在学生心里便可能发育不全。

这是老师们应该注意的关键领域。如果学生能够体会成就的意义，并能将之与未来的目标相结合，那么他们就有动力投入学习。此外，老师也可以提供机会，帮助学生探讨哪些做法会达到"自我摧毁"的目的。

☞ 从"起飞"阶段进入积极的学习阶段

"起飞阶段"是一个概念上的阶段。在此阶段，所有阻碍学习的因素都被激励学习的因素所压倒，因此学生能够积极投入到学习当中，自己负起学习的责任。

起飞（take-off）是一个相对阶段——它看的不是客观的表现，而是学生是否能在适当的支持下认同课程的目标。这个阶段的学生通常会展现出全新的自信，并对学习目的有所领悟，而且对学习对象的态度也会有所转变。此时，学生的内心与课程内容会有某种程度的交集，而不是感觉学业内容是"外在施加"的。

这时，一股在克服阻碍因素时所释放出来的能量往往会相伴而来。这股能量可以重新引导学生的学业。例如，学生不再担心失败，同时还会注意到他们有多享受这个课程，克服阻碍因素时所释放出来的能量使得学习过程更加轻松。

对每个学生来说，"起飞"的意义都稍有不同，它包含了：

■ 渴望。

■ 相信自己。

■ 清楚地了解目标。

■ 知道达到目标的方法。

■ 明白学习的过程。

■ 为该阶段的学习做好准备。

■ 专注。

■ 决心。

■ 愿意接受挑战。

如果缺乏这些，那么学生就必须从外界获取动机，像是有魅力的教法、经济上的诱因，或是家庭压力。在学生感觉念得很辛苦的课程上，过去的学习经验也会深深影响他们对是否值得投入时间或冒险暴露缺点坚持下去的认知。"进修风潮"背景下的学生在进入高等教育阶段时也带着许多弱点——与过去的教育经验衔接不上，以及一些认知、情感、行为和经济上的困难等。然而，我们并不是一定得为每个学生在每一方面都提供额外的支持。有时候，当学生成功地克服了其中的一两个方面的困难后，他们便已充满能量，并且仿佛其他的困难都不存在了。这并不一定是因为问题消失了，而主要是因为学生面对这些问题的态度改变了。

对于需要接受很多额外支持的学生来说，任何一种自我管理的早期迹象，都可以被视为是一种"起飞"。只要学生有了突破性的发展，了解到学业与老师对他们的期望，并开始认真面对困难，即使他们还没有能力拿出该学习阶段应该有的表现也无伤大雅。

换句话说，"起飞"应该是一种心理状态，指的是内在对话的改变，而非外在的表现水准。而在实际上，这个转变到"我做得到，有可能的"的自我对话，通常既可以带来行为上的改变，也会带来更好的学业表现。

起飞阶段所需的心理状态，一方面是相信自己，另一方面就是对学习环境的理解与信任。学习环境提供了一个架构，供学生建立起自己的学习态度。如果学生要取得成功，那么便须在某种程度上按照学校或院系的要求建立起内在的态度。

例如，如果一门课只要求学生对它具有粗略的了解即可，那么可能是因为该门课只是入门课程或附属课程，那学生就须清楚该门课所要求的深度。如果学得太详细、太深入，那么考试时可能就无法按照字数限制写出答案；如果学得太浅显，那么也可能会因为对知识的理解不足而失分。

"起飞"需要学生按照课程要求，调整自己的学习需求。一般来说，这指的就是学生必须愿意在有兴趣的科目上，学得稍微浅显些（相较于他们原本想要达到的学习效果）；反之，在没兴趣的科目上，就要读得更深入些。学生若想取得成功，那么他们对自我的要求就必须符合院系的要求。

☞ "浅显"的学习与"深入"的学习

越来越多的研究显示，学生并非按照明列的课程目标，而是按照课程的要求，尤其是按照所谓的"隐藏性课程"——也就是评估的方式来不断调整他们的学习方式。此外，学生对于评估尤其会采取功利的态度，并依评估的要求决定其学习方式。

如果评估中要求学生去记忆资料，那么学生通常就可能会采取表面、短期的学习方式；注重测试理解的评估，则会促使学生更深入地进行学习，而且学生也比较有可能会在考试之后依旧保有学到的知识。评估的方式和要求，会影响学生采取浅显或深入的学习方式。

进行"深入学习"时，学生既能够消化、吸收所学，也能够理解其中的意义，并能看出所学内容在其他环境中的关联性与应用性，而不是死记灌输进来的知识。虽然"深入学习"并非永远都是最好的学习方法，但它是最好、也是唯一的理解所学内容的方法。

在"深入学习"中，学生能够发现所学的内容与自己具有某种关联。他们能够保持所学内容的整体结构，并专注于理由与概念，同时还会把新的信息与旧的知识和其他环境进行整体性连接，从而抽象出连贯的知识与架构。

"浅显学习"则只会使学生达到考试的要求。此时，学生觉得学习是从外界"施加"来的，因而往往"专注于不相关的部分"，缺乏反思与触类旁通。因此，"浅显学习"不是连贯、有意义、与生活有关的。

总的来说，课程设计、教材和他人彼此互动的机会、扎实的知识基础等因素都是决定学生学习方式的关键因素。本书会在后面的第 3～5 章中详细探讨如何通过整体的学习环境改善学生的表现。

2.7 会阻碍学习的态度与方法

☞ 不知道要学的到底是什么

对于学习的"对象"是什么，学生可能会有各式各样的观念——学习对象的结构、逻辑或学习的目标、目的和意义等等。但是，他们却很少能够看出学术常规与主修科目或生活之间的关联。大学有可能看起来是一个非常奇异的世界——大学的语言可能过于晦涩难懂，常规的做法可能显得神秘难解，而且学习过程中似乎也充满了不必要的障碍。

我们可以很容易地断定学术生活中常用的一切，像是使用理论、论文写作、参考引用、分数制度，甚至是模仿"真实生活"的作业，都是学生主动就可以接受的。但是从职场回到学校的学生却认为并非如此，这些学生可能会觉得他们可以从经验中学到相关知识，职场生活中并不需要理论。

研究结果说明，只有33%的学生了解评估的标准。学生需要学习高等教育方式下的文化，以便帮助他们了解各种术语的意义和大学常规做法的理论基础，以及学校对身为学生的他们有何要求。学生可能也很难知道他们在学习过程当中应当扮演什么样的角色：什么时候他们应该提出自己的意见，"独立自主"是什么意思，为什么常识并不足够。他们可能会很惊讶于自己"应该"如何行动与思考，"应该"如何"成为"一个学生，"应该"如何让自己"感觉"像个学生或"行动起来"像个学生。

此外，他们可能也不是很清楚除了最后的成果——学位和更好的工作之外，他们到底想从学业当中得到什么。有些学生靠埋头苦读和遵循指示解决这种困惑；有些学生则"脑袋一片空白"，迷迷糊糊地念到毕业；有些学生甚至变得受挫、沮丧；有些学生则专心于念书考试，以分数为支柱和动力（不管是考高分还是考低分）。许多学生都很困惑自己到底应该怎么做，又为什么要这么做——"这一切到底有什么意义？"

以下是一些学生的困惑：

1. 为什么我们念社工的还要学理论？虽然我可以理解我们为什么要了解法律，了解不同的社会族群与种族族群，但是学这些理论难道不是很浪费时间吗？这对我以后的工作有任何价值吗？

2. 我当助教已经七年了，教的是小学一、二年级。当看到教学成果后，你可能会以为你真的了解了教育。然后你开始接受训练，结果突然就有这么多"东西"要学？可是学这些东西有什么用？我实在看不出来我为什么需要学这些东西，还不都是为了一张证书，为了成为正式的老师。

3. 我自己写的东西对我来说都是常识，可是他们却说我写的这些东西并没有价值，除非我引用别人的话。这样有什么意义啊？真无聊！就好像是用你自己的点子去捧别人一样。这样做的话，我以后在工作上怎么会成功啊？

4. 我很喜欢在这里念书，而且这也是我一直都想做的事，特别是为我们的专题计划做研究？我很喜欢查资料，从中可以发现许多新知识。我只是搞不懂，为什么我要把它写成一篇2 000字的报告？我不想按照老师出的题目写报告，我只想写我想说的话。我也不想写试卷，为什么他们就不能参照我所说的内容给分数？

5. 我觉得我读书读得好辛苦。我觉得我并不笨，事实上只是因为我根本就不想来读书。我只是想要有个学位，因此我觉得要我好好读书实在太难。

6. 我实在不知道读书的时候应该怎么思考。我不是说我不了解专业的内容，我指的是我自己应该怎么做。例如，在读书的时候，我不知道自己到底该怎样去做，脑子里应该怎么想，应该对自己说什么？我在念书的时候到底是谁？这一切有意义吗？

学生对于学习的科目，如果缺乏整体的概观或所谓的"元知觉"，那么他们就无法为所学的内容赋予某种意义。这就会使得学生难以判断出所学科目的重点在哪里，难以挑出重要的信息：似乎所有的细节都一样重要。如此一来，学生做笔记时不是把所有的东西都记下来就是什么也不记，或者是随机记，甚至由于一开始记得太过详细，结果时间不够用。

学生可能也很难对所学的科目采取批判性的态度，除非是在一篇文章或一个理论内找出矛盾之处。这个时候，学生就有可能从一个主题跳到另一个主题，却不说明它们之间的关联；或者是建立起太多的关联，结果最后却忘了最重要的关联是什么。针对这些问题，老师可以采取这样的方式来帮助学生：留心学生潜在的困惑，为学生提供清楚明了的课程大纲，并为他们指出科目的内容以及学习方法同日常生活之间有何直接的关联。

担心自己"不够好"

学生普遍存在担心自己"不够好"的心态，而且这种心态也不一定是由于现有的表现所造成的。学生经常认为基因已经决定了他们的学业表现，而这种羞愧和担忧也确实会阻碍他们的学习。但不管先天的基因如何，很多学生依旧没有拿出该有的表现，而其中的原因并不是潜力不够，而是因为缺乏自信。过去的经验、内在的负面信息、担忧和压力使他们难以专注于学习。但是，如果我们能够打破这个恶性循环，那么随后学生的表现就会变好。

许多学生在刚开始进入高等教育阶段时就已经很脆弱了。虽然从年龄来看，学生们已经是成年人了，但是若从大学的要求来看，他们的心理可能还非常年幼脆弱。他们身上都带着过去的伤痕——在全班面前被羞辱；被人说自己笨；认真努力完成的作业却得低分；尽了全力后却被人说应该再努力一点；在急切期待称赞时却受到严厉的批评等等。

这些学生不只会对自己的念书能力丧失信心，同时也会对自己的判断能力失去信心。他们不再确定哪些学习表现或学习习惯才是应该保留的，而哪些又应该被改变。在一片由评语、写作、努力、不公平的批评、不清不楚的回馈和笼统的建议所组成的过程中，他们缺乏相应的指导。几乎每一个人在学校里都至少有过一段恐怖的经历。例如，被老师彻底打击信心，以至于不知道自己到底是跟自己想得一样好，还是根本就是"愚笨无比"。过去在学校里被认为是比较"迟钝"的学生，或是在学术科目上从未有过杰出表现的学生，对于上大学可能会特别紧张，可能认为大学是让别人去上的。

"进修风潮"的兴起表示过去从来不敢想象自己会上大学的人，现在也能够在大学里修学位了。这些人其实可以表现得很好，但是他们可能会觉得自己居然敢来念书修学位，着实够莽撞了。而且，他们还认为大学是给"别人"上的，即给富有、聪明、天资更好以及社会地位更高的人去上的。但是，他们的这种想法却是完全错误的，我们必须挑战这种负面的自我概念，并努力改变学生的这种"学业失败的原因乃是命中注定"的消极心态。

我们若想挑战这种负面的自我概念，那么第一步就是去探讨这样的负面想法是从何而起的，以及它对学业表现有何影响。如果学生相信自己注定就是要失败，那么就算改掉了他们的不良学习习惯也是没有效果的。

☞ 不敢承认自己有困难

当我们请学生谈谈他们对于成为大学生有何担忧时，他们通常会说担心别人发现他们有困难。他们担心：

- 老师会看不起他们，失去老师对自己的信任后就更难取得好的成绩、好的实习机会、好的推荐信，或是继续进修的机会。
- 在老师面前难过得哭出来，因为这样很屈辱、很丢脸。
- 别人发现他们需要协助，因此被人取笑、同情、轻视、怀疑。
- 同学们拒绝跟他们同组合作。
- 别人以为他们不愿意别人帮助自己，所以当他们以后真的需要更多帮助时，老师的善意与耐心已经被磨光了。
- 自己会对老师不满，觉得老师应该采取不同的教学方法。
- 被赶出该门课（即使事实上不可能）。

在面对这么多的学生、这么大的压力和学生的任性不合作、不看课程教材等问题时，老师很容易就忘了——从学生的角度看来，老师完全掌控着他们的生死、希望、抱负、工作机会、自立机会以及他们的自尊与脆弱的心灵。学生大多时候都不敢挑战老师的权威，因为这样做的风险太大了。然而实际上，老师并不会因为学生发出怨言，或占用老师太多时间就"伺机报复"。

但基于上述这些学生们脆弱的特质，以及学生自己给自己的压力，老师可能一不小心就会碰触到学生的伤口，或是口气稍重就会让学生觉得自己根本就不应该进入大学。换句话说，老师的语言、行为和支持会大大地改变学生的自我意识和学业表现。如果学生觉得老师看不起自己，他们就更加不敢承认自己有困难。

2.8　优秀学生的担忧

在学校里一向表现优秀的学生，可能并不了解为什么他们念书念得这么顺利，也可能不了解是什么因素使他们一再取得高分。成功很少得到解释，得到的顶多就是一个分数，或是一句像是"很好"的评语。但是这些并不能使学生清楚地了解自己到底可以达到怎样的成就水平，甚至那些最顶尖大学里的学生也会如此迷茫。这些学生可能具有"追求完美的焦虑"，他们往往很在意别人眼中的自己。

有些学生担心有一天一切会真相大白，这时老师、同学还有自己都会发现自己其实"一直都很笨"；有些学生则觉得大家都期望自己能够表现得很好，因而他们会隐藏自己的困难以保留面子。一般来说，好成绩并不会自动造就有信心的学生。对于过去一向表现都很杰出的学生来说，如果进了大学之后他们没有取得预期的成绩，那么这样的失败会让他们难以接受。例如，有些学生的实际操作能力或口头表达能力很好，并经常受到同学的钦佩与赞美。因此，尽管书面工作对他们来说可能没那么容易，但他们却很难去承认这一点。

有些学生可能还希望能够维持一种"天资聪颖"、不需特别努力的假象。虚荣的我们，可能宁愿为"天生的优越"感到骄傲，也不愿为辛苦收获感到自豪。就成功的概念来说，"遗传的天资"比努力训练更有说服力。这种心态会让人过得很辛苦，因为这样的学生为了摆出一副自己不是很努力的样子，每每都需要在暗地里偷偷念书，因而会给自己很大的压力。而这样的学生其实可能很自卑，因此更不会去向老师求助。而且，饮食失调、吸毒、酗酒以及自我伤害行为在成绩优秀或过去一向成绩很优秀的学生当中并不罕见。

🔲 解决方法

对于充满精英的顶尖大学来说，创造一个安全的环境来着手解决这些困难，并将技能发展引入课程以提高学生本来就已很出色的表现是个很大的挑战。这主要是课程设计的问题，因为优秀的学生不太可能去主动寻求帮助，或是承认自己有发展技能的需求。

其中一个主要的问题就是成绩优秀的学生通常都会进入传统的大学，而传统的大学注重的是内容（基础知识）。因此，学生经常被要求一再使用同样的学习策略，只不过面对的是不同或更多的信息而已。这些学生进入大学时，可能都已具有了某种特定的思考习惯和有限的写作风格与生活技能。但是，在他们离开大学时，这些技能却依旧没有得到显著的进步或提高。有时候，成绩优秀的学生在大学里学到的主要技能仅仅是以更快的速度写出更长的论文，而所使用的写作风格他们以后再也不会用到。

2.9 学生不知道如何评估自己

以下的些许心声表达了学生内心深处的两难困境，这种困境源于他们不了解学术常规运作的方式，或是因为评分标准与老师的回馈含糊笼统无法指引他们。下面这三个学生都曾拥有过成功经历，但是成功并没有为他们带来自信，或者让他们明白如何交出一篇好的论文。他们不知道什么样的做法才会带来成功，因此也就无法确定自己的表现到底如何。他们缺乏能够帮助他们不断重复成功经历的评估自己的工具。以下就是这三位学生的陈述：

1. 真丢脸……我到现在都不知道自己文章的分段到底对不对。最近，有一个老师说我可以"修改一下我的分段"，但是在此之前从来都没有人跟我讲过这个问题，所以我真的不知道该怎么想。我也不想问别人是否拿到了好成绩，反正我是得了21分，所以就很难再去开口问什么了。我在想：如果我开口问的话，他们会不会一开始对我另眼看待，然后就会想"说不定她没有我们想得那么好，她根本就不知道自己在做什么"所以我就没问了。

2. 我真不敢相信即使我已经读到了这个程度，但我还是不知道自己到底知道些什么。我觉得自己就像是被困在了幻想的世界中，而这个泡泡随时会破掉。我这个"笨"学生上这门课做什么？还有我到底该相信什么——我的好成绩还是坏成绩？哪一个才是真正的"我"？

3. 显然我正在退步。以前我的作业还会得72分，但是后来有一次低到了48分，然后其他的就基本都在55分左右了。我把这几次的作业重新看了一遍，但是实在看不出来其中的差别，看不出来为什么那次可以得72分，其他的却不行。我盯着我的作业，仿佛谜团的答案会自己出现在我眼前……为什么这次得这个分数而那次得那个分数。公正的评分标准也帮不了我，因为我实在"看不懂"它们到底指的是什么。

其实，我当然可以看出我的作业大致哪些地方需要改进，只是我看不出来以前有哪些东西是现在没有的。我需要有人跟我说："魏希德，你看这里，因为X因子所以我才给你这样的分数。你最近的作业就缺少X这个因子。"听起来很好笑，什么是X因子啊？但是这就是我要解决的谜团……如果我的成绩一直下降，那我也许就不应该继续上这门课了，因为我不想被挂掉。

2.10 失去学习的动力

在为时较长的求学过程中，学习动力减少是很常见的现象。学生一开始具有的学习热忱可能随着学业越来越困难而逐渐减少，特别是当学校之外的生活又出现其他的问题时。如果没有学习动力，学生很难对抽象的信息保持兴趣。老师可以通过多种方法来维持学生的学习动力，例如：

■ 给学生提供讨论学习动机的机会。

■ 安排开展职业教育的时间。

■ 采用适当的教学方法，使课程内容与学生的现实生活经验互相关联。

■ 提供具体的例子。

■ 进行案例研究。

■ 把信息与个人的生活联系起来，使抽象的信息更有意义。

当一个科目具有挑战性、一个人对该科目非常精通且可以应付得来时，科目本身的有趣之处就会变得更明显。而且此时学生的学习动力也会随之增加，学生能够到达"起飞点"，而"起飞点"又能够支持学生继续付出努力，进而使得努力不再成为一种负担，以致最后努力甚至都不请自来。一般来说，玩填字游戏或去运动的成人并不是被强迫去从事这些活动的，他们可能永远也填不完该游戏，永远也无法成为体育选手，但是他们却会因为某种意志或渴望，而不自觉地愿意付出努力，并能够在活动当中获得愉悦感。

到达"起飞点"的学生，会觉得科目开始变得迷人、学习变得有趣，并被吸引着去解开谜团，去给自己出问题，去为了"弄清楚"而弄清楚。然而，很多学生从未到达这个起飞点。

很可惜，学生的证词往往描述出相反的过程：觉得科目内容越来越无趣，并逐渐失去最后的希望，转而对学术环境彻底失望、逃避学习的痛苦。成绩不好的学生经常是"心碎"的聪明人：在努力的同时，他们的心其实已经不在上面了。为了从中抓取一点什么，学生可能会耍点手段以争取小小的成功，或是至少会去寻求还能保留面子的出路。这可能是因为过去在就读中小学时，他们的知性心灵就已经开始慢慢被闷死了，因此到了大学后就索性来个收尾，把它完全摧毁。老师往往应该对此负有重责，老师必须要在学生的心灵沦落之前抓住他们。

及时的介入与协助能够维持并加强学生在一开始学习该门课时所具有的动力。我们需要告诉学生，在从"新手"成为"专家"的过程中，他们会遇到哪些无法避免的困难，并帮助和支持他们顺利度过这个过渡过程中的消沉阶段。

负担过重也会影响学生的学习动力。如果要求学生吸收的知识超过了他们能够吸收的分量，他们就无法消化知识。此时，他们可能就会开始对该科目失去胃口，然后该科目可能就会开始令他们反感。这个科目也就不再是一个迷人的领域，而成为一个令人想逃避、拒绝、驱逐、杀死的怪物。消化不了老师喂食的知识是一种很可怕的感觉，它致使学生的学习动力减少，促使科目成为学生的忧虑而非兴趣。此时，学生出于恐惧开始采取"生存策略"以"勉强应付"这个科目，只希望没有人注意到他们的恐惧与失败。

老师必须将知识以适当的分量传授给学生，否则学生的注意力会飘离，学习兴趣也会降低。相关的任务须由浅入深，老师也需要注意可能造成负担过重的地方。为了减轻学生的压力，老师可以尽早让学生知道整学期的授课内容与要求。例如，假设所有的课程教材都在学期初就发下来了，或是公布在网络上了，如果老师能够再告诉学生，什么时候要上哪一部分，那么就会对学生带来更大的帮助。这一点最好能口头说明，学生需要实际听到。但是学生同时也需要用眼睛看到，因此最好能够再写在教材的前言里。

此外，可能还需要有一个简短的指导过程，带领学生浏览一遍教材，同时通过练习活动促进反思与理解。当信息主要是通过耳朵进来时，许多学生还会希望能够用眼睛看到。所以一般来说，在线课程尤其会出现负担过重的危险。因此，在CD-ROM或网络上找资料可能会使学生面对一堆他们无法区别、阐释、挑选和评估的资料。

2.11　固守没有效率的学习方法

学生可能完全不知道哪一种学习方法最适合他们。他们往往一再采用在中小学时学到的学习方法，尽管这些方法并不是非常有效。如果他们又失败了，这个失败的经验只会强化其负面的自我形象，造成惰性或退缩。

学校教室内所提供的学习方法是有用的，而且老师也有义务教授学生学会这些方法，但是这些学习方法并不一定适合每个学生自己在家念书时使用。例如，有些人在四处走动的时候学习效果最好；有些人则需要进行大声朗诵，或是同时念三个不同的主题；有些人则需要每学习十分钟就站起来走一下，或是写字与朗诵交替进行；有些人则只有在凌晨三点夜深人静时才能取得最佳的学习效果；有些人则习惯边听音乐边念书，或是需要跟朋友聊聊书的内容。可见，上述的这些学习习惯显然并不是在学校教室里培养出来的。

学生可能会觉得只要他们不是安静且动也不动地坐在书桌前几个小时独自一人或读或写，其他的就都不是在念书。这样的观念使得某些学生很难主动进行学习，因为在需要学习的内容与他们依据教室环境为自己设置的学习环境之间存在着内在的冲突。上课的时候，他们的需求可能不会这么明显，因为老师通常会引导他们进入学习状态，但是自己一个人的时候，他们往往只会在危机出现或期限接近时才有办法开始念书。

有些被引荐去接受辅导的学生一般会花很多时间念书，但是他们吸收进去的内容却很少，同时心里也会非常厌倦和沮丧。他们可能会抗拒改变其原有学习习惯的做法，因为他们认为学习就跟治病一样——如果不痛苦，治疗就没有效果。学习过程当中的"痛"，就是指厌倦的感觉。如果念书有乐趣就显得太容易了，这时他们就会觉得自己不是真的在念书。

学生也有可能固执地相信自己是"某一类"的学习者，这种心态的表现形式可能各式各样。例如，学生可能习惯了念书时把论文的内容背下，然后再在考试的时候默写出来，或是尝试在考试的时候写出一些论文中的内容。虽然这样的做法会把知识冻结成一个特定的结构，但是这种策略可能在以前的某个关键时刻发挥过效果，因此学生不愿放弃它。这样的做法可以带来安全感，即使它可能使学生不及格过好几次。

学生可能也不太敢使用"捷径"，因为他们觉得走捷径就相当于作弊。而且他们相信走捷径会遭到惩罚，惩罚就是低分。最典型的例子就是这样的学生：他们把所有的推荐书目都从头到尾看完，每一章都整理出很多笔记，尽管完全不知道这么做有何意义。这样的学生太急于把所有的内容都念完，因此根本没有心思去培养更重要的技能，例如反思、挑选和判断重要性等。

他们整理出过多的笔记，为自己带来更多的工作量，因为这时有更多的笔记要复习和整理，而且复习起来也可能杂乱无章。最后，他们虽然知道很多，但是考试的时候却得花很多时间来挑选最重要的信息，无奈快速挑选信息的技能又不够好。考试时他们可能会觉得时间不够，这也许是因为前面几题的答案写得太详细，或是因为花了太多时间进行计划和挑选，结果没时间把答案写完。因此，老师可以为学生指明有效的捷径，并通过这些指明的规范来"准许"学生采用有效率的学习策略，从而帮助这些学生。

也有些学生被人说是"用右脑思考"，他们完全没有条理或组织的概念。如果他们发现自己生活中的许多方面都变得很有条理或组织，便可能会认为他们固守的身份定位具有了危机。直接挑战其固有的身份定位可能会适得其反，更好的做法乃是为学生指出他们可成功使用这些技能（如上述的条理和组织）的地方，然后再以这些成就为基础，进一步去探索和扩展能够为他们所接受的方法与策略。

2.12　工作后再进修的学生的特质

学生来源的改变表示我们必须为他们提供更具支持性的学习环境。因"进修风潮"而进入大学的学生，通常具有以下特质：

1. 人生经验丰富，尤其是在工作、家庭生活、照料看护、私人关系、人际交往和个人管理方面。

2. 语言多样化，英语可能只是学生所会的语言之一。

3. 强烈的个人动机：如事业心，或者是想证明给自己和大家看。

4. 受到鼓励时会非常认真地投入到学业之中。

5. 为了取得学位，愿意奋斗吃苦。

6. 比一般学生更了解技能发展对就业的重要性。

7. 面对问题时，他的解决方法更成熟。

8. 与一般大学生相比，具有更多变的学习风格和偏好。

9. 在学业之外，可能还有家人、工作等其他的负担。

10. 过去所受到的教育与将要学习的内容衔接不上来，或是已经离开学校很久。这表示他们可能从来没有习得某些学术技能，只在（一般）为期九个月的先修课程中"复习"过这些技能，故其运用学术用语甚至是一般书面用语的能力可能很弱。

11. 只有很少，甚至完全没有正式书面写作方面的经验。

12. 缺乏固定的学习习惯，特别是在课堂外自己念书时。

13. 缺乏阅读习惯，这些学生往往只看过很少的书。

14. 过去曾有负面的教育经历。他们过去的教育经历往往都很不愉快，所以他们会很小心，尽量不暴露自己的缺点，生怕遭人嘲笑。

15. 过去在学校很少参加考试，或没有考好过。

16. 还没有准备好接受高等教育，对于大学是什么以及大学的传统、风气和教学缺乏了解，不知道中学和大学的差别以及大学的学业对他们有何要求。

17. 缺乏信心，觉得自己没有资格进入大学，觉得自己就是等着被审判，然后被赶出学校。过去可能有人对他们说，他们永远也不可能有一番事业，或不可能有资格继续进修。

18. 不知道自己既有的技能、经验和特质，可能也可以应用在高等教育中。

那些被"进修风潮"吸引而进入大学的学生，并不比那些优秀的传统大学生逊色，只不过他们是不一样的学习者。他们在学校里的表现之所以比不上那些后来顺利进入高校的学生，只是因为学校的体制倾向于促进一种特定的学习方式。这种学习方式注重书面文字，以书面形式扼要重述所学内容，并以有时间限制的书面考试来进行考核。

就今日的学生来源看，将会有更高比例的学生只有在非传统的学习方式下才能表现出最佳的学习效果。例如，他们会在有机会主动参与、产生自己的想法而不只是分析他人想法时非常活跃；能够以书面考试之外的方式证明自己具有的知识时取得骄人成绩；等等。

2.13　为高等教育做好准备

如果大学课程与（进入大学前的）预备课程具有不同的教学方式与评估方式，那么学生就会经常在黑暗中摸索——不知道到底该怎么念书。今日的大学生在入校之前会学习各式各样的大学预备课程，但是这些课程所使用的教学与评估模式未必与大学内的做法相同。

有些新生可能从来没有参与过考试，即使考过，考得可能也不是很好。他们可能从来没有过边听老师讲课边自己动手做笔记的经历。有些大学预备课程就是以做练习册里的练习为主，学生通常会两人一起或是与小组一起完成。有些进修教育学院的学习辅导机构会帮学生改作业，并告诉学生应该怎么进行改善。当新进的大学生听到高等教育机构里的学习辅导组织没有这种功能时，他们可能还会大吃一惊。

此外，还有些学生根本就不是通过一般的渠道进入大学。他们有的是直接从职场进入大学，同时他们所具备的经验也被认可为是该院系所需的技能和知识。这些学生具备一定的个人特质与技能，能够丰富大学内的教学与学习生活。然而，职场上所需要的技能与大学里所需要的技能非常不同。

对于习惯了在真实生活中解决问题和习惯了亲密的工作环境的人来说，大学可能是一个非常怪异的地方——缺乏基本原理和温暖。即使是专业技能非常纯熟的人也可能会觉得很难适应高等教育的要求，除非有人为他们明确指出这些要求，并对他们进行适当的训练。

当今学生的时间压力很大，这表示他们无法像以前的学生那样有时间去弥补错过的资源或教课内容，细枝末节的小事对他们来说可能都无比重要。例如，如果文章里没有列出参考来源，那么他们可能永远也找不到那本书；如果他们进了图书馆却没有借到想借的书，那么他们可能不会再回来一次，因为他们已经没有时间了。

学生期望老师要求他们看的书是已经出版而且容易取得的书，如果是难以取得的资料，那么他们则期望有书面的摘要或是能在网络上取得主要的资料。他们期望老师把印好的书单交到他们手上，这样他们就能拥有正确的细节，上课时也可以更有效率，也就不必什么都从黑板上抄下来。如果老师用幻灯片上课，他们就会期望每张幻灯片都停留足够长的时间，好让他们以合理的速度抄下来。总的来说，时间对于"进修风潮"背景下的学生来说是很重要的。

☞ 鼓舞人心的学生：带给老师的回报

在"进修风潮"背景下，虽然学生来源的改变给老师带来了更多的挑战，但是同时它也表示老师的专业发展更重要了，专业生活也更丰富了。学生需要老师的鼓舞，这对老师而言也是一种鼓舞——它促使老师更好地向学生教授课程设计者所要求的技能。如果学生都念得很轻松，而且也都知道怎么拿出该有的表现，怎么样能使自己取得成功，那么老师教起书来就没有了乐趣和挑战。帮助不清楚自己有什么潜能的学生发挥出自身的潜能，并协助他们去改善自己的表现、培养自信，以及改变他们对人生的期望，这是老师在教书过程中获得的最大的回报之一。下面这位老师的教学经验便是证明。

我对成年学生最敬佩的一点就是他们的勇气和毅力。他们每一个人都有勇气再回到学校，尽管对他们许多人来说，这都是一个茫然困惑、考验信心的经历。原来的工作就算不稳定，至少也很熟悉（我想这一点非常重要，尤其是看到为什么有这么多人停滞不前时）。他们选择丢下工作重新回到学校，只是因为他们相信人生应该不只如此，这真的需要很大的勇气。而这也表示他们必须挑战许多既有的想法——说明自己、关于"自己到底是谁"的想法，这真的很不容易。

教成年学生的时候，你会发现学生充满潜能，但是同时又感到惊慌不已！这些学生在社会上是上班族、伴侣、家长，而且他们还会将其丰富的技能和经验带到学习过程中。若想教好他们，其中的诀窍就是要让他们相信他们不必把这些技能留在教室外面！我想非常重要的一点就是不要让他们觉得学术环境是很陌生奇异且跟"正常生活"不同的，也不要让他们觉得他们的生活技能在这里没有施展的空间。

我发现教成年学生时，生活经验就像锚一样能帮助他们稳固学术知识。而对年轻的学生来说则是先学会理论，然后随着岁月把理论应用到真实生活中。由此可见，对于成年学生来说这个过程是反过来的。

如果你让他们在他们的参考结构内去思考理解，然后再让他们说明理论，那么一切就会显得理所当然！这时候，理论就能成为他们生活中的一部分。

教书最大的回报之一就是看到学生能够理解、吸收，然后再把知识融入到个人生活中。

看到那些以前一再被人说"笨"的学生享受着思考的乐趣，感觉真的很好，而这也是使我觉得教书是这么值得的主要原因。想到他们以后会使用这些技能改变人生，感觉就会更好。

看到中年女性学生因这段教育经历而改写命运，我心里总是感到无比的满足——感觉就像是你给了她们一只大槌子，而且于她们而言，有了这只槌之后，她们在世界上就有了无限的可能性。

星期三的课很棒。我们请了一位客座老师为一年级的学生演讲，这些学生才刚入学两星期。中间休息的时候，他们热烈交谈——每个人都在谈自己的想法和经验，许多人还很惊讶，因为他们发现自己是会思考、会感觉的！这就像是看到一个火星被点燃，而且我认为自己永远也不会讨厌看到这个火星。

我想我的工作除了担任知识的源泉外，同时还包含了导游、拉拉队队长和卧底密探的成分。但我始终相信，如果只是专注于前者，那么就会危害到这些成年学生。老师很容易就会疏远学生，所以你必须要很留心关注教学过程中学生对知识的吸收状况。

我不得不承认，我自己也不是每一次都做对！昨天，我给学生上一门方法与方法论的课，结果整个上半节课我都完全没有顾虑到学生的参考结构。后来，我是把错误抢救过来了，但是之前我的确忘了"研究"这个概念对学生来说有多陌生和可怕，而我需要想办法把理论变得更具体实际。

2.14　总结

　　进修风潮、奖学金政策的转变、进入高校的途径的多样化，以及大学开始检讨自己到底想鼓励什么样的学习经验等，所有这些都促使相关人士对于学习、教学与"支持"的看法发生转变。

　　也许其中最大的改变是——过去，学生在适应大学的学习方式时不是溺死就是学会游泳，自行负责后果；而现在，高等教育机构开始尝试了解学生的学习方式，并在学习过程中给予他们一定的协助。"进修风潮"意味着不同类型的学习者都会进入到高等教育机构中，而且他们需要学习一些与传统学生不同的学习方法。这些高等教育中的新学习者，往往缺乏获取成功所必需的学术技能，但若是采取让学术技能训练脱离其他辅助学习的做法，势必也会失败。

　　本章是在收集了几百位学生与老师的证词后写成的，目的就是为了说明许多因素都能阻碍或激励学生的学习。这样的了解有助于我们决定如何训练学术技能，甚至能够帮助我们对学术技能的定义获得更深一层的认识。过去被引荐到专门单位接受学术技能训练的学生，他们除了需要学术技能上的协助外，在态度上与自尊上也需要同样的协助。而随着技能培养被纳入到课程当中，教学、评估与反馈也须经过一定的架构与设计，以提供这方面的支持。

　　如此一来，大学对老师的要求也提高了。大学常常对老师有许多要求，同时却没有考虑到老师缺乏训练的事实，这个现象在高等教育中一直都很普遍。许多老师因其研究能力出色而受到聘任，因此他们需要接受相关的训练，以便确保他们更有信心去教授学习者，而非只是教授一个"科目"。

　　学习理论为我们指出了各种因素的重要性。例如过去的经历、有组织的引导、知识与个人经验的相关性，以及在培养学生的专业知识时从具体走向抽象的重要性。这一切都有助于我们了解为什么在高等教育形式下的学生，特别是"进修风潮"背景下的学生，一开始往往难以适应高等教育的体制与教学方法。此外，这一切还能为我们指出继续前进的方向，如协助学生为适应高等教育的要求而建立起恰当的认识与准备，或是以适应过程衔接过去的学习经验。

　　在学生自己的叙述中，我们也看到了大学的程序性教学方法以及学生自己对大学的教学方法的误解是如何阻碍学生进展的。但是，我们却应该换个角度来看，不要认为是学生有"缺陷"，而应该去探讨过去的经验，或是现在的学习环境是如何影响学生的表现的，并应该利用从中获得的结论来积极协助学生进行学习。

3

支持性的学习环境

3.1 是学生有危险，还是环境有危险？

来自外界，尤其是政府的压力，正在迫使各大学做出改变，以适应整个社会的改变。如果各大学想维持一定的掌控能力，那么它们就必须遵照某些系统性的策略进行体制上的改变。

——Lewis Elton

过去所采取的"辅导"方法，也就是把学生送到院系之外的单位去接受辅导，并不足以应付现今学生的需求。传统的观念认为这种辅导是补救性的，只是提供给少数人的。而现在的趋势则是把更多的学生都包括进来，注重学习能力的发展，并设计出融入技能训练且适用于所有学生的课程。

过去的观念认为学生是有缺陷的。然而，在现今的教学风气中，我们不只要找出有危险的"学生"，而且还要找出有危险的"环境"，亦即找出学术环境中有哪些特点能使学习成为有益的经验，能为大多数的学生带来成果。从学生的角度看来，不同的辅导方法会带来不同的成果，我们在后面还会以实例说明两种不同的辅导方法，是如何影响学生的学习经验与自尊的。

本章将提供一个可适用于整所教育机构的辅导模式，同时还会具体指出如何把这种"辅导"融入到体制、档案记录和学生校园经验的各个层面当中。这是走向以学生为中心的学习环境和学术教学的一个途径。对于这个主题，我们还会在下面的两章中进行更深入的探讨。下面两章将分别专注于入门指导与教学两个领域，并会详细说明如何将辅导融入这两个主要的领域，以协助所有的学生。

为适应学生的学习需求，许多大学不是在院系之外设立专门的学习辅导中心，就是设立专门的学术技能课程。而且，后者更是成为了近年来的流行趋势。虽然两者都是很重要的进展，对学生来说常常也不可或缺，但是如果这样的支持做法是与教学、学校的整体态度和做法互相脱离的，那么传统的"补救"或"缺陷"观念便还会存在，并适得其反。

就这种做法而言，其最好的结果就是在需要辅导的学生当中确有一小部分得到辅导；最坏的结果是学生可能因此感到羞愧和充满压力而一再表现不佳。一般说来，这样的做法无法使学生掌握到训练的技能。辅导中心或教授学术技能课程的老师都非常了解，辅导中心的存在虽然对于有特殊需求、需要进行私人或长期辅导的学生来说非常重要，但是对于所有学生的整体需求来说，却只是一种表面功夫。的确，如果说有哪个学生完全不需要发展学习能力，那么这还真的是一种很奇怪的想法。

若要从整所大学的角度评估这些学习中心的效果，那么最关键的问题便是：

■ 学校估计有多少学生，将需要额外的辅导。

■ 这些学习中心能容纳多少学生？

■ 需要辅导但未能参加学习中心的学生该怎么办？

对于许多大学，尤其是那些强调广开大门以回应"进修风潮"的大学来说，很明显许多需要辅导的学生都未得到辅导。而需要辅导也能够进入这些辅导中心的学生，他们在进入辅导中心后也会发现辅导中心的现有资源无法给予其所需的辅导。

3.2　补救或缺陷的模式

以"补救"的方法为学生辅导基础知识，也就是雇用"专家"来为学生提供额外的辅导。这种方法费用高昂，效果却很有限，除非它能够与大学各层级所构成的整个辅导系统相结合。对于像英语不好或是有特定学习障碍（阅读障碍）的这类需要接受特殊额外辅导的学生来说，这些辅导有没有效，其中有一大部分都取决于其与课程系统的结合程度。因为学生一星期顶多能在这些额外辅导中心内接受一、两个小时的辅导，而且即使辅导中心能够给予每个学生更多的时间，学生也很少有多余的时间参加辅导。

成绩较差的学生花在念书上的时间可能比其他人都多很多，于是他们就更没有时间去参加额外的辅导，因此更需要学校把这些辅导融入到课程当中。通过追踪同一个学生在两种不同辅导模式下的学习进展，我们就更容易看到这种补救方法的缺点。

下面的案例是依据高等教育机构内的多位辅导老师的描述综合而成的。这当然不是补救方法带来的唯一结果，但对许多老师和学生来说，其中所描述的现象都是很熟悉的。

松妮雅跟她系里的其他几个同学一样，是上过九个月预备课程的成年学生，离开学校已经好几年了。虽然从开始上预备课程到现在她确实取得了不少进步，但是从离开学校到现在她只练习写过两篇短文和一篇报告，而且以前在学校时，她的表现一向非常不好。

松妮雅所在的系里有不少英语不好的学生，于是学校在入学那周对学生进行了一次英语考核，成绩最差的 15 位学生便被送到了一位英语老师那里去上课。这比许多其他课程所提供的辅导都多多了，因此系里觉得他们这样的做法对学生帮助很大。

因为疏于练习，松妮雅的书面英语跟她的口头英语一样都不好，拼写都是照发音来的，于是她无意外地成为成绩最差的 15 位学生中的一位，并被送去上课。虽然松妮雅的英语并不比她的朋友糟很多——一个是杰森，也是成年学生；一个是路易斯，说话和写字常常过于口语化。但是他们的测试成绩却不在最后 15 名之列，所以不需要接受任何的辅导。

杰森和路易斯的作业往往得到这样的评语："注意语法！"或是"请写完整的句子！"但是这样的评语只能让他们更加困惑，因为他们觉得自己已经很注意语法和句子了。他们甚至还买了一本语法书，但还是不知道怎么实际运用书上的知识。在大学念书期间，他们的成绩一直没有起色。顺子刚从日本过来，她听不懂口语交际上的英语，但是她的书面英语没什么问题，所以她也不必采取任何补救措施，以协助她听懂老师上课讲的话。

松妮雅跟科朗、拉厄、尼尔、伊莲一起上英语辅导课。科朗有阅读困难症，但是之前一直没有被诊断出来，其学习障碍也一直被归咎于是"外语问题"，所以 20 堂的语法课对她并不会有多大帮助。

拉厄在英国呆过四年，深谙好几种外语的语法，但是缺乏英语写作方面的练习。但是他很快就追上了班上同学的进度，因此开始在辅导课上感到无聊。

尼尔也很受挫，因为辅导课把重点放在他都已经知道的语法上，根本无法改善导致他测试没考过的地方。

坐在他旁边的伊莲很生气自己被送来跟这些外国学生一起上辅导课，毕竟她的英语说得那么流利。她需要的是有人能够指导她如何组织想法、熟悉专业课程上所用的语言风格和字句，但是辅导课上都没有这些内容。

辅导课涵盖了英语中许多学生都会犯错的基本部分，像是词性、完整的句子、各种过去式的使用规则。这些内容对于一些不在最后 15 名之列的学生也非常有用。而辅导课上的 20 名学生，他们个人所需要的学习辅导却没有被照顾到。

系里老师与特聘的老师之间没有什么接触。没有人告诉这些外界来的专家他们应该教些什么，系里老师自己也不知道什么对学生最有用，于是他们把这个问题留给了"专家"。

松妮雅的写字速度不快，但她是个很好的倾听者。上课时，她常漏掉许多专业术语，因为她不了解这些术语，所以来不及写下来。不过除此之外，她的上课笔记总的来说还算完整。她抄得很精简，只抄下关键字。

她的这个策略非常好，但是她却没有意识到。所以当她看到其他同学每堂课都记下好几页的笔记时，她就会变得很焦虑，而当焦虑达到一定程度时她就病倒了。病倒了没去上课，她又担心错过讲课内容。于是她把所有的推荐书目都找来，每天晚上都看书，并且把每本书从头到尾都看完。结果，这反而使她更容易病倒。

写作业的时候，尽管老师给出了写作原则，她还是不知道老师期望看到什么样的作品。她心里完全没有概念，不知道一篇论文看起来应该是什么样子，或者听起来应该是什么样子。她从来没有看过一篇好的论文，所以完全不知道该怎么写论文。此外，她也不知道写完一篇论文会需要多少时间，以至于最后总是留给自己很少的时间。

松妮雅系里的气氛也缺少包容性。每个学生都尝试"吓唬别人"，有些学生会夸口说自己一个晚上就把作业写完了，导致松妮雅误以为写作业不需要花什么功夫。松妮雅遵照了《课程手册》上关于注明参考出处的规定。但是她没有列出所有读过的文章，所以列出来的参考书目非常少。结果她辛辛苦苦努力后也只是拿到了一个很低的成绩。老师在评语中建议她要多看一点书，表达要更清楚一点。松妮雅真想放弃。

快到考试了，松妮雅把论文内容全都背了下来，以便尝试在考试时写出来。她发现自己没办法在一小时内写出所有论文里需要的东西，于是她决定省掉引言和结论，只列出一大堆事实，以此来证明她知道课程的内容。但是，她又考了一个低分，这令她完全想不通，因为她觉得自己根本无法再学到或写出更多的事实了。

除了一个分数之外，她没有得到任何其他的回馈，她也没有可以让她拿去请教别人的试卷的影印副本。除了松妮雅，系里的很多人也考得很不好。系里的老师担心留不住学生，他们甚至在想，是不是招了太多有眷属和经济压力的学生，因为这么多学生都念得这么辛苦。

3.3 学习发展的模式

学习发展的模式认为，所有学生甚至是所有人，都有持续提高学习能力的需求，我们每一个人都可以不断完善我们的学习方法。既然所有的学生都有学习的需求，那么我们最好采取一种学习发展的模式。此时，额外的辅导、技能课程或同学的支持都只是成为整个辅导结构中的一部分，而非其焦点。的确，每个学生的需求都不一样，因此若只提供一种形式的辅导绝对是不够的。课外辅导须融入到整个大学的风气与体制之内，特别是要融入到每日的教学当中。由于这种做法可能会与学生对于学习与教学的理解完全相反，因此校方在与学生进行最初接触时就须培养起这样的文化：解决学习需求是学校与学生的共同责任，我们需要彻底改变关于"大学教学"的想法，以及学生对于"学习"的看法。松妮雅其实可以接受另外一种模式的辅导，下面我们就详述此学习发展模式的案例追踪。

松妮雅的所在院系意识到，在每一年的入学新生中，都有不少人无法将其以往的教育经验顺利衔接上来。院系老师也很关心如何提高所有学生的水准。一名老师开始去探访当地的中学学生以及正在接受先修课程教育的学生，并向他们说明大学对于学生会有什么样的期望。

他们跟每一个学生都进行面谈，并告知学生大学在暑假期间会开设一系列的过渡课程，以协助学生顺利跨度到高等教育阶段。这些课程是为接受先修课程的学生以及那些直接从职场跨入到高校的学生而开设的。

过渡课程给松妮雅提供了更多写作和快速阅读的练习。系里在为一年级新生开设的"专业技能"课上，还会继续拓展相关的练习。这门课利用主修课的教材，更详细地探讨相关的技能。外国来的学生可以选择继续上精读英语，而本土学生则可以选择上"泛读英语"——就跟其他的现代语言课程一样。"泛读英语"的课程设计，也适合有阅读障碍的学生，尽管有些学生，就像科朗，还是需要接受额外的语言或阅读障碍方面的协助。松妮雅系里的课程也经过了重新的设计，所有的学生都被鼓励去上两门技能课程。此外还有电脑课。

通过这些调整，松妮雅、尼尔、杰森、路易斯和拉厄的支持需求几乎全都被照顾到了。虽然伊莲需要花一、两节课的时间，跟着老师检查和讨论一遍她的试卷，但是她没那么不满了，因为辅导成为了系里的风气。老师也没那么不满了，因为她现在不需要对系里所有的学生都进行辅导，时间压力也没有那么大了：她的工作量变得更合理了。

虽然这表示几乎有一半的一年级课程跟技能训练有关，但是老师们发现，如此一来学生在主修课上的进展更顺利了。松妮雅被指导去选修的"专业技能"，是为好几门使用类似教学与考核策略的课程所设计的。

每个学生都须选修一门名为"个人与专业发展"的课程。在第一年里，在入门考试中被考核出需要接受大量额外辅导的学生，便被建议额外再去上相关的辅导课程或"个人与专业发展"课程（通常有各种不同的课可以选，如语言、沟通、任务管理、学习怎么学习、学术写作、利用电脑进行研究等），所有的课程都具备理论与专业内容，所以学生和老师们上起课来就如同一般的专业课程。

经过老师的指点，松妮雅领悟到了她的学习方法所具有的优点，同时通过有组织的分组作业和对自我评估、检讨和问题解决的训练，她也萌生了与同学合作的想法。她还考了一次模拟考，最后由老师和她的辅导小组跟她一起检查和探讨答案。

自从开设各种"个人与专业发展"课程以来，该系也设立了四年的弹性学制，这样难跟上来的学生就可以花四年的时间取得学位，并进行了密集的"个人与专业发展"训练。在"个人与专业发展"课程接近尾声时，松妮雅的小组便被介绍给一位由上一届的学长担任的"辅导员"，由辅导员继续开展辅导工作。辅导员被评定具有辅导的资格后，继续接受系里老师的训练与支持。辅导员找出哪些学生有困难后，会把这样的学生介绍给负责整个学习辅导的老师，如此让适当的人选给予学生额外的辅导。

系里还聘来一位专家教授语言学。基于学生在短时间内提高英语水平的需求，系里老师与这位专家密切合作，以找出学生最需要加强的部分。同时，这位专家也协助系里老师找出专业课程上所使用的语言模式、字句和学习方式。学生如果能够掌握这些要点，就会得到很大的帮助，常犯的错误也会被找出来。

老师可以用《课程手册》来提高语言培训课的质量。例如，松妮雅就拿到一份字句表，上面列出了专门的字句，而学生经常混淆的词语，也以实际的句子举出，如此学生就可以清楚地看到各个用词的实际用法。松妮雅的老师们则于上课时重复提出这些学生常混淆的词语，让学生用耳朵听到，又写在黑板上，让学生用眼睛看到，最后提醒学生这个字或用语也写在了他们的《课程手册》上。语言专家也建议发给学生一份列表，列出最常拼错的一百个字，以鼓励正确的拼写。在"泛读英语"课上，松妮雅被指导如何完善她的拼写，松妮雅学得很快，后来就不需要接受额外的辅导了。

所有的"技能"老师，都拿到一套在主修课程上使用的教材，这样一来所有的技能课程都可以用来引导主修课程，并能够以学生的需求为主要目的。例如，每次当松妮雅学到新的写作方式，如报告、案例研究或新的参考书目写法时，"技能"老师就会发下范例，让她和同学进行小组比较、评分、讨论，而这就是课程的一部分。

最后学生们可以在范例上做注解，或者是由老师指出其中好和不好的地方。每一分努力都是为了确保松妮雅和她的同学能够真正了解他们应该写出什么样的作品，同时，评分标准也会被清楚地列出和讨论。老师还会发下《作业手册》，列出主要的理论和研究，并一步一步指导学生完成作业。

每位老师都会对他们的推荐书目进行详细的说明，这样学生就会很清楚：书中最重要的资料在哪里，哪些书可以取代图书馆里没有的书，哪些书不是非看不可的，又有哪些书适合有兴趣、想深入研究的人阅读。

从入门指导到最后的考核，对于其中的每一阶段，松妮雅都不再感到迷茫困惑，并在真正交上作业之前，有了练习和检讨的经验，所以她在学业上取得成功的机会也更大了。这会大大影响到她面对学业时的心态和留在系里的机会。通过这种方式，昂贵的个人辅导减少了，而且使个人辅导的机会能够留给真正需要的学生，同时所有的学生都能获得适当的学习辅导。

3.4　学习发展模式的主要特色

这种从"发展"的角度来培养技能与促进学习的模式，具有下列主要特色：

1. 所有学生都能改善他们的学习能力：老师应抱持每一个学生都有发展潜力的正面态度，而不是认为"辅导"是一种只有少数人需要的补救措施。

2. 整体性、持续性的教学方法："技能"不是独自存在的能力，而是在个人、学术与专业发展过程中随着时间一起培养出来的。在建设性的回馈与指导下，学生越来越能为自己的学习过程负起责任。

3. 以学生为中心的教学方式：调整教学环境以适应新类型的学习者，考虑学校对学生设下的适当要求。

4. 分散责任：发展学习和培养技能是所有教员的责任，但是每个教员参与的程度可能不一样。

每个学生都可以提高他们的学习能力

着重发展潜力的模式，对所有的学生都有益。树立鼓励所有学生去分析和检讨自己学习方式的校风，是提高学习能力和持续培养技能的关键因素。而这对于促进学术进步和增加就业机会都非常重要。在这样的环境下，最需要协助的学生也会乐意接受辅导。

学习发展的模式是正面、积极、向前看的，而非强调缺陷和过去的失败。我们的学习能力永远不会达到顶峰：我们永远有发展空间，可以在不同层面上不断加强我们的学习能力。即使我们已经是很有技能的学习者了，我们还是可以在下列各方面精益求精：

1. 态度

增加自信；

澄清自己的动机与目的；

遇到困难时鼓舞自己；

处理与学习相关的压力和情绪；

为自己的学习过程承担起更多的责任；

接受自己对失败和成功的定义；

学会掌握学习机会，把挑战视为一种学习机会；

愿意涉足可能会失败的领域，重新定义所谓的成功与失败；

认清自己如何定义学业上的困难，并能够在需要的时候重新定义这些困难；

知道如何超越极限

2. 策略

改善速度与效率；

拥有多种策略可供选择；

为手上的任务选择最佳的策略；

应用不同的策略以增加经验

3. 弹性

能够在多种不同环境下；

轻松地学习；

能够与各式各样的人一起学习，其中包括学习风格与自己不同的人；

能够独自、两人或在小组团队中进行学习；

在不理想的状况或压力下，能够从容不迫地进行学习；

视情况需要迅速改变任务内容

4. 思考技能

提高问题解决能力；

能够选择恰当的书籍进行阅读，选择恰当的例子进行说明；

增强把自己熟知的主题浅显易懂地解释给他人听的能力；

培养类推和比喻的能力；

能够产生想法；

加强演绎和推断的能力；

在不同领域的知识之间轻松、迅速地建立起关联；

辨识出不同问题间相同的基本构造

5. 意识

找出意义与辨认重要性的能力；

加强理解的深度与广度；

能够忍受无知、矛盾、困惑；

加强对身为学习者的自己的元意识（meta awareness）

☞ 整体性的发展

在这种模式中，"技能"的发展被视为是整个"个人、学术与专业发展"过程中的一部分。在支持性的环境中，学生要对自己的学习过程负起责任，因此在需要的时候要接受训练，以个人或小组的名义担负起责任。

一个正面、积极和具有支持性的环境，指的并不是把所有的东西都准备好喂给学生吃的环境，但是它也不排除挑战和问题的存在。如果学校想让学生觉得他们可以放心地去冒险，去承认自己的困难和无知——这对大多数人来说都是很冒险的事情，那么学校就需要让学生觉得，他们这样做是有好处的，是不会受到惩罚的。

检讨反思、问题解决以及冒险和专业能力的发展，需要融入在学习文化中，并通过考核和评分得到奖赏。而学校从一开始就须训练学生产生对自己负起责任的想法，像是自己进行课前预习，而不是等着老师在他们自己进行思考之前，就为他们设定好思考的方向。我们不能假设学生会自动产生这种责任感，即在没有人指导的情况下，就会自动丢开中学时期"老师决定一切"的观念。

☞ 以学生为中心的教学方式：调整教学环境来适应学生

这个模式强调的不是"有危险的学生"，而是学生类型与教学方式之间"危险的不对等"。如果下列两者之间达到恰当的对等，学生的学习效果就会更好：

学生目前的程度	经验；能力； 知识；习惯； 技能；情绪	反应； 学习偏好与风格
学习环境中对学生来说 很重要的元素	学校或系上的文化与 风气； 课程的深度； 教课的速度； 教学方法	老师的态度； 考核的方式与时间； 学生的期望

　　课程与学生之间不一定需要配合得十分完美，但是学生的期望与课程的要求之间的确需要一定的配合与适应，以使学生觉得在情绪上受到包容，觉得自己在"够安全"的环境里。在这样的环境里，学生就有勇气去冒那些必须要冒才会进步的险，像是问些可能会使他们显得很笨但是他们非得知道答案的问题，特别是踏出如此困难的一步：让别人看到自己的想法或作业。如果学生没有安全感，那么他们就很难开始着手写作业，更难以把作业交上去，更别说是承认自己有困难，需要协助了。

　　如果课程无法适应学生各式各样的学习需求，那么有一部分的学生便会因到达承受压力的极限而离开。而其他的学生不是怪自己，就是怪课程，最后也会离去。学生对于不同的教学方式，有各种不同的反应，而且他们本身也会采用各种不同的学习风格，因此若欲留住学生，大学的课程便须在教学与考核的方式上更具弹性。

分散责任

　　这个模型主张在教学与学习的每个层面上都建立一种激励学习的风气，同时尽可能把技能培养融入院系教学之中。如果学校开设了独立的学术技能课程，那么这个技能课程就应该在科目内容中进行，采用主要科目的相关教材和教授方式，并为学生清楚指出这种技能对于主修科目有何用处。

　　这些"技能"课程不论如何命名，都应与主修课程的相关教学方法与要求相结合，而其成果则应在系里的每日教学中得到加强。换句话说，学术技能课程应与系里的其他课程密切配合。而且，老师也会指明如何使用相关的技能，给学生改善学习能力的机会，并找出还须在技能课程上得到加强的地方。

　　一个分层式的辅导系统，也就是从学生、院系、专门的单位，一直延伸到整所学校的体制、政策和风气，能够减少老师以一对一方式满足所有学生的需求的压力。痛苦挣扎的学生在课后寻求老师协助的情况也会减少。只在一个层面上提供辅导，对于因"进修风潮"而进入大学的各类学生来说通常是不够的。我们在下面还会详细讨论这一点。以上这些特点，对于许多在学习发展领域工作的人来说，都是再熟悉不过的了。

3.5　提供辅导：校方能做什么

☞ 学校的风气与文化

学校与系里的风气文化，要能鼓励、促进学生习得他们希望其获得的专业能力与学术能力。体制、政策和每日的教学，要能巩固学生习得的成果。例如，系里的体制要能有弹性地调整评估的方式和评估的期限，这样就能使那些对课程上所采用的评估方式还很陌生的学生有时间去熟悉这样的评估方式。要有人带领学生进入、适应高校与系里的文化。学习环境应能让学生放心地承认自己的困难，并对于承担个人与团队责任及解决问题持有建设性的态度。老师也需要接受训练，以能够在其专业领域内教授、示范和促进学生的"个人、学术与专业发展"。

☞ 校方的责任

学校可以通过采取积极的教学态度，来决定学生的学习历程。这并不是说学校需要详细规定每个系上的学生应该学些什么。相反地，每个院系都有其特定的学习要求，因此全面统一的做法（像规定共同的必修课程）并不一定是最好的方法。而脱离实际环境的技能训练，的确也会显得无趣和无关紧要。

学术技能和语言技能，越与所学的专业科目相关，对学生来说就会越有意义，也越可能产生效果。如果有多种技能课程可以随意选择，那么学生有可能就难以培养出最相关、最重要的学术技能，除非每个技能课程都能照顾到学生学习能力的发展，并满足各系学生各种各样的需求。关于这一点，本书的第 6 章会就写作的问题详加说明。

不过，虽然各系都需要具有一定的自由与弹性，从而以最适合其专业领域与学生情况的方式来教授学术技能，但是系里的做法还是应该得到学校的支持，受到学校的监督。

学校需要确保某种保证机制的存在，以确保各系都能顾及到学生的学习需求。例如，各系要具体说明，他们如何按照学生的实际情况和专业科目找出学生的学习需求，并说明他们为何按照此需求提供相应的辅导。

学校可以通过各种方式做到这一点，例如审核课表。审核课表期间，学校也可以要求各门辅导课程具体说明它们是如何符合教育品质的标准，或是学校自己设置的类似标准的（见"附录二"）。

课程的结构与设计

院系课程的结构与设计是学校可以发挥影响力的另一个地方。学校在这方面的规划，关系到学生可以接受到什么样的辅导，以及各院系能够为极其需要获得协助的学生提供哪些辅导。

例如，学校可以要求各院系指定一系列的"技能"或"个人专业发展"课程作为选修课程，让学生进行更深入的技能训练。

系里可以要求大一新生至少须选修一门这样的课程，而至于最多可以上几门课则可以由学校决定。学校也可以考虑制定 3 ~ 4 年的弹性学位制度，以让能力较弱的学生在取得学位的过程中，能够利用"个人专业发展"课程培养技能，提高学习能力。

从强调以"科目"为中心的教学，转变到"同时强调技能培养与学习发展"，这对于聘任和训练老师、电脑系统和资金等，都有一定的影响，尤其是在第一年。例如，一些为具有某些学习障碍的学生设计的辅助学习系统便可以放到网络上，以方便学生取得和使用。这些学习系统有时候甚至对于没有学习障碍的学生都非常有用。例如，让有阅读障碍的学生在屏幕上进行写作，或是通过耳机听到电脑读出他们的文章或拼字。而要充分发挥效果，这些学习系统则需要由学校这一层面对其进行更新、维护、训练和宣传。

随着在高校中有学习障碍的学生人数越来越多，我们需要从学校这个层面为这些无法以传统方式进行考核、学习过程依赖于电脑或特殊媒体的学生，采取更有弹性的考核方式。

3.6 通过课程设计来提供辅导

融入主修科目

促进"个人、学术与专业发展"的选修课，应该成为整个课程中的一部分，以把技能培养与职业发展融入到各阶段的学业中。完全"独立"的技能课程最好能避免，因为这样的课程要求学生从"抽象"走向"具体"，然而学生真正需要的却是具体实际的训练，以将各种技能抽象化、概念化。

我们可以给这些促进学习的选修课取个名字，像是"个人专业发展"选修课。例如，可以要求所有的学生在每一个阶段，都选修一门"个人专业发展"课程。

而这些课程应该融入主修科目的内容、教法、技能、考核方式及其他特点。它们需要采用主修科目的教材和例子，以使各种技能显得具体有用。

理想的做法是，由系里对"技能"有兴趣和受过相关训练的老师来教授这些课程，或者是由该专业领域的技能专家来教授。如果系里选择将技能发展完全融入一般课程，那就应为学生指出，哪些"个人专业发展"选修课能够帮助学生综合运用一年来习得的技能。这些课程综合并帮助学生活用在所有课程上学到的技能。

☞ 说明技能培养与专业科目的关联

不管是专门的技能课程，还是将技能培养融入一般课程，老师都应为学生明确指出技能与科目内容的关联，并确保学生已为熟知各种不同的考核方式进行了足够的训练。老师也应明确指出，技能发展和学习发展与学生的整个专业、学术或个人发展有何关联。

各种技能课程也应以能够吸引成年专家学者的方式来进行呈现和命名，而不要只简单命名为"学术技能"课程。例如，这些课程可以命名为"律师专业技能"、"持续专业发展"、"心理学技能"、"研究方法"、"专题报告计划"等。

☞ 识别学生需要何种资源

基于不同的院系会吸引不同的学生，以及各个专业领域的要求不同的事实，各院系所分配的技能与辅导比重也会有所不同。最重要的是：

■ 对于所选择的技能，能给出合理的理由。
■ 提供的辅导能受到适当的监督。
■ 顾及到学生校园生活的每一个层面。

各系可以在每个阶段都开设"个人专业发展"课程或"技能"课程，这些课程可以是选修也可以是必修，视各科的要求而定。系里须确保教授这些课程的老师有能力辨认出哪些学生需要得到额外的辅导，同时能够适当地辅导这些学生，并熟知还有哪些其他的辅导服务。

3.7　在课程中结合职场技能

☞ 环境意识与职场技能

如果技能的培养要与专业科目结合起来，那么学生就要能在其他的环境中"转移"应用这些技能，并向雇主表现这些技能。特别是吸引低社会经济地位学生的大学，尤其需要提供特别的协助，以确保学生能找到工作以支付学费，并能应付对他们来说可能非常陌生且令人困惑的劳动市场。学生往往不了解自己可以从事什么样的职业，或是得到的学位会把他们带往何处，他们的志向可能低估了自己的天分，或者是高估了所获得的学位。

职业教育可以被设计到学校的课程里。例如，教授研究方法的课程，便可以职场上的实际资料作为教材。而学生也可以依其主修课目，从社会学、文化学、人类学或健康学的角度来看职场，或是探讨他们的专业科目内容应如何应用到工作环境中。

这样的课程可以引导学生进行个人反思，把个人经验和职业抱负进一步与工作职场结合起来。毕业生经常具有雇主要求的技能，只是他们并不一定知道这一点，也不知道如何活用所学，以开阔工作前景。

身为学生的他们，可能已经学会了同时应付多份任务、管理时间、独自完成专题计划、处理危机、合作共事、解决问题、使用电脑、快速处理资料，以及种种雇主所重视的技能。然而，他们可能会觉得他们的这些技能只能用来写论文、考试和吸收知识。

如果学生有机会整合所学，理解习得的技能在个人、专业与学术发展上的实际用处，并学会在未来的学术或工作场合中活用所学，那么他们定会获得很大的益处。

3.8　将辅导融入每日的教学之中

技能课程本身并不足以把学生提升到他们在大学和未来专业领域中取得成功所需的个人、专业和学术水准。这些"技能"或"个人专业发展"课程，不论如何命名都应与主修课上的教学方法与要求相结合，而其成效也要在系里的每日教学中得到强化。换句话说，这些"技能"或"发展"课程应与系里的其他课程密切配合。

如果学生遇到困难，原因往往是"教学方法"与"学生如何理解和应付课程要求"这两者之间的不对等，以及技能的缺乏。所有的老师都应参与、加强、创造机会，以协助学生培养技能。

老师通常也把"有危险的学生"归入须接受辅导的群体中，而在学习发展的模式中，老师扮演着减少学生对外界辅导的需求的重要角色。

然而，老师很难靠一个人的力量，独自引进能够促进学习的教学与学习方式，特别是在学生来源特别多样化的课程上。

学生可能会误以为教学方法新颖的老师是"不好"或"懒惰"的老师，或是开始对自己应该怎么做感到茫然困惑，从而对该门课失去信心。一向习惯坐在位子上猛抄笔记，然后在考试中复制这些笔记的学生，如果听到老师说还有比这更好的学习方法后可能会觉得大受威胁。

我们需要遍及系里、遍及全校的辅导方法，以支持这些老师。老师在持续将技能培养融入课程中扮演着关键的角色，我们在第5章还会详细探讨。

3.9   系里额外的辅导

对某些课程来说，可能还需要系里开设其他课程，以满足特定学生的需求。这可以用来额外加强某个特定的学术技能或专业技能，如工作室技能、与科目相关的数学技能或语言技能、小组复习、补考小组，或是其他特别困难的内容。

☞ 为特定学生提供的辅导

各系应该设立一种机制来保证尽快找出"有危险的学生"，如在入学、开放参观日或入门指导期间就可将他们找出（见第4章）。

对于这些学生，一定要尽早为他们提供适当的辅导，或是将其转到预备课程或额外的辅导班中。我们可能还须特别注意在英语、数学方面和因残障而需要辅导的学生，并且英语、数学和电脑方面的辅导应尽可能配合主要科目的需求。此外，系里也应确保有学习障碍的学生（包括阅读障碍）的需求都会被考虑到。对残障学生的辅导应该落实到校园生活的每一层面，只把学生转到专门的辅导单位并不够。

☞ 同学的辅导

为了促进辅导过程的顺利进行，系里应考虑提供相关的训练、协助，以鼓励同学互助或"同学辅导"。有些大学雇用学生进行这种工作，并让学生采取匿名方式参加，效果很不错。如果同学辅导的活动是由系里组织的，那么参加率会更高。

例如，一个由伦敦大学进行的调查便显示，由系外单位所组织的同学辅导活动（"补充指导计划"），就不是很受学生的重视，尽管它有高品质的同学训练、课程辅导、热心的学生和明显的需求，但其参加率还不到2%，而且参加的学生还会对领导的学生提出过多的要求。

但是该校心理系就采取了不同的做法：几位系里的老师训练学生成为辅导员，每个辅导员都是二年级的学生，然后他们被分派到一个由六名学生组成的研讨小组。这些研讨小组早在"心理学技能"课上就成立了。在整个课程结束前，辅导员会被分派到小组上，以确保小组的连续性，这个辅导小组的参加率就达到85%。

在早期的技能课程上，老师就会给予学生明确的指导和训练，并说明如何善加利用同学支持。这样，同学支持就会更加受到学生的重视，因为它跟学生的整体课程密切相关。

☞ 利用电子科技的辅导

线上课程中的论坛，提供了另一个利用同学辅导以促进彼此学习的形式。例如，在美国使用 WebCT 软件的老师便发现，班上一向不太敢对争议性议题发表意见的学生，在可以匿名留言的网上讨论小组中却"积极踊跃"。"这种匿名的论坛，是学生用来讨论争议性议题的最理想的地方，因为他们不用担心，如果我说这种话，大家会怎么想?""另外一个学院的计划主任也发现，一向很安静的学生，现在在网上都能畅所欲言"。

电子媒介也可被用于进行测验或其他活动，以让学生能够立即就其表现得到回馈。

3.10 个人辅导与学校中心的额外辅导

学生需要觉得整所学校里至少有一位老师知道他们是谁，并能够引导他们。这在学分制度、远程教学和人数庞大的系里尤其重要。学校最好是在学生入学时，就将一位老师分派给学生，并让其在每年的学生入学过程中担任导师。每一次的见面会谈都应详细记录，以推动相关工作的进展，并在更换导师时保持其持续性。学生应该在刚开学的入门周就能认识自己的导师。

☞ 学校中心的额外辅导

1. 以对学生的需求进行的早期考核结果为基础。
2. 跟上课老师密切合作。
3. 尽可能配合系里课程的需要。
4. 具有良好的引荐系统，即从系里被引荐至学校中心。
5. 此外，也需有自我转出的机会。

学校中心的额外辅导指的是由专门人员、非系里教职员工所提供的辅导，他们提供保密的或特别的辅导。

其服务的对象包括残障学生，如有阅读障碍的学生、对学业极度焦虑的学生、具有特别学习障碍的学生，最近经历创伤，或目前的学习会唤起其过去创伤经历的学生。以下为详细内容：

| （1）残障
（包括阅读障碍） | 诊断检验；
辅导与学习策略评估；
专门的协助，如手语员、编写员、阅读障碍老师和个人助理；
专门的电脑技术训练；
改善考核状况 | 指导专业课程的老师应对学生提出哪些要求；
指导如何使用图书馆和学习资源中心；
指导如何向雇主说明自己的残障状况，实习安排指导 |

| （2）英语 | 针对学术英语水准低于同届同学的学生进行入门指导 |

☞ 密切合作

　　所有这些元素之间的密切合作乃是成功的关键。例如，老师需要找出学生有困难的地方，以此建议技能课程或专门辅导单位把焦点放在那里。反过来，技能课程的老师也须留心学生出现的困难，以此配合相关的老师。密切合作包括：

　　1. 不同层面之间的联系配合，并有清楚的联系路径。

　　2. 以一定程序监控辅导的效果。

　　3. 学校中心的服务单位与课程设计人员之间的全面协调。

　　4. 设定筛选等程序，以找出"有危险的学生"。

　　5. 完善的转入系统，将学生转至（系上或学校中心的）额外辅导单位。

　　6. 不同的职员与教员互相合作，以提供辅导。

　　7. 教职员的进修训练。

　　辅导的种类与程度必须配合整体学生的需求。有些学生群体特别需要接受语言和数学上的额外辅导，有些则不是。重点就是尽可能综合联系所有的辅导，以确保这些辅导具体有用，容易取得。辅导的范围也应配合整个学生群体，并尽可能将其视为整个课程的一部分。

3.11　将辅导融入入学体制与程序内

　　这一节将追踪学生在大学中会经历的几个阶段。每个阶段都有可能造就出"有危险的学生"，我们将建议如何在每个阶段，通过支持性的环境（学习发展的模式，而非补救模式）来支持学生的学习过程。

☞ "准备就绪"的程度

　　新生为入学所做的准备需要符合系里课程所要求的准备程度。这表示各院系需要很清楚它们对学生有何要求，并且能够将之传达给申请者与各大学预备课程。学生在入学过程当中遇到的困难，有时候可以追溯到入学期间或更早之前。虽然有些不具传统入学资格的学生在大学里的表现，并不输给以传统资格入学的学生，但还是有不少申请者进入大学时，没有为高等教育的学业做好准备。

　　有时候，因为他们才上了几星期的准备课程，因此便须向大学院校入学委员会递交申请，而这时候他们还不知道接下来如果自己把一年左右的准备课程都上下来后能够进步多少，其中有些学生其实还需要两年，甚至两年以上的时间进行准备，但大多数的准备课程只为期九到十个月，这样的时间并不足以弥补几年来错失的教育。

有些进入大学的学生表示，他们基本上从 10 岁或 12 岁开始，就已经不上课了，不是逃学，就是上课心不在焉。不管这些学生有多聪明，技能与知识的差距都已经大到无法让他们在短短几个月内补上来。而这些学生可能会在入学前隐瞒这段历史，因为基于经济因素，他们只想尽快进入大学：花一年以上的时间进行准备，并不吸引他们。一旦进入大学后，他们便期望学校会帮他们弥补这些缺陷："他们收了我，他们是专家，让我顺利毕业是他们的责任"。

此外，预备课程不一定能让学生为适应高等教育的学习环境做好准备。习惯了一班只有十几个人的学生，见到 300 个人一起在大讲堂里上课，可能会受到很大的冲击。他们可能习惯有不懂的地方就举手发问，但是在高等教育中的大型课堂上，就不太可能这么做了。

在准备课程中，可能有许多老师可以协助他们完成作业。所以虽然他们完成了作业，但是他们可能从来没有独自完成过作业。而从一般学院进入大学的学生，也可能以为大学会提供更密集的个人辅导。

清楚说明系上课程的要求

除非是逐个对学生进行访谈，并与之讨论进修教育与高等教育的差别，否则我们很难确定，哪些学生已经为接受高等教育做好准备，哪些还没有。负责入学事宜的老师需要清楚说明，系里期望学生进行多少独立学习，系里又会提供多少支持。

老师也须留意，如果他们说"我们有学术技能方面的辅导"，学生可能会以为，学校会给予无限的辅导，而当他们发现这与他们在中学或学院里得到的长期密集的个人辅导并不相同时，可能会非常气愤或沮丧。

不具有传统教育背景的学生，可能会严重低估阅读、写作的难度和念书所需要的时间，也不了解所谓的"独立学习"或"为自己的学习过程负起责任"是什么意思。老师和课程教材都需要清楚指出：

1. 学生每星期应该花几小时在学业上。

2. 系里课程对于写作、阅读、数学的时间要求，以及明确课后独立学习、田野调查和实习等还会占用额外时间的活动。

3. 系里在课程中会提供的辅导，以及不提供的辅导。

4. 什么样的人有资格接受什么样的专门辅导，如何获得这样的辅导，以及学校不提供哪些辅导。

☞ 入学前的测验和辅导

在入学前进行基础测验会非常有益，因为这样一来就可以尽早找出"有危险的学生"。这个测验的目的，不是考核学生的英语或数学，而是检验学生对该专业领域的了解。有些是要学生完成几个小测验，看看学生对该领域了解多少，有些是让他们进行案例研究，看看他们的思考方式，有多符合系里课程的要求。

测验应该与之后的辅导具有明显的关联。如果有可能的话，把提供辅导的老师介绍给学生认识，并请他们谈谈额外的技能辅导有什么好处。这一点很重要，否则学生可能会很不乐意在技能培养上额外花时间，并尽其所能破坏这些机会。

简短的几本书单，有助于这些未来的学生为主修科目打下理论基础。书单上应该只列出少数几本容易取得的书。理想的做法是，告诉学生看哪几章哪几节，而不是把整本书都看完。如果这些书太厚、太难或太无聊，它们在这个阶段就会令学生厌恶。

为了帮助这些未来的学生统整阅读的内容和正在建立的基础知识，不妨给他们一些他们可以自己打分数的练习。一方面告诉学生，这些阅读和练习不是一定要做，另一方面你要强烈鼓励他们去做，如此一来，开学之后他们就会轻松许多。不要让他们觉得，如果没做就不能回来上课。只需清楚地说明，这些预先的准备工作在课程开始后会带来什么好处。

有时候，学生可能需要被介绍到衔接课程，或是更深入的准备课程中。举办入门指导性质的"迎新"周，让学生了解系里的学习要求与学科性质，这会很有用。

越来越多的院系都要求学生应为接受高等教育做好准备。

☞ 课程描述

学生经常误解对于课程的描述，例如，他们可能会以为科技、艺术、健康或电脑课程完全是在实际运用，可能都应该在工作室里进行，等到开始上课时，才发现这些课程需要大量的阅读与写作。或者是，他们可能低估了实务工作的分量，然后依此选课。对某些学生来说，选课的关键因素有：

■ 该课程注重理论或实务的程度，许多学生因为误解这一点而选错课。
■ 课时数：特别是学生还有工作或小孩时。
■ 课程是否包含实习或市场调查，以及这些活动举办的时间。
■ 课程内容到底包含了什么。
■ 课程所用的教学方式与学习方式。
■ 考核的方式（特别是有没有考试）。

3.12　如何建立学生的归属感

离开中学和学院后，大学生活可能会使学生感到非常焦虑不安。尤其是在学分制度和人数庞大的系里，学生可能会觉得自己只是人群中一个没有特色的脸孔。成年学生可能能够很有效率地安排校外的生活，但是一走进大讲堂，便觉得每个人都比自己聪明，一下信心就没了；有些学生甚至说，连学校餐厅他们都不敢去。

在校外还有许多私人事务的学生，可能课外时间并不会待在校园里，而许多成年学生也不会像年轻大学生一样，觉得穿梭于酒吧和学生会的生活多有趣。

随着有工作或眷属的学生比例越来越高，大学里传统的社交机会比过去少了很多。对许多学生来说，他们唯一与同学接触的机会就是在课堂上。

如果这些课又是以听讲做笔记为主的演讲课，那么学生可能跟校园里的任何一个人都讲不到话。开学后的那几星期，学生可能会感到特别寂寞、孤立、沮丧，难以专心念书。

因此大学最好能够帮助学生建立起一种归属感，甚至是忠诚感。下面是几个可行的方法：

1. 入门周

在学期开始前，让学生和一些老师先见面认识，以及举办能让新生彼此聊天的活动；

鼓励他们在开学前私下聚会，建立关系网络。

2. 团体意识

建立起同学间的团体意识，特别是在入门指导期间和新学年刚开学时；

通过姓名、照片来互相认识；

破冰游戏；

共享焦虑、经验与经历；

建设性的团体行为；

定下课堂守则，小组任务或计划；

社交活动等，以建立辅导小组为目标。

3. 导师

让学生拥有至少一位老师，来担任其整个上学过程中的导师；

有时候也把导师称为个人导师、"道德"导师或学术导师，这种制度贯穿整个就学期间，并让学生觉得有个人了解他，以及在照顾他；

许多学生都表示，在遇到困难时他们之所以能够继续撑下去，是因为至少还有一位老师相信他们，鼓舞他们。

4. 团体活动

在教学中要求学生两人、小组或团队进行短暂的讨论，以促进学生彼此之间的联系。

5. 积极协助学生成立辅导小组和电子邮件联系网络

6. 指出学校或系里应提供哪些不同于别处的相关协助

3.13　发给新生的书面资料及入门指导

☞《入门指南》

不妨在开学前先发给学生制作完善的《入门指南》，介绍系里的课程、高等教育与学校的主要相关信息。里面可以包含地图、年历、相关术语解释、推荐书目、练习活动、有关人员的姓名与地址、入门周活动表等。由此便可以澄清学生的期望，让学生了解系里的文化，同时也可以将其当做一种促销的工具。

☞《课程手册》

《课程手册》（course handbook）是引导学生认识系里课程与高等教育的关键工具。学生可能须经常翻阅《课程手册》，所以《课程手册》要制作得很坚固，页数与标题也要很清楚，如果《课程手册》美观实用，那么学生也会更重视系里的课程。

《课程手册》是一个非常重要的工具，所以值得花时间带着学生仔细浏览一遍。有些学生可能会以为，除非有人要他们看，否则不必去看《课程手册》，然后便一直没发现作业的注意要点和上交期限其实已经被清清楚楚写在里面。而当学生了解到《课程手册》可以当做一种辅导工具时，他们就会安心不少。

《课程手册》可以用来指出双方的责任与期望。如果你们使用"学习契约"（learning contract），可以把契约附在《课程手册》中，那么不妨在《课程手册》里详细列出：

- 系里老师的姓名、办公室、分机号码、电子邮件地址。
- 考试日期。
- 作业题目与上交期限、如何写作业的说明、作业评分标准、作业范例。
- 附有说明的书单、字表（必要时甚至可以运用例句说明各字词的用法）。

《课程手册》也可以用来指导学生如何以最有效的方式，完成系上课程的要求，尽管有些院系会为个别的科目另外列出单独的小册子。在手册上应清楚说明，遇到困难时要去找哪些老师，以及如何获得这些辅导。对于个别的科目，还应清楚说明：

- 内容：学生应该掌握的知识。
- 学习成果，以及学习成果与技能发展及评估的关系。

■ 上课方式：教学与学习的策略。

■ 对学生的期望。

■ 要做多少论文、口头报告、书面报告、实务工作等。

■ 何时应该上交作业。

■ 迟交作业的后果。

■ 学习成果的评估方式、评分标准。

■ 老师请假时该怎么做。

《入门指导》

《入门指导》在学生校园生活的许多层面都扮演非常关键的角色，特别是在整个环境都在不断改变的当代大学中（第 4 章会详细探讨这一点，并着重讨论如何将学生引入高等教育的文化中，并找出因各种原因而可能"有危险"的学生）。

3.14　课程

缩小差距

学生之所以被认为"有危险的"的主要原因之一，便是系里课程预期学生应该具备的技能、知识和表现水准，与学生的实际水准不对等。

大学生入学时应该具有什么样的能力，传统上都有固定的看法，但是有越来越多的学生因为各种原因而无法符合传统的标准。我们在上面已经提过，各系需要清楚说明它们对学生的要求，并将之传达给申请者和各大学预备课程。既然有这么多学生达不到预期的水准，那该怎么办呢？

随着大学开始招收这样的学生，大学也应着手解决并缩小这个差距：

一方面，这表示我们应积极地利用学生所具备的不同技能、态度和经验，训练学生将其个人经验应用于学术环境中。这会关系到课程的设计。

另一方面，这也表示我们应为学生提供学习机会，以缩小这个差距。这表示学校须把学生提升到所需的水准。

当今的学生更加明了学校会为他们的学习提供辅导，且这样的做法需要经费，因此这些经费必须被考虑在学校的预算和课程的花费之中。有时候，学校只需要为少数的学生额外开设一套课程，然后针对课程的知识基础或学术技能进行改善。而有时候，需要的则可能是额外的英语或数学课程。

然而，当有一大部分的学生都难以达到所需的水准时，这个水准的差距就须从整个课程的设计上去解决了，如果学生写作业有困难，通常就需要花更多的时间在完成作业上，那就更没有时间去做别的事了。校外生活忙碌的学生也可能会在学习上遭遇困难，因为他们没有足够的时间可以花在学业上。许多学生都是既读得辛苦，又生活忙碌。这些学生很难在正规课程之外再找时间去解决学业上的困难，或是达到该有的水准。对某些学生来说，正规课程已经需要花费很多精力了，如果还要投入额外的精力以达到预期的水准，那根本就是不可能的事。

在"进修风潮"与入学途径多元化的今天，整批学生都没有为接受高等教育做好准备的现象正变得越来越普遍。的确，我们可以说传统标准与今日学生水准之间的差距，已经深深影响到课程的设计。

改变课程重点

改善这个现象所采用的方法之一，便是在第一年以更具检讨性且以技能为基础的方式训练所有的学生。这可能对传统的学生也会很有用，因为很多学生都不了解自己具备哪些技能，以及如何在不同环境下活用它们。的确，许多传统课程都只是一遍又一遍地巩固同样的技能（特别是快速阅读、做笔记和写作），而并不是通过仔细的规划课程去发展更多潜在的技能。

例如，历史系或政治系的课程，可能全都是要求专心听讲、做笔记、阅读、写论文和考试的课。而经过仔细规划、同时注重技能发展和就业机会的课程设计，则会要求学生去上一系列包含统计软件应用、数据分析、访谈技能、口头报告、小组计划、为不同读者呈现历史资料、多媒体应用和跨学科分析等内容的课。

许多人担心，注重技能发展的课程意味着，学生毕业时的学习成绩会更差，但是事实并非如此。相反地，它表示学生离开大学的时候会掌握更多种活用资料的方法，并更清楚自己的能力。

然而，这也可能表示课程无法在同一时间涵盖到同样广度的专业知识。随着一般基础知识的增多，学校必须规定在三年的课程里要包含和不包含哪些内容。

例如，有些医学系现在便要求学生具备额外的技能，像是人际沟通的技能。这可以通过角色扮演和戏剧来加强。此外，学生还须选择要去什么科室实习，如果他们选择去类似另类医学这样的新领域实习，那么在其他科室实习的机会自然就会少一次。

这是一种文化的变迁：过去的做法是规定学生必须学到哪些东西，未来的趋势则是训练学生在不同环境下，取得和利用各式各样的资料与技能。如果要两者兼顾，那么就只有延长学业年限这一种途径。在传统的时间框架内，学生能学到的知识很有限，就其学习者和未来专业人员的身份来说，能获得的发展也很有限。

课程的规划

几个关键因素会为学生带来很大的改变。学生会选择来上传统大学，而不是去修远程课程，就是因为他们希望能够跟老师有直接的接触。

学生非常重视与老师进行个人的接触，因此每学期他至少要有几次这样的接触机会。学生需要有人指导他们选课，并监控其长期的进展，这一点特别重要。学校的课程可以考虑：

1. 提供一个以个人或小组方式，与老师——如"个人"导师进行接触的机会。
2. 指派一位老师追踪学生从入学到毕业整个学习过程的发展。
3. 提供以课程为基础的辅导（技能课程，个人、专业与学术发展课程）。
4. 提供额外的辅导，以满足特殊的需求：如温习小组、英语辅导、检查作业、开课说明学生觉得特别困难的内容。
5. 为同学辅导提供训练、协助与指导。
6. 指派一位老师负责留意"有危险的"学生，并将其介绍给额外的辅导或指导单位。
7. 指派一名系里人员负责处理残障学生的疑难问题。

3.15 评估方式

考试

如果学校只能从一个地方增加对学生的支持，那么评估这个领域便是一个不错的起点。传统上，大学只录取在规定时间内、有标准答案的测验中表现最好的申请者。

在这种考核中表现不好的人，通常被认为不适合接受高等教育：这些人通常被视为不够"聪明"。由于高中的入学途径也是限时考试，而且通常是笔试，因此不是很会考试的学生便很少能够继续升到高中。

大多数人的考试经验都不是很好，随着"进修风潮"的兴起，过去考试表现平平，或甚至有过失败经验的人，也开始进入大学。而他们的入学途径通常是不包含考试的大学预备课程。

一旦进入大学，他们便突然被预期能够通过考试，而这可能会导致他们觉得自己被误导走上失败的道路。考试为学生带来的困难是各式各样的。对有些人来说，考试是信心的问题：害怕再次失败的恐惧会使他们甚至在温习的阶段就大脑一片空白；对有些人来说，考试就像是踏进一个未知的世界：他们可能从来没有考过试；对有些人来说，考试就是返回失败之地：他们可能本来考试就考得不好，也不知道怎么改善。

即使是过去一向表现很好的人，可能也疏于练习好几年了，或是觉得又要考试压力很大，或者如果是年纪大一点的学生，可能会担心自己的记忆和写作方面的能力都退化了。

如何准备考试和如何考试，在这方面认识不足或观念错误的案例比比皆是。

最糟糕的就是死背事先写好的答案，然后在考试的时候，不顾问题到底怎么问，一股脑儿把答案默写出来。有些学生会从网页上下载别人的文章，死背下来以准备考试。很多学生觉得，如果没有书本的提示，就无法用自己的话表达；有些则缺乏良好的温习和记忆策略，或是无法快速整理资料，以在有限的时间内写出来。

从职场回到学校的学生，写字速度一般都比较慢。习惯使用电脑的人，担心自己的拼写和语法可能会影响到考试的成绩，而且他们的手写能力也降低了。焦虑与恐惧又导致学生在温习的时候念不进去书，考试的时候想不起来。有些学生采取"略读"的方法，所以难以适应考试时须脱离具体环境，一字一句阅读问题的方法，所以他们利用关键字去猜测题目的大意。

过去考试考不好的人，不是一辈子都会考不好。然而，有些学生可能永远也无法在限时考试中取得优异的表现；有些学生则干脆避开需要考试的课。为此，校方应该着手从多个方面帮助学生。

☞ 考试之外的选择

考试之外的评估方式，包括：
- 作业。
- 论文。
- 口头报告。
- 个人进展文件夹（以后会详述）。
- 工作室成品。
- 专题计划。
- 说明示范。
- 为市场设计产品。
- 实习。
- 案例研究。
- 制作简章。
- 通过录影，影片或多媒体为不同的观众呈现资料。

3.16 为评估进行训练

☞ 通过教学

在整学期的教学过程中，老师应该清楚指出所教内容与考试的关系，说明考试可能会出现的题型，并花时间带学生快速看过一遍以前的考试题目。同时，老师还应请学生想一想，他们觉得考试中可能会出现什么样的题目。

老师应说明考试时他们可能需要或不需要知道的东西，请学生就上一堂课教的东西或是看过的书，分小组进行头脑风暴，想想考试可能考的题目。提示记忆的诀窍，或是让学生分小组整理记忆的诀窍。指出学生通常会在哪里失分，并建议如何分清楚容易混淆的资料。

☞ 模拟考试

对于每一种评估方式，学生都须获得一定的训练，以了解如何才能达到要求的标准。要学会如何解决新的问题，我们通常最少需要进行三次尝试，而且每一次的尝试都要得到回馈。如果过去考试考不好的学生没有得到这方面的练习，势必无法拿出其潜在的应有表现。

由于这种有时间限制的考试对学生来说可能非常可怕，因此我们不妨分阶段地让学生认识、熟悉考试。

"猜谜游戏"可以让学生习惯用迅速回忆的方法来复习资料。由同学评分的小练习特别有鼓舞的作用，能帮助学生稳固学到的知识，并熟悉"考试"的状况。限时的小测验、用三分钟简述上一节教的东西、用一分钟制订计划等活动，能让学生习惯进行迅速的思考和书写。

让学生明了，这些活动都是练习，不过有些同学难免会觉得这些练习有些难。鼓励特别有困难的学生来跟你交谈：因为这可能是恐慌或特定学习障碍（或其他障碍）的表现，需要在考试真正来临之前得到解决。

如果很早就进行模拟考试，学生可能会特别紧张，因此须谨慎地跟学生说明，这只是一种练习，而不是正式的评估，并且跟他们最后的学位成绩没有关系。老师应该鼓励学生自己在家练习如何在有限的时间内写出答案。

最好是把过去的试卷或考题范例发给学生，以让学生练习快速地进行阅读和选择问题，不习惯快速手写的学生需要练习以加快速度，否则考试时可能会肌肉疲乏。考试中也可以包含部分学生事先准备好的考题。

☞ 以实际的试卷进行说明

虽然着重于复习考试技能的学术技能课程对学生很有帮助，但是如果能再配合实际的复习教材内容，就会更有帮助。老师可以带学生看一遍实际的试卷，然后就每个题目，简短说明出题老师想看到什么样的回答。

这样的经验是无价的，因为考试考不好或没考过，往往问题就出在学生不知道如何阐释考题，并误判了答案应该具有的深浅程度。

具体说明范例答案，则有助于分出作业上的答案与试卷上的答案有何区别。学生往往很担心如何把两千字的论文，转换成须在一个小时之内写出来的答案，而且他们的方法可能会很不恰当：为了节省时间，他们可能会把前言、结论和推论去掉，以尽可能写出更多的事实。

☞ 时间

在很多大学里，过去考试考不好的学生，可能在进入高校几星期后就得面临他们的第一次考试。这样短的时间根本就不足以使他们适应高校的生活，也不够老师训练他们如何准备考试；不足以让他们进行模拟考试，以加快写字的速度、建立自信和把考试渐渐视为一种"习惯"；更不足以让他们在考试之前就把所教内容都复习好。

此外，学生可能同时还要学习如何准备其他类型的考核，如论文。论文要求的写作策略，又跟考试要求的写作策略不同。

这一切让学生承受很大的压力。其中一个解决办法就是上述的方法：利用第一年，训练学生掌握各种类型的考核，以为学期末的考试做好更加充分的准备。关键是在训练，而不只是把考试往后延。

☞ 考试的状况

很多学生会觉得很难在规定时间内答完考试题目。传统上，考试的时间是三个小时。成绩好的学生常常会说，他们考得好的原因是因为他们写字速度快，所以还有时间冒险多写一点。就算这个说法并非事实，但写字速度的确会增加某些学生的信心，并使其他学生过度紧张。考虑到现在学生之间写字速度的差异，以及有些学生需要更长的时间来回忆和整理资料，学校非常有必要考虑让考试的规定变得更有弹性。

例如，我们可以告诉学生，他们应该在三个小时内写完试卷，但是三个小时结束后，也可以留在教室里继续考，考到如四个半小时。如此一来，学生就能够在每个题目之间喘息一下。为了避免优势学生写出太长的答案，可以限制字数，不过来自"进修风潮"背景下的学生写的答案通常不会太长。

如果考试的目的是让学生证明自己知道什么，而我们知道时间限制会给学生压力，那么为什么不给他们多一点时间呢？

如果系里有良好的电脑设备，也可以让学生选择在电脑上作答，特别是当电脑是他们主要的写作工具时。这样做还有额外的好处，就是能够减少因残障而需要特殊设备的学生的人数，因为这样的考试条件能够符合更多学生（包括残障学生）的需求。

☞ 改变考试的性质

即使有很多学生因为担心考试的时间不够而感到恐慌，还是有很多学生早早就交卷，原因是在考场中他们什么也想不起来。问答题式的考试对于成年学生特别不适合，而选择题又无法测出学生真正了解多少知识。

考试的方式，其实可以更有创意。像是有些建筑系或工程系，便以实际的问题为考题，而且学生可以翻阅笔记和课本，应用所有学到的知识，用一整天的时间去思考如何解决一个复杂、看不到但熟悉的问题。如此便减少了死记硬背的现象。

如果一年下来，学生都没有持续稳定地进行学习和熟悉、复习自己的笔记，那么他们就会感觉这样的考试很困难。而这样的考核方式对学生来说也"更有意义"，因为这样学生就更容易展示自己学到了什么东西，特别是当他们又不是很善于用文字进行表达时。考试题目可以设定地具有一定的广度，以确保学生达到专业体系规定的要求。

其他院系也可以采取类似的做法。大多数以职业为导向的院系，都可以设计更全面、广泛的问题，以测试学生的理解程度，而非硬背下来多少内容。传统的学术院系，像是历史系，也可以让学生评论或说明历史文献的背景，而非只是写问答题；或是假设几个状况要学生去辩论，以展现他们对历史问题与研究方法的了解，而非只是表述知道多少历史事件。

3.17 学生作业写不出来的可能原因

☞ 缺乏学术写作的经验

学校作业写得很好的学生，通常也被认为是很聪明的学生。学生以书面文字表达自己的能力，常常被当作是判断其智力高低的指标。现在，许多进入高校的学生其写作能力并不好，他们写的作业可能从来没有得过高分。这可能是因为从离开学校到进入先修或其他大学预备课程前，他们顶多只写过一封信。或者是因为，他们习惯了那种与高等教育的要求所不同的写作方式：他们可能写的都是科技文章或公文，只需要呈现数据，不需要解释或分析。他们可能是作家，习惯使用绚丽的文字，或是报社记者，习惯采用夸张或实在的写法。他们可能一向被公认为文笔很好，但是第一次作业一发下来，这样的理念就受到严重的挑战。

我们在第 6 章、第 8 章及第二部分的第 18～21 章和第 24 章，还会详细说明如何协助学生进行写作与考试。不过，以技能为基础的辅导，只是协助学生面对考核的其中一个方法。

☞ 心态上的压力

学生之所以觉得作业很难写，有各种原因。缺乏学术写作的经验可能是一个关键因素，即缺乏相关的技能、知识、了解、实际经验等。对某些学生来说，问题出在对于新任务的恐惧上："研究"这两个字可能听起来很吓人，如果把任务的包装改变一下，学生可能就会发现，其实他们都具备需要的技能。

追求完美的心态也很常见，学生往往过分夸大任务的要求，认为只有天才才能完成这样的任务；他们可能不太知道如何把一个大作业分割成几个小任务来进行。他们可能会被作业的分量吓到，特别是如果他们不知道 2 000 字的论文实际上只用几页纸的话。

☞ 时间掌握不佳

时间或时机掌握不好，也是很主要的原因。时间管理不当的现象非常常见，特别是在规划作业进度方面。在这方面，延误开始动手的时机是一个主要的问题。学生可能不知道怎么开始动手，好几个小时坐在一张白纸前，或是一遍又一遍重写第一段。

同时修好几门课的学生可能同时有"一堆"的作业要交；如果其时间管理的技能差，有些作业势必就会迟交。如果迟交的惩罚是扣分，那么本来就已经在苦苦挣扎的学生，可能就因此从及格边缘滑落为不及格。

有些学生知道老师会在上交期限的前一星期仔细总结一次作业的要求，他们便依赖老师的提醒，等到老师开始总结了才开始动工。如果此时还有其他的作业要交，学生很可能就会应付不来。

3.18　如何指导学生完成作业

我们可以通过很多种方式协助学生顺利完成作业。

☞ 清楚说明

- 确定学生知道作业题目的意义，了解作业的要求。
- 建议适当的"动工"时间。
- 带学生看一遍评分标准。
- 鼓励学生自己依据评分标准给自己的作业打分，这样他们就会注意到实际的评分标准。

时间

老师可以从学期初就开始出些简单的小型作业，以建立学生的信心。这些小型作业可以用来进行"诊断"，并确保学生早早得到回馈和指导。

错开各个作业的上交时间，让学生有时间充分体悟之前上交的作业的回馈。老师应在布置作业的时候就说明作业的要求，不要等到上交时间的前一星期再总结。最理想的做法是各个老师之间能够互相协调，错开上交时间。

在上交期限来临之前，利用各种活动敦促学生开始动工，像是讨论某个主题或看过的书。对于早期的作业，可以发给学生一个每周的时间计划表，并在课堂上或通过电子邮件提醒学生，他们目前应该进展到哪个阶段了。

鼓励学生为作业的每个阶段都设下期限，并记在行事计划表上，这样他们就可以知道自己是不是在该有的进度上；鼓励他们如果担心完成不了作业，就在离上交时间至少两星期时去找你或负责的老师。

清楚的评估标准

留意是不是跟学生清楚说明了下面几点：

- 每门课或每项技能评估的方式。
- 每份作业评估的方式。
- 评分标准有哪些（清楚解释）。
- 评分标准与学习成果的关系。
- 是否包括同学评估或自我评估的方法。
- 要得高分具体需要哪些条件。

《作业手册》

《作业手册》可用来协助学生完成特定的作业。我们应为每项作业都制定一本《作业手册》，好处是更容易更新。另外一个好处就是，这样每本手册都能有更多空间，我们可以用其来探讨问题、列举实例、详细说明作业的要求，否则如果所有资料全写在一本《作业手册》里，《作业手册》就会很笨重，而且这样学生也不容易找到与作业相关的资料。下面说明《作业手册》可包含的内容：

- 对于如何完成作业，学生非常重视老师的建议，但他们可能上课时来不及记下，下课后也忘了，这时候学生就可以从中取得指导。
- 这样可以确保不得已必须旷课的学生能够了解作业的要求，也能够得到清楚的指示。
- 《作业手册》可以一步一步指导不知道怎么写作业的学生完成作业。

■ 扼要介绍主要的主题，并说明这些主题之间的关联。

■ 概述主要的理论，方法和思想学派。

■ 示范如何把各主题、理论整理成表格或图表，以帮助理清思绪、计划论文大纲和整理考试复习的内容。

指导作业进行的方法

■ 制定一个标明作业进行情况的进度表，这对新生和新类型的作业特别有帮助。

■ 合理建议作业的各个部分大概需要投入多少时间。

■ 推荐一种指导作业进行的方法：以何种顺序阅读参考资料，或是以何种顺序执行各个步骤。这对于实验性质的作业和案例研究特别有用，而且对于所有的书面作业也很有帮助。

说明评分标准

■ 指出评分的标准有哪些。

■ 指出评分标准与课程学习成果的关联。

■ 在《作业手册》里附上一份评分表，要学生自己评分后交回。

■ 举例说明同一题目"好"和"不是很好"的答案，解释好的答案不一定是完美的答案，同时清楚说明不好的答案是因为什么失分。

学生自我评估

在《作业手册》里附上一、两份好的自我评估的范例表，供学生评估自己的作业。鼓励学生依下列几点进行评估：

■ 评分标准。

■ 学习成果。

■ 他们觉得本来可以做得更好，或是采取不同的做法。

阅读书目

《作业手册》可以包含阅读书目，以及其他参考资料的相关指导，并把书目分成三大类：

1. 必看的书籍：说明要看的章节和可替代该书的书籍。

2. 可看的书籍：简短描述书籍内容，并列出可以替代该书的书籍。

3. 欲进行更深入研究时可查看的书籍。

☞ 参考出处

■ 举例说明如何在文章中注明不寻常的参考出处。

■ 请学生遵照系里或该专业领域内惯用的参考出处写法，或是参考 *The Study Skills Handbook*。

☞ 复习

■ 指出作业的主题应如何作为考试复习的基础。

■ 不妨为不同的作业各自配备一本手册，以一步一步指导学生，并为实验性质的作业提供参考资料。

3.19　追踪和监控学生的学业进度

　　学生在接受某门课程的作业回馈和指导时，往往已经开始学习下一个学期的另一门课，而且其适用的常规也不同。这表示学生很难在整个大学期间，持续以之前获得的指导作为下一阶段的基础。学生可能感觉不到自己的进展，因为他们的成绩可能一直很稳定，尽管他们的表现比起刚入学时已进步不少。

　　鼓励学生保留作业的批改结果，以及他们对于自己的目标、志向和学习方式的想法，并将其整理在一个文件夹里，然后带它去见导师或专门的辅导人员。如此有助于相关人员以这些过去的指导为基础，同时依据学生个人的学习目标，为学生提供循序渐进的辅导。采取下列方法会很有帮助：

■ 训练学生总结自己的进展。

■ 训练学生进行同学评估和自我评估。

■ 在进行正式的考核和评分前，提供监控、评估和回馈的机会。

■ 鼓励学生保留一个"个人进展文件夹"，收集所有得到的回馈与建议。

■ 每学期至少利用一次导师会面的时间，带学生回顾一遍他们从老师那得到的回馈，以明确他们的学习目标，监控进展，并指出应该如何改进。

☞ 技能发展架构检查表：追踪学生的技能发展

1. 入学

■ 说明系里课程的性质和要求。

■ 找出"有危险的"学生。

■ 举办入门周或"迎新"周。

■ 需要的时候，引荐申请者去上衔接课程或其他准备课程。

■ 提供简单的准备工作，像指导阅读和自我评分练习。

2. 入门指导
■ 说明技能发展是"专业、学术与个人发展"的一部分。
■ 解释第一年主要是训练和指导的一年。

3. 课程
■ 在院系课程中和个人专业发展课程中教授学生学术技能。
■ 说明"个人专业发展"课程或"技能课程"是整个课程的一部分。
■ 正面肯定技能发展的必要性，并说明其为"个人、学术与专业发展"的一部分。
■ 确定课程，明确定出学习成果与考核标准。

4. 把辅导融入教学之中
■ 在每日的教学之中，示范、加强和融入学术技能。
■ 在到达作业的上交期限之前，举办一些活动以敦促学生开始动工。
■ 确保所有的学生都能上到想上的课程。
■ 确保老师在进行教学和评分时，能提及相关的学术技能资料。

5. 评估的方式与时间
■ 以其他的评估方式取代一部分正式的、以问答题为主的考试。
■ 适当安排正式评估的时间，让学生有时间练习和培养必需的技能。
■ 避免作业的上交期限都挤在同一时间。

6. 在教学中协助学生准备考试
■ 把复习、记忆诀窍和考试意识融入于每日的教学中。
■ 以实际的考题和答案进行详细说明。
■ 举行限时的练习，限时的写作和模拟考试以培养学生的考试技能。

7. 回馈
■ 适当安排作业上交的期限，让学生有时间反思其得到的回馈。
■ 使用清楚明了的评分标准，并据之给予清晰可读的回馈。
■ 指出评分、成绩与学习成果的关联。
■ 使用简单的固定表格给予清楚易懂的回馈。
■ 对内容和技能都给予回馈。
■ 评语用打字版的，若是手写则要书写工整、字迹清晰。
■ 明确说明要如何改善，以提升下一次考试的成绩。

8. 监督和评估进展
■ 评估教学和学习的方法对特定的学生群体是否有效。
■ 监督学生是否在不同阶段得到持续的指导。
■ 鼓励学生保留一个"个人进展文件夹"，以整理其学习目标、学习成就与得
　到的回馈。

■ 教会学生进行同学评估和自我评估。

■ 教会学生检讨自己的进展 。

9. 课程的规划

■ 对同学之间的辅导给予训练与辅助。

■ 指派固定教员负责留意"有危险的学生"，为其提供可接受的辅导。

10. 系里额外的辅导

■ 及时把握学生需要接受辅导的时机，并及时提供辅导。

■ 找出课程中对学生来说特别困难的领域，提供额外的辅导。

11. 学校中心的额外辅导

■ 尽早找出"有危险的学生"。

■ 找出需要接受额外辅导的学生：语言、数学、写作、电脑或口语方面有困难的学生。

■ 尽早促使学生了解学校为残障学生提供了哪些专门的辅导。

■ 构建一套引荐系统，以服务于那些需要接受专门辅导的学生。

12. 就业机会

■ 及早引入"就业机会"的相关措施，以协助学生找到工作，支付学费。

13. 书面和电子资料

■ 建议或发给所有学生其需要的主要学术技能的相关资料。

■ 说明课程的补充资料是可以在网上取得的。

■ 建立网上论坛，以促进同学间的辅导（像是通过 WebCT）。

■ 为身体有障碍的学生提供线上的语言资料、学术技能资料及专门软件。

3.20   总结

本章说明了如何通过改善学校、院系和个人面对教学与学习的方式，来创造一个支持性的学习环境。我们并不主张完全去除额外的辅导，但是我们认为，传统上由额外辅导单位所提供的辅导，其实也都可以通过各种课堂教学策略达成。

的确，进修风潮意味着，过去只是少数人的需求，现在已经成了主流，因此需要通过完善整个课程的设计以满足这种需求。进修风潮也意味着，新形态的需求出现了，并成为已经焦头烂额的辅导单位最需解决的问题之一，其中尤以英语能力不足和各种障碍最甚。而这些需求也须由整个课程和整所学校着手解决，但是可能更需要系里或学校中心提供专门的额外辅导。

上述的做法使得"辅导"在学生眼中变得更有意义；因为它被融入学生的课堂生活中，是具体且跟课程有关联的。此外，这一切都以"学习发展"的模式为基础，这个模式对所有的学习者都有益处。

入门指导与找出学习需求

4.1 入门期间的指导

学生在学业上有困难的时候，往往会被认定是学术技能的问题。这可能是一部分的原因，但是通常还有其他的因素，尤其与学生对于高等教育的期望与了解有关。刚开学后的 4～6 周，学生可能会紧张不安：想家、寂寞、要适应一堆奇怪的规则、焦虑、自我怀疑。学生的这些心理状况，使得他们觉得这段时间特别难熬，而此时也是学生流失的关键时段。

积极而适当的入门指导，能够帮助学生找到方向，建立起归属感，并能预防之后某些困难的出现。因此，入门指导可以作为学校保留学生的主要途径。入门指导是引导学生了解高等教育的非常关键的一步，因此在本章详加说明（第 10～12 章还会介绍更多相关的活动）。

现在的高等教育正渐渐舍弃传统的入门程序：排队注册，登记成为图书馆会员，在某个下午听校长或老师的讲话，然后挣扎着度过用来认识同学的茶话会。有时候这种入门活动反而使学生更困惑、更焦虑。

现在的趋势是把入门过程视为一种安顿的过程，学生可以利用这段时间去适应一个异常陌生的环境。在此期间他们会得到协助，以使他们过渡到高等教育阶段的生活中，并且随着更多类型的学生接受高等教育，这一点就更加重要了。由于学生有着各种不同的背景、态度与技能，因此入门期间的指导是一段特别的时间，以用来确认学生过去的经验与现今课程的要求到底存有多大的差距。

如果要让学生了解高等教育对他们的要求，并依老师期望的方式取得成功，那么学生的期望、迷思与态度，就须得到一定的调整。入门这段时间，也是用来找出会失败或离开的"有危险的学生"的最佳时间。

此外，显然今日学生的需求，不是都能在开学后的第一周或头几天就能得到满足的。现在，学校越来越倾向于把整个第一学期，甚至第一学年视为入门的过程，在这段期间，学生不只学着适应高等教育的环境，更被训练如何在此环境中取得成功。

现在大家越来越认识到，高校学生在学习过程当中是需要得到协助的，就连过去一向表现优异的学生，也不一定知道为什么他们能够表现优异，或是能够把学到的技能应用到新的环境中。

"学习怎么学习"、专业发展、技能训练、信息管理、就业意识、"能力"等概念，都是现今的主流，它们被纳入到课程设计中，并且学校从学生一入校时就开始让他们认识"个人发展计划"。

我们很快就会发现，以下建议的活动是不太可能全部被包括到为时一个星期的"入门周"内的，因此最好是将其融入一个更长的入门过程中。把入门扩展为一个更长的过程，学生就更容易吸收信息，晚来的新生也更容易追赶上。

☞ 入门周的重要性

在入门周开始之前，就把相关的介绍资料发给学生，强调入门指导是整个第一学年中非常重要的一部分。把入门周的第一天定为整个学年的第一天，不熟悉高等教育的学生可能会以为入门周是可去可不去的，尤其是当学校规定又把开学的第一周视为学年的开始时。没有参与入门周培训的学生后来一定会出现问题，因为他们一开始就错过了重要的信息，或是没有跟同学建立联系。应及早公布入门周的时间，好让学生及时把时间空出来。如果学生须在入门周选课，那就应确保课程和学生想知道的相关信息都已公布出来，同时还包括：

■ 选课的条件。

■ 总共所需的学习时间，包括自己独立学习的时间。

■ 开始上课时应该具备的技能，或是课程中会培养的技能。

■ 实际工作与理论的比例。

■ 所需的阅读量与写作量，以及所需的数学程度（如果需要）。

■ 使用何种考核方式：有些学生只会选没有考试的课，如果这项信息不明确，学生就会等到确定后才选课。

■ 任何额外的费用或其他状况，像是社会调查或上课时间较晚。

如果所有的这些关键信息都能在入门周时，通过耳朵、眼睛，甚至通过活动传达下来，那么学生就更有可能记得这些信息。最理想的做法是把所有的信息都整理在一本入门指南里，让学生容易查阅。这对于不得已必须错过部分入门活动的学生特别有用。

4.2 入门过程的特点

入门的过程包含下列五个主要的领域：

1. 安顿。

2. 注册。

3. 互相认识与形成团体。

4. 认识学校。

5. 认识系里的课程与学术学习（此部分最需要将入门过程延长）。

☞ 安顿

这包括欢迎学生来到大学和系里，介绍主要教职员、校园环境和校内设施，以及学生彼此进行自我介绍。这个阶段也可以包括指导学生如何处理在入门周时得到的大量信息。

☞ 注册

第一周，学生有很多手续要办。其中包括注册、拿到学号和学生证、成为图书馆会员、登录大学网站和得到电子地址、办理学生贷款，有时候还要选课。这些过程和手续可能会很累人，所以程序越简单明了，学生就越开心。

把这些程序组织好，收获是无价的：排队等待和错误的信息很容易造成糟糕的印象和气氛，而之后往往就是上课的老师须承担这一后果。

学生并不一定知道注册和选课是不同的程序，甚至不是光在注册那天出现就可以完成注册。不妨列出所有注册时该完成的手续，以及没有完成注册的后果。

1. 注册手续表

每项手续的每个步骤都须清楚印在纸上，这样学生在校园各处奔波时，就可以直接照着上面的指示进行，不需要再跑回来问一遍。

使用粗体标题和彩色纸张或彩色字体，以确保重要的资料显眼易找，带着学生看一遍上面的程序，或是用录影带展示一遍，并留些时间来说明不清楚的地方。详细说明：

■ 要去哪里，怎么去，走过去要多久。

■ 什么时候要到达哪里，大概什么时候可以离开。

■ 各项手续的完成顺序（像是先领学号）。

■ 每项手续各需要带什么东西。

2. 时间

确保学生都得到一份清楚的时间表，让学生知道哪一天应该去办什么手续（如注册），以避免不必要的排队与等候。不妨招募旧生，以协助新生在适当的时刻到达适当的地点。

☞ 互相认识与形成团体

这是为了提供一个温馨的环境，以促进学生与老师彼此之间的互动，并给予学生一种归属感。

让学生互相认识

"形成团体"有多种好处，首先，它使学生不再那么焦虑，因为学生感觉到自己知道在跟谁交往，如此他们也更有可能成为班上积极主动的一分子。如果能在"形成团体"的相关活动中让学生谈谈他们的焦虑，也能避免学生把焦虑暂时成功压制，结果以后再爆发出来的状况。

如果学生觉得自己属于一个团体，往往就会更积极地投入到对系里课程的学习中，甚至是作业的写作中，因为这样他们可以跟"朋友"一起完成。

如果上课时老师采用互动合作、同学批评或同学考核的做法，就更须以此团体为基础，建立起互相信任的气氛。最后，以友谊为基础的支持网络对学生也会有很大的帮助，但是学生如果没有机会认识彼此，就很难形成团体。"当练习活动存在下列状况时，形成团体"就特别重要：

- 系里有成年学生，或以非传统路径入学的学生。
- 学生自信心低。
- 学生的组成很多元化，或是系里的学生人数很多。
- 学生必须在压力下做事。
- 老师采取分组作业、团队合作或专题计划等教学方法。
- 学生校外事务繁忙，上完课就离开，没有时间在课后跟同学深入相处。

第10章还会详细介绍"形成团体"的练习活动，其主要功能是：

- 采用"破冰游戏"，让大家互相认识彼此的名字。
- 处理焦虑的问题。
- 把焦虑变成挑战。
- 定下课堂守则。
- 设计团体活动或小组专题计划。
- 安排活动、派对、出游、野餐等。

在学生对彼此都已经有一定的认识时，社交活动或外出游玩就会进行得更顺利，否则就会变成很累人的活动。适当安排社交活动的时间，让有眷属的学生也有时间参加，并且留意有些宗教群体，像是伊斯兰教徒是不能参加某些提供酒精的聚会的。

认识学校

- 认识学校本身（了解校规、参观校园和认识学校老师）。
- 认识学术环境（大学是什么？高等教育与高中教育和进修教育有何不同？大学对学生有何期望？学生能对高等教育有何期望？）。

（第10章会进一步说明如何通过各种练习活动，协助学生认识学校，避免纯粹的讲授方式）。

学校必须假设学生可能被大量的资料所吓到，并确保资料的取得简单容易。所有说过的东西，都应有书面资料作为备份，而且之后可能还须再提到。学校还可以把这些资料整理成一本小册子，取名为《基本指南》。光是发下手册或是活动纲要还不够，学生需要有人为他们清楚指出，哪些是重要的，并且需要用耳朵听到、用眼睛看到他们应该做些什么。

好的地图也很重要，不过认识校园最好的方式还是亲自去走一圈。学生喜欢这种参观校园的导览，喜欢认识一下自己院系之外的地方，特别是如果游览中还能为他们指出捷径。把所有学生以后可能需要去的地方都包括在导览路线里，如系办公室、餐厅、学生服务中心、学生会、图书馆、体育馆等。此外，还应告诉他们去哪里申请贷款和奖助学金，以及其他可能需要前往的单位（如有障碍或需要特殊的考试安排时）。

不妨介绍学生认识一下几个服务单位的人员，像是学生服务中心、职业咨询中心、学生会的福利与财务顾问，以让学生了解这些单位的存在。然而，在导览中听到的信息，学生并不会全都吸收进去，所以不用说得太多。确保学生拿到书面的备份，不妨将这些内容包括在小册子里，并向他们说明如果有需要时，应如何得到相关的服务。

1. 认识图书馆和学习资源中心

很多学生，特别是成年学生和身体有障碍的学生，对于使用图书馆的资源可能会感到很不安；图书馆可能令人回忆起不好的童年经历，而大学图书馆内也经常出现不良行为，其实这是学生受挫和焦虑的表现。

因此，最好定下一个参观图书馆的时间，带学生认识一下图书馆的资源。如果还有专门负责某个院系的图书馆员，那最好能由他们带领参观，并指出该系的主要资源。如果有可能的话，鼓励学生在第一次参观时，就去找一批阅读书目上的书，这样他们就能够实际体会到图书馆的好处。鼓励他们去玩一玩科技设备，到处走一走，找一个他们最喜欢的地方。

另外，也要给予学生一些如何利用图书馆的基本信息。这可能包括：

■ 如何以电子邮件或电话联络图书馆员？
■ 如何预借书籍？
■ 如何通过本馆借到其他图书馆的书？
■ 是否需要学号或证件，才能成为图书馆会员？
■ 一次可以拿多少书在馆内阅览？
■ 一次可以借出多少书？
■ 书库里或其他地方的书要多久才能借到？

■ 借书一次，可以借出多长时间？

■ 罚钱的规定有哪些？

■ 对于残疾学生，或那些使用图书馆时会有困难的学生，有何协助？

图书馆人员与老师可以一起设计一个搜寻表，作为第一周上课的练习活动，要学生去找出可能会在课上用到的资料。其中应包括书面资料、电子资料、书籍和期刊，当然也可以包括地图、报纸、手稿、CD、录音带等资料，这视各课程而定。将这个练习活动当作早期的评估作业之一。

2. 找出"有危险的"学生

鼓励学生，如果他们在使用图书馆上有困难或是在哪方面需要进一步帮忙时，要尽量说出来。

如果有个适当的检查表就会更有用，否则学生可能会不太乐意说出自己的困难。检查表上应该包括：屏幕看不清楚，书背上的书号看不清楚，在图书馆里搞不清楚方向，找不到某种类型的资料，在书架上找书时看不清书号等。这都是找出某些可能"有危险的"学生的方法，老师尤其要留意可能有阅读障碍而未被诊断出来的学生。

3. 认识信息科技

学生如果能够尽早熟悉学校的信息科技，对他们会很有帮助，这样他们至少能够使用电子邮件，并从电子布告栏和网络中取得信息。也许可以把在这方面还是初学者的学生跟已经有些基础的学生分开，因为跟新手解释的速度要更慢，花的时间也要更长。初期的指导可以包括：

■ 术语解释。

■ 如何使用大学里的电脑。

■ 电脑操作，使用鼠标。

■ 把资料储存在电脑上和磁盘上。

■ 系里在网页上提供了什么信息，如何下载和打印。

■ 为在网络上找到的资料注明出处。

■ 使用电子邮件：寄出和收取邮件与附件。

■ 连线到学校的图书馆。

■ 使用搜索引擎在网络上查找资料。

■ 如果打算自己买部电脑，那应该怎么买。

认识系里课程与学术学习

这包括介绍学生认识系里的相关人员与程序以及相关学术事务，像是出席与课堂守则、课程内容、学习成果、评估、教学与学习以及个人与专业发展会如何通过专业科目受到促进等。

1. 介绍系里的教职人员

最好能让学生认识一下他们在第一个学期会遇到的所有教职人员，并为学生简短介绍各教职人员负责的工作。这个过程最好能够分阶段进行：比较重要的教职人员在第一天开学时就予以介绍，其他的可以等学生对学校更熟悉之后，再找时间介绍。系里的行政人员对学生来说会特别重要，发给学生一份教职人员通讯录，列出相关教职人员的姓名、职称、办公室、分机号码、电子邮件地址，并清楚描述遇到什么事时，应该在什么时候去找什么人。跟学生说明如果遇到下列情况时，应该去找谁：

■ 完成作业有困难。

■ 遇到可能会影响学业的个人事件。

■ 在语言上或学业上有障碍。

■ 有某方面的障碍需要协助。

■ 缺席（而课上规定要出席时）。

■ 地址改变。

常常有很多学生就读了一整年后，还是不太清楚课程名称与所修学位有何关联，也不知道遇到各种情况时应该去找哪一位教职人员。

2. 课程手册

■ 带学生看一遍课程手册，提醒他们注意重要的资料。

■ 鼓励他们在第二周时，自己再把课程手册看一遍。

■ 解释一下特殊的用字或简称。

■ 要学生注意学年时间、课表、作业上交期限和考试日期，让学生找时间把重要的日期记到自己的行程表上。

■ 清楚说明考核的方式，以及学校提供哪些训练，以协助学生培养适当的技能来面对考核。

■ 留下足够的时间，让学生问问题。

3. 课堂文化

为学生说明你期望的课堂文化。例如，清楚说明你是否希望学生有困难就提出来，以使大家互相扶持；你是否很注重互相协助与小组合作；你是否期望学生或小组之间互相进行激烈竞争；你是否很重视自我考核与检讨；你是否期望学生抱持解决问题的态度；你是否会引入同学辅导的具体做法。

说明学生要为课堂做好哪些准备，也许你会要求学生每堂课都出席，而且要准时到达，或者是你期望学生能够独立作业，觉得有需要再来上课。

不管老师期望的是什么样的行为，都需要在入门周的时候就清楚定下，并由老师以身作则。一个混乱不清的入门周，或是一个互动支持的入门周，会使学生对待课堂的态度带来很大的影响。因此，应清楚说明以下几点：

- 系里课程所要求的阅读量、写作量、时间、数学技能和电脑技能。
- 学生是不是需要为所有的课都进行预习。
- 在演讲课、研讨课或其他类型的课程上，如何、何时可以问问题。
- 助教指导课、研讨课、实务课等的上课类型。
- 下课后、放假时，学生需要进行什么样的独立学习。

4. 大二学长、学姐的经验谈

学生往往更容易接受同学给的建议。邀请大二的学生跟一年级新生说说他们希望在大一时就知道的事情。他们从自己的经验中能够给新生哪些建议？

5. 激发学生的兴趣

有些学生可能是很久以前就决定了要读这个院系，有些则可能是第二志愿或第三志愿进了这个系。不妨简短介绍一下自己的院系，提醒学生为什么这是一个好的选择，并激励其他并不是第一志愿进入本系的学生。

这也可以帮助学生弄清自己是不是选对了系。非常简短地介绍一下系里的课程，说明该系有何不同或特别之处，为什么是一个值得学习的院系。强调系里的课程会讲到哪些有趣的主题，并说明该系对于特定的职业选择会有什么帮助。

4.3　认识高等教育

基于各种原因，学生进入大学时往往怀着错误的期望。今日的大学生活可能已大大不同于家长或亲属所描述的那样。很多新生不知道学院与大学的区别，或是大学所扮演的角色有何不同。学生可能会依据在中学或进修教育中获得的经验去设想大学会提供哪些辅导与指导，但是在中学或进修教育中学生人数很少，学习过程很有组织，老师人数则更少，小组也小到足以让大家都能互相认识。学生可能会带着错误的期望进入大学，误以为大学会为他们提供无微不至的照顾与辅导。他们常常期望大学跟中学一样，老师会负责敦促他们的学业与出席状况。

所以，当学生发现他们要在没什么人指导的状况下自己选课，下课后要自己负责自己的学习过程，并且独自解决大部分学业上的问题时，可能会受到很大的惊吓。很多学生都不知道怎么安排课后的念书时间，甚至不知道他们应该自己通过阅读、网络或其他方式去获取信息：他们以为把知识灌输给学生是老师的责任，甚至因为自己要独立完成这么多事而很生气。他们可能以为老师就应该为他们把复杂的知识讲解清楚。高校中不乏在入校前从来没读过一本书的学生，所以当有人要他们去看书时他们甚至会很吃惊。

学生可能也不知道进修教育与高等教育在程度上的差别。有些学生会说，他们上大学是"为了加强写作能力",或是"改善我的文法",仿佛这就是他们最主要的目标。他们没有了解到这不是大学的主要功能。有些学生则以为,他们只要上课都出席,最后就可以拿到证书。他们可能觉得,他们在时间和金钱上做出的牺牲值得得到一个学位。

这些迷思应该在入学前就得到澄清,在入门周的时候也不妨说清楚双方的期望,让学生了解他们会得到什么样的训练,以培养出必需的技能,并把双方的责任写成书面的课堂守则,或学习契约之类的文件(第 10 章还会有相关的活动介绍)。

4.4 认识"个人、专业与学术发展"

带学生讨论他们接下来在大学里度过的时间,可以有助于他们将来投入到各种不同的职业生涯中,并鼓励他们积极地去检讨、评估和监督自己学到了什么。在入门指导期间,可以引导学生从这方面去思考学习的意义。

说明系里和学校会如何在这个"个人与专业发展"的过程中协助他们。告诉他们,学生常常不知道自己在科目内容之外还学到了什么,常常无法活用其所学到的技能与个人特质,特别是在竞争工作的时候,并指出这个"个人、专业与学术发展"对他们的学术学业有何好处。

尽早让学生了解这个"个人发展"的概念,特别是如果学校采取融入课程的方法训练学术技能的话。如此学生就更能体会互动式教学的意义,并珍惜像是"口头报告"这种一开始可能令他们很害怕的任务。

这种概念把学生当作成人看待,因此更容易为学生所接受,同时它提供了一个起点,以让学生探讨自己对自己的学习过程要负起的责任。

举出"个人与专业发展"的好处

1. 它训练学生更有效率地进行学习,因此学生能够充分利用时间,也更有机会取得高分。

2. 在学生意识到自己的学习变得更有效率后,学习过程就会带来更多的乐趣、更少的压力。

3. 学生会更明了如何广泛地活用所学,例如将其所学应用到其他的学术课程或是职场中,并会更有能力向雇主表现这方面的技能。

4. 它使学生更专注于学业。

5. 学生会培养出自我评估与检讨反思的技能,而这个技能在大部分的生活经历中都会很有用。

6. 学生从中得到的不只是一张证书。

7. 学生在求职上会更有竞争力。

☞ 说明"个人、专业与学术发展"进行的方式

1. 通过"专业技能或学术技能"课程，或是将其融入一般的课程（或两者都有）。
2. 实习的机会。
3. 以现有工作抵销某些学分。
4. 职业教育。
5. 其他路径。
6. 学生学习获得的成果会如何得到综合记录，以使学生能向他人说明（例如通过个人导师、进展文件夹、进展记录、文字记录、专门的负责单位等）。

4.5　管理自己的学习

致使学生遭遇困难的原因之一，往往是学生误解了他们应该投入多少时间在学业上。不了解高等教育的学生可能会想象，他们可以用"兼职"的方式去学习需要"全职"投入的学位，而如果学生每星期只有几堂课，可能还会加强这种误解："独立学习"对学生来说可能是一个难以理解的概念。

我们必须清楚地告诉学生，每周应该花几个小时在学业的学习上，并指导、讨论如何以最高的效率利用这些独立学习的时间。不妨以一、两个概略的时间计划表为例，说明如何把一周的学习时间划分为几个不同的学习活动（像是 6 小时上课，10 小时阅读和进行其他的研究活动，2 小时预习、5 小时写作、15 小时在工作室工作等）。

对自己的学业学习缺乏信心的学生，往往会把自己跟那些夸口说"几小时"就把作业做完、把书看完的同学相比，而不是思考投入多少的时间才合理。因此，我们应让学生了解，他们之所以辛苦挣扎，只不过是由于他们没有投入足够的时间念书。为学生指出高等教育的教学与学习跟学生过去就读的机构有何不同，不管是中学或是进修教育机构。强调学生在第一年里，应该为自己的学习渐渐负起更多的责任。这包括认识自己正在遭遇的困难，并采取适当的行动。

如果这些都不够，就跟系里老师说明他们的困难。学生应学会管理自己的学习，包括阅读和适当利用发下的资料，而不是等着老师提醒什么时候要做什么，并形成专业、独立的态度，而且这种态度以后是可以一并带进职场的。

☞ 上课出席与准时到达

这对于因进修风潮而进来的学生来说会是一个很重要的问题。某些学生如果不常来上课，就会真的"很有危险"了。

清楚说明系里对于出席与准时到达的政策，如果有必要，让学生了解出席与否会如何影响到成绩的好坏。有些系会规定基本的出席率，如果采取这样的做法，须跟学生强调，这不光只是最少要出席几次的问题，而是让学生理解上课出席对于学术学业的重要性。

如果学生觉得他们可以迟到、早退，或是爱来不来，那么他们就会真的迟到、早退、爱来不来，特别是那些在校外还有很多私人事务的学生。不同院系基于自身在入门指导阶段，甚至是入学期间所培养出的文化的差异，对此采取的手段会有很大的不同。

☞ 预习课堂上要讲的内容

学生一般很少会在上课前事先进行预习，但是如果学生能够事先进行预习，老师就可以更妥善地利用珍贵的上课时间，为学生阐明他们在家没看懂的部分，而不是在上课时间把最基本的部分讲一遍。

有些学生发觉，只有事先预习过教材，他们才能听懂老师上课讲的东西：老师的讲课，就等于是为他们把内容整合起来。有些学生如果没有事先预习相关的专有词汇或复杂理论，上课就无法听懂。

不过光是口头讲讲，很难说服学生真的去进行课前预习，除非预习是整个系里或整所学校的风气。

学生能够事先预习，也意味着上课期间老师可以安排更多不同的活动，使上课内容更多变、更有趣、互动更多。建议学生事先预习一下入门指导活动，例如：

■ 要他们先看一下课程手册。
■ 准备几个要问的问题。
■ 让他们为小测验做准备。

此外，养成"一分钟总结"的习惯，也就是在上课开始前要学生简单写下上一堂课教了什么，或是提出这一堂课的主题可能是什么。

☞ 处理困难

请学生想一想，如果在学业上遇到困难，他们可能会有何反应。

为学生指出，他们可能会在什么时候觉得课文怎么看也看不懂，读了一遍又一遍却还是理不清，或是写作业的时候不知道怎么整理资料。他们可能会想逃避、离开、拖延，或是觉得自尊心大受打击。让学生了解，这些困难只是学习过程的一部分，并不代表他们不适合念这个系。

告诉学生，当问题没有"正确答案"，或者在不是很清楚哪个才是可能的答案时，学习的过程可能会显得很复杂、很艰难。当我们从基本的思考方式移向较复杂的思考方式时，常常会觉得这个过程很痛苦。

经历困难可能是一个好预兆：它可能表示旧有的思考方式正在拓展并超越出原来的极限。如果学生能够坚持下去，他们就能超越自己，培养出更宽广的思考方式。鼓励学生采取"问题解决"的做法，并形成辅导网络，以互相协助度过困难的时期。

4.6 认识学术性思考

"奇怪的做法"

学生可能无法理解"为什么高等教育是这样组织规划的，为什么不同的课程要设下不同的要求，为什么文章的写作类型有这么多种，为什么大学这么注重理论和文献。"

不妨为学生说明学术界的这种"科学性的做法"，并讨论这种做法在各个院系中有何不同的表现，以解答学生的疑惑（我们在第20章还会说明如何以非常简单的方式找出院系或课程的定位：学术方法的两极对立）。

"正确答案"

研究显示，就连成绩优秀的学生都可能要花上一段时间，有时候甚至是几年的时间，才能从追求绝对正确答案的心态过渡到相对主义，最后到达自我主张、自己负责的阶段。针对这一点，我们需要对学生说明，这是因为高等教育的许多方面，特别是在作业和考试上，往往不是只有一个简单的"正确答案"。

过去在校成绩不佳或是在学业上缺乏自信的学生，可能会更渴望在现在的学业中寻求确定无疑的答案：这一次，他们想把事情"做对"。此时跟学生讨论这一点对他们会很有帮助，在这里我们不妨使用"相对性"思考阶段历程来进行说明。

相对性思考阶段历程

A. "正确答案"阶段　1. 绝对主义阶段：学生认为世界上的事物不是对就是错（如同在单词测验里），希望有个老师能够教导他们判断出对与错。

2. 好的老师与坏的老师：坏的老师会引起不必要的不确定状态，或者是老师会故意引起不确定状态，以协助他们自己找到答案。

3. 暂时的不确定状态："老师还没有找到正确答案"，学生不清楚老师在批改作业或试卷时追求什么样的标准。

B. 相对主义阶段	4. 接受不确定的状态："每个人都有权拥有自己的意见"，不管老师怎么想。就作业和考试来说，重要的是要找出老师的想法。
	5. "所有的知识与价值都是相对的、视环境而定的。"就作业和考试来说，学生会问："在这个环境里，这个作业或考试对我的要求是什么"。
C. 自我主见阶段	6. 自我主张：学生理解到自己必须支持某个观点（从好几个不同的观点中），同时能够体会并容忍其他的观点。
	7. 决定支持某个观点。
	8. 经历受到自我主张带来的影响；学生发觉到责任的问题。
	9. 学生"从理解到支持自我主张是一个持续发展的活动"，并且个人的生活方式与自我认同也会通过此活动表现出来。

如果能够在课程中跟学生讨论以上几点，学生就更能够了解自己的思考方式，以及自己对于不同的教学方式与作业要求所产生的反应。带领学生探讨他们对不同的主题分别采取何种立场，为什么采取该立场，以及这如何影响到他们对学习新知的开放态度。

为学生提供相关的阅读资料，带领学生探讨你们专业领域中的"真相"或"事实"或"正确"的性质。在你们的专业领域中，这是持续不变的观点吗？它跟其他专业学术领域中的"真相"又有何差别？

4.7 剽窃：意见，引用，自己写

"剽窃"这个词对学生来说不是一个很容易理解的概念。例如，学生能够从彼此合作中受益，但是他们可能不知道彼此的协助到达什么限度就该停止，然后就该开始独立作业。如果他们一起计划大纲和讨论文献，那最后每个人的文章内容都可能非常相似，但是依旧是他们自己独立完成的。

有些学生在过去的就学环境中，被鼓励大量引用"权威人士"的话语，同时不注明出处。有些学生以为只有在一字不改地引用话语时，才需要注明出处；更有甚者以为只要没有用到引号，就可以直接引用一大段，而且可以不注明出处；有些学生以为，只要是引用的内容来自多个不同的出处，就可直接把书上的话抄下来；他们以为这样的文章就是"自己写的"，因为经过组合拼凑之后，他们就创造出了新的作品。学生经常采用这个策略，因为他们没有信心用自己的话去表达。

学生可能不了解所谓的"自己写"到底是什么意思，特别是如果老师要他们在文章中引用别人的作品且不要写入自己的"意见"时。他们可能会担心自己没有创造出一套全新的理论或观点。但是另一方面，在阅读期刊文章时，他们可能又会觉得就连专业的学术人士所做出的贡献都很小，因为这些专业人士似乎一直在引用他人的作品。因此"自己写"这个概念，可能会令学生很困惑。

老师最好以本领域中学生写作的实例或仿例跟学生清楚说明，如何在引用他作与陈述个人观点之间作出平衡，以及如何利用他人的作品来支持自己的论点。我们可能需要跟学生说明，他们在写作过程中的"角色"有点像是在挑选、评判适当的文献，比较不同的观点，然后把这些结果组织成一个论点。如此一来，他们的文章就会跟其他人的文章都不一样，就是"自己写的"，即使他们并没有提出全新的观点或研究结果。老师如果发现了任何有关注明出处、引用和剽窃的资料，都应提醒学生仔细阅读。

4.8 认识"技能发展"

☞ 为什么要在入门指导阶段介绍"技能"的概念？

在课程刚开始的时候就应该让学生了解学习以及学习能力的发展，包括技能的发展，这是学生整个学习生活的一部分。如果不把学术技能的培养视为一种"补救"措施，那么这个做法就更加重要。所有的学生都可以从分析现有的学习方法与技能，及思考如何改善表现中受益。

跟学生强调，学习是一个发展的过程，学生能够自己掌控，而且应该自己负起责任。在入门阶段就介绍学术技能的训练工作，有下列的好处：

- 节省老师的时间，因为如此可以减少学生以后对于额外协助的需求。
- 在有困难的学生失败甚至退学之前，及早找出这些学生。
- 依据学术技能教授的方式定下对学生的要求，如要求学生对于学习过程持独立、检讨、负责的态度。
- 鼓励学生思考他们对课程能有什么贡献，以及如何把技能从一个环境中转移到另一环境中。
- 使学生了解到他们的确能够掌控自己的学习过程，而且能够采取行动以改善自己的表现。这具有激励的作用，同时对于觉得自己"不适合上大学"的学生来说，能够帮助他们消除"我一定会失败"的想法。

这个过程所花的时间，可能会比一开学的入门周还要长。因此应视学生的现有技能与课程要求之间的差距而异，常常还需要延伸入门指导的过程，或是把学习技能的训练融入跨越多个学期的课程中。

此外，正如第 5 章将说明的，还需要所有的老师在一般的教学中持续加强这些技能，第 12 章还会介绍学术技能与学习发展的相关活动。

提供与学术技能相关的信息

学校在入门阶段介绍学术技能的方式，决定着学生是否会把学术技能视为个人学习发展的一部分，是否会对自己负起责任，或是否只是将其视为一种"补救措施"，甚至是令人难堪的名称。如果老师轻视学术技能的重要性——这种现象偶尔会发生，那么真正需要支持的学生就会觉得非常无助。课程手册可以纳入以下的资料，而老师应该带着学生把这些资料读一遍，并让学生随时发问。

1. 从专业与职业的角度说明技能发展的重要性。这会使成年学生更容易接受技能发展的观念，并消除"补救措施"这种令人反感的想法。

2. 清楚说明学生在学术技能系列课程结束时，或者是从一般课程中，应该培养出哪些技能，像是"能够正确注明出处，并在文章最后列出参考文献"。

3. 清楚说明你和系里会如何教授学术技能，以让学生了解上课的方式：如将其纳入所有的一般课程中；通过选修课程；通过学术技能课程；通过研讨课、演讲课或助教辅导课；通过有组织的辅导团体；通过活动等等。

4. 建议使用哪些相关资料（在教课时和作业评语中提起）。

5. 说明会不会提供额外的、以专业科目为主的学术技能资料，以及如何使用这些资料，像是课前要先预习，或是先看看以便进行讨论。

6. 讨论是否应该及如何评估学术技能，以及明确自我评估在整个考核当中的重要性。

同时还要说清楚，如果学生遇到困难应该去找系里的哪一位老师。学生会觉得下列这些信息很有用：

- 第一学期或第一学年，在多大程度上被视为是"基础"、"训练"或"诊断"阶段。
- 有哪些模拟练习或模拟考，是特别针对第一次的作业或考试的。
- 将辅导作为课堂教学的方式，像是你会如何示范各种技能、如何使用语言、或是如何把自我评估纳入课堂教学中（见第 5 章）。

4.9 使用行动计划与进展文件夹

下一节将提供几个找出"有危险的"学生的方法。不过更理想的做法是，这个过程应该与上述介绍学习发展的做法同时进行，并结合第 12 章找出学习优点与学习困难的活动。

一旦经历了这个"诊断"过程后，我们就应鼓励学生制订"行动计划"

（action plan），以改进需优先改善的地方。如果有可能的话，这个"行动计划"最好能够协同学生的导师（如个人导师）以个人或小组方式制订，并且每年至少更新一到两次。行动计划与相关资料应该收藏在一个文件夹里，以方便学生与导师携带，或是带到辅导课程中。鼓励学生把下列资料整理到这个"进展文件夹"内：

- 自我评估的资料、老师的作业评语、个人的行动计划。在见导师时，近期的作业或试卷也会很有用。
- 获得的职业、科技、学术和其他技能。
- 教育背景介绍，包括上过的中学、学院、训练课程和相关的短期课程。
- 任何资格认证（考试、驾照副本）。
- 工作经历，写上工作时间、公司地址、简短的工作内容介绍、主要职责、所需技能或资格，以及从工作中学到哪些确实是有益于目前志向的技能。
- 一份履历：职业咨询顾问在这方面可以帮忙。
- 目标与抱负，像是想从学业中获得什么，觉得自己七年之后会在哪里，谁或什么能够激励自己，以及需要怎么做才能达到目标。
- 一份"个人描述"或"学术自传"：以一篇 500～1 000 字的文章总结所有内容。这篇文章应该概述进展、短期目标、长期目标与志向，同时将过去的经验与目前的学习目标连接起来。

4.10 诊断工作：找出学生的技能与需求

为什么需要进行诊断工作？

学生来源的改变意味着我们不能再理所当然地认为学生进入高校时，都已具备学术学业所需的技能、特质与态度。这些学生进入高校时，每一个人都具有不同的能力与经历，因此需要评估出学生入学时所处的水平，以为学生提供适当的支持。过去在学校里曾有过失败经历的学生，可能会担心在评估中被别人发现自己的缺点，因此把成年学生纳入这个能够找出自己的需求的过程是很重要的。

此外，技能的发展最好能够从学生有经验的领域出发。从与学生共事的经验中我们发现，在培养可转移的技能时，若能以学生目前精通的领域为基础，效果会更好，即使该领域可能看起来跟学术专业没有什么关联。因为它是从更"学术性"且学生缺乏信心与能力的技能出发，这样的做法往往更有效。第 8 章将会对此进行更详细的举例说明。早期进行诊断工作的好处有：

- 可以从一开始就建立起检讨反思、自我评估的学习态度。
- 它让学生知道技能、策略和特质对于学习来说就跟"知识"一样重要，并强调技能发展的重要性。

- 它让学生看到，老师相信他们的学习能力是可以改善的：很多学生都听过有人对他们说，他们永远也进不了大学，他们也知道自己在念书方面不是很擅长，因此这个信息对他们来说非常重要。
- 尽早找出"有危险的"学生。
- 可以尽早开始为"有危险的"学生提供辅导，以达到最好的效果。紧急辅导或临时抱佛脚的做法并不合适。
- 老师可以找出能力较弱的学生群体，并调整教学方法或对其进行额外辅导，以满足这些学生的需求。

让学生参与诊断的过程

如果让学生参与诊断的过程，让他们清楚看到其中的好处，而不是仅仅"接受测试"，那他们就会更乐意为自己的进展负起责任。这一方面是因为他们如此一来就能够培养出自我评估的技能，尤其是对于那些过去曾因考试成绩太低而被留级或退学的学生。了解自己的长处与需要改善之处、监控进展，都是探索自己还有哪些困难的方法。另一方面，学生在各种诊断测验中的表现，也有助于老师找出真正需要协助的学生，并确认学生的自我评估是否恰当正确。

通过进行自我评估与撰写"个人描述"以找出个人需求的过程，本身也可以帮助学生改善学习方法。克服困难的一个方法便是去理解自己错过的某些重要的步骤或技能。如果学生理解到自己能够阶段性地、有方法地培养技能，就可以减少这些困难。在下列条件存在时，学生就更有可能找出自己的困难，对其产生正确的认识，并采取行动加以克服：

1. 个人的参与
   - 学生能够在适当的指导下参与一个持续的自我评估的过程。
   - 学生觉得自己受到重视与尊敬，并且相信有些困难是"没有危险的"。
   - 学生可以看到其与专业发展或职业发展的关联。

2. 与一般课程的关联
   - 学生觉得老师重视他们正在学习的技能。
   - 学生可以看到自己正在培养的技能与所选院系或职业路径有直接关联。
   - 所学的技能与考核的方式有关联。
   - 评估困难、评分、评语回馈和提供辅导等过程环环相扣。

3. 与辅导的关联	■ 学生能够看到，自我评估与承认困难是有意义、有好处的。
	■ 评估个人需求与适当的辅导机制有清楚的关联。
4. 时间	■ 他们有机会阶段性地、长时间地学习基本的技能。
	■ 相关的协助能够尽量融入一般课程中，如此他们整体的学习负担就不会过重。

能力与潜力

诊断测验可以评估学生现有的能力。随着成年学生进入高校，学生现有的能力，并不能真正反映出学生的潜力或最后的学位成就。可能有些学生的诊断测验成绩很低，许多技能也都已生疏，但是经过几个星期或几个月的训练之后，他们就会取得很大的进步。而且，这样的学生以后在学业上也会有很不凡的表现。有些学生可能从来都没有培养过写作、思考和数学方面的技能，因此需要尽早在正式进入大学之前，先修些预备课程，甚至是更基本的技能课程。

有些学生可能已经好几年都没有参与过考试，因此在进行"测验"的时候可能会表现得非常不好。告诉学生这个测验只是具有"诊断"的性质，或者向大家说明大多数人都会及格，即便如此可能也不会改善学生的表现。不过从诊断的程序中，我们可以看到，学生需要接受哪方面的辅导以培养出考试的技能。

有特定学习障碍（阅读障碍）的学生

有阅读障碍的学生有可能无法拿出该有的表现，考不过诊断测验，即使他们已经有能力取得非常好的学位。成年学生和黑人学生尤其如此，因为过去可能没有人告诉他们，他们也许有特定的学习障碍（阅读障碍），因此他们也就从来没有接受过适当的辅导以克服这个困难。这样的学生有些是有资格通过"残障学生津贴协会"的审批，并接受专门协助的。

诊断测验的"生态效度"

诊断测验应该尽量与系里课程所采用的任务类型相同。例如，有些院系只要求学生具备基本的数学能力，或是允许使用计算机，那么用来诊断的测验也应该在相应程度或工具上反映这个状况。有些院系要求学生具备更深层次的数学能力，这也应该反映在诊断测验上。如果学生所在的系要求学生具备写作能力，那么诊断测验也应该采取类似的做法，而不要只是在电脑上测验文法。

测验的内容应该尽量以"融入环境"的技能为主，也就是跟实际生活或学术任务相关的技能。就如同巴西的街头孩童做生意时能够计算很复杂的数学，坐在教室里却无法解开较简单的数学题一样，许多学生也会因环境不同和任务的意义不同而有不同程度的表现。学生可能在某个环境里或某个刺激下能够顺畅地进行写作，但是换了一个环境就没办法完成任务。学生可能有能力为真实生活中的问题算出答案，像是计算需要多少特定尺寸的画布和木材才能制作出多少个油画框，但是如果类似的问题被写成抽象的分数或小数，他们就不知道从何下手了。

☞ 诊断测验与学生本身的相关性

1. 诊断测验是一个能够帮助学生培养出检讨、负责、自我批判和计划未来等技能的过程。

2. 用来诊断出不同群体和不同个人的需求：英语为其所用语言之一者、英语为外语者、英语为母语但专业英语不佳者，以及可能有阅读障碍者，这些学生都需要接受相关的建议或辅导。

3. 与辅导系统具有明显的关联。

4. 不能使学生参加测验后反而处于不利地位。

☞ 找出不同环境下"有危险的"学生

不同的环境会把不同的学生"置于险境"。例如，对于有阅读障碍的学生来说，主要是在工作室内上课的院系就没有那些需要进行大量阅读书写的院系的"困难"系数大。

以下练习都有助于搜集学生的资料：至于哪些最重要、最关键，就视教学环境对学生的要求而定了。把以下几个练习的结果进行互相比对，老师就可以大致知道，哪些环境对哪些学生最不利。

1. 请学生自己写出自己的困难   这个方法非常有用，尽管有些学生可能会试图隐藏自己的困难；这时就需要其他证据的帮忙了。

2. 图书馆测验   可以找出有解读序号困难或阅读障碍的学生，不习惯图书馆的环境，以及在图书馆内觉得压力很大的学生。

3. 自由写作   可以找出一系列跟写作有关的困难。文章内容过于简单可能表示学生试图避免拼写或语法错误，而并不一定是思考潜能受限。这个问题可以通过听写测验来确定，听写时，这些学生的拼写与语法错误就会比自由写作时多很多。

4. 听写   可以找出拼写与写作技术上的困难，因为学生无法自己选词以避免错误。如果将听写结果与其他的写作结果互相对照，也能找出在听力与写字上有严重困难的学生。

5. 使用英语   可以用来判别一系列书面英语上的技能，例如校对的能力。如果要与其他的写作测验结合使用，那么可以在电脑上进行。

6. 数学   抽象的问题与具体的问题可能会得到不同的结果。

7. 科目测验   可以找出在主修科目上基础知识不足的学生。基础知识不足可能会影响到阅读速度、字句理解，以及吸收科目知识的速度，特别是在第一年。如果还伴有学术技能上的困难，那么学生可能就会觉得课程内容非常困难。

8. 阅读测验   可以找出"有危险的"学生，尽管这个测验可能无法确定学生具体的困难是什么。答案简短或不好的原因可能出在理解不够、阅读速度太慢或是阅读文章时有视觉障碍上，学生可能有阅读障碍而未被诊断出来，或是因为有美尼尔综合征以致在某些测验状况下无法表现出自己真正的实力。因此，如果可以的话，用来测验的文章应该在进行测验的前几天就发下来。

9. 学术自传   不限时的自由写作或 Word 写作：能够让我们看到，有足够的时间去撰写修改时，学生能够拿出什么成果。

4.11 诊断程序

有很多种方法可以诊断出学生的需求。下面所提供的方法都是纸笔练习，进行起来很容易。这方面的电脑化测验也正在缓慢发展，但我们在这里并不详述，因为：

■ 等到学生习得电脑技能，并有电脑可以使用时，可能就已经花掉不少时间了。

■ 无法确定学生的错误是否起因于打字技术不高、电脑技术有限，或是不习惯看电脑屏幕。

■ 重测效度的检验结果，显示这些测验并不是很可靠。

■ 电脑化测验不具有"生态效度"，无法评估学生在课堂上的表现，除非在课堂上也是以电脑进行考核。

不过，这个领域正在迅速发展，所以几年内应该会有很大的进展。届时，科目认知、英语使用、数学和电脑技能，都有望用电脑化的选择题来进行测验。

已经有不少院系采用下列的诊断活动。有阅读障碍的学生，可以要求老师把他们的困难考虑进去。采用这些活动进行诊断时，老师会向学生确保这些活动的益处。至于哪些活动最适合系里的学生，最适于学校所提供的辅导，以及如何进行调整，不同的院系可能会有不同的选择。以下将逐一在各单元介绍下面的活动：

■ 延伸入门过程。

■ 限时自由写作。

■ 使用英语。

■ 听写。

■ 院系相关技能评估。

■ 技能现状档案。

■ 学术自传。

4.12 诊断（1）：延伸入门过程

对许多学生来说，理想的诊断过程应该是对入门过程的延伸，可能为期几周，甚至为期一学期或一学年。这个过程可以训练他们找出自己的学习特质、长处和缺点，并以高等教育的学习经验为基础，同时抱持一种"改善"的积极态度，而非只是"补救"的消极心态。如此学生也就更有机会获得指导、训练与支持，这样的程序具有下列好处。

☞ 从老师的观点来看

■ 老师可以更全面地了解学生，了解学生的长处与困难，以及学生现有的经验与知识。

■ 老师可以了解学生的学习进展速度，以预期学生的学习进展。例如有些学生学得比较慢，如果延长学业年限，他们成功的机会就会更大。

■ 老师可以知道该届学生普遍具有哪方面的需求，因而知道该把什么样的协助纳入课程当中，或是以额外的工作室的形式提供辅导。

■ 这个过程本身也给予老师及时介入的机会，以改善学生的学习方式。

■ 可以提高学生留在系里的几率，因为学生会以更积极的态度面对"学习发展"，并将之视为高等教育中的关键部分；另外一点就是能够及时找出需要接受额外辅导的学生。

从学生的观点来看

- 这个过程使学生感受到，他们现有的表现不会一成不变，他们可以随着时间不断监控和发展自己的技能。

- 这个过程不只探索学生的技能、经验、知识，同时也探索学生在生活中所受到的影响与鼓舞，因此学生被视为一个完整的"人"，而非仅仅只是一个有问题的人。

- 这个过程评估学生的现况，并记录其学习进展、改变与掌握的技能。这种正面积极的做法胜过于仅是把有困难的学生登记下来。如果寻求协助，学生也不需要担心从此会被定位为"烂"学生。

- 每个学生都有不同的需求，因此这种做法注重的是所有学生学习能力的发展，而不是把焦点放在有问题的学生身上。

- 可以尽早找出有特殊困难的学生，尽早给予其额外的协助。

- 如果学生具有的困难使其无法继续修学该学位，那么可以尽早让其转入准备课程，或是选择其他的职业路径。

第 10 ～ 12 章将会详细说明如何进展这个长期的过程，第 12 章会把第 10 章和第 11 章所进行的活动结果总结为一个行动计划和学术自传，而此行动计划与学术自传在接下来的学期或学年里，还可以进行进一步的评估与更新。

下面将说明，如何把诊断工作分散在一学年中进行。这个例子采自 Robert simpson 与东伦敦大学社工系合作的经验。早期诊断与辅导的工作从入学阶段就开始进行，然后一直持续下去。个人的反省检讨是这个过程中很重要的一部分。这些做法当然也可以依据需要进行调整，并与"过往资历及能力认可"的相关工作结合起来。

延伸式检讨与诊断工作	
1. 入学测验	采取行动
■ 把与系里课程相关的文章先发给学生阅读。	■ 老师分析学生在写作与叙述方面的困难，以找出"有危险的"学生。
■ 开放参观日：学生小组讨论文章内容。	■ 最近被教育心理学家诊断出有阅读障碍的学生也许可以免除测验。

续表

■ 进行测验，以评估学生对科目内容的认知。 ■ 以讨论结果及该篇文章为基础，进行写作，以供诊断。 ■ 请学生说一说在测验中遇到的困难。	■ 与学生讨论其困难之处，特别是有必要提供额外辅导或转入准备过程时。
2. 开学时 ■ 开学前先把准备资料发给学生。	■ 把一些学生转至衔接课程。
3. 入门周 ■ 老师提供一种不同于传统学术的自我考核环境。 ■ 学生就一系列的技能、特质与科目认知进行一系列的活动、讨论与自我评测问卷。 ■ 要求学生把过去的个人经验、技能与现在的学业与职业需求连接起来。 ■ 指导学生为第二周撰写一份供诊断用的临时学术自传（要给学生例子），并对学术自传进行自我评估。 ■ 进行听写，以诊断检验学生的手写能力。	■ 讲解学术常规与评分标准。 ■ 进一步的技能培养工作。 ■ 进行听写测验，找出可能有阅读障碍的学生。 ■ 老师找出需要接受额外辅导和协助的残障学生。
4. 开学第二周及以后 ■ 持续的技能辅导（通过专门课程和融入一般教学）。 ■ 对于特别弱的领域提供额外的辅导。 ■ 监控考核的成绩，与导师讨论学生的进展情况。	■ 对学生的临时学术自传与自我评估结果予以回馈。 ■ 对课程作业给予技能方面的回馈。
5. 学年底 ■ 检讨反省：利用一年来学到的理论与经验修改学术自传。	■ 学生上交学术自传的最后完稿与自我评估结果。

4.13 诊断（2）：限时自由写作

限时自由写作的价值

- 限时自由写作，可以用来诊断一系列的书写问题与学习需求。
- 英语的使用，如拼写、字句、文法、标点符号和措辞。
- 用英语写作的能力。
- 学生写字的速度。
- 学生对自己的写作有多少信心。
- 可能有阅读障碍的学生。
- 学生安排时间与学业的能力。

自由写作的客观环境

- 给学生半小时的时间让其完成写作，写作时学生不能接受外界的协助。
- 用手写，如果在电脑上用 Word 写，会漏掉许多可供找出的"危险"学生。
- 写作主题对这些新生来说要足够简单。
- 多给 5 分钟，让学生好好看完写作指示，并确定学生真的看了。
- 最后再多给 5 分钟，让学生说说他们觉得这个测验有多难，并描述他们遇到的困难。
- 确定学生把题目卷、答案卷和草稿都夹在一起交上来了，所有这些都要钉在一起。

题目建议

1. 依你看来，为什么有些孩子在学校里能够表现得比别人好？你可以叙述自己或他人的经验。

2. 在刚进入大学的这个阶段，你有什么期望？
你觉得你具备哪些技能与知识可以在学业上帮助你？
你觉得你在学习或学习态度上，有没有需要加强的地方？

3. 你具备哪些技能、知识与个人特质？
在学业的学习上，你有没有任何需要改善的地方？

4. 你觉得你具备哪些创意性的技能和个人特质能使你在学业上取得成功？

5. 谈一谈你最近读过的一本书或看过的电影。

☞ 有下列状况时，学生可能需要老师额外的协助

- 当学生觉得这样的写作有点难时。
- 学生的写作水准太差。
- 学生犯下一些技术上的小错误，如由于撇号用的不对而导致的两个拼写错误。
- 学生对此写作测验显得信心不足。
- 使用英语有些小小的困难，如惯用语使用不当。
- 在接受老师的协助后，以上任何一点似乎都并无改善。

☞ 有下列状况时，学生可能同时需要系里与系外专家的额外辅导

- 学生的字迹潦草难懂，或是内容让人无法看懂。
- 学生的字迹幼稚不够成熟。
- 学生误解了题目。
- 学生的作文字数少于300字。
- 学生在阅读题目或指示时请求协助。
- 学生有很多拼写错误，或是拼错的方式很奇怪，例如少了音节，或是字母顺序错误。
- 学生使用英语的能力很差，如用词错误，使用非常简单的句子，或是有很多标点符号和语法错误。

☞ 评分

评分方式视测验目的与学生的程度而定。

对程度高的学生群　你可能需要仔细批改，然后发回给学生，这样他们才知道哪些地方需要改进。

对需求高的学生群　如果你的时间不多，学生的水平又没那么高，你可能就没有时间每篇作文都仔细批改，而且可能也没有这个必要。此时对整个团体给予指导，而非进行个别辅导，可能也更适合大多数的学生。简短的批改可能就足以找出哪些学生仅需要给予少量的个人或团体指导，哪些又需要接受专门的辅导。特别留意答案简短、拼字怪异、字迹潦草、字迹幼稚不够成熟，或明显有语言困难的学生。

写作实例：找出最需要接受辅导的学生

下面是几个学生的自由写作（free writing）实例。这些学生都觉得自己在学业上有困难，不过不是每个人都需要接受辅导。

■ 你可以多快找出哪些学生最需要接受辅导？

■ 哪些指标可以看出学生可能需要什么样的辅导？

罗拉

罗拉在文章里描述她经历到的困难，罗拉不知道怎样评估自己的表现。她需要有人直接指导她如何改善写作，但并不需要接受持续辅导。以下是她所写的内容：

我一直以为自己念书念得还不错，结果第一篇作业发回来后，我非常失望，接下来一整天都不顺利。我没办法专心，连停车都停不好（我一向都自豪我的停车技术）。

我又看了一遍我的文章和老师的评语，发现我被挑的地方主要都是标点符号、文法和论点的表达方式。这几点也是我大一时被挑的地方。

杰

杰在文章里描述他从中学以来就一直有阅读的困难。杰觉得他需要接受阅读障碍方面的协助，但是教育心理学家过去并没有确认这一点，只是指出杰需要语言上的指导协助。以下是他所写的内容：

测验的结果出来后，我被说服去上一个英文课，但问题是我不知道我是哪一点做错了才会一直拿 D。1995 年的夏天，我已经是第四次重上英文课了，这一次拿了一个 C。然后九月的时候我又回到学校，准备把初级课程念完。

我还是一直在上拼写课，拼写课的老师这一年来帮了我很多，我觉得我进步非常快。我最大的问题还是写作和考试，我觉得很沮丧，因为我写不出来我想说的话，因为我不知道那些字要怎么拼。

伊夫

伊夫不知道怎么评估自己的表现，同时低估了自己的写作能力。他并不需要接受学术技能上的辅导，不过他还是因为焦虑的问题去咨询了一名辅导员。

我觉得我蛮有艺术天分的。我发现自己如果有一段时间没有什么艺术创作（哪怕是做一张卡片给别人也足够），我就会对自己感到很沮丧、很气愤。所以我想我的艺术创意应该可以说是一种技能或专长吧。

我很喜欢写东西，这是我的专长，阅读也是一样。

汤姆

汤姆是一个非常聪明的学生，他在瑞文氏非文字智力测验中的正确率达99%。他的在校成绩有些浮动，介于全校40%～60%之间。他的写作表现随着科目的不同而有很大的不同。老师发现他是有阅读障碍（过去未诊断出）的多语学生。电脑和少量阅读障碍方面的辅导，使他很快就取得杰出的表现。

（字迹潦草难认）

安妮

安妮担心自己无法应付高等教育。她需要有人给她信心，但是不需要接受额外的学术辅导。

我做办公室的工作已经做了20年了，所以下一步我需要再去学办公室技能，才能去应付那些几乎会耗掉一半工作时间的商务或行政事宜。

我在古董界已经工作10年了，而且我几乎是跟古董一起长大的，所以我能够欣赏艺术品的不同风格、年代、形状与材质，并将之应用于室内或室外设计之中。我想，比起那些20岁出头才刚开始上路的学生来说，看到一个物品或建筑物时，我更知道怎么评价它的年岁、价值与潜能。

狄米崔

狄米崔的教育经历与写作错误显示他可能需要接受额外的辅导，辅导主要专注在组织能力与连贯能力上。

我想在这里说学校真的不适合我应该不为过吧。成年以后，我曾试过去想通我以前到底为什么不想念书。

其中一个一直出现的想法就是我爸妈是希腊移民。不过这可能是因为我想把过错怪到别人身上，而不是去承认我以前是、现在可能也一直是一个很难搞的人。

如果我承认小时候主要都是由我那不说英语的妈妈在教我，那后来我在学校里会这么叛逆，也就很正常了。

4.14 诊断（3）：使用英语

校对练习

这个"使用英语"的练习，可以跟其他的练习合并进行。下面的文章含有英语音误，如语法、拼字、标点符号和字句。请在错误的地方划上底线，并在文章下方的空白处写上正确答案（不要把文章重抄一遍）。

Planning for the Future

Early preparation for employment can have a major affect upon anindividuals later working life and especially on there earning capacity One effect of this preparation are a greater awarness of the labor market. Thisincludes a better understanding of the skills qualities and attrbutes require byemployers as well as knowledge of the range of career open to gradautes of different disciplines. J. cauldwell off the Agency for Employers, commenting last week on, student's readiness for work, said A degree is no longer apassport to success. We beleive that students leaving university need to beequipt for professional life.

In recognition of value of specific training for the world of work, someforward-looking universities is incorporating more work—related training intothere courses. Goverment initiatives is supporting this change Universities' will be expected to provide personal development planning, work-relatedlearning and similiar opportunity for courses that will orientated students to the work place. Future employees should definately have a easier timesettleing into work.

Planning for the Future（修改后）

Early preparation for employment can have a major effect（1）upon an individual's（2）later working life and especially on their（3）earning capacity.（4）One effect of this preparation is（5）a greater awareness（6）of the labor market. This includes a better understanding of the skills,（7）qualities and attributes（8）required（9）by employers as well as knowledge of the range of career open to graduates（10）of different disciplines. J. Cauldwell（11）off the Agency for Employers, commenting last week on（13）student'（14）readiness for work, said "（15）A degree is no longer a passport to success. We believe（16）that students leaving university need to be equipped（17）for professional life."（18）

In recognition of the（19）value of specific training for the world of work, some forward-looking universities are（20）incorporating more work—related training into their（21）courses. Government（22）initiatives are（23）supporting this change.（24）Universities' will be expected to provide personal development planning, work-related learning and similar（25）opportunities（26）for courses that will orientate（27）students to the work place. Future employees should definitely（28）have an（29）easier time settling（30）into work.

（1）affect 应写成了 effect。

（2）应使用所有格 individual's。

（3）their 误写成 there。

（4）少了句点。

（5）主词为 one effect，应使用单数动词。

（6）awareness 误拼成 awarness。

（7）少了逗点。

（8）attributes 误拼成 attrbutes。

（9）应该用过去分词 required。

（10）graduates 误拼成 gradautes。

（11）姓氏 Cauldwell 的字首应大写。

（12）of 误拼成 off。

（13）不需要逗点。

（14）应使用复数形式所有格 students'。

（15）引用的文字应加引号 "。

（16）believe 误拼成 beleive。

（17）equipped 误拼成 equipt。

（18）句尾忘了要加上引号"。

（19）漏掉了定冠词 the。

（20）主词 universities 是复数，应用 are。

（21）their 误写成 there。

（22）government 误拼成 goverment。

（23）主词 initiatives 是复数，应用 are。

（24）少了句点。

（25）similar 误拼成 similiar。

（26）应写成复数形式 opportunities。

（27）will 之后要接原形动词 orientate。

（28）definitely 误拼成 definately。

（29）easier 字首是母音发音，应使用 an。

（30）settling 误拼成 settleing。

4.15 诊断（4）：听写

听写是一个很有用的工具，可以用来帮助找出"有危险的学生"。自由写作有一个限制，也就是学生可以自己选择用字，所以他们可以只选用他们确定怎么拼的字。这表示学生可能会选择交出一篇拼写上没什么错，但是风格简单、内容空洞的文章。换句话说，一个潜能不差、但是拼写不好的学生可能就会显得拼写能力还不错。这样的学生是很难仅通过自由写作找出来的，除非再采用听写的方式，因为在听写中他们就不能自己选择用字了。听写的结果可能会跟自由写作的结果有很大的差距，不只是在拼字上，还在遗漏字词与字迹上。

听写练习的指导事项

告诉学生，他们要写下老师或录音机大声读出来的文章。字迹要尽量工整清晰，包括标点符号，并尽量写出每一个听到的字，不要漏掉。即使碰到不知道怎么拼的字，也要尽量尝试拼出来，因为漏字跟拼错所扣的分数是一样的。如果写错字了，那么把正确的字写在原字的上方或旁边，不要把原来的字划掉。

老师应该巧妙地说明这项练习，否则那些"最有危险的学生"可能会感到深受威胁。强调这个练习的目的是为了在以后向那些需要辅导的学生提供额外的协助，并告诉学生，如果在听写过程当中他们觉得压力太大受不了，那么随时可以停止，但是如果他们愿意试一试，就会发现这对他们的帮助会很大。告诉他们，遇到不会的字时，大胆的想象和猜测都是可以接受的。

听写时，由老师以适当的速度朗诵文章，每一句重复两遍。最后给学生两分钟时间进行检查，改正拼字、标点符号等。请学生把改正的字写在原字上方，但是不要把原字划掉，以便这两个字老师都能看得到。如果遇到觉得不正确但是不知道怎么改正的字，那么在字的下方划底线。记得在试卷上写上名字。

评分

当听写练习与自由写作合并进行时，效果最好。就跟自由写作一样，迅速检阅一遍，应该就足以找出明显"有危险的学生"。如果将其跟自由写作的结果互相对照，也会有帮助：若是两者之间有很明显的差距，可能就有担忧的必要了。

检查学生是否有写字速度太慢、遗漏一个以上的单词、空白、因听错而写错单词（像是把 peculiar 听成 particular）、一个单词反复更改、奇怪的拼法、拼写错误超过全文的4%或达到更高的比例（视学生的程度而定）等状况，特别是如果这些拼写错误还不是常见的错误。此外也要留意凌乱或越到后面越潦草的字迹。

Late one night, I was woken suddenly by my friend who was staring silently out of the window. The moon was partially obscured by cloudsafter the torrential storms. A peculiar shape was approaching gradually. I had scarcely leapt from my bed when we heard a weird. whistling andwhirring noise. We jumped back anxiously. I thought it was a flying saucer or some other unidentified flying object. My friend thought it was a helicopter. It had been whistling around our house in a precise circle, before it started floating gracefully across the flower beds, Unfortunately, it gathered up the garden gnomes and swallowed them inside. To our immense relief, it missed the prize geraniums and regained height. Immediately, we launched ourselves out of the window and ran helter-skelter across the fields. to alert the neighbors to the disturbing phenomenon that had occurred. Of course, nobody believed us.

一天晚上，我突然被朋友叫醒，他正一语不发地瞪着窗外。大雨过后，月亮被乌云遮住了一部分。一个奇怪的影子正慢慢向我们靠近。当我们听到一个奇怪的呼呼声时我跳下了床。我们两人都吓得往后跳。我觉得那是飞碟或幽灵之类的东西，但是我朋友觉得是直升机。它围着我们的房子沿着一个圆形的路径呼呼地飞着，优雅地飘过花床上空，然后把花园里所有的小雕像都吸进去了，还好它放过了我们那株得奖的天竺葵，往上飞了，我们立刻跳出窗外，慌慌张张地跑过田野去警告邻居。不过当然了，没有人相信我们。

4.16 诊断（5）：院系相关技能评估

找一个案例研究或一篇文章让学生阅读，然后回答问题。请学生讲出练习过程中遇到的任何困难。

> **范例：社工案例研究**
>
> 申请就读伯明翰大学（沙利奥克校区）的学生，在申请过程中就会收到一份跟专业科目有关的资料（这里是"反压迫实践"），供他们事先阅读以进行笔试（在学校里进行）。学生收到的资料为下面的第一部分和第二部分提供了背景知识。笔试的目的是确定学生对系里课程的准备程度，以及对科目内容的认知与敏感度。类似的练习也可以在申请过程中或入门期间用于其他院系。
>
> **伯明翰大学（沙利奥克校区）**
> **第一部分**
>
> 请于所限时间内（75分钟）简短回答下列各题。尽量每一题都回答，不要在少数几题上花太多时间。
>
> 1. 请用不多于200字来总结本章内容。
> 2. 指出本章所描述的5个社会阶层，选两个阶层简短描述其与你个人工作经验的关联。
> 3. PCS模型是什么？分别描述这三者（P、C、S）与你自己的关联。
> 4. 什么是机构压迫？从你的工作经验中举一例。

5. 语言可能含有"负面的隐含意义"。从你的工作经验中，举出两个这样的字眼，说明其对顾客可能造成的影响。

6. 偏见与歧视的区别是什么？

7. "至少在两方面，种族与性别的问题，是与年龄和身障问题不一样的"。这句话可能有什么错？

第二部分

选择下列其中一个情况，指出所有存在"压迫"与"差异"的地方，并说出理由，然后将之与你阅读过的资料或书籍联系起来。（时间：45 分钟）

情况一

爱伦·琼斯，52 岁，非洲与威尔斯混血儿，有癫痫症。她从 12 岁起就被送进一间大医院，在医院里一直住到 45 岁。现在她住在 Covertry 市一个以白人为主的廉价住宅中的集体住房里。她在集体住房里最好的朋友是玛莉·苏顿，63 岁，爱尔兰人，有轻微的学习障碍与行动困难。他们两人一起出门的时候，得到的关注有好有坏：有些年轻人取笑他们，有些人则挺身为他们辩护。

情况二

保罗·钟，15 岁，华裔与苏格兰混血儿，在社区里有欺凌老人的行为，令其母亲非常担心。他有轻微的语言障碍，一群女生因此常嘲笑他。他总是跟一群 13 岁左右的男生混在一起，这些男生有一个相同的兴趣：在商店里顺手牵羊。他曾因欺凌幼小的男生与女生，而被劝退两次。他的母亲觉得他需要得到一个男性长者的管教，但是他的父亲在三年前就离家去跟另外一名男性同居了。

4.17 诊断（6）：技能现状档案

☞ "现状档案"是什么？

- 现状档案记录了学生现有的表现。它可以用于许多过程中，如检讨反思、个人与专业发展、找出需要改进之处等。
- 现状档案分析学生的优点与弱点，或者说是技能与困难，它可以由学生、导师或两者一起进行建立。
- 档案可以通过考核、测验、检讨、观察或讨论等方式建立起来。
- 各种技能的评估表可在 *The Study Skills Handbook* 和本书中找到。

☞ 使用技能现状评估表

技能现状评估表是个很有用的工具，可以用来帮助找出学生有困难的地方，讨论学生的学习需求，并协助学生确定需要优先改进之处。然而，一旦找出困难之处以后，学生就需要有人指导他们该怎么去改进，这个指导者可以是导师或专门的指导人员。

老师也可以为自己的专业院系设计技能现状评估表，方法就是把专业领域中的主要技能再分为几个次要技能。如果系里能为作业或考试设计专门的评语用卷，那么学生就可以利用这些评语用卷为自己建立起一个现状档案。把对自己的表现的评估与老师的评语比较一番，也会对学生很有帮助。

老师不妨影印多份评估表，以让有困难的学生隔一段时间后再重做一遍。如此一来，学生和导师便可以长期监控其进展状况。老师也可以把整群学生或某群学生的档案收在一起，以决定需要把哪一类型的协助纳入到课程当中，进而来帮助特定的学生群体。

4.18 诊断（7）：学术自传

我们在第二部分还会介绍如何通过活动与资料，协助学生完成"学术自传"。学生会回答问题或填写问卷，然后进行小组讨论、检讨反省、参与辅导课程，以评估自己的技能、知识、经验和个人特质。他们会分析自己过去的教育与经历对现在的学业带来了什么好处，现在的学业和经历对于他们的职业抱负又有什么帮助。学术自传把过去与现在连接起来，并帮助学生认清为了实现未来的目标，他们现在需要改进哪些地方。学术自传可以包含：

1. 相关的教育背景与经历。
2. 现在的知识与技能。
3. 学习目标与目的：我想要达到什么样的成就？
4. 为了达成学习目标与职业目标，我需要做些什么？

学术自传的用途极多，它可以把学生在入门活动当中得到的想法、检讨与自我评估结果综合起来；它可以用来评估学生的英语和写作技能，以及形成想法、然后将想法写下来的能力；它可以用来让系里知道某个学生群体觉得哪些技能特别困难。学术自传的制作可以贯穿整个在校进修时期，早期的草稿（如临时学术自传）也可用于进行诊断和评估学生的现况。

☞ 阶段性的评估过程

这个过程最好能够分阶段进行，并在过程中的不同时间点给予不同的相应回馈，如同上面"延伸式检讨与诊断工作"的做法。

■ 要求学生在学期初交出一份学术自传草稿或临时学术自传，并对其给予回馈，但是不评分。

■ 要求学生在学期末或学年末上交学术自传的完稿，其内容包括：评估自己的学业与技能一年来有什么进步，以及接下来要加强改进的地方，以继续发展学习能力。可以对这份终稿进行评分，评分标准包括：自我检讨的成分、批判分析的程度、行动计划的效率，以及学生在学术自传的制作上应用了多少学到的东西。

最理想的做法是：在第二年或第三年的时候重新开展学术自传的制作工作，并将之与职业教育联系起来，如此学生毕业的时候，就能有一份最新的学术自传和个人履历，同时也能更清楚个人、学术与专业发展三者之间的关联。专家在伦敦大学进行了大规模的工作，建立了一个检讨性的诊断过程，最后一个步骤就是完成一份书面的学术自传。下面就是三个学术自传的例子。本书在后面的内容中还会列出在版面上和内容上稍有不同的例子。

下面这个例子采用了本书所列的原则及其所定的结构。学生除了会拿到下面的说明外，还会拿到其他相关资料。

例一：学术自传制作说明（伯明翰大学沙利奥克校区）

字数　1 750 字（请在封面注明字数）

上交日期　2008 年 10 月 9 日，星期一

准备工作　阅读《大学生了没：聪明的读书技巧》一书的第 1 章及第 2 章

学术自传显示出你目前所具有的学术技能与学习需求。你可以利用这个机会，使用在入门指导期间得到的资料，设计一份个人的行动计划，以管理你的学习。在圣诞节前一周，你还需要再考核和修改一次这份学术自传。

这份学术自传会被评分，但是这个分数不是正式的课程分数。我们只是想借这个机会让你大致了解本系的写作方式，并对你的写作给予回馈。我们只是利用这个机会看看你的写作方式。我们的目的是帮助你找出你的优点与弱点，并在需要的时候为你提供必要的协助。这对你以后的论文写作会有很大的帮助。

除了完成学术自传外，也请填写附上的"自我评估表"，并将其与学术自传一起交上。我们想知道你对撰写这份学术自传有什么想法，以及在撰写过程当中有没有遇到任何困难。这能够帮助你，也能够帮助我们制定你在课堂上的学习方法。

下面的总结将告诉你，在学术自传里可以包含的内容，以及如何组织这些资料。你不必每一点都写到，而且最后的终稿中不要使用标题。如果你提到的那些书籍、电影、歌曲等对你产生了很深的影响，那最好能注明出处，以支持你的说法。

本制作说明乃是源自于伦敦大学进行的相关工作。

例二：临时学术自传（东伦敦大学社工系）

这堂课结束时，你应该已经做过一些写作练习，并能够撰写一份临时学术自传了（9月30日上交）。这份作业是你在入学访谈或入门周时所进行的练习的延续，并会在第一学年的X课程上继续进行。这个持续的工作如同一个指南，在发展技能的过程当中给你指导与协助，其最后的成果便是在第二学年下学期末所完成的学术自传终稿。这一整个过程能够帮助你监控自己的学术与专业发展，协助你在申请工作时表现出自己的技能与个人特质，老师或助教们也会协助你完成这个过程。

临时学术自传检查表

1. 过去的学习经历：我以前在哪里？
- 说明你过去的教育、技能、知识和经验与成为 X（社工、护士、老师、建筑师、会计师、工程师、设计师等）有关的部分。

2. 现在的知识与技能：我现在在哪里？
- 说明你现在的学习目标与目的。
- 就学习社工、建筑、产品设计、媒体传播等课程来说，你觉得你具备哪些优点和弱点？
- 简短分析你现有的知识与技能。

3. 学习目标与目的：我下一步想走到哪里？
- 你觉得我们可以如何协助你达到你的职业目标？

4. 就读院系

所需资源
- 我如何达到目标？
- 我需要哪些协助？

考核方法
- 我如何证明我已经达到目标？（成绩、进展文件夹、履历、技能现状档案、学术自传完稿）

例三：个人描述制作说明（东伦敦大学时装设计暨行销学系）

1. 你具备哪些与本系有关的资格、技能、知识与经历？就其进行自我评估。
2. 说明你的目标与志向（你希望五年后的自己在哪里？大胆发挥想象力）。
3. 说明你选择就读本系的原因。
4. 你需要哪些技能来完成目标？
5. 你希望在本校就读时，能够培养出哪些技能与特质？
6. 说明你主要的专长。

7. 你有什么担忧？

8. 你计划如何克服这些担忧？（不妨跟老师讨论）

4.19　将诊断结果与辅导系统联系起来

如果没有相关的协助与支持，那么诊断出学生的困难也没有意义，本书会提供解决某些学习困难的方法，但是这并不足以解决所有学生的困难。专门的辅导课程，如"学术技能"课程、知性技能课程或专业技能课程能够帮助很多学生。而在课程之外，最好还有小组或个人的辅导课程。有些学生还需要导师的额外协助，甚至是系里的专门辅导，如专门为英语不佳的学生开设的语言课堂。例如，有些学生不知道如何改正自己的语法和措辞，或是如何在未来避免再犯同样的错误；这些学生就可能需要接受非常专门的指导和支持，而这可能是系里一般老师没有能力提供的。也有很多学生因为各种情绪和个人因素，不知道怎么去面对自己的学习困难。这些学生可能需要大量的鼓励与指导，有些可能需要专业的协助，如针对特定学习障碍者（阅读障碍、动作协调障碍等）的相应辅导，针对个人的专业英语指导，或是专业辅导等。请你务必为学生说明如何取得这些支持。

4.20　总结

老师在评估学生的学习需求时，最重要的就是要维护学生的尊严，不要破坏了他们取得进步的机会。如果这个诊断的过程能与入门过程、学习发展以及相关辅导联系起来，并成为所有学生整个学业中的一部分，那么它就不会显得那么难堪了。如此学生就不会觉得自己是被当众挑出来的"有问题的"学生，等着被别人"定位"为烂学生。如此一来，便可以避免成年学生再次经历那种过去可能促使他们提早离校的负面事情。

这也表示"学习能力发展"不仅可以提供给辛苦挣扎的学生，而且可以将其纳入学生的学习经验中，促进优秀的学生也超越原来的极限。所有的学生都有机会在离开高校时，对自己的成就，以及如何达到此成就和身为未来专业人员的自己有更深入的了解。

把学术技能纳入教学过程

5.1　老师在培养学生学术技能中所扮演的角色

我在大学教书教了好几年，我就跟大多数的大学老师一样，以为在大学教书唯一需要的资格就是精通教授的专业领域。我的确曾想到"教书"本身可能也可以算是一个专业领域，但是我从来没有再继续思考这个问题。我批改成千上万份的试卷，却完全没想到这些试卷可以让我看到身为老师的自己到底做得好不好。

——老师的心声

在学生发展学术技能和培养学习能力的过程中，老师扮演了关键的角色，而这个角色在未来可能还会越来越重要。其原因可以归结为学生组成的改变、网上信息的传播，以及对于技能发展（经常与"就业能力"相提并论）的日益重视。

大学通常以增设专门的技能课程提供额外的技能训练，规定课程由专门的组织或部门负责，来特别强调学术技能的一般课程可以弥补这些额外课程。然而，有越来越多的证据显示，除了这两种必需的形式之外，如果与学生的整个教学与学习过程互相分离，那么学习技能的培养和发展也是无法达到效果的。这使得所有老师的参与成为一个必要的条件。

☞ 传授知识？传授方法？

随着课程"内容"通过出版与网络变得更加容易取得，老师最主要的功能不再是传授知识，而是完善各种处理知识的技能，如信息管理、批判分析和人际交往等技能。

现在的大学在经过了很长一段时间后，才慢慢脱离中世纪"大学老师是知识的传承者"的观念。在当代，信息不再是有限的产物，因此现在学生最主要的任务不是取得信息，而是学会在取得信息后如何利用信息：如何适应这么大量的信息，如何挑选、操控、理解、处理信息，以及如何在考核中或在不同的听众前展现所获得的信息。

☞ 学术技能与一般教学的关联

随着学习发展的概念在大学里生根，大学里出现越来越多的学术技能课程或与个人专业发展相关的学科，以及各种可以把学生引荐进去的"中心"。这都是很好的转变，但是如果与常规教学分离开来，它们就只是在浪费昂贵的资源。老师必须通过教学，使学生觉得他们在一般课程之外的技能课程上学到的东西是有意义、有价值的。这一点经常被忽略，但是我们不难看出其中的原因。

跟花在一般课程上的时间比起来，学生花在学术技能或语言技能课程上的时间其实是很少的。学生不太可能一个星期花好几个小时的时间去学习技能课程。

如果在专门的学术技能课程之外，还有相关的研讨课和助教辅导课，那么学生就会有更多时间进行研讨，并开始活用学到的东西。然而，除非有人提醒，学生可能看不出来在技能课程上学到的东西与在一般课程上学到的东西有何关联，直到意外地拿到一个很低的分数，或是在学业上遇到困难。

许多研究结果显示，要使技能能够被转移到新环境中，需要有人为学生指出技能与新环境的关联。他们需要在老师的指导下，练习在新环境中使用该技能，最好还能用类比与例子说明实际的做法。学生可能在专门的课程上学会了学术技能，但是并不一定在实践中有上乘的表现。他们学到的技能可能显得很抽象，如同在游泳池外学习如何潜水。技能本身可能也会显得比实际要复杂，因为缺乏具体的经验与关联。技能课程与系里课程的相关度越高，学生就会越有信心应用此技能。

因此，老师在这当中扮演了独一无二的角色。老师须示范如何把技能应用到本系的专业领域中，示范如何灵活调整这些技能，以适应系里课程的需求，并创造机会，让学生注意到自己的学习过程。正是老师的重复示范，使得学术技能在课堂上与完成作业的过程中显得有意义。没有老师的一再重复，学生可能很快就会忘了这些技能。

此外，学术技能课程通常会强调如何调整自己以适应高等教育的要求，但是调整和适应必须是一个双向的过程。在技能课程上，如果老师一方面教导学生如何依据自己在入门讲解时给予的"提示"做笔记，另一方面老师在课上根本就没有给予这些提示，或是根本就没有入门讲解，那教授这个技能也就没有意义了。同样的，如果课上的做法是把完整的讲义发给学生，那么学生需要的学术技能便不是如何边听课边做笔记，而是如何利用这些印好的资料。有时候，只要一个小小的调整，就可以确保基本的教学质量，并显著减少学生的焦虑与困难。

本章将介绍支持教学技能的实际构建方法。我们首先会展示什么样的教学方式能够促进学习，接着再探讨如何通过简单的改变，把对学术技能的辅导纳入教学过程。如此，老师采用的教学策略才能够符合学生现有的学习水平，并带领学生掌握更独立自主的学习方式。这是一种综合性的、全面的"学习发展"模式，而非"补救"的模式，老师能够通过其教学，加强学生的自信、强化学生的语言能力、增加学生成功的机会。

5.2 教学技巧（1）：介绍课程概况

学生之所以在课程结束时遇到困难，如交不出作业等，有时候是因为学生没有在一开始就掌握到课程的要求。如果没有先了解课程的期望与学习方法，学生就很难根据要求心无旁骛地学习。如果能够先为学生简短介绍系里课程的教材与目标，让学生事先看到课程的概况与要求，对学生会很有帮助。虽然课程手册中通常也会有课程概况的介绍，但是如果能在第一堂课或入门期间再为学生讲解一遍，那么学生会有更深刻的认识。

☞ 入学期间

学生经常怀着错误的认识进入大学，然后还要挣扎着应付校外的事务。老师最好能够在申请入学和选课两个阶段都为学生清楚说明系里课程所要求的阅读、写作、数学等方面的技能。特别地，因为学生可能会严重低估课程要求的阅读量，所以你最好能够具体指明课程总共所需的学习时间，包括每周和假日平均应该花几个小时在这门课上。"这样缺乏相关知识或基本技能的学生就能知道，他们还需要额外投入多少时间。

学生也有可能会误解上课的形式，所以老师最好能事先详细说明课程的内容与目标，其教学与学习的主要特点，尤其是当学生有可能把偏重理论的课误解为偏重实务的课时。这样学生就不必浪费宝贵的时间，因为当他们发现应该换一门课时，就能够早早在学期初就换好。

☞ 介绍环境

老师还需要确保学生都知道最近的服务设施在哪里，包括餐厅、图书馆等。如果学生要在好几个不同的大楼或校区上课，这一点就特别重要。

☞ 说明时间

说清楚你是不是每堂课都会准时开始上课。也许你有很好的理由决定晚一点开始上课——当你知道有学生需要从别的大楼赶过来时。如果你说你会准时开始上课，那就请准时开始上课，否则早到的学生会很不满，导致学生越来越晚到，因为他们知道你会等他们。

在每次上课的一开始，你就应该说清楚当天的时间安排：例如前半小时先说明作业批改的情况，然后用一个小时进行下一个主题，中间休息 15 分钟，随后的 45 分钟进行小组讨论，最后半小时让小组互相给予回馈。在时间的划分上务必说到做到，因为这反映了你说话的可信度，如此也能够使紧张的学生更安心。

☞ 介绍课程

- 简要介绍课程的目标，以及该门课与系里整个课程或职业生涯的关联。
- 课程的目标与目的。
- 课程的主要主题。为什么选择这几个主题？主题之间有什么关联？用图表说明会不会更有帮助？
- 课程的理论基础。
- 简短说明为什么这门课重要又有趣。
- 课堂上采用的教学方法。
- 学生对你和每堂课都有什么期望。
- 预定的学习成果，以及学生如何知道他们是否达到这些成果。

☞ 介绍教学与学习的环境

- 说明课程采用的教学方法。
- 你对学生的期望。
- 每节课需要阅读的内容。
- 考核的方式、日期或上交期限、迟交的后果、评分标准。
- 课堂守则：准时上课、上课出席、发问的礼节。
- 需要协助时该去找谁。

☞ 学生互相认识

让学生互相认识的方式，要视课程的形态与班级的大小而定，但是学生如果能够认识班上的同学，会很有帮助，尤其是学生在学业上可能需要彼此支持时。在新的一门课刚开始时，最好让他们知道彼此的名字，并进行几个"破冰游戏"和小型的活动让他们进行互动（详见第二部分的小组活动）。

☞ 一般的策略

- 帮助学生认识到学习能力/学术技能的发展很重要。
- 将一般的学术技能与专业领域的内容连接起来。
- 把"隐藏性课程"变得明显易见。
- 在课程中让学生有机会对考核任务（如考试）进行练习。
- 设计适当的作业与考核，让学生从中尝到成功的滋味。
- 创造一个热忱、促进学习与互相支持的环境，学生在这个环境中不必害怕自我探索、实验与犯错。

■ 培养学生的自我评测技能，如此学生就可以评估自己的表现与进展了。

⏾ 心理因素

大学老师自己的求学经历往往都是一帆风顺的，因此有时候他们很难理解：为什么学生缺乏自尊心会影响到他们的学业表现？因进修风潮而进入大学的学生，即使是很有潜力的学生，都有可能强烈怀疑自己到底够不够好，到底适不适合上大学。对于没有清楚指出如何改进的批评，他们可能会非常敏感。学生可能并不知道自己具备思考、创意与问题解决的能力。你在教导从职场回到学校的学生时可能会发现，学生往往经过一个假期后很快又失去信心。

欲使学生充分发挥潜力，老师便须注意到，学生对于自己的学术能力可能非常脆弱敏感，因此老师需要创造机会使学生对自己的想法产生信心。让学生尝到成功的滋味是非常重要的。由于担心丢脸出丑，学生可能会刻意掩饰自己最需要协助的弱点。有许多校外事务的学生，也有可能被逼到压力的极限，这种状况最后往往会导致辍学、生理不健康或心理不健康等问题。老师须让学生感觉到，他们可以在一个同学互相支持与共同解决问题的环境下，放心地说出自己的困难。

老师可以通过下列方法协助学生取得成功：
■ 建立自信。
■ 协助学生时时记得最初的动机。
■ 鼓励学生思考怎样看待身为学习者、身为未来专业人员的自己之类的问题。
■ 检验他们对于解决问题所持的态度。
■ 鼓励他们寻找学习的乐趣。
■ 提供机会探讨焦虑、压力管理、自我认定、对解决问题持正面态度等议题。

5.3 教学技巧（2）：课堂时间规划"魔法七"

系统的课堂时间规划，不但能够帮助学生进入状态，同时也能示范良好的组织技巧，并给予学生一个在主持研讨课时可以仿效的框架。此外，这个模式也有助于老师监控学生的学习进展，以调整其教学方法，适应学生的学习水平。这里描述的"魔法七"课堂结构，几乎可以用于所有的课程。

⏾ 安顿

利用"破冰活动"把全班凝聚起来。有必要的话，再强调一遍课堂守则。

⏾ 定位

检验前一次的教学内容——如果与今天的教学内容相关，则把上一节课与今天这节课联系起来。理想的做法是把这个步骤与课前预习的工作联系起来。例如：

- 给学生 1~2 分钟的时间，以个人或两三人一组的方式进行头脑风暴，并写下上一节课讲的内容，然后说出来让老师写在黑板上。
- 把所教内容与课程目的及学生个人的学习目标联系起来。
- 提出问题让学生回答或讨论。

☞ 成果

告诉学生，今天这堂课结束后，他们将会知道什么，或是学会做些什么。如果课程手册里列出了这部分内容，可以带学生看一遍课程手册。

☞ 主动学习

这是课堂上最主要的部分。提供一系列的活动和激励，让学生主动参与上课过程，而不只是被动地记笔记。

☞ 检验所学

请学生提出任何不清楚的地方。看看有没有什么地方需要说明，以活动、问题或小测验的方式让学生应用新知识，进行与"定位"步骤类似的一分钟总结。

☞ 未来

简单说明下一节课会如何深入或延续今天所学的内容。

☞ 巩固所学

请学生总结一下，上完这堂课后，他们在今天这堂课学到的最重要的东西是什么。

5.4 教学技巧（3）：了解各种学习风格

对于学习的研究进行得越多，我们就越是了解到，个人的学习风格会深深影响到学习的成果。因此，老师最好能够了解各种可能会在教室里出现的学习风格与学习偏好，并采取更多元化的教学方式，以适应更多类型的学生，即使这么做依旧不可能时时刻刻都照顾到所有的学生。

传统的大学生一般是在听觉模式（听课）、低活动度（长时间静坐不动）、重视个人责任与动机的状况下学习效果最好，如果不适应这种状况，他们也能够想办法回避这些条件。传统上，不是以这种方式学习的学生，在学校里的表现就不会很好，也不太可能进入大学。而在今天，这样的学生在某些情况下可能会辛苦挣扎，但是在另外一种情况下却能够渐入佳境。我们经常看到，当学生理解到，只要学习的环境一改变，他们就具有学习的能力时，他们就开始进步成长。

☞ 21 种影响学习的因素："邓恩与邓恩学习风格模式"

"邓恩与邓恩学习风格模式"（Dunn and Dunn Learning Style Model）定义出 21 种会影响学习效果的因素，并归类为 5 大类：

1. 环境的（environmental）
2. 情绪的（emotional）
3. 社会的（sociological）
4. 生理的（physical）
5. 心理的（psychological）

例如，有些人就比较喜欢与人合作，而有些人则比较倾向自我引导与自我探索；有些人一个人的时候学习效果最好，有些人则是两人、小组、团体或全班一起时学习效果最好。有些人只能在"操作"过程中有效地学习；有些人则除了在听到信息之外，还要"看到"信息才能学习。"情绪"因素如组织度、灵活度、要求的责任和动机等，也会对个人的学习效果带来不同的影响。

大多数人对这些因素适应度的弹性很大：即使环境不是十分理想，他们还是可以调整适应。然而，有些人在某些变数不符合预期时就很难学习，但是我们大多数人都不会受到很大的影响。对一些学生来说，光线、温度、小组的形式和大小、教学的方式，甚至是边看书边吃东西，都可能决定他是否能够专心念书。

"邓恩与邓恩学习风格模式"是一个很有用的评估工具，因为它把其他的学习风格模式也包含在内。它已经成功应用于不同的文化与年龄团体，但是还没有在高等教育里真正测试过。它已经被编成软件，适用于个人与团体分析。

☞ 感官路径（sensory modality）

评估学习风格有多种不同的模式与工具，例如神经语言模式就认为，我们每一个人都有一个特别偏好的感官路径（触觉、视觉、听觉），以协助我们理解信息。

1. 视觉学习者

   对影像、图片、画面想象、阅读和与"看见"有关的字（"想象"、"看"、"看起来像"、"描绘"、"注意到"）反应最为强烈。

2. 听觉学习者

   对于用耳朵可以听到的，如音乐、以文字为基础的任务、在脑中演练一遍、用嘴巴讲一遍、刺激听觉的文字或声音等，反应最为强烈。

3. 动觉学习者

喜欢加入动作——写字、四处走动、涂鸦，因此实务性或活动性的学习形态最适合他们，他们也对描述"动作"或"感觉"的字（"策划"、"安排"、"这感觉起来可能会像"）反应最为强烈。

神经语言模式的专家能够找出学习者最偏好与第二偏好的感官路径，不过在实际的教学中，告诉学生他们可能可以通过不同的感官路径改善学习效果就足够了。老师也不妨跟学生说明，他们会混合采用各种方式与语言模式，以适应视觉、听觉与动觉学习者不同的学习风格。*The Study Skills Handbook* 一书也有举例说明，如何利用不同的感官偏好来促进记忆。

学习者的类型：LSQ 学习风格问卷

"LSQ 学习风格问卷"（亨尼与蒙弗德的学习风格问卷，Honey and Mumford Learning Style Questionnaire）由于比"迈尔-布雷格类型指标"（Myers-Briggs Type Indicator）测验更简单好用，因而在高等教育中越来越受欢迎。"LSQ 学习风格问卷"探讨的是学习者与柯柏（Kolb）的"学习螺旋"的四个阶段的对应程度：

1. 经验（感觉）　　　　experience（feeling）
2. 反省性观察（观看）　reflective observation（watching）
3. 抽象理解（思考）　　abstract conceptualization（thinking）
4. 主动实验（行动）　　active experimentation（doing）

理想的状态是，这四个阶段会形成一个循环过程，一个阶段会延续至下一个阶段。亨尼与蒙弗德归类出四种类型的行为，这四种行为分别依赖或偏好其中一个阶段。简单地说，四种类型分别为：

1. 行动派。行动派偏好从新经验中学习，但是可能需要学会怎么专注于原来的主题，以真正把东西弄懂。

2. 思考派。思考派喜欢从不同的角度进行探索，但是可能需要培养得出结论的能力。

3. 理论派。理论派最擅长通过逻辑整合知识，但是在主观学习和模棱两可问题的处理上犹豫不前。

4. 实务派。实务派最喜欢通过实践学习，但是可能需要培养思考的能力。

亨尼与蒙弗德建议让所有学生都学写"学习日记"以进行检讨、自我监控与回顾。其做法与其他类似研究最大的不同点是它还具体指导学生如何改进自己的薄弱环节，以及如何利用个人的专长。

古德沃斯（Goodworth）采用"LSQ 学习风格问卷"，研究不同院系学生的学习风格，结果发现每个院系分别吸引了不同学习风格的学生。"LSQ 学习风格问卷"

和"邓恩与邓恩学习风格模式"的学习因素列表，都有助于老师了解学生的学习习惯，并依此设计教学活动，提供指导，也有助于学生依据彼此的优势和劣势选择小组伙伴，取长补短。

古德沃斯发现，学生因为能够看到自己的学习效果而非常高兴，这受教学方法和自己学习习惯的影响，但是这些因素是可以改变的。

☞ 实际的做法

在课堂上，老师不太可能满足所有学生的学习需求，但是若能将教学方法与学习活动多元化，就会有更多的学生觉得自己的需求至少在某些时候得到了满足。老师也不妨留意学生是否有特殊癖好，例如上课时吃东西、穿很多件毛衣，或是带帽子以遮挡光线等。如果老师能够采用多元感官的做法，照顾到学生不同感官路径的语言与活动，把上课时间划分为不同形式的教学活动，在老师讲授和学生讲授之间进行灵活变化，并将之纳入让学生独自、两人、小组或团体进行的活动之中，那这样的学习环境就能够照顾到更多的学生。

5.5　教学技巧（4）：清楚说明老师的要求

学生常常说，他们"不懂老师到底是什么意思"，尤其是论文题目、作业评语、自相矛盾或含糊不清的长篇说明。例如，学生可能无法确定"把分析写进报告里"到底是什么意思。他们往往不知道"分析"指的是什么，不知道他们是否看过"分析"实例，不知道他们报告中的哪一部分算是"分析"。学生即使明白老师的日常用词，例如"讨论"，但是也常感觉到他们对这些日常用词的理解跟老师并不一样，而老师也常常觉得学生没有达到他们的要求。

☞ 为什么学生不懂老师要求的是什么？

多数的学生都想成功，而他们也发现，成功与否有一大部分依赖于"给老师看到老师想看到的东西"，但是他们不知道老师想看到的到底是什么。以下是学生不懂老师的要求的诸多原因。

1. 很多学生之前完全没有接触过高等教育，他们家里也从来没有人接受过高等教育，因此也没有机会认识学术生活的常规内容，例如，论文、按时上交作业的重要性、上课出席、自发地念书，甚至是学术用语看起来或听起来是什么样子。

2. 国外的学术常规内容可能会跟本地的学术常规内容不一样，因此在国外念过书，或是有家人在国外念过书的学生，可能会依照国外的常规内容行事。例如，在别的地方抄下书中的段落可能是一种尊敬的表现，而非抄袭。

3. 不同的学术领域可能有不同的规定内容。注明出处、版面安排、写作风格和英语的使用，在每个院系要求都可能有所不同，甚至老师与老师之间也会有差异。

4. 老师常常告诉学生"没有正确答案"，但是如果没有明确的指引，他们可不知道如何发展出探索研究的方法。如果写的作业得到一个低分或被老师暗示"你的答案不对"的评语，学生也会感到非常困惑。他们会觉得"正确答案"还是存在，但是老师没有告诉他们。

☞ 老师可以将技能说明得更清楚

1. 用日常用语解释你的要求。例如，如果你希望学生交出一篇"散漫随性"的论文，那就仔细解释"散漫随性"的意义，并打印实际的例子发给学生，用实例说明。

2. 依据评分标准，说明评分的方式。清楚解释，并用实例说明各评分标准的意思。让学生自己依据评分标准批改范例报告，并进行讨论，会很有帮助。

3. 解释各种常规，比如论文题目的重要性。不妨解释哪些字是真正的题目，哪些字只具有解释的成分，因为有些学生常常分不清两者的区别。拿一些实际的论文题目让学生改写或讨论，也会很有帮助。

4. 详细说明你的期望。说明作业与课程的目标、目的有何关联，跟你上课教过的理论又有何关联。

5. 举出实际的例子。例如，打印一份还算不错的试卷或论文给学生。最好能在上面注释说明好与不好的地方，让学生一目了然。

6. 用实际的例子说明你可能会给予的评语。例如，如果你要求学生"描述更多细节"，那最好清楚说明你要的是什么样的细节。用实例说明与讨论，讨论什么是恰当和不恰当的内容。

7. 建立一个范文库。为每学期须上交的不同作业，搜集所有有注释的范文（论文、毕业论文、专题计划、案例研究、报告、口头报告）。

8. 说明并讨论课上会用到的不同类型的写作。讨论这些写作类型之间有何不同，以及为什么有这些差异。

9. 说明并讨论本门课上采用的写作风格和常规与其他课有何不同。

5.6 教学技巧（5）：以具体例子反复提醒

对于新的知识，我们通常需要先通过实际的经验了解之后，才能进一步接受更开放的答案：我们需要从多个实际的例子里，总结出通用的规则。抽象理解的潜能，是从熟悉的实际经验中发展出来的：新知识如果是以具体的例子呈现出来，而非抽象的信息，那么学生便会更容易吸收。对许多学生来说，如果能够通过书面资料或影像，让他们注意到具体的东西，并同时使用耳朵和眼睛，就更容易记住新知识。

对于新的信息，大多数人都需要复习三遍才能记住，在不专心或压力大时，还需要复习更多遍。如果你想要确保学生听懂某一点，或是记住某个指示，那就需要多重复几遍。因此，每次出现新形式的作业时（案例研究、论文、学习日记等），如果能让学生多看几个实际的范例，将会很有帮助。然而，光是看看范例，并不能帮助较差的学生理解作业的要求，范例上最好能注明好和不好的地方，指出造成得分和失分的原因。一步一步地指导说明如何进行各种新形式的作业，也很有帮助。在重复的时候，不妨换个说法，这样第一次没有完全听懂的学生，就更容易听懂了。

需要重复的地方

1. 开始上课前，先对当天的上课内容做个简介，下课前再做个总结。

2. 上课中如果有独立进行的单元，也对其进行简介与总结。

3. 重点要重复，并写在讲义上，以提醒学生。

4. 课堂上第一次讲到某个专有名词时，要重复提到，并写在黑板上。把该专有名词也写在讲义上。

5. 上课中第一次讲到某个专业术语时，要重复，并写在黑板上。把专业术语写在单词表上，单词表可以印在讲义上或课程手册里。

5.7 教学技巧（6）：使用比喻或类比

用比喻（metaphor）的方式，可以把新的、晦涩的知识，与具体的、容易理解的经验联系起来。它还能够增强信心，因为它等于是认定过去的经验是有助于现在的学习的。这一点对于"成年"学生或焦虑的学生特别重要，因为他们可以看到，所有的知识和经验都是一种基础，而更复杂的概念就是在这个基础上建立起来的。它鼓励学生珍惜自己的生活经历，并把学术知识视为是可以探求的，是一种过去经验的延续，而非独立的专业知识。无趣的内容也可以变得有趣（像是在事先探讨了个人与动物的恐惧后，解剖蛤蜊的枯燥课程便一下变得活泼有趣起来），或是通过适当的类比（analogy），这么一来即便是再难懂的知识，小孩子也能够理解。

比喻性思考对高等教育中学生的学习非常重要，因为它教导学生去寻找关联和应用的可能，去建立和测试模型。学生的比喻性思考能力若不足，会影响到问题解决、活学活用，甚至是论文中"比较和对照"的基本能力。因此我们应该通过例子和练习，鼓励学生多多思考各种信息是如何互相重叠与呼应的。以下列问题为例子来鼓励学生展现自己的比喻联想能力：

- "X 和 Y 的运作方式有何相似之处?"
- "在日常生活中有什么事情也是这么运作的?"
- "这件事在哪方面跟 X 相同?"
- "这两件事情在哪些方面是不相同的?"
- "为什么我们觉得（或不觉得）这件事跟 X 很像?"

看看学生想到哪些比喻或类比来描述他们的生活、学习状况或对课程的态度。他们用什么样的比喻来描述你的教学，这些比喻跟你自己的观感一样吗？比喻不仅能够验证和加强所学，还能够发展出重要的思考技能。

5.8 教学技巧（7）：多元感官的教学方法

同时运用多个感官，能够加强记忆和学习效果。如果能够同时用到视觉、听觉、能动性进行记忆，让每个感官互相协助，那么人们就更容易记住所学的东西。所以若能让学生听到、看到，并同时动手去做，他们就更容易把信息储存在长期记忆里。下面的做法在这方面会特别有帮助。

☞ 让学生听到自己的声音

如果可以听到自己的声音，学生就更容易记住所学。这可以通过下列方法进行，而所有这些方法也是考试前很好的复习方式：

- 一般的课上讨论。
- 小组合作，在小组中每个学生都有较多的发言机会。
- 口头报告和讲解，这很有价值，因为在为别人讲解的过程中，能够澄清学到的东西。
- 把全班分为几个小组，每个小组在老师的协助与指导下，都要为其他小组解说某个课程内容。
- 鼓励学生大声朗读课本，同时录下自己的声音。

☞ 跟知识"玩耍"

把玩、重新安排、挑选、批评、辩论、教授所占用的时间或内容整理成图表，有助于学生理解和记忆知识。

☞ 写

把东西写下来有助于能动记忆，这也是为什么有些人在检查拼写时，会把单词写出来，看看写起来"感觉"对不对。但是如果书写的时候不专心，这个方法就没什么效果。如果一次写得太多，信息也很难转换成长期记忆。当精神不好时，写作的人往往写了十几页，自己却完全不记得。

视觉信息

图像比文字更容易被记住，大脑处理起来也更快。在课堂上或讲义上采用影像视觉提示，能够帮助学生定位和记忆信息。各种影像，如图表、图片、漫画、图解和影片，都能帮助我们理解听到的东西，并把不同的感官专注于同一个信息上。

你可以鼓励学生把你讲的东西图像化，像是在脑海中把它们变成一部电影，或是想象所教的内容会如何影响亲朋好友的生活。你也可以在上课时多采用跟视觉有关的用词，配合实际的例子，如此学生的注意力就会专注在视觉上面。欲激励学生把信息在大脑中转换成图像，你可以问：

- "你们可以想象这个情况吗?"
- "有没有人可以从日常生活中举一个实际的例子?"
- "你们都看得出来吗?"

5.9 教学技巧（8）：主动学习

"真正去做"最能够改善学习的效果。下面是一些把主动学习纳入课程的方法。

1. 内容
- 进行案例研究
- 讨论所学内容与个人经验的关联
- 寻找所学内容与真实生活的关联
- 寻找相关科目之间的关联

2. 环境
- 两人、三人、小组、团体、全班讨论
- 实验室、实习课、工作室
- 工作经验
- 在工作中学习

3. 焦点
- 制作东西和设计东西
- 接案子、接客户
- 问题解决
- 实验

- 设计小考题目
- 设计考试题目或论文题目

4. 批判思考与自我检讨

- 自我评估与自我考核
- 制作评分标准
- 评估同学的作业或试卷（同学评估）
- 提出理由支持自我评估的结果

以牛津大学一名老师为例，他把 3 小时的地理课划分为 16 小节，练习与讲课交替进行。一节课的时间越长，就越需要像这样将其划分成多个小节。许多学生都是在讨论或练习中学习效果最好，因此这样的安排能够满足更多学生的学习需求。

而在时间比较短的课程上，如果学生不只需要阅读或听讲，还需要回答老师提出或事先发下的问题，或者是需要进行选择、整理重点，抑或是进行其他需要专注并与教材或讲解者互动的小练习，他们在整个学习过程也会更主动。

学生越能够参与教学的不同阶段，能够互相教导，制定评分标准，评估同学和自己的表现，就会越主动地参与整个学习过程，因此也更有可能把东西真正"学进去"。学习的过程不再神秘，所学内容也变得更有意义，更容易记忆。

5.10　教学技巧（9）：如何激发学生的动机

少量的学习，也可以在没有动机——没有"想学"意愿的情况下发生。因此，对课程的某个部分有兴趣，并不一定会促使学生去写论文，或是去学习课程的其他部分。如果课程内容呈现的方式，显得跟学生自己的生活、经历、环境和志向毫无关联，那么学生可能很难长时间把注意力放在这门课上。以下是一些激发学生学习动机的方法。

☞ 专注于个人的动机

- 鼓励学生不时回想自己当初选择这门课或决定念大学的动机。
- 把这个步骤纳为课程的一部分。
- 把学生的所学跟他们个人的"技能现状档案"或"进展文件夹"连接起来，或是跟职业生涯所需的专业技能连接起来。*The Study Skills Handbook* 一书有这类自我探索的工具。

☞ 把课程内容跟学生的生活联系起来

- 跟学生一起探索你这门课与学生的个人生活有何关联。
- 把职业教育纳入系里的课程。

- 对于陌生情境或与陌生人物相关的内容，学生可能无法专心学习。这些内容往往显得没有意义，甚至跟学生了解的现实互相矛盾。探索这类矛盾会很有趣，但如果没有老师提示这一点，很多学生会自动"关闭"。

☞ 增加对课程内容的兴趣

一些有个人魅力的导师，往往凭借其性格就能够做到这一点，但是这是很罕见的技能。其他的方法有：

- 采用各种不同的教学方式和时间划分方法。
- 设计需要学生自己找出答案和解决问题的作业与课堂练习。
- 创造能让学生尝到小型"成功"的机会。
- 引入真实的生活经验（如解决取自真实生活的问题、工作经验）。

☞ 引导学生喜欢这份学业

- 适当的时候给予称赞，学生需要一种"我可以成功"的感觉。
- 让学生感觉到他们的努力是有效果的。
- 清楚告诉学生，欲达到顶尖水平需要哪些条件。
- 让学生有机会做些有创意的东西或事情。
- 创造机会让学生觉得他们是一个团体，例如，通过发展良好的团体互动来达到这个目的。
- 让学生感觉到学习目标是值得去努力实现的。

5.11 教学技巧（10）：建立框架与调整速度

许多学生在高等教育中遇到的问题是：第一学年整个课程的深度，或是某个课程的深度，超越了他们现有的理解、知识与技能范围。如果学生没有感觉到学校的教学是在带领他们从一个阶段走向下一个阶段，那么他们会觉得自己在随波逐流，很不踏实。"建立框架"应用了幼儿学习的概念：在孩童还未发展出"独立"学习的能力时，大人可以协助孩童建立学习框架。焦虑的成年学生，甚至是有能力的学习者，都有可能在学习过程中受到阻碍，直到有人为他们建立"框架"，协助他们从现在的阶段朝向学习目标迈进。

由于学生的能力有高有低，老师可能需要提供更多的例子或练习，以协助那些没有一次能理解所教内容的学生。对于基础知识较薄弱的学生，老师不妨推荐一些简单的基础书籍，以鼓励学生通过这种方式对该科目有个大概的了解。针对特别复杂的内容而额外成立的学习团体也会很有帮助，尤其是如果这些团体是由老师领导的，就更有说服力了。额外的学生辅导团体，特别是如果是由老师指导协助的，并通过分组作业进行训练，就更有助于学生巩固所学。有些学生需要老师一步一步慢慢地讲解，而且这些学生恐怕还不少。美国的"录影带辅助教学计划"便是把老师上课的过程录下来，让助教一边带着学生从头观看，一边进行讨论和解说：录影的内容随时可以暂停，如此便可以在进行到下个部分前，使助教确定学生已经了解该部分的内容。这样，学生也得以掌握所学的主要内容，取得高分，同时培养出必要的阅读、学习与学术技能（Patterson，1999）。

录影带辅助教学摒弃了由老师"授业"的传统教学方法，让助教担负起"教会学生如何学习"的工作。如果连助教都能够通过这种方式协助学生取得高分，那么由受过训练、有能力的老师采用类似的方法，带来的成果想必会更丰硕。

5.12　教学技巧（11）：确保学生掌握课程内容

学生可能不知道如何处理长串的阅读书目，不知道如何恰当地选择，或是寻找可以替代的书籍。大一的学生可能会觉得课本或文章太深奥，因此需要有人指导他们去选择更基本的书籍或文章，以对科目内容获得基本的了解，然后再逐步攻克更深奥的文章。每一堂课都提供一份书面的课程概要，把重点和参考书目包含进去，以便让上课时无法一下就听懂的学生，或是无法出席的学生，仍然能够掌握课程内容。现在的趋势是把这些资料放在系里的网站上，有障碍、有家庭、有工作的学生，可能都会偶尔缺几堂课，而提供课程概要会带来很大的帮助。

另外很重要的一点是，第一学年课程的教学与设计须符合学生的学习水平。良好的基础教学，能够带来很大的成果。这可能包括很简单的教学策略，如对当天的教学内容进行介绍和总结、重复重点，提醒学生注意老师的推理思路等。最基本的原则便是，不管是演讲课、研讨课、作业还是阅读，老师所采用的教学方法都应该确保所有的学生都能够掌握课程内容。

教学材料

- 讲义上的字体要大小适中、清晰可读（Times New Roman 字体至少为 11/12pt，Arial 字体至少为 10/11pt，或是其他大小相当的字体），幻灯片、投影片亦然（40pt）。
- 打印的资料要清晰。
- 所有的课程都要有备份讲义与字句表，并印制成书面资料或放在网页上。
- 讲义上要留下足够的空白处，以供学生做笔记。
- 标题、编号与合乎逻辑的编排顺序。

🐡 讲演课与研讨课

- 把上课时间划分为多个小节，插入各种活动，使学生无须长时间地听讲。
- 讲课速度要适中——比平时的讲话速度还要慢。要偶尔暂停一下，让学生有时间消化刚刚听到的内容。
- 重复重点部分。开始讲解新的内容时，先简介重点，最后讲完时再做个总结。
- 用语简单清楚：避免专业术语和简称，特别是课上有外国学生或是有语言相关障碍（失聪、阅读障碍）的学生时。
- 善用时间：把上课时间拿来解答疑问，扩充学生自己在家准备的成果，不要只是读课文或把信息填鸭给学生。

5.13 技能的教导（1）：加强与示范学术技能

专门的技能课程顶多只能介绍学生认识学术技能，但是并不能让学生在不同环境中去应用这些技能，通过一次又一次的练习理解这些技能。所有的老师都应熟悉学生得到了哪些与学术技能相关的资料，并在上课或批改作业时，将学术技能与相关的课程内容联系起来。

老师须在上课教学中示范学术技能，并创造机会让学生实际应用技能。例如，让学生进行小组合作，便是给学生机会去探索他们自己的想法、进行问题解决和习惯与他人讨论想法。老师可以要学生通过头脑风暴对经过设计的问题产生想法。而老师自己示范利用思考工具如思维导图或流程图等产生想法，也有助于学生理解如何组织想法，从零乱的思绪走向逻辑的线性思路。

老师可以跟学生说明自己如何准备上课内容，以及批判分析的过程，如何归类信息，如何选择要省略什么或保留什么，以符合字数或时间的限制。这等于是在示范学术思考的方法，而学生也更容易觉得，他们自己也可以进行这样的学术思考。

5.14 技能的教导（2）：理解科目内容

🐡 从视觉影像开始

视觉影像使得内容更容易理解，也更容易保留。如果把重点写在一个具体的、取自真实生活中的影像或图画旁边，学生吸收内容的效果将会大大不同。例如，如果你正在教授"迁徙的历史"，那么就应该用地图或图画来图示迁徙的过程，而不要只是用文字描述。图不需要画得非常"精美"：简单但清楚的略图，就足够了。图像要能够抓住思想，巩固内容，激发想象力，并让专注力维持更久的时间。

课前简介

对大多数学生来说，如果在开始上课前能得到一个课程内容的简介，那么之后要掌握内容、了解科目内容也会更容易。

检验习得的知识

快速地检验一下学生对课程内容已经知道多少，以让学生进入状态：

- 请学生用一分钟的时间写下他们对此科目的了解，在黑板上把学生的意见写成"图形笔记"（见后）。
- 把上一节课的主题以标题方式写在黑板上，请学生想想他们对每个主题还记得什么内容，把结果写在每个标题的下方。
- 把今天这堂课的主题以标题方式写在黑板上，问学生他们对这些主题已经知道多少。

5.15 技能的教导（3）：管理知识

在过去，书本是稀少的商品，因此大学担负起以口头传授知识的重大责任。而在今天，学生面对的问题不是如何取得知识，而是如何管理大量的知识，如何适当地分类、挑选和应用知识。几乎所有的学生都会在某个时候领悟到，他们无法阅读、吸收和应用所有的知识，而每一条资料和理论也并非都一样重要。老师可以在课堂上提示学生如何管理知识。当学生都可以从书本、CD、网络或是相关教材和上课讲义上取得知识时，老师教导如何管理知识，便比"传授"知识更重要了。

指导学生挑选最重要的知识

有些学生可能无法判断哪些才是最重要的知识——如何自己"挑选"知识。老师可以通过下列方式协助学生：

- 说明自己是如何挑选上课内容的，哪些部分必须舍去（基于上课时间有限），以及进行挑选的标准。
- 让学生进行"挑选"的活动。例如，"对于这样的结果，从下面五个原因中挑出最重要的三个"，或是"如果你从下列的选项中只能选择一个，你会选择哪一项，为什么？"利用课堂讨论挑选的标准，清楚说明在该情况下是否有"正确答案"。
- 说明挑选最重要的知识有何标准。阅读书籍和找到想要的内容有很多捷径，老师应该熟知与其教授科目有关的捷径，例如书本中哪些部分没那么重要，哪些出版日期对某一主题特别重要，或是哪些搜寻网站可能最有帮助。

■ 指导学生如何"阅读"课堂上不同种类的文章。例如就法律系来说，在阅读遗嘱、合约、动议、辩护状、信件、给法官看的"案情摘要"、给客户看的报告、报纸上的法律专栏时，哪些地方应该专注而仔细地阅读，哪些地方可以略读。

知识之间的关联性

当内容被整理成上下两个层次，并与相关的资料产生关联时，大脑就更容易储存。许多学生看不出来课程内容之间有何关系，也不知道如何系统地整理其中的相同、相异与关联之处。他们缺乏有效整理所学内容的习惯。而以记笔记为主的学习方式会恶化这种现象，因为学生往往会把所有的内容一概记下，彼此之间没有轻重之别，也没有互相对照之处。

老师可以采用一系列的做法帮助学生，先示范相关的技能，然后再让学生两人一起或分小组进行练习。对于某些学生来说，如果能够采用第 15 章介绍的方法，并使用与专业科目相关的例子，将会很有帮助。这个做法可以协助学生把技能从一个领域转移到另一个领域，并培养出更复杂的思考习惯。

做图形笔记

各种"图形笔记"，如"思维导图"，鼓励学生从一个中心主题的各个要点出发进行头脑风暴，以产生想法。该中心主题写在白纸中央，周围是各个要点，而针对每个要点所产生的想法，再以辐射状写在各要点周围。如此便可以建立起各式各样的模式与图形，并辅以图案、色彩和数字、标识。

只要整个图形结构清楚，有些学生便会觉得通过这种结构，更容易记住资料。然而，不善于资料归类的学生使用思维导图，反而会更为困惑，因为他们缺乏划分层次的能力而无法挑选适当的要点进行头脑风暴。能力较弱的学生最后得到的可能是过多互不相关的思绪，或是一再重复的资料，也不知道如何把一张思维导图上的信息转换成线性的思路，进而写在作业里或试卷上。因此，这样的图形笔记须与下面的做法合并使用。

善用标题与项目符号

善用标题与项目符号，可以把主要的点与次要的点区分开来，这对于做笔记和复习都很有帮助。如果你采用头脑风暴或思维导图的方式引导学生探索某个领域，那么不妨再以这种方式让学生看到，如何利用标题把这些资料转换成线性顺序。

划分层次并分类

如果有好几个标题和项目，可以为学生示范如何把两个或更多的标题归类到更大的标题下。你还可以利用这个机会，跟学生讨论如何归类和组织信息，以及了解"概念阶层"这个观念。在 *The Study Skills Handbook* 和本书第 15 章还有关于"概念金字塔"更详细的介绍。

5.16　技能的教导（4）：培养听课和做笔记的技能

新生对于组织资料可能会觉得困难，因此不妨先把几个主题的框架图写在讲义上发给学生。例如，在讲义上把上课会讲到的主题列成标题，每个标题下面再编号列出要点，这些要点便是学生上课时要注意听或看书时要查阅的地方。如此一来便有助于培养学生听课的技能，同时也是在示范如何排列信息。例如：

X 的三个功能：（1）＿＿＿＿＿＿＿＿＿＿＿＿＿

　　　　　　　（2）＿＿＿＿＿＿＿＿＿＿＿＿＿

　　　　　　　（3）＿＿＿＿＿＿＿＿＿＿＿＿＿

如果课堂上会涵盖很多的资料和名字，那么要把这些内容事先写在讲义上并发下去，这样学生就可以把注意力全心放在听讲上了。

5.17　技能的教导（5）：理解

如今的信息量是如此庞大，因此许多学生，甚至有些老师也都采取一种"以量取胜"的学习方式，而不是专注于理解所学的内容。事先提出几个问题，并规定阅读书目，有助于学生规划预习工作。

对于某些学生，可以要求学生把教材内容整理到表格或图表上，如此学生就可以预习上课所学的内容。此时上课时间就可以用来巩固基础知识和探讨学生不懂的地方，而不是只用来讲解知识基础。可用于课堂上的具体做法包括：

- 让学生进行头脑风暴，思考他们对于某一主题已经知道的内容，然后指出需要衔接的部分。
- 要学生制作表格或图表（如果没有列为预习工作）。
- 要学生分组讨论遇到的困难。
- 要学生分组或两人一组解决遇到的困难。
- 全班一起解决这些困难。
- 引导课堂讨论，引进一系列观点。
- 给予生活实例，让学生分组，现场应用所学。
- 进行问题讨论或案例研究，让学生应用新知。

5.18 技能的教导（6）：培养分组作业的技能

分组作业的好处

一位教授提出四个理由，说明他为什么要让学生组成小组一起合作：

1. 在分组作业中，学生可以更主动地学习，而非只是被动地接受。
2. 学生的选择更多，因而学习的动力也更大。
3. 复杂的、学生无法一人完成的作业，可以让小组一起完成。
4. 分组作业可以"发现新事物、把握新想法、建立起事物之间的联系，使学生开始真正了解这个世界"。

分组作业为什么对老师和学生都有好处，还有许多其他的原因，像是：

- **生理上的**　在小组合作中，学生有机会活动身体。学生可以走动、说话、动动身体、休息，满足身体的自然需求，而静静坐着听课就无法做到这些。
- **社交性的**　在小组合作中，学生有更多机会得到单独的关注，也更有时间参与讨论，剖析自己的想法。在小组中学生更容易认识彼此，害羞的学生也更敢发言参与。小组合作提供了建立友谊与归属感的机会。
- **培养各种技能**　在分组作业中，学生可以培养出更多的技能，如团队合作、倾听、发言、提供和接受回馈、考虑他人的意见、达成共识、处理差异、冲突与情绪、问题解决、推理、辩论某一观点、批判评估他人的意见等。
- **接受更多角度的看法**　通过分组作业，学生能够接触到更多种的观点、想法、态度和经验，而非只是老师本身的观点、想法、态度和经验。学生还可以分小组一起进行更大规模的专题计划，同时发展出更多样的技能。
- **对老师的好处**　老师可以让喉咙休息一下，进行更多种类的活动。老师也可以培养出许多讲课之外的技能，并以更有创意的方式上课。此时课前的准备工作，便是思考如何激发学生的参与兴趣与学习兴趣，而不是把讲稿背得滚瓜烂熟。
- **培养独立自主的学习者**　在分组作业中，学生能够慢慢体会他们自己所拥有的资源，而不是把老师视为唯一的答案来源。这是发展互助网络很好的起点。
- **就业能力**　雇主喜欢雇用的毕业生，通常也是在团队合作和小组合作中培养出相关技能的学生。

分组作业的原则

分组作业对于学生的学习有不少好处，但是这些好处不是自动产生的。如果缺乏适当的协助，学生可能自己并不会发展出团体合作的技能。而经常让学生进行分组作业的老师也知道，对某个小组有效的做法，对另外一个小组不一定有效。不过下面几个原则会提高分组作业顺利进行的几率。最重要的是，团体一开始成立的方式和成员彼此信赖的程度，对于其后来的运作将具有深远的影响。

1. 安全感

对学生来说，待在团体里面可能是一件很可怕的事。因此老师需让学生感觉到，班上每一个人都可以发言，都可以犯错，而任何的意见和努力都会受到肯定。如果老师尽早创造出一种安全的团体气氛，对于往后学生参与的程度与广度，以及发展出积极互助的网络，都会有很大的影响。

2. 归属感

学生觉得在学校里遇到的最大障碍之一，就是没有"归属感"。如果连彼此的名字都不知道，学生就很难建立起对彼此的信任感，更难"冒险"发表意见。因此采取各种团体活动是很重要的，例如让大家互相知道彼此的名字，把全班学生的照片和名字挂在墙壁上，还有在学期初时进行各种"破冰游戏"。

3. 讨论彼此

学生对于全班合作或分组作业可能会很焦虑，而这些焦虑不会因为担忧与没人提起就自动消失。除非学生已具有娴熟的团体合作技能，否则在初期讨论时，老师最好让学生匿名讨论。老师不妨让学生匿名把担忧写在纸上，并在将其收齐到桶子里后再一张张地抽出来讨论或是把全班学生的意见集合统一起来跟全班讨论。事先让学生知道整个流程，如此他们才会放心坦露心声。典型的担忧有：

"我可能会无法融入这个班级。"

"我一紧张就会很激动，讲个不停。"

"如果规定我们每个人都要发言，我就不想说话。"

"或许没有人会想跟我说话。"

"我不想去面对别人的种族歧视。"

"我上这堂课一定会晚到，到时候大家一定会转过头来看我。"

"我很怕大家觉得我很笨。"

"我不想被逼着去做我不喜欢做的事。"

"大家看起来都好厉害，我很担心我会追不上。"

4. 把焦虑和困难变成机会

一旦了解到学生的担忧后，让学生小组或全班一起讨论解决的办法。就小组合作进行 SWOT 分析（优势 Strength、弱点 Weakness、机会 Opportunities 与威胁 Threats）会很有帮助。

5. 课堂守则

基于上述的练习结果，要学生制定出"课堂守则"。老师的干涉越少，这些课堂守则就越"属于"学生本身。当上课遇到困难时，老师和学生便可遵循课堂守则来解决。

（1）请一个自愿帮忙的学生写下大家的意见。

（2）要学生进行头脑风暴，讨论哪些事项应该包括在课堂守则里。

（3）当无法达成共识时，讨论学生希望如何继续进行。

（4）提醒学生，有必要的时候他们可以修改制定好的课堂守则。

（5）把课堂守则打出来，发给每人一份。

有些事项可能学生没有想到，便需要老师的提示。例如：

■ 准时进教室。

■ 扰乱上课。

■ 手机。

■ 上课迟到。

■ 小孩。

■ 抽烟。

■ 保密。

■ 上课出席。

■ 学生的义务。

■ 早退。

■ 做决定的程序。

■ 修改课堂守则。

■ 如何执行课堂守则。

■ 因焦虑引起的问题。

■ 敏感话题引起的问题。

■ 喜欢主导一切、支配一切的学生。

■ 尊重/不尊重他人的行为。

■ 不发言、不积极参与的学生。

6. 破坏与成功

老师应该跟学生讨论可能会破坏到班级或小组的行为。例如，什么样的行为势必会导致小组合作失败，人人灰心沮丧；反过来，什么样的做法可以使小组的合作有效又有趣。请学生两个或更多人为一组来探讨他们自己对于"团体"的恐惧，并为自己设下目标，以发挥自己身为团体成员的力量。如果可以的话，把讨论的结果加入到课堂守则当中。

7. 目标和好处

清楚说明分组作业的目标。所谓目标，可以是就该课程而特别制定的目标，也可以是分组作业的一般好处。有些学生担心分组作业不是真的在"学习"，认为真正的教学应该是"板书和讲课"，若能清楚说明小组合作的目标，可以减少这些学生的担忧。

8. 指派的任务须联系已学技能

老师在指派能够正式评分的小组作业之前，确定学生都已具备必要的团体合作技能。其中一个重要的技能，就是在团体中说话的能力。老师应该让学生先两人一组进行对话，然后再扩展到小组。在练习活动中，老师应该让学生轮流去跟班上的每一个人说话，然后再对着全班说话（如果班级大小允许的话）。重要的是，学生有足够的机会去跟别人短时间或长时间地对话与共事，来使学生产生自信。确保学生都得到这样的经验：

■ 通过两人一组、三人一组和小组合作，对团体做出贡献。

■ 讨论建设性批评的问题。

■ 思考自己在团体中的行为。

■ 进行了上述大部分的步骤。

5.19 技能的教导（7）：检验所学

老师应该进行各种活动，来向学生强调上课涵盖的内容是需要理解的，而非仅是用来记录、存档和记忆。老师应为学生示范如何检验自己已经学到的知识。这相当于前述"魔法七步"课堂结构的其中三点。例如，老师可以：

1. 在开始上课前，先检验学生通过课前的预习已经学到了多少东西，是否有困难之处。

2. 在适当的间隔当中，要学生小组简单整理出目前学到的重点。

3. 要全班学生一起进行头脑风暴，想想这堂课到目前为止教了什么。

4. 问问学生有什么问题，然后让学生全班一起或小组讨论这些问题。

5. 要求学生小组针对今天所教内容或应复习的内容出一套题目。之后这些题目可用于小组练习或小组比赛。老师可以给学生几个例子，以激发思考，如：

"……之间有何差异？"

"如果……会发生什么事？"

"……的优点与缺点是什么？"

"……可能的解决办法是什么？"

6. 要学生在几分钟的时间内，以笔记或图形笔记的方式，写下所有他们能想到的内容。

7. 问每一个学生，他们从今天这堂课学到的最重要的东西是什么，或是他们觉得最有用或最有趣的是哪一点。

8. 提出一个与课上讲到的内容类似的问题或情况，问学生他们如何把已经学到的知识应用在这个新问题上。

5.20 技能的教导（8）：形成课前预习的风气

如果能够形成课前预习的风气，老师就能更有效率地利用上课时间，并使学生成为独立自主的学习者。而如果每个系都如此，效果会更好。这样，老师就不必觉得他们必须"传授"学生通常可以从别处取得的知识，并采用更有效率的教学方式。

现在的学生越来越熟悉在线课程和网络信息，因此学生的学习形式也从依赖老师传递信息，转变到需要老师协助以培养他们管理过量信息的形式。老师可以以下面几点作为目标：

1. 早期就让学生知道，他们应该进行课前阅读与课前预习的工作。

2. 上课时，在学生课前预习的基础进行教学，解答他们在预习中遇到的问题和困难。

3. 采用多元化的教学方式，以适应不同的思考与学习风格，培养学生的学术技能。

5.21 技能的教导（9）：训练学生达到作业的要求

☞ 时间：协助学生在上交期限前完成作业

大学往往会流失无法通过考核的学生，许多学生完全不知道如何完成一项作业，他们也没有相关的经验可以借鉴。在这方面，他们需要训练与指导。"有危险的"学生往往特别不会规划时间，比如无法按时完成作业，尤其是当好几项作业的上交期限挤在一起时。如果迟交作业的惩罚是扣分，那么已经在及格边缘的学生可能就会因此不及格，但是根本的问题还是没有解决。老师可以通过下列方式帮助学生：

1. 有可能的话，跟其他老师协调好，避免作业的上交日期都"挤在一起"，"有危险的"学生不是每次都能一下应付这么多作业。

2. 一开始就说明作业的要求，不要到了上交期限的前一星期才提醒学生。因为能力较差的学生往往要等到老师提醒，才开始动工。

3. 说明学生大概需要为各个步骤投入多少时间，例如，阅读：20 小时；组织想法：5 小时；完成草稿：12 小时；完稿：7 小时。

4. 设立自动发送的电子邮件，提醒学生作业的上交日期。

☞ 认识作业的内容

学生学习的另一个主要困难，便是无法理解作业的题目。《作业手册》在这方面会有很大的帮助（见第 3 章）。老师可以带着学生看一遍作业的标题与问题，以确定学生都理解了。对于某些学生，老师不妨建议几个可以着手的起点，以及如何把整个作业划分成几个小部分。学生往往会尝试"一次"就完成整份作业，因而进行起来杂乱无章，并会为自己带来不少困难，因为他们没有想到可以把作业再分成好几个较小的部分。

☞ 产生想法

当学生压力大或没信心时，他们会很难清楚地进行思考，而无法思考就会让他们变得更没有信心。学生可能也不知道如何发展自己的思考能力，在课堂上，老师可以示范几个产生想法的方法：快速进行头脑风暴、讨论、图形笔记或思维导图、速写、自由联想、结构化问题等，这些活动都能促进学生迅速产生想法（详见第 15 章）。

☞ 组织想法

老师也可以示范如何把想法归类，整理成列表、图表、框架图、标题或项目。在组织方面有困难的学生，往往会发现把论文的写作计划整理成几个标题与项目之后，写起来会更顺利。老师可以创造机会与活动，让学生练习如何迅速地组织内容。

☞ 论据或论点

学生可能搞不清楚学术环境中的"论据"（argument）指的是什么，有一个学生把论据描述为"一连串互相否认的陈述"；另外一个学生则说论据是"一场激烈的辩论"。有些学生对"论据"一词可能会反感，因此采用"论点"（reasoning）一词他们可能比较容易接受。

老师可能需要解释学术写作中的"论据"到底是什么意思，并说明他们在上课或教材中所使用的论点，以帮助学生培养这方面的技能。如果可以的话，老师不妨给学生发一些短文，要学生找出其中的论点。老师也应鼓励学生在写作论文之前，先把他们自己的论点写成大纲，当成作业交上来。

☞ 制订作业计划

有些学生可能不知道什么叫做"计划"，因此不妨给学生列举几个实际的范例，让学生看看该怎么规划作业。老师可以把他们自己的写作计划写在黑板上，以供学生参考。学生可以小组为单位，练习如何制订计划，或是学生把自己的作业计划拿来跟同学讨论。对于学期初的作业，老师可以要求学生在交作业时一并把作业计划交上来，并把计划列为评分标准之一。老师可以由这些计划找出哪些学生的计划能力尚且不足，并给予指导。

☞ 院系的写作规定

提醒学生本专业领域的写作，有哪些特色和规定，以及这些规定跟其他科目有何差别（详见第6章）。

☞ 草稿

许多学生不懂得把作业分成几个阶段来写，试图一次就把作业写完，因此遇到困难，以下方式可以指导学生写草稿：

1. 鼓励学生把作业分成数个阶段来写。
2. 跟学生说明，第一次的草稿不需要写得非常仔细、完整，也不需要检查拼写，因为其功能是将其当作一个起点。
3. 鼓励学生在撰写和检查草稿时，不时参考评分标准和预期的学习成果。
4. 鼓励学生大声读出自己的文章，或用电脑帮他们大声地读出他们的文章。

5.22　技能的教导（10）：指导、评分和回馈

研究结果显示，在整个教育体制中，对于学生的学习方式影响最大的，便是考核的过程。学生会采取某些策略以取得高分，而如果课程的学习目标与考核内容互相矛盾，这种追求高分的倾向就势必会导致困难的出现。如果作业会被评分，那么聪明、有经验的学生自然会找出能够取得高分的策略，而不熟悉高等教育或已离开学校很久的学生，如果不清楚这些"游戏规则"，势必会吃亏。

很多学生都不理解作业的要求，也不知道怎么做才能改善表现和分数。他们不知道自己哪些地方做对了，或是自己已经取得哪些进展。取得高分的渴望，并不一定只意味着讨好老师，同时也可以是一个强烈的动力。此外，肯定和赞赏不只能够鼓励学生，同时也能帮助学生看到自己在哪一方面做得不错。

老师可以利用评分与发作业的过程，帮助学生提高未来的分数。这样，就可以使学生更清楚作业的性质，不再那么焦虑。焦虑，是许多学生无法达到最高学习效

率或最佳表现的原因。此外，建设性的评语也能够为学生示范如何给予他人回馈，恰当地给予回馈，对于人际沟通是非常重要的。不管是建立团体气氛、小组专题计划、互助网络还是为职场做准备，学生都需要这项技能。

☞ 清楚说明评分的标准

评分标准应该清楚明确，如果怕学生还是有不清楚的地方，那老师可以给学生看看实际的例子。为了使评分过程更公平、更透明，老师可以采用本书第二部分和下面第 7 章所介绍的评分标准表。概要说明你期望的答案内容，并指出此评分系统与课程的学习成果有何关联。例如，学生如何才能知道，他们是否已经达到课程预期的学习成果，说明为什么有的答案可以拿满分，有的却不能。例如：

- 什么样的答案，一定拿不到分数？
- 拿到 70% 或是拿到满分的答案，跟拿到其他分数的答案有何不同？
- 在上交作业之前，学生如何评估自己大概会得到什么样的分数？

☞ 揭开评分过程的神秘面纱

学生往往不太了解老师期望看到什么样的答案，聪明的学生常常担心如果自己的答案过于新颖，他们会无法在规定的字数内把其他的基本要点写进去，这可能会让学生很沮丧。如果老师能够讲解一遍评分的标准，指出这些评分标准与学习成绩的关联，并向学生说明如何在规定字数内取得基本要求与创新答案之间的平衡，这对学生会很有帮助。

很多学生都表示，如果大一的时候，老师就能够解说一下他们是如何改试卷的，那对学生来说将会有很大帮助。学生往往觉得老师有"读心术"，这个误解需要消除。所以，老师应该至少让学生依照老师的评分标准，自己批改一次类似的试卷，并讨论从中得到的心得。

☞ 评语的格式

对学生来说，标准化的评分表阅读起来更容易，它把评语与课程预期的学习成绩结合起来。哪些东西是学生应该写到而没有写到的，各部分的比重恰不恰当，老师最好能把评语用电脑打出来，因为学生常常看不懂老师的字迹，尽管老师可能已经很努力了。老师应为评语编号，然后把相对应的号码写在学生的试卷或作业上，不要直接把评语写在试卷或作业上。如果这份作业或试卷是前不久才完成的，学生印象还很深，那不妨在全班给予评价，同时指出提高分数的方法。

☞ 建设性与选择性的评语

老师应给予建设性的评语，建议学生改进的方式。也许这篇作业在老师眼中非常糟糕，学生自己却非常满意，根本想不到会被老师批评得一无是处：尖刻的评语会使学生觉得自己不该来上这门课，然后开始考虑退课。

评语太多的话，学生也无法接受，因此只需指出最需要改进、最能提高分数的地方。一开始最重要的，可能是要为学生指出整篇文章需要一个清晰的论点，而组织想法、制订作业计划，或是进行广泛阅读与研究，可能就是其需要强调的重点。

建设性的评语是……

■ 肯定学生的努力。

■ 指出学生做对的地方，以后应该继续如此。

■ 指出学生有进步的地方。

■ 指出几个可以改善的地方，清楚说明是哪些地方，如何改进，以后对这些地方的进展也要给予评语回馈。

■ 以具体的例子，说明作业或答案的要求。

建设性的评语回馈应该……

1. 是正面的　　　　■ 指出可以改善的地方，而不是指出做错的地方。

2. 引导学生进步　　■ 而非仅是笼统地指示要做出改变。

3. 实际可行　　　　■ 提出的建议，学生真的能够做到。

4. 有选择性　　　　■ 指出最重要的部分，而不是每个部分都提到。

5. 宽容仁慈　　　　■ 给予评语回馈的语调和方式，须让学生容易接受。

不好的回馈则是……

1. 批评太多　　　　■ 或是在学生的作业上写太多字，这样的回馈令人反感，学生无法吸收。

2. 负面为主的评语　■ 学生往往会故意忽视这样的回馈，学生会觉得自己的努力没有受到肯定，因此常常把这样的回馈丢到一旁。

3. 含糊笼统的评语　■ 例如"不好！"、"不够清楚"、"需要更多细节"。学生往往觉得自己的作业已经够清楚了，他们可能也不知道还要加上什么细节，除非老师给予实际的例子。

4. 打击信心的评语　■ 例如"胡说八道！"、"八股文章！"、"废话连篇！"、"一定要用英文写！"这种评语只会令人反感，达到相反效果。

5. 字迹潦草　　　　■ 除非学生觉得评语里都是赞美，否则他们大多不会花时间去看评语。

☞ 同学的评语回馈

学生如果自己也参与评语的回馈过程，就会更了解回馈的过程、目的和依据。同学评分便提供了一个这样的机会，你可以渐进式地引进这个方法，逐渐把责任转移到学生身上，直到他们能够为你批改一些作业。有关同学评分的实验显示，大一时引进这个方法效果最好，如此一来学生就会将其视为整个高等教育的一部分。实验结果还显示，一旦熟悉了这个过程，学生的评分结果就会与老师的评分结果一致。当学生也参与制定评分标准的过程时，效果最好。

☞ 让学生参与评分的过程

发给学生自我评估的评分表，让他们为自己的每一份作业评分。鼓励他们依照下列标准评分：

- 评分标准。
- 课程预期的学习成果。
- 他们觉得还可以如何改善或改变。

你可以从中观察到学生评估自我表现的能力，以及他们是否知道如何具体提高分数。你可以从这个基础上给予评分回馈，这样你的回馈对学生来说就更有意义。采用这个方法的老师都表示，这使得他们的评分工作变得更轻松了。

5.23 总结

随着越来越多的老师接受教学培训，上述这些方法很有可能都会成为主流。对某些老师来说，这些方法理所当然，并且已经成为他们教学的基础。而对其他的老师来说，这些方法似乎也理所当然，只是还没有纳入平常的教学过程中。这些方法也许对于新讲师、教课的研究生、从职场转入高等教育教学或培训的人士最有用。

其他章的内容，对于老师也会很有用。第二部分的各章在介绍每一种技能前，都会描述学生经常遇到的困难，以及老师可以如何协助学生掌握这些技能。如果没有专门的技能课程，这些练习在必要的时候都可以用于一般课程。这几章都会以实例说明如何建立起学生对团体的归属感，以使学生更有信心发表意见，遇到不懂的地方敢于发问，互相成为彼此的学习资源。第3章、第6章和第8章探讨老师的工作。基于现在越来越强调让学生去检讨自己的学习过程，以及评估自己的表现，老师也不妨用这个方式进行反思，特别是在技能教授这一方面。第9章将有详细的说明。

这里所介绍的教学策略，不只能够帮助"有危险的"学生，同时也能协助不敢承认自己有困难的优秀学生。本章提议的方法都很简单，很容易执行。这些方法有助于老师更有效地利用上课时间，减少不必要的负担。采用这些方法，老师和学生都会更轻松。

6

写作：迫在眉睫的问题

6.1 鼓励学生写作

☞ **为什么学生的学术写作水平较差？**

对学生和老师来说，学术写作都是一个很重要的议题。对老师来说，学术写作是一个学术常规的问题。而学生关注的焦点，则是如何写出老师想看到的东西，以及老师的要求到底是什么。

很多学生在高等教育要求的写作风格上，都缺乏练习与指导，我们经常发现许多学生从来没有好好写过一篇正式的文章。这可能是因为他们对学术传统与常规缺乏认识，缺乏信心与动力。此外，学术写作较差，往往还因为缺乏思考技能。因此，加强基本的思考技能、批判分析与组织想法方面的训练，对于提高水平写作会有很大的帮助。本章将说明如何培养学生的写作技能与写作习惯，并专注于以下两大领域：

1. 探讨如何鼓舞与激励学生写作。

2. 讨论如何协助学生应对大量的写作要求，并提供一个概念典型——SPACE典型，以辅导学生的写作。

☞ **学生的想法**

大学的作业如何能够激发学生的写作欲望？也许学生一开始会兴致勃勃，但是为了满足规定的字数、包含基本内容、回答基本问题、迎合老师的兴趣，结果却使作业的写作过程变得枯燥无趣。学术写作感觉起来也许就像穿着一件塑身衣，他们想在抒发自己想法与引用他人的研究结果之间取得平衡，就如同走钢丝一般：学生很容易就倒向完全抒发想法，或是完全抄袭。学生常常因为无法通过写作来提出新的想法而感到失望。学生经常抱怨："这些东西，以前的人都讨论过了"或是"这些东西反正书上都有了，我为什么还要再写一遍？"对于研究生，学校需要：

协助研究生成为良好的思想家，以使他们能够写出顶级的论文，论文不只是把他人的想法重新组合一遍，而是在整合过程中，创造出新的知识。

创造机会让学生写出有意义的、新的、而且能够鼓舞自己的东西，这对大学生来说很重要。很多大学生都不知道到底怎么写报告或论文，怎么真正"自己写"，或是避免一味地抄袭。许多大学都强调，写作并不是一个你能拥有自己的"意见"的地方。老师表示，当他们想看到以他人研究结果为基础的"有根据的意见"时，学生往往以为这表示他们的论文中不能包含任何个人的想法或立场。然而，他们同时也知道，他们必须提出某种"论点"，但是既然不能提出自己的意见，又怎么提出论点？他们当然会因此感到困惑。

看着学生挣扎着"赶鸭子上架"，就像是在观察玩魔方的新手：他们扭曲自己和自己的写作内容，以符合所有的规定。例如，他们可能会审慎安排直接引言与间接引言的顺序，以使其看起来就像是在提出某种论点，但是又不明确指出自己的方向，以避免被解释为是主观的想法。有些学生不知道可以用被动式和第三人称来陈述个人的观点，因此他们只能引用别人的话，通过别人发表自己的意见。

☞ 老师的鼓励

老师们必须自问，怎样才能把学生培养成思想家，好让他们也能够知性地参与教学，或是至少让他们觉得自己也是这个过程中的一部分，他们也可以努力做出贡献，而非只是扮演好学生的角色。老师应该怎样鼓励学生去思考、去冒险，去保持当初进入大学时的热情，去找到自己的位置以做出贡献？下面这几节便将说明如何鼓励学生提高自己的写作能力，利用自己的热情，加入个人的意见。

6.2 抓住最初的热情

专家研究了400位现代名人，发现当中3/5的名人，包括好几位诺贝尔奖得主，"在校时表现非常不好"，但是尽管如此，他们依旧成为世界上的顶尖人物。他们多数都跟着自己的兴趣和热情走，而不是遵守学校所教的方法。许多著名的人物和发明家，像是爱迪生、法拉第和爱因斯坦，都没有依照传统的念书方法念书。

在过去，不管是哪个行业，人们都不需要什么证明就可以工作讨生活，但是在今天，处处都需要正式的资格证书。现在，就连画家、雕刻家、体育教练、顾问和体力劳动者，都需要经历论文写作这个过程，而当初鼓动学生进入大学就读的热情，可能就会在这个过程中消失殆尽。大学生面对的挑战，便是要去利用这份热情，而非以传统常规来浇熄这份热情。

要使学生喜欢思考与写作，就必须让学生自己对此怀有一定的热忱。在许多院系里，"让学生自由发挥"也许看来都是不可行的，因为系里采用的做法与写作规定看起来是那么古老、严格。但是如果老师希望学生成为有创意的思想家，就需要创造出某些环境与活动，以鼓励学生以不同的方式思考所学内容。老师需要激发学生的信心，需要能够倾听学生的想法，并能够挑战学生的想法，但是这种挑战的目的是刺激思考，而非威胁恐吓。学生需要有机会去察觉到，达到顶尖水平，是有很多条路的。而最重要的作业的标题、评分标准和评分回馈，都要能激发学生的思考、创新与冒险精神，并显示思考、创新与冒险是值得的，是会得到回报的，而不要只是设计标准的问题与标准的答案。

作业类型和评分标准上的创新，是维持学生热情的关键因素。让学生通过不同的媒介产生想法，策划他们自己的专题报告，从生活中或家庭里选一个研究主题，自己设计评分标准，以口头报告或制作影片的方式取代一般的书面作业，都是可行的做法。

6.3   留出余地与出路

人们常说，有魅力的老师最能够鼓励学生。有魅力的老师的确可以给予学生一种外来的动力，也有可能使得学生更加深刻地了解专业知识或专业领域。但有时老师会让学生觉得自己没有竞争能力，或是某个专业主题已经被前人讨论得很透彻，没有发展的空间了。要使学生产生动力，就必须给学生留有些余地、出路，或是困惑，如此学生才有可能做出自己的贡献。

即使是在根深蒂固的学术领域里，也存在着这样的出路。例如，即使某个理论看起来已经是毫无疑义了，但是可能还没有人探讨过将其应用于某种特定场合。大多数的理论都不曾被应用于学生自己的生活环境——他们个人的、家人的、邻里的或是种族的生活环境。

将理论应用于个人或周遭的生活，学生就有机会写出具有独创性且有意义的论文，甚至成为该领域实际案例方面的专家。另外一个可行的做法是要学生通过"迷你专题报告"，轮流探讨和写下某个主题，然后用 3 分钟的时间将其陈述给班上的同学。老师可以将学生写出来的迷你报告装订起来，发给班上同学。

踏上一条新的小径，会比仅是走前人已经走过的道路，更鼓舞人心，但是学生很少有机会去探索新的领域。

6.4   跟想法玩耍

玩耍是孩童的学习方式，关于这方面的文献数不胜数。而有关玩耍对于成人的重要性的研究却很少。但是我们没有证据去断定，玩耍不是培养思考能力的重要形式。的确，不少逸闻趣事都描述，许多科学方面的点子和发明，都是在非逻辑的、玩耍或放松的状态下产生的。

我们不难理解这对于学生来说不是那么容易做到，因为学生一般都须遵守一套规则顺序，须在有限的时间内理解内容，须在一定的时间和字数限制内写作，须面对评判与失败。

去散散步，听听音乐，想出一个疯狂的、老师永远都不会出的论文题目，看看它会把思路带到何处，或是就某个主题做做白日梦，但这些看起来都是太大的冒险。在攀岩时，我们自然的天性是让脚实实在在地踩在山上，但是当绳子已经结成一团时，我们应该把自己从岩石上抛出去，以松开绳子的结。我们需要允许和鼓励学生"跟想法玩耍"。

6.5 对"写作"的比喻

写作是一个复杂的任务，然而如果学生能够找到适合自己的"比喻"（metaphor），那么他们大多都能够胜任这个工作。这样的"比喻"无穷无尽，例如，把写作比喻成游泳池，跳水板是标题、跳进水中是引言、游到对岸是正文、离开游泳池是结论。另外也有不少视觉上的比喻，例如，"跳水者"需要先"跳进去"，东写一点、西写一点，才能制订出一个计划；"补救者"需要在每个标题下写出一段一段的文字，如此才能完成整篇文章；此外还需要有先制订好详细的计划才开始动工的人，以及先决定结构再展开内容的"建筑师"。

跟学生说说这些例子，这样学生就会看到，写作不是只有一种方法。老师可以让他们为自己的写作方式找到一个比喻，如此便能够鼓励他们思考自己到底采取了什么样的方法，虽然目前采取的方法不一定是最理想的方法，但你可以带领学生去进行这样的思考活动：

"写作对我来说就像……因为……"

"写作对我来说就像（接动词）……因为……"

要学生拓展该比喻，找到尽可能多的理由来说明为什么选这个比喻，这个比喻是他们想应用于写作的方法吗？还能不能找到更适合自己的方法？

6.6 早期练习："发烧议题"

早期练习：学生的"发烧议题"

在学期初时，老师可以要求学生找出一个对他们来说是"发烧议题"（buming issue）的主题来进行写作。让学生自己选择写作的类型，例如读者投稿、报纸文章、书评、报导等，只要是自由写作即可。这个作业也可以让学生学会如何在图书馆或网络上搜寻文献，评分的标准可以依据：

1. 写作风格是否符合写作的目的。
2. 整篇文章是否能够达到其目的：例如，是否具有说服力。
3. 说明解释是否清晰。
4. 是否清晰地呈现了学生的中心思想。
5. 是否善于运用文献支持自己的想法。

☞ 早期练习：专业领域的"发烧议题"

1. 就专业领域目前的"发烧议题"让学生进行小组调查与个人写作。

2. 作业形式多元化：小组讨论、辩论、海报展览、练习在图书馆搜寻文献（两人一起或分小组进行，以互相支持鼓励）。

3. 把写作与说话，研究和思考的过程连接起来。

6.7 "大胆"假设

学生常常抱怨，高等教育里的书面写作都是徒劳无功，因为老师要他们写的东西都是别人已经写过的东西。这样的写作很令人泄气，而且也很无聊。有一名学习特殊教育的学生，一次设计了一系列的工具，想以触摸的方式教阅读障碍者学数学。他的一位老师抱怨道，"他的方法都没用！"然而，这名学生还是受到了其他老师的肯定，因为他亲自测试和评估了这些工具，而他下一次设计的工具可能就奏效了。如果每一位老师的态度都跟那位老师一样，这名学生以后恐怕就不会再尝试任何新做法了。

老师可以就某一次的书面作业，要求学生发明新的东西，或是设计一个理论或实验，以说明为什么某事某物是这样的。其内容应与课程科目相关，并且是学生特别有兴趣的领域。老师必须跟学生强调，他们应该追求独创性，不要仅仅追求正确，大胆荒唐的假设都是可以接受的。例如，"火山的形状，取决于其与赤道的距离"或是"电脑对男生的吸引力，大于对女生的吸引力"。

指导学生就其大胆假设进行研究，就跟其他的作业一样，强调这个练习的重点，不是在证明假设的对错。让学生把这个练习写成作业交上来，并评估自己的方法与写作。做过这个练习后，还可以让学生讨论假设和理论是如何产生的，以加深他们的印象。

6.8 记下想法：笔记与日记

☞ "点子笔记本"

艺术院系的老师往往会鼓励学生随身带着笔和一本方便携带的小本子，随手记下自己的灵感。但是其他院系的学生就很少这样做了。一个小记事本或是一叠便利贴也可以。鼓励学生：

1. 珍惜自己的想法。

2. 捕捉自己的想法。

3. 把自己的想法作为写作的基础。

4. 不管人在哪里，准备好随时停下来记下自己的想法。

5. 如果大多数的想法最后都不了了之，不用担心：这是创意思考的一部分。

检讨用的笔记本或日记本

成年学生往往在文字表达和阐述想法方面，特别缺乏经验。任何额外的写作对其都很有帮助，而以日记的形式让他们反省所学知识与经验，则具有双倍的功效。此外，在上课时，你不妨偶尔暂停一下，好让学生记下自己的想法。鼓励学生：

1. 养成习惯，把对于作业的想法都写在检讨日记上。告诉他们作业并不仅是写在纸上的一堆字，鼓励他们把这些想法视为整个作业的一部分。

2. 对于看过的书，写下心得，例如，自己是否同意书中的主张，或是看了该书后产生的想法（写的时候把书本放在一边）。

3. 把检讨日记当作一种学习的工具。鼓励学生专注于自己的困难，思考可能的解决办法，以排除困难。鼓励学生在检讨日记中反省自己的学习方法和思考过程，对于科目内容、自己的技能和动机有什么想法，以及课程内容与他们自己和真实世界有何关联。

抓住最初的"灵光"

想法的世界，是会自己坍塌的。灵光乍现的时候，神经网络闪现出一种刺激，激发出一连串的链接与无穷的可能性。这个时刻就如同电光一闪：我们的身体也真的有放电反应。乍现的灵光是如此美妙，因此学生以为他们永远也不会忘记——然而一个坏消息、一夜的睡眠，甚至一通电话，就会浇熄当初的思想火花。

灵光消退，留下空洞的字句。等学生稍后再回来寻找当初的想法时，无论如何也无法对思考系统产生同样的冲击，当初的魔法已不复存在。因此，老师要鼓励学生尽快回到他们在笔记本里记下的想法，仔细描绘最初的灵光，以维持那份灵感。

"边走边写"

学生随时记下想法的一个好处是，这样他们就不太可能困在"起不了头"的状态里。因为"起点"消失了：它是慢慢地由多个小小的开始形成的，每一个阶段都很自然地由前一个阶段发展而来。许多人在四处走动的时候学习效果最好，换换景色散散步，把作业先放在一边，往往能够消除心中的障碍。一旦压力消失了，想法就开始活跃，所以手边有一本笔记本，就能捕捉这些想法。稍后，学生可以把笔记本上的想法再打到电脑上。而从这里开始，就可以逐层展开当初的想法，写出计划，形成初稿。

☞ 从具有"能量"的部分开始

开车开得熟练的人发动车子、打开收音机、系上安全带、跟车里的人说话，每一个步骤都只用到很少的专注力，因为每一项技能都已经成为熟练的动作；刚学开车的人则须停下来思考每一个步骤。

写作也牵涉一些次技能，像是产生想法、将想法组织成段落、修改打字错误等。学生会觉得写作很困难，常常是因为他们还没熟练掌握次技能，就尝试把写作过程当中的几个阶段合并起来一起完成。这样做，学生不但辛苦，还会浇熄当初的热情。因此，我们需要鼓励学生把写作过程分成几个阶段。

既然学生通常都需要把整个过程分为几个阶段，那就鼓励他们从具有"能量"的阶段开始：也就是他们最有兴趣的部分，或是觉得最简单的部分。其他的部分可以稍后再加入，因为一旦面前已经有了部分成果，要加入其他的部分也会更有动力。"想法"具有很多的能量，所以不妨鼓励学生尽快把脑中的想法写下来。之后的重点就是让他们将某个想法详细展开，或是把整个想法的骨架写下来；而初稿他们可以不必太讲究形式。英语技术方面的问题，例如校对和拼写检查，应该留到最后再进行。

6.9　在写作中思考与不断完善的写作过程

☞ 在写作中思考

对于写作有困难的学生，最好的建议就是要他们先制订一个写作计划，然后按照计划循序渐进地写作。一旦这种做法奏效，就能帮助学生理清思绪，节省精力和时间。有些类型的写作，比如实验报告的论文写作更适合这种做法。从制订计划开始着手，并不一定适合每一个人，也不适合每一种类型的写作。

拟草稿有助于思绪的整理，有些人在动手写字的时候更能够进行思考。有些人喜欢用笔写，有些人喜欢用电脑打字，有些人则喜欢用语音识别系统讲述。写作是慢慢迈向结论很好的方式，许多学生光是把自己知道的、想到的打出来，就能够慢慢确认出最后的结构。他们发现，可以将写作视为一个长期的过程，分阶段进行，想法会源源不绝，所以写作也是一个长期的过程。学生需要老师的鼓励和示范，以允许自己写点东西后停下来，看看书、做记号、编辑、分解、重写、组织、沉思、删除、增加，摆到第二天再决定。

写作可以被视为一种挑战，一个待解的谜。它可以是想法、信息与形式的交汇之地。所有的写作都会牵涉某种程度的创作，写作可以当成一种艺术，一种创造的行为。

但是学生往往对于"好的作家"，怀有一种不切实际的猜想：他们以为这些人一坐下来就能一气呵成，写出完美顺畅的文章。学生可能会很吃惊地发现，其实真相并非如此——专业的作家之所以会成功，是因为他们花时间、花精力，一遍又一遍地修改作品，而且随时记下脑中的想法，参加写作团体，还有编辑的协助，有专业的读者给予回馈，最后才交出完稿。

☞ 不断完善的写作过程

一位老师坦言，他生平第一次容许自己把写作视为一个不断完善的过程，每一篇作品都有不完美之处。多年来，他一直在写作中挣扎，因为他觉得在文章出版前，他必须达到完美。他担心文章出版后，又会产生新的想法，也因此一直没有写出东西。最后，他终于领悟到，他可以改变想法，而任何的写作也都能达到一个"足够好"的程度。

写作本来就是无法尽善尽美的，它永远有限制，一次只能写这么多字，只能有这么多空间，只能容许这么多的题外话。这个读者喜欢的写作风格，那个读者并不一定会喜欢：一篇作品不可能符合所有读者的口味。文章的内容可能在出版前就已经过时了，它的意识立场可能没过多久就被淘汰了。

身为作家的条件之一，就是能够接受这一点，容忍这一点，允许在此画下句号，并接受"任何的写作都有不完美之处"这个现实。如此可以减轻不少压力。除非"完美的作家"、"完美的作品"、"作品的永恒不变"这些迷思被打破，否则学生很容易产生不切实际的完美主义想法。这时就连优秀的学生也可能完成不了任何写作了，他们忘了写作在此时具有的目的，具有有限的焦点与合理的限制。

6.10 写作速度

☞ 速写

介绍学习方法的书，都会建议读者依据阅读目的调整阅读速度，写作也是一样。学生往往误以为，擅长写作的人，写作的速度始终平稳如一，而且很快。

1. 给学生一个词，例如"红色"，然后要学生写出跟这个词有关的字词，越多越好。

2. 要学生在 3 分钟内，写出跟最近某一上课主题有关的东西，越多越好。

3. 建议学生在开始写作业时，先花 2 分钟记下脑中所有的想法，方法如上。

4. 跟学生说清楚，格式并不重要，不管他们是用列表、图形笔记、散文、英文或中文，都无所谓。最主要的是打破这个迷思：写作是一个静坐在书桌前完成的任务，而且应该一次就写成完稿。建议学生分别用手写和电脑打字的方式进行速写，看看哪一种方式最适合自己。多次的练习之后，学生就会发现，从几分钟的"头脑风暴"，就可以引出几页长的作文。

5. 把速写的方法应用在"点子笔记本"上。有时候，如果手边带着点子笔记本，他们也许会每走几公尺就想把脑中的想法记下来。如果只是记在脑子里，很可能没多久就会忘记。

☞ 慢慢写

有些学生写作的速度非常慢，他们可能就不需要多次修改草稿。缓慢慎重的写作方式，可能最适合他们。如果其他同学写得比他们快，那我们可能需要告诉他们，世界上没有"标准的写作速度"，以免他们因此感到焦虑。

☞ 让想法萌芽

尽管以"捕捉灵光"来发展想法的方式非常重要，但过程也同样重要。由灵光一现形成的想法，最后并不一定会开花结果。我们需要时间让想法的种子萌芽成长，这也是为什么我们强调要尽早让学生就规定的作业开始思考、阅读和讨论。

6.11 草稿阶段的介入

草稿往往是受到低估的，特别是以非传统路径入学的学生的草稿，老师可能常常需要在早期的草稿阶段就介入协助，而不是等到最后的评分阶段。只要看一下学生写作的大纲或第一段，可能就能看出学生是否已经上道，或者是否需要一些协助，以避免论文最后不及格。如果是让学生自己定题目，那这个方法就更重要了。

☞ 老师的介入

如果学生有几节课的时间都在讨论同一个主题，或者是把重点放在修改草稿上，那么老师就有可能介入。如果没有老师的介入，学生可能会乖乖拟一个初稿，然后就不知道后面该怎么办了。

在草稿阶段的介入，老师鼓励学生先选定一个想法，然后请学生想一想，新的资料对他们之前的立场，带来了什么样的冲击，如此产生新的观点。新的资料是不是整个改变了原来的架构或论点？之前的立场，可能每一方面都须重新评估。这种做法可能会带来似乎无法跨越的障碍，甚至是暂时的困惑，但是这是学生成长的过程之一。

☞ 同学互阅草稿

如果学生已经采用"决策小组"（见第4章）或互助小组的方法，那么鼓励他们带一份作业的草稿到小组上，彼此给予评析。每个人都要拿到一份草稿的复印件。要学生写出 5 ~ 7 个他们特别喜欢或是觉得很好而且应该保留的地方，另外再就最重要、最能提高分数的地方，写出 3 ~ 5 条建议。

☞ 成效较低的评语

老师在作业上的评语常常使学生感到非常沮丧，尽管老师多是好意。下面这样的评语，学生就不容易去仔细阅读或善加利用：

1. 直接在作业上写下详细的评语，让人感觉很不尊重作者，而且会打击作者的信心。
2. 手写的评语（除非非常简短，字迹清晰的评语）。
3. 没有明确说明如何具体提高分数的评语。
4. 太多建议，学生无法在短期内理解并实践的评语。
5. 令学生觉得很屈辱的评语。
6. 未说明应该还要加上什么内容，同时未说明为什么某些部分要删去的评语。

6.12 写个不停

大学里大部分的考核方式，都是通过论文写作进行的。每个学生一年可能要交 16 ~ 18 篇的书面作业，一篇通常 2 000 ~ 3 000 字。有些学校可能多到一年 36 篇，另外再加上考试。

几乎所有的考试都需要写作：典型的考试通常要求在 3 个小时内，写出 3 ~ 4 篇小型论文（或可称为"申论题"）。光是要完成这些写作，就需要学生具备足够的自信与管理时间的能力。

此外，很多学生都很难立即从一个科目的思考与阅读方式转换到另一个科目要求的方式，学生选的课越多，这方面的压力就越大。

☞ 在恐惧中写作

写作对许多学生而言，并非仅仅是把手放在笔上或键盘上，简直就是把头放在断头台上。写作意味着评判、"见真章"、暴露缺点、可能从此被老师看不起，甚至是"最后的审判"和退课。

学生对于写作的恐惧和因此对于评语所具有的敏感度，是再怎么强调也不为过的。作业迟交，并不一定表示学生没有及时完成，而可能是因为学生害怕暴露缺点、害怕被批评和评价，所以不愿上交完成的作业。

☞ 迷宫般的写作

大学课程所要求的多元写作类型，往往使学生更加恐惧焦虑。学生想要达到课程的各种要求，但又像是迷失在一座迷宫里，不知道该怎么做。学生非常困惑，不知道到底应该怎么做，才能得到高的分数。随便一个科目，都有可能要求好几种不同类型的书面作业。在整个学业期间，学生可能要写自传、摘要、分析、案例研究、课程日志、创意写作、毕业论文、长篇论文、小型论文、经验记录、调查报告、新闻评论、实验报告、法律信件、商业书信、专题计划、检讨日记、研究计划、文章评论、书评、影评、展览评论、总结、语音文字记录、翻译，甚至更多。

能够为学生在某门课带来好成绩的做法，不一定能够符合其他科目或课程的要求，而"学术与写作技能"这种抽象的观念，往往使人更加困惑。大学老师，尤其是同一个学术领域的老师，不一定知道他们的写作标准并非到处适用。由于他们自己也不知道他们的写作要求有何特别之处，因此也不会对此进行特别说明。

整个大学课程当中，各种写作的要求到底有何不同是一个谜。学生犹如航行在一片汪洋大海中，只有几颗星星指引他们。由于每门课每位老师对于每种写作类型可能只会提供一两个范例，所以事后的评语也无法给予学生多少指引。

☞ 一个系里的不同写作

下面是某大学心理学系各课程所要求的不同写作类型中的一小部分，所有例文都出自同一个学生：

1. 认知心理学报告摘要

识别物体的速度快慢，是否主要取决于读出物体标签的难易，而非物体的构造差异？

……该实验假设受试者读出文字的速度快于说出图片名称的速度，以及受试者说出结构相异的物体名称的速度快于说出结构相似的物体名称的速度，因此在两个因素的交互作用下（A×B），结构相异的物体只有在以图片的方式呈现出来时，受试者才需要更多的时间进行辨识。相关的设计曾用于……因素 A（刺激的形式）具有明显的主要效果，$F (1, 7) = 10.8$，$P<0.025$；受试者之间具有明显差异，$f (7, 7) = 5.09$，$P<0.25$。因素 B（刺激的结构）和 A×B 交互作用的影响不显著。

2. 社会心理学报告前言

女性杂志中女性形象的改变

本报告旨在调查 1956—1996 年间，媒体所呈现的女性的形象有何改变。本报告主要以社会形象理论为依据，研究分别对 1956 年与 1996 年的 *SHE* 杂志内容，进行定性与定量分析。他们对 1996 年与 1956 年的版本，就呈现内容与主要功能

（文章或广告）进行了一一比较。本报告研究的焦点是考察后现代理念对于女性形象所产生的"滴漏效应"，具体则通过女性角色、活动与选择……的多样性进行分析。研究结果与前人的研究结果及后现代理念一致，即 1996 年的女性呈现出能够打造"自我"与把握自我命运的形象，与 1956 年所呈现的受限于传统角色的女性形象不同。

3. 外业记录：社会心理学计划

观察一名陌生人

我觉得这个男的可能年纪不大，但是已经当爷爷了。小孩与大人之间的沉默和安静，显示他们彼此非常熟悉，小孩投向大人怀抱和指东西给他看的举动，也支持这个推测……男人对于小孩不是非常专注，也不主动展开活动，可能是因为他不习惯独自照顾小孩。这还可以从下列几点看出来：走路的时候他不会伸出手臂保护小孩，缺乏父母照顾小孩时的典型动作，在整理幼儿推车的时候，也没有看着小孩。

4 社会心理学计划结论（上述例 3 的结论）

研究社会行为采用未经组织的观察法具有的优点与限制

未经组织的观察，是一种被动的、自然主义式的方法，能够提供大量有意义和具有生态效度的发现，同时不会引起道德问题。然而，其限制在于：累积的信息量有限，无法重复选择性的问题。此外，观察者有可能在没有觉察到的情况下，套用一定的模式或假设。然而这种主观性如果能够毫不保留地呈现出来，可能也是一种方法论上的优势。

把写作规定清楚地传达给学生

大学生被要求交出一篇书面作业时所遇到的困难，可能如下：

对一堆混乱的规则、范本、策略和理论，感到困惑不已。有的学生偶尔可以通过询问布置作业的老师"你到底要我们写出什么东西？"消除困惑。但是大多时候，他们依旧被各种互相矛盾的假设与期望，弄得糊里糊涂。难怪在被问到在大学里学到了什么写作技能时，大学生似乎都不知道怎么回答。他们会笑一笑，然后说："什么都没学到。"

学生最需要知道的便是：写作质量由格式、规则、环境、策略、理论等因素共同决定，而这些是可以学习的。对于老师，最重要的便是：

1. 清楚自己的科目具有什么样的写作规定，其与别科的写作规定有什么不同。

2. 清楚本科之内不同的作业具有哪些不同的写作要求，像是什么时候应该从一种写作风格，转换到另一种写作风格。

3. 能够把这些规定和差异清楚地传达给学生。

4. 能够体会学生必须面对多元的写作要求，特别是选课特别多的学生，并能够理解学生的困惑。

6.13 SPACE 模式：策略与速度

SPACE 模式说明了如何协助学生写作。

SPACE 五个字母分别表示：

1. Strategy   策略
2. Pace   速度
3. Analysis   分析
4. Context   环境
5. Engagement   投入

☞ 策略

写作的策略，包括了如何下笔、拟稿、编辑等方面，而这也是学术技能课上通常会教到的。老师可以向他们示范如何将这些策略应用至特定的课程材料，以巩固所学和技能。例如，老师可以说明，他们如何完成前言和结论，如何选择保留哪些、舍去哪些读过的内容，或是他们自己如何跨越"下笔的障碍"。

☞ 速度

如果预期学生会有写作上的困难，那就早早从小型的书面作业开始练习。这可以用来进行诊断工作，或是早期给予回馈，但是最主要的目的是克服学生对写作的恐惧。这个做法还可以用来找出哪些学生无法准时交出作业，不管他们是因为什么理由。有可能的话，最好带领学生从简单直接的写作，慢慢进展到更复杂的写作，同时配合他们在学术技能课程上的进度（如果提供技能课程的话）。

1. 从小型作业开始，慢慢进展到完整大型的写作。
2. 早期就进行诊断性质的作业练习，以找出哪些学生无法准时上交作业。
3. 利用早期作业评估学生的学习进展程度，以尽早给予学生回馈与协助。
4. 写作的分量与难度要适中。
5. 观察学生的进展，并计划在学年当中如何促进学生进步。

6.14 SPACE 模式：分析

现在进入高等教育的学生，他们看过的书往往并不多，因此无法以这个基础去理解正式写作的需求。要在高等教育短短几个学期内补上这么多年的阅读量，是不大可能的，这时文章分析就会很有帮助。准备一些具备了你要求的写作特点的文章，给学生阅读、讨论和检验。为了能够理解这个专业领域的写作有什么特点，学生通常还需要将之与其他类型的写作比较，以明确看出其中的差异。这个练习适用于高等教育的每个阶段，帮助学生从理解基本的要求走向更复杂的写作方式。

比较不同科目的文章

文章分析，不仅能够协助学生培养出批判式阅读的习惯，还能够把阅读与写作结合起来。例如，将实验报告、法律文件、社会科学或文学批评的文章互相比较，就能使学生理解各种专家所谓的一篇"好的文章"应该具备什么条件。这种练习的目的，不在于评判哪一种文章是最好的，而在于理解不同的专业领域会各自发展出最适合其需求的写作风格，以及"好的文章"在一定程度上是取决于环境与目的的。

比较同一专业科目内的文章

为了使学生逐渐掌握写作风格，选几篇专业科目内的文章让学生比较。让学生看到"好的文章"没有一成不变的准则。提出几个问题让学生想一想，例如：

■ 这篇文章吸引读者吗？

■ 文章的论点有何弱点？

■ 文章的脉络是否清晰？

■ 这篇文章符合课上作业的写作标准吗？

■ 这几篇文章与学生自己应该要写出来的文章，有何相异与相似之处？

找几篇论文的摘要作为写作风格的示范，大声朗诵，要学生注意文章的脉络以及标点符号。鼓励学生自己在家时大声朗诵好的文章片段，在耳濡目染中习惯这个专业科目的写作风格。

比较学生的文章

■ 给学生几篇具体的范文，并在上面注明得分和失分的地方，以及改善的方法。

■ 理想的做法是，为学生须完成的每一种写作类型都提供 3 篇范例，例如，3 篇小型论文、3 篇实验报告、3 篇案例研究、3 篇考试答案等。

■ 指出每一种写作类型的特点（内容组织、版面、图表、写作风格）。

■ 为什么这篇文章好或不好？依据评分标准讨论。

■ 给学生自己讨论和评判这些范文的机会。

评价自己的写作

要学生对自己的作业写一份简短的评价，如果你平时采用固定的回馈表格，要学生也填写一份。鼓励学生在评价中叙述：

1. 为什么这篇作业最后成为这个样子。
2. 在寻找资料时遇到的任何困难。
3. 任何他们觉得在进行过程中可以改善的地方。
4. 他们觉得这篇作业最出色或最有趣的地方。

这种做法给学生机会说出自己在完成作业时遇到的困难，如此一来老师就知道哪些方面还要多加说明或指导。学生也会更有自知，不再那么需要依赖他人来评价自己的表现，而这对于以后进入职场会非常有帮助。为了鼓励学生的投入，不妨把作业的部分分数分配到自我评估上面。

6.15 SPACE 模式：环境 & 投入

文章分析最好能够结合对于写作"环境"（context）的探讨。"考虑写作的环境"，指的便是把写作的要求放置在一个架构和环境中，不管是一般的学术写作，还是特定课程所要求的写作。这包括清楚说明为什么写作有那些特定的要求，其目的是让学生了解，他们应该写出什么样的文章。其中，有 5 大领域是我们应该为学生指出来的：

1. 写作的类型。
2. 学术背景。
3. 特定科目的写作要求。
4. 评分标准。
5. 读者。

☞ 写作的类型

跟学生清楚说明，你的专业领域要求的是下列哪一种类型的写作，并鼓励他们记下自己已经写过的写作类型，以体会自己努力的结果。留意这些写作类型，以及你的要求可能不同于其他老师的地方。

1. 摘要 abstract	14. 新闻写作 journalistic writing
2. 自传 autobiography	15. 实验报告 laboratory report
3. 案例研究 case studies	16. 专题计划 project
4. 分组写作 collaborative writing	17. 反思日记 reflective journal
5. 课程日志 course log book	18. 总结 summary
6. 毕业论文 dissertation	19. 综合想法 synthesizing ideas
7. 大型论文 long paper	20. 语音文字记录 transcript

8. 小型论文 essay	21. 翻译 translation
9. 实验报告 experiential	22. 点子笔记本 ideas notebook
10. 调查报告 field report	23. 求职写作 personal writing（履历、个人描述）
11. 调查与实验室记录 field and laboratory note	24. 研究计划、期刊论文与报道 research proposal, paper, and report
12. 评论 review	25. 写给报纸、编辑、官方单位的投书：letter to newspapers, editors and official bodies（文章、书评、影评、展览评论）
13. 分析 analyses（例如，正式分析一件艺术作品；分析历史文献；描写保险文件）	26. 创意写作 creative writing（诗、创意自由写作、电影剧本、故事、画面分析）

学术背景

这种做法可以让学生了解到，"科学模式"或其他的形式，是如何影响到研究方法与写作常规的。两极对照的做法（见下），能够协助学生把多样的要求简化为一个较好消化的框架，并看出你所要求的写作方式与其他课程的写作方式，有何相似与相异之处。另外很重要的就是，要为学生指出大部分的学术写作都具有什么特点。

1. "科学模式"对学术写作的影响

面对学校里这么多元的写作要求，学生需要一个参考点，使其不至于迷失方向。一个做法就是明确说明"科学模式"如何影响学术研究，以及如何塑造学术写作。所有学科的学术人员都受到科学模式的影响，即使有些专业领域的"科学"方法当初只是基于一种反应而兴起。如果学生能够基本了解科学的目的与科学方法的原理，就更容易理解许多其他科目的基本原则与逻辑。这时老师便可以为学生指出，他们自己的专业领域与传统模式有何差异，以及产生差异的原因。科学模式有7个特点：

（1）追求客观。

（2）可以检验的假设。

（3）可以重复产生的结果。

（4）讨论结果和评估实验时容许某种程度的定性分析。

（5）控制因变量的可能性。

（6）定量分析的可能性。

（7）准确的描述。

不同的学术领域对于这个科学模式或是其各个方面的重视程度都不同，而最主要的差异，就是对于主观性与定性数据的态度。像是咨询顾问、健康研究和艺术这些领域，非常重视主观性，也就是个人的感觉、直觉、经验、情绪，以及研究者在判断证据时扮演的角色。许多科目则要求学生将两者结合：同时分析他们的主观反应（他们的感觉，他们喜欢什么或不喜欢什么，他们在某个情境中的兴趣或直觉）和客观标准，如独立调查的结果、市场价格或多个案例研究的结果。

2. 学术方法的两极对立

为了帮助学生理解不同专业领域所采用的不同规定，老师不妨为学生指出，他们自己的专业领域，在科学模式的 7 个方面各处于什么位置。利用第 20 章的图表让学生依据对于专业科目的了解，给所学科目定位。这是一个化繁为简的做法，以图表呈现的做法适合以视觉为主的学习者，而制作图表的活动本身也适合动态学习者。这样的图表以简单易懂的方式让学生了解，这 7 个方面有非常多样的组合，而老师也可以利用这个工具清楚说明他们对学生的要求。结合个人经验与传统学术写作的作业，会特别困难，特别是对刚进入高等教育的学生。有些人主张，如果能从个人的经验中取材进行写作，学生对于该科会感到更自在，特别是对已经离开学校一阵子的学生。这一点并没有错，只要老师和学生都清楚，这样的作业要求学生同时学习两种对立的写作方式，而两种类型的材料（个人的与学术的）须配合不同的写作风格。

3. 个人写作与学术写作的差异

同时采用这种写作风格，对有经验的作者来说可能都很困难，对新生来说就更困难了，除非老师能清楚说明两种写作风格各有什么特点，如何从一种风格转换到另一种风格，以及如何把个人经验结合到学术资料上。

个人写作	学术写作
情绪化的	逻辑的
容许直觉	使用推理
采用第一人称："我"	采用第三人称："研究发现……"
采用主动语态："我觉得"	采用被动语态："经过统计分析后……"
个人的描述	讲求证据
一个人的经验	更大型的资料
主观的	客观的
有时重视思路的改变	注重逻辑顺序
诗意、流畅的风格	段落分明、内容精确

4. 指出学术写作的一般特点

指出学术写作一般都具有的特点，这样学生可以感觉到，在这么多样的要点与规则之中，他们还有一个基本的要点可以抓住。例如，大部分的学术领域都要求学生在写作中纳入：

（1）广度：引用参考资料

学生应该引用从阅读、课堂笔记和其他来源得到的资料，以提供理由、证据和例子（而非只是抒发个人的意见），同时注明出处。

（2）观点：比较和对照

大多数的作业都要求进行一定程度的比较和对照，特别是对理论、模式或研究结果。通常学生都需要权衡各种观点，并以明确的标准作为评估的基础。

（3）深度：了解问题的复杂性

学生要知道，答案并不总是绝对的，他们要清楚自己的论点有何弱点，而与其对立的论点又有何优点，并说明为什么难以得出一个确定的结论。

（4）方向：发展推理的思路

学生应该沿着某个思路或论点，来组织他们的资料和想法，让读者容易跟随。论点应该专注在题目所隐含的特定问题上。

（5）清晰

一般说来，学生应该尽快阐释重点，清晰、简洁、准确，并以例子说明其论点。

⏚ 特定科目的写作要求

跟学生说明你这个专业科目所要求的写作特点，并将之与文章分析结合起来，清楚说明你要求的风格，并确保学生都有范例可以参考。

学生有时候会花太多时间和精力，用在担心作业格式与内容的问题上面。此外，由于每个老师的偏好各有不同（双面打印或单面打印、表格放在本文中还是放在附录里、题目是老师规定还是学生自定、要不要使用小标题等），因此最好事先就跟学生说明。

⏚ 评分标准

以评分标准说明你这个专业科目的写作要求，不妨采用标准化的评分表格，如此学生就可以清楚看到老师评分时所考虑的条件。要确保学生都知道在什么样的情况下容易得到高分，什么样的情况下只能拿到中等的分数，什么样的情况下又容易丢掉不必丢掉的分数。

此外还要说清楚，拼写、语法和标点符号的错误会如何影响分数。通常这些小错并不会被扣分，或者对于分数只有很小的影响，然而学生经常以为这是他们得到低分的主要原因，结果把重点都放在这上面，忽略了更重要的地方，如清楚的思路、计划、引用研究资料、提出一个好的论点等，成年学生和外国学生尤其如此。

读者

学生在写作的时候，记得自己是"作者"，而有作者就会有读者，即使实际的读者只是两位评分的老师。进行文章分析的时候，不妨鼓励学生去想想看，读者需要怎样才能理解文章的内容。

给学生一篇没有遵照写作格式的例文，让他们讨论一下这样的文章为读者带来了什么，然后引导学生去探讨写作格式对于读者的价值。依据这些结果，再让学生去分析他们自己的文章是否容易被读者接受。

让学生为不同的读者写作，然后分析他们针对这些不同的读者，分别采用了哪些不同的写作风格与格式。这是一个把写作技能与职业技能很好地结合起来的方式，例如，你可以要求学生为在工作时可能会遇到的不同客户群撰写不同的资料，然后依据写作目的与目标读者进行评测。

投入

写作任务是整个写作过程的关键因素。如果学生能够认真投入，就更容易面对过程中的困难。"投入"这个部分，包括化解写作相关的负面情绪，以及更正面的积极的态度。

1. 鼓励的力量

（1）鼓励学生去发掘、讨论他们的写作类型，例如去写写他们自己生活中的"发烧议题"。

（2）鼓励学生腾出空间"只为自己"写。许多学生从来没有自己主动写过什么东西（除了明信片外），都是在老师或上司要求的时候才去写作。

（3）让学生进行"形成想法"的练习。

（4）告诉学生，困惑并不一定代表退步，反而是创造过程的一部分，代表着他们即将有更深更广的体会。

（5）留下"余地"，让学生也能对此专业领域做出自己的贡献。

（6）出一些跟真实生活有关的书面作业。

（7）鼓励学生为自己的写作方式找到个人的"比喻"。

（8）让学生至少能把一份作业与个人生活联系起来。

（9）鼓励学生记下能够鼓舞他们的事物。

（10）给学生冒险和发挥创意的机会。

2. 鼓励与体谅

（1）找出学生有困难和焦虑的地方。

（2）体谅学生必须面对多元的写作要求。

（3）训练学生在写作上互相给予建设性的回馈。

（4）至少给予每一篇作业一条建设性的评语。

（5）早期就对学生的写作给予清楚、简要、字迹清晰的回馈。

（6）至少就一篇作业的草稿给予建设性的评语。

6.16　SPACE 模式检查表

SPACE 模式检查表：协助学生的写作

以 SPACE 模式培养学生的写作技能

Strategy 策略

☐ 提供：为学生提供在各种环境下进行写作的策略：作业、考试、实习、不同的读者和目的。

☐ 巩固：把与写作过程各阶段有关的活动，纳入到上课时间内（形成想法、评估参考资料、分类想法、分析题目）。

☐ 示范：示范写作策略，让学生实际了解写作的要求。

Pace 速度

☐ 学期初就出一些写作的作业，让学生认识学术写作，并进行诊断。

☐ 慢慢发展到更复杂的写作。

Analysis 分析

☐ 为学生须完成的每一种写作类型都提供 3 篇范例，如 3 篇小型论文、3 篇实验报告、3 篇案例研究、3 篇考试答案等。

☐ 从专业教科书上找几篇简短的范文，以说明"好的"写作风格。

☐ 在例文上注释说明，指出每篇范文的可取之处。

☐ 让学生分小组讨论文章的特点。

☐ 指出你的写作要求与教科书的范文有何不同之处。

Context 环境

☐ 确定学生都清楚了解课程要求的写作类型。

☐ 考虑写作的学术背景：例如利用两极对立的练习。

☐ 说明你这个专业科目所要求的写作特点。

☐ 以评分标准说明你这个专业科目的写作要求。

☐ 指出你这一科与其他科目的写作特点有何不同。

Engagement 投入

1. 启发

☐ 鼓励学生为自己的写作方式，找到个人的"比喻"。

☐ 让学生至少能把一份作业与个人生活联系起来。

☐ 鼓励学生进行自我反思（探索个人的写作经历，记录自己在不同课程上的写作经验，记下能够鼓舞自己的事物）。

☐ 鼓励学生偶尔也"只为自己"写（诗、信、日记、故事）。

☐ 给学生冒险、发挥创意或为自己写作的机会。

2. 鼓励

☐ 训练学生互相给予建设性的回馈。

☐ 每一篇作业至少给予一条建设性的评语。

☐ 尽早对学生的写作给予清楚、简要、字迹清晰的评语回馈。

☐ 至少对一篇作业的草稿给予建设性的评语回馈。

6.17　总结

写作是学生校园生活中一个非常重要的部分，尤其是在考核上。许多人，包括不少老师，都觉得要静下来写东西很困难，即使他们了解写作的过程，也有很强的动机。不熟悉学术写作过程的人，势必会吃亏。越来越多的大学新生缺乏足够的写作技能与写作练习，对自己的写作也没有信心，甚至对于写作怀有反感。

阅读量与写作量的不足，是无法仅仅通过提供学术技能课程就能弥补的，尽管学术技能课程依旧重要。我们需要更全面的举措，特别是在第一年，通过活动、介入与回馈，引导学生对于写作过程产生更丰富的理解、信心与投入的热忱。

学术技能课程

7.1 学术技能课程的目标

1. 在学生的学业、职业生涯或其他阶段内，培养学生基本的学术技能和相关的学习技能。

2. 在"发展模式"下培养学生的学术技能。

3. 促进学生了解学习能力的发展是一个一直在演变的过程，而不是在一节课内或几节课内就可以完成的。

4. 训练学生更准确地评估自己的需要与成就。

5. 使学生更独立，更好地进行自我管理，能够为自己的学习过程负起责任，并改进需要改善之处。

6. 鼓励学生"主动学习"，而非仅是被动地接受信息与回馈。

一般学术技能课程可能无法设立这样的目标，这时课程的目标便须将学术技能的培养与应用落实在具体环境中，并清楚说明其长期优势及短期优势。

7.2 学术技能与学习发展的模式

"学术技能"（study skills）是一个方便好用的名称，但是这个名称却无法准确描述学业成功所需的条件。它暗示"技能"是一种独立的能力，可以在抽象环境中习得，而且彼此互不相干。但是在实际的执行中这是不可能的，如果以这种方式教导学术技能，势必会阻碍"技能"的发展。

通过对几百位缺乏学术技能的学生深入调查，我们发现：学生要成功习得技能，必须通过培养个性、习惯、态度、方法，甚至是信念，而非仅仅一遍又一遍地练习某种方法，这对所有的技能来说都是如此。欲掌握技能，学生需要付出长期的努力，而进行长期的努力，学生需要动力、一个可以看到的目标，以及某种程度的自信，一种自己"主动"去取得成功的感觉，以及成功的信念。他们需要斗志和士气，才能在几乎没有进展的时候继续前进。他们也需要放开心胸，勇于尝试新的方法。

知道该做什么、如何去做，以及重复练习是培养技能的关键，然而，没有人能够仅通过独自的练习就习得技能。特定的环境，也是必要的条件。要培养学术技能，学生需要练习的机会、他人的建议与协助、学习的榜样、有规划的课程，以及可以互相讨论、交流的地方。

要能够真正掌握复杂的技能，一个人必须能够接受批评，与他人进行有意义的互动。一个"技能纯熟"的人除了具备某种技能，而且还能够活用技能：能把技能应用于相关的领域，并以所学去解决意外出现的新问题。已经掌握复杂技能的人，应该也具有一定的解决问题的能力。

技能是很难在与知识分开来的情况下获得的。技能必须有一个焦点、一个目的，在没有科目可以学习的情况下，学生的技能是不可能娴熟的。学术技能必须与学科知识连接起来，因为知识赋予技能某种意义，使得技能的"精进"具有具体的目的。

而老师如果低估了在专业学科中教导学术技能的重要性，恐怕就是不清楚其专业学科在规范、态度和方法上的特别之处。换句话说，要成为有技能的学生，要做的不只是沉浸在学术技能本身之中，还需要学生在更广泛的基础上进行学术、个人与专业的发展。然而"学术技能"这个名称，并不包含培养学术技能时所一并带来的个人发展，以及学术发展的广度与深度。如果要使学生成为有技能的学习者，成为未来技能娴熟的专家，那么学术技能就不能仅仅是"学术技能"，学术技能是"成长的过程"中的一环，而这个"成长的过程"反过来又是发展学术技能的条件。

然而，"学术技能"这个名称尽管内涵丰富，却不能吸引追求专业生涯与回报的成年学生，学校经常需要其他的名称以吸引和激励学生。不过现在许多学校的趋势是采用上述"技能"的广义定义，把技能培养视为一种"成长"，成长为技能更娴熟的过程，近期的风潮更以训练"反思能力"为目的。在高等教育中，可以将学术技能纳入课程当中，成为一个更广泛的发展模式的一部分，不管名为"个人、专业与学术发展"、"个人发展计划"，还是"永久专业发展"。

强调"发展模式"能够带来不少好处，它强调，学术上与专业上的优异表现是能够通过活动与投入达到的，是"成长"过程中的一部分。成功是有途径可以达到的，这一点将挑战某些学生认为自己注定了就是要失败的态度。过去的教育经验和周遭的人一再向他们灌输：他们的成就是天生注定的，他们现有的表现就代表他们的潜能。这样的态度使学生认为，认真投入学业并没有意义，因为反正结果都是注定了的。发展模式则强调，学生须主动投入学习过程，学生须为自己的进步负起责任，它可以为自我导向提供一个基础与训练。

"发展模式"不是在与一般课程分开的情况下，不切实际地强调"技能"的重要性，它注重的是个人管理、专业导向和在具体环境中解决问题。它把学习能力的发展纳入到一般课程当中，提高了它在学生心中的地位。它主张长期、连续的训练，因此学术技能不是"偶尔一次"的额外训练，也不是跟"真正"的课程毫无关联。这应成为所有专业院系都欢迎的方式，因为唯有通过这种做法，我们的学生才有可能真正培养出学术技能，同时还知道自己在做什么，以及为什么要那么做。

7.3 学术技能的各种相关性

☞ 与学术内容的相关性

将培养技能的工作纳入课程当中，技能的训练不仅会具有与专业科目相关的学术内容，而且有机会让学生认识与技能工作相关的教育观与认识论。换句话说，技能培养工作也需要知识，如果开发了这一面，就能加强学生对于大学课程的了解。这是一个与学生探讨某些根本问题的机会，像是：高等教育到底是什么？"理论"指的到底是什么？为什么学术界这么重视理论？为什么这个专业领域能够得出这些研究方法？这些研究方法如何影响到我们对于知识、"事实"和"真相"的认知？

专业领域的理论、研究方法与价值，影响到学生如何阐释"学术技能"。我们太容易就假定，学生对于"真相"、"事实"或"价值"都具有足够的了解，但是情况并非如此，不妨鼓励学生通过个人经验，去探讨学校教育、社会趋势、意识形态和信念系统在学习过程当中到底扮演了什么样的角色。

如此一来，我们能够协助学生看到他们自己的信念（像是智慧是天生的，或是某些社会族群才有"资格"上大学等）怎样阻碍了他们现有的表现。而从这里开始，他们可以继续去探索教育、知识、专业领域和大学，了解专业知识或职业知识的发展所具有的价值与意义。下面是一套非常好的问题，可以用来鼓励学生进行批判性的检讨。例如，我们可以要学生从他们自己的专业领域、个人经验与职业领域，去检视教材的经验证据、意识形态、研究方法和政治方向。问题如：

1. 学术文章中所描述的成人学习过程与成人教育经验，与身为成人学习者的你的个人经验，两者之间有何关联与差异？
2. 在这篇学术文章中，读者听到的是谁的声音？
3. 这篇学术文章如何正视和探讨道德问题？
4. 这篇学术文章与具体的实践有多大的关联？

☞ 与学生自身的相关性

学生往往很难体会学术技能课程的价值，特别是当学术技能的训练跟一般课程分开进行，而且没有正式评分时。基于这一点，有人便提出，是不是应该把学术技能课程往后挪，甚至挪到第二年。然而，这其实不是时间的问题，而是"相关性"的问题。学术技能的培养必须对学生个人来说具有意义，也许是跟他们的过去经验相关，也许是跟现在的动机相关，也许是跟他们未来的目标相关。

学术技能的训练，也须对课程本身和老师来说具有意义。许多方法可以帮助老师做到这一点，像是在整个课程当中，适当安排技能课程的时间，由老师指出学术技能与一般课程的关联，说明辅导的结构（如个人导师、进展记录），以及将技能课程的成绩纳入最后的毕业成绩。

与专业课程的相关性

学术技能的训练，必须配合学生现有的学习能力与学习科目。专业科目的老师经常低估了不同科目之间的差距有多大，再加上不同科目往往以类似的词指代不同的对象，情况就更令人困惑了。一篇"报告"或"论文"对于同一个科目的不同分支来说，例如认知心理学与社会心理学，都有可能是完全不同的东西。这个专业科目的"讨论"、"证据"、"结论"，对于另一个科目可能就不适用。如果把学术技能当成独立的科目来教，与专业课程分离开来，那么学生就会有很大的负担，须自己填补起抽象技能与实际应用之间的鸿沟。

学生在一门课上可能只会写 2~3 份作业，但是他们往往需要多次的练习与回馈，才能掌握到作业的要求，并将技能应用于此环境中。但是到了这个时候，他们往往也已经进入下一阶段，开始上另外一门课，面对不同的规范。学生会觉得自己永远也达不到课程的要求。他们可能会讨厌课程，或者是责备自己，然后失去动力。因此，学术技能课程应该与下列工作联系起来：

1. 学习的科目。
2. 任何于技能课程开始前进行的诊断工作。
3. 入门期间进行的诊断工作与指导工作。
4. 系里的额外辅导。
5. 相关的专门辅导或额外辅导。

在个人经验中生根

每个学生都带着各式各样的个人经验进入学校，这些个人经验在表面上似乎与大学学业并不相关。然而，大学学业所需的基本技能，往往在最平凡无奇的日常任务中，都可以找到根源或类似之处。技能娴熟的老师便懂得指出这微妙的相似之处。

如果学生能让新知在过去的知识与经验中生根，在自己的现有能力与高等教育要求之间找到平衡之处，就会更有自信去接受新的学习任务。此外，找出哪些技能可以从一个环境转移到另一个环境，这个过程本身也牵涉探讨问题的基本结构，学生不但能够从中学习获得基础的解决问题的技能，同时也能够获得在其他学习与就业环境中探讨"可转移的技能"这一概念的基础。

7.4 学术技能课程的元素

基于上述将学术技能融入学习环境的重要性，学术技能课程或个人发展课程的内容，自然应该随着专业科目的不同而不同。不过，所有的学术技能课程都不妨纳入本书第 10 章的内容及下列基本元素：

1. 情感因素。
2. 反省与评估。
3. 自我管理与学习管理。
4. 人际沟通。
5. 问题解决。

☞ 情感因素

情感因素经常遭到忽视，但是它却可能是成功将学生引入学习轨道最重要的因素。需要探讨的典型的情感因素有：

- 动力和个人的目标设定。
- 在生活中和学业中什么能够鼓舞学生。
- 创造、适应、管理系里的文化。
- 自我概念：成功的信念。
- 分担焦虑和面对自己的脆弱。

☞ 反省与评估

现在的大学越来越要求学生进行反省与自我评估，然而学生经常需要有一定的组织结构方面的能力才可进行这些工作，特别是在初期阶段。能够激发想法的资料、小组讨论、自我评测表格、问卷、练习活动，都有助于学生培养出以更灵活的形式，来进行自我检讨的能力。学生需要清楚知道考核标准对于评估工作的重要性，需要有机会进行练习以达到考核标准，并以个人或小组为单位，自己设下自我评估的标准。

学生的自我评估应该被视为一种指标，用于反映出学生需要的协助，但是不能作为唯一的依据，以此判断学生需要哪些辅导。"有危险的"学生之所以会有危险，往往就是因为他们不知道该怎么做才能提高自己的表现，同学与老师的建议，以及从作业中得到的回馈，都能够渐渐协助学生在自我评估时，采取更客观的标准。

另外也很重要的一点：要让学生检讨自己掌握新技能的这个过程。学术技能课程的老师须鼓励学生将检讨反思列为课前准备的一部分，老师在课堂上须排出时间讨论课前准备的结果，并给学生时间快速记下他们在课堂上学到的内容。这些检讨反思的结果是私人的，因此务必先跟学生确保"保密"的问题。不过，要学生在某个时候把检讨的结果整理起来，把他们目前的进展以书面形式交上来，会是很有用的做法。

自我管理与学习管理

这部分牵涉创造机会以让学生客观评估自己的需求与困难，然后采取"问题解决"的模式来解决它。学生进入高等教育阶段经常还是存在依赖心态，如果这个心态没有一开始就调整过来，之后老师们可能会非常辛苦。自我管理，像是时间管理的技能，就可以与一般课程中准时上交作业的要求连接起来，而个人的组织技能就可以与作业的计划或是职场技能连接起来。

人际沟通

人际沟通方面的训练往往受到忽视，我们认为学生天生就能够恰当地进行沟通，能够提出和接受批评，有效率地合作共事。但是如果我们能够训练学生互相支持协助，指导学生如何彼此坦诚对待，收获将会更大。学生如果懂得在学业上彼此协助，那么同时也节省了老师的时间。

应该及早引入并培养"决策小组"（见第 14 章）或类似的做法，以鼓励学生有问题时先去找同学帮忙，而非马上就来找老师。当学术技能课程结束时，这个基础便能够应用于小组作业或专题计划，或是成立同学互助网络。此外，学生如果学会了提出和接受有建设性的批评，他们就能够更积极客观地参与评估的过程。而最后毕业的时候，他们将具备一身雇主欣赏的技能。

问题解决

在传统的学术技能课程上，老师通常会讲解在大学里念书的方法，有时候就是以演讲课的方式进行，学生在台下抄笔记。以类似的形式在入门指导期间一次性地上一堂学术技能的课，在大学并不罕见，但这种做法完全是浪费时间，因为它无法与学生的经验相结合，学生也没有机会找出自己的长处与困难，更别说学会如何利用自己的长处去解决困难了。

"问题解决的模式"，在于鼓励学生把困难看成挑战，而对于这个挑战，可能有好几种做法可以克服它。它与大学课程的整体目标也更一致，因为大学就是鼓励学生去分析、反省、成立假设、应用解决方法，以及评估介入的结果。

如果我们想在高等教育中培养学生思考的技能，那就应该要求学生把这样的思考技能应用在自己的学业学习上。"问题解决的模式"鼓励学生在特定但多变的学术环境中，找出自己需要提高的地方，并找出策略去提高。这个模式要求学习者去寻找基本的相似之处与相异之处，它要求学生利用思考和过去的经验，找出不同问题之间相同的基本结构。它鼓励学生应用过去学到的知识，如此一来学生就将了解，他们可以把旧有的技能应用于新的学习环境，并学会主动把技能转移到不同的环境之中。

当各门课程的要求不同时，这对于提高学习能力来说就是一个特别有用而灵活的做法，此外，它也鼓励学生把学习过程当中的困难看做是行动的起点，而非阻碍进步的障碍或能力不足的证明。许多学生对于"困难"抱持消极认命的态度，尤其应该借此将其调整过来。下面提供了解决问题的步骤，这个过程应与入门阶段的诊断工作相结合，老师的协助应一直持续到学生修正完自己的行动计划。可以把这个过程写成初步的"学术自传"，以作为早期诊断过程的一部分，而其最后的定稿则可以用于进行总考核。

第1步　导向：找出"下一步"

找出要解决的问题，有了这个基础，才能进行更详细的分析，并做出决定。

第2步　定义任务

接下来就是找出确切的目标，这包括：

■ 确定目的：为什么这些学习方法或技能必须现在改善？

■ 确切的目标是什么？

■ 有哪些指标，可以显示已成功达成目的和目标？

■ 要采取什么方法（自我评估问卷、检讨、与他人讨论、利用作业所得到的回馈等）？

第3步　确认目前的位置

■ 找出与学业相关的长处和困难。

■ 思考这些长处与困难的相对重要性。

■ 确定哪些困难应优先关注。

第4步　评估解决的方法

■ 有哪些做法可以解决这些困难？哪一种最适合学生的学习风格与偏好？

■ 还有没有更好的方法？

■ 如何利用长处改善弱点？

■ 有哪些过去的经验可以用来协助解决目前的困难？

■ 有什么因素可以为学生此时的学习过程带来鼓舞、指导、信息或支持？

■ 有哪些资源可以利用？

第5步　决定行动的计划

■ 跟同学或导师讨论拟订的计划。

■ 为优先须克服的困难制订一个行动计划。

■ 为行动设下期限与目标。

■ 找出评估进展的做法：如何确定已经达到目标？

第6步　行动

依照行动计划行动，同时监控自己的进展，并依情况调整行动计划。

第7步　评估行动的结果

■ 学生独自，或者与同学讨论，或者在老师的指导下评估目前行动的效果。

■ 哪些做法奏效了？哪些目标已经达成了？

■ 学生学到的哪些东西是之前没有意料到的？

■ 哪些做法效果并不是很好？为什么？

■ 还有没有其他的技能或学习方法需要加强？

■ 评估的结果可以写成"学术自传"或"临时学术自传"。

■ 这个步骤结束后，又回到第一个步骤："找出下一步"。

7.5　学术技能的改善与进展

☞ **通过有组织地检讨，改善学习方法与学习表现**

我们将上述问题的解决步骤详细整理成列表的形式，附于本章末尾。这个模式通过四个阶段改善学习方法与学习表现：定位、策略、行动及评估，并且都在自我检讨的模式内进行。

自我检讨与问题解决的做法贯穿这四个阶段，这个模式可以改善学习方法与学习表现，也适用于"学术技能发展"与"个人发展计划"。它特别强调一开始就引导学生认识学习过程，并鼓励学生在每个阶段一开始就拟订计划。这个模式不把学习过程视为一个循环的圆圈，而是一个向上进展的螺旋。它不只要学生评估是否达到当初拟定的目标，同时还要学生珍惜意料之外的收获，而这意外的收获就有可能带领学生进入不同的学习阶段。

☞ **持续与进展**

个人、专业与学术发展，应该是一个贯穿整个学业的议题，而不是开设一个与一般课程分离的专门课程就足够了。在第一学期初开设一个技能课程，然后期望学生在这单单一门课里就领悟到学业所需的所有学术技能，是非常不切实际的，然而这却是许多大学目前采取的方法。

大学需要协助学生随着时间整合学术技能，并将其应用于新的环境之中。学生需要有时间去检讨，并在老师的指导下，练习在新的学习环境应用、调整已习得的技能与理论。在早期阶段，学生还需要得到鼓励，相信自己能够成功。随着学业的进展，他们需要更多的挑战，以将个人的发展与检讨能力提升到更高的层次。

专业技能与职业技能可能在进入第二年后更加重要，但是这时可能还是需要从更深入的角度，再返回分析、写作、口头报告和团体合作的技能。

这可以通过很多种方式做到，其中一个做法是在学业的每一阶段都提供相应的"个人与专业发展"课程。另外一个做法就是把这样的课程合并到一般的课程当中。

此外，加强学术技能的做法、活动，都可以纳入教学过程的各个层面当中。如果系里有个人导师的制度，学生就可以在导师的指导下制订个人的发展计划。如果学生有一个个人"进展文件夹"或其他的进展记录，老师就可以以此为参考，继续指导其应采取什么做法以取得进步。

非常重要的是，老师要鼓励学生持续监控自己的进展，肯定"意料之外"的成就，并寻找新的挑战。

此外，作业评语的内容与性质，在维持"技能发展"中也扮演着关键的角色，特别是当学生能够清楚看到技能发展的成果如何表现在分数上面时，而"个人专业发展"还可以与毕业后的持续发展，以及终生学习的概念结合起来。

☞ 一致性

特别是在第一学年，学生需要知道改善学习能力的建议，在不同老师或不同课程之间是彼此一致的，尤其是如果学生上的课跨越了不同的专业和院系。"个人与学术发展"可以用来探讨不同专业领域对不同的技能或态度的注重程度。学校可以通过这个模式协助学生了解这些差异存在的原因，并化解为了"适应"这些不同要求而产生的内心矛盾。

7.6 规划学术技能课程的上课方式

对于一般课程，培养课前预习的风气非常重要，而对于学术技能课程也是如此。例如，如果把上课时间拿来让学生填写自我评估问卷，就不是很好的做法。同样，很多人觉得很难当场或在旁边有人时静下心来阅读，所以应尽可能把阅读列为课前的预习工作。上课的时间越短，就越应该注重探讨问题和共同解决问题所占用时间的比例。

☞ 早期的课

除了每一堂课都坚持理想的规划之外，在一开始的课上，可能还需要额外：
■ 解释"个人、专业与学术发展"，"持续专业发展"或学术技能的意义。
■ 处理焦虑的问题（特别是在陌生人面前坦言困难所引起的焦虑）。

■ 进行人际沟通的训练（分组作业、给予和接受回馈、倾听的技能）。

■ 建立个人的目标、信心和自尊。

☞ 每一堂课的理想规划

1. 训练学生为自己的学习过程负起责任

■ 引导学生了解课前预习的好处。

■ 把对于阅读、活动、资料的讨论或运用，列为课前的预习工作。

■ 检讨与学习相关的决定与行动带来的结果。

2. 示范有组织的做法

■ 清楚的架构。

■ 有一个"议程表"，以示范如何管理时间。

■ 最后进行一个收尾的活动，让学生总结他们学到了什么。

3. 找出和克服困难

■ 在老师的指导下，通过有组织的做法共同进行"问题解决"，例如通过"决策小组"。

■ 给予学生问问题和说明困难的空间。

4. 采用多元化的活动

■ 以各种个人、两人、小组和全班活动，协助学生培养各种人际沟通技能。

■ 采用多元化的活动，以照顾到每一个学生的学习偏好。

7.7　学术技能的教材

市面上有很多学术技能的教材可以使用，因此学校可以省下自己制作教材的时间，本书第二部分原本是为 *The Study Skills Handbook* 一书设计的，以指导使用该教材的老师，不过老师也可以采用其他的教材，下面将介绍一些其他可采用的教材。

☞ 自我评估问卷

自我评估问卷（self-valuation questionnaire）是一个很好的起点，师生可以从这个起点开始进行更深入的分析与讨论，而不是填完问卷就结束了。学生在这方面通常需要指导，需要另外一个更客观的观点以确定他们的自我评估是否准确，以及他们对自己优点和弱点的评价是否恰当。

一般说来，要尽量避免太过冗长、太过详细的问卷，因为这样学生很容易就失去专注力，先从大范围的问卷开始，有需要时再以更特定的问卷进行追踪。把比较长的问卷划分为几个比较短的问卷，同时注意把重点放在一个议题上，有可能的话，先做完一个问卷，再做下一个。几个月后请学生再填写同一份问卷，然后比较前后两者的结果，如果有不一样的地方，看看他们是不是能够说出原因。

练习与活动

初期的活动要建立在学生以前的经验上，先从学生知道的事情开始，然后指出这些已知的事物与某个学术技能之间到底有何相似之处。可能的话，尽量提供实际的例子以指出该学术技能与学生所修的科目有何关联，以及如何应用。相关的练习或活动，可从下列书籍找到：

Allison，B.（1993），Research Methods（Leicester：De Montfort University）.

Bourner，T. and Race，P.（1990），How to Win as a part-Time Student（London：Kogan Page）.

Rickards，T.（1992），How to Win as a Mature Student，（London：Kogan Page）.

Williams，K.（1989），Study Skills（Basingstoke：Palgrave）.

科目相关教材

尽量采用与学生主修科目相关的教材，因为像是科学人员需要的写作技能，就跟历史学家或律师需要的写作技能完全不同。一般的原则是：

- 每一种教材都提供 3 篇范例。
- 在范例上注释说明该专业科目的要求。
- 提供一个不一样的范例参考，因为在互相对照之下，学生更容易掌握相关的要求。
- 探讨学术常规存在的理由。

阅读

本书第二部分会针对每个学术技能建议一个基本的阅读书目，教授学术技能的老师也许还可以在本章末尾的建议书目中，找到适合特定群体或特定主题的读物。

7.8　记录和监控进展

个人进展文件夹

学习能力的发展是一个贯穿于整个学术生涯的过程，因此记录的工作是很重要的，如此才能进行追踪，并显示进展的状况。记录的工作可以由老师进行，或是由学生自行保留一份个人"进展文件夹"（portfolio），或者是双管齐下。个人进展文件夹里可以包含：

- 学生进入大学时进行的反省和展望。

■ 用于自我评估学习情况的资料。

■ 学术自传和行动计划。

■ 一份早期的作业和一份近期的作业可以用来互相比较，以显示进展的情况。

■ 老师给予的所有回馈，或是几份具有代表性的回馈，以供监控和指导。

有时候，个人导师也许还想定下几个日期，看看学生自己如何追踪行动计划，并协助学生评估执行的效果。为学生指出成功之处，并更新技能发展的记录，以激发学生的自信或职业抱负。

快要毕业的时候，学生可能还需要一些指导，可以抽出一些评估或监控的资料，重新整理个人进展文件夹，使其更精简、专业，因为个人进展文件夹里最后往往收藏了太多不必要的文件。最后，附上履历表、推荐信，资格证书和一份最新的学术自传，通常这些内容就足够了，没有几个雇主愿意浏览内容繁多、缺乏组织的个人资料。

成就记录

高等教育机构现在多被要求提供学生的"成绩记录"（record of achievement）或"进展记录"（progress file），而不仅是一张列出各科分数的表格。曼彻斯特大学指出，就跟技能发展一样，让学生参与记录成绩，只有在将其融入教学与学习过程时才可行。曼彻斯特大学"记录成绩"的工作是跟"指出学术技能在专业课程中的用处"一起进行的，同时"个人与学术发展"也合并到个人导师制度中。

本书第 12 章和第 22 章提供的评分表，便可以用来记录和评估专业课程的学术技能。这些评分表的评分方式非常简单明了，学生也很容易看出自己应该怎么做，才能得到更高的分数：简单明了与"清楚明显"，是高等教育取得成功的主要途径。就跟成绩单一样，学生在各项技能上取得的成绩也可以进行长期追踪。例如，我们可以把各项主要技能，编成代号写在最左列（就跟这些评分主表一样），然后在不同的阶段给予评分。如此一来各项技能的进展，便都可以单独追踪。这样在各个阶段为技能进行评分，就会更准确，也更有意义，而导师也可以对各项技能的进展进行监控，以提出更恰当的建议。

7.9 评估

当学术技能融入于一般课程时，评估学术技能可以：

■ 指出学生成功学习获得了哪些知识。

■ 检验学术技能课程的效果。

■ 进行某种诊断或检查，指出需要改进的地方。

■ 追踪学术技能的进展。

学生如何看待学业、如何排定优先目标，以及采取何种学习方式，评估方式扮演着关键的角色。学生会采用学术技能，也是为了达到传统课程的要求。然而，现今大学课程为发展主要学术技能而采取的方法，往往非常不一致，在技能评测这方面尤其如此，不同的老师各自采取不同的评估标准和评估方式，造成学生困惑、灰心和产生挫败感。

学生往往依据评估的方式决定其学习策略。如果不对学术技能或专业发展进行正式的考核，那么学生可能就不会重视它。为了达到评估方法的统一一致，强调自我评估与自主学习的课程也应纳入自我评估中。评估的标准可以包含下列项目：

1. 学生是否准确评估行动计划的执行效果，以及修改后的行动计划是否恰当。

2. 学生的"学术自传"，是否反映出最初想要取得的进展。

3. 学生是否已学会将学术技能应用在学业上，比如在撰写学术自传或其他课程作业时运用学术技能。

4. 学生是否恰当评估自己的作业，以及依照评分标准进行的自我评估是否准确。

☞ 程度评估

回馈是技能发展的条件，而且最好是在练习或作业完成后马上得到回馈。学生要不时得到回馈，以确定自己学习的有效性。作业的规模越大，就越需要在之前进行程度评估，特别是对进修课程的学生，可用下列方式辅助程度评估的进行：

1. 早期的诊断工作。

2. 早期的作业尽快予以评分并发回，让学生在对该作业还有印象时，就得到回馈与改进的建议。

3. 针对几个最主要的问题，给予清楚明了的回馈。

4. 在学生至少得到 2 次回馈并依之进行改善后，再进行正式的评估（有正式的分数）。有些大学把大一学生的正式考试一直延到第二学期，甚至是整个学年末，以让学生在这之前有足够的机会练习与尝试。

特别是对于早期的作业，或是当要采取新的评估模式时，不妨要学生上交一份描述性的自我评估，如此老师便可以看出学生的困难在哪里，除了最后的成绩之外，完成作业的过程和方法，也应该是探讨和评估的对象。

如果作业和课堂活动能够让学生通过频繁的接触与练习，培养出许多学术技能，那么这时这些技能就不一定非得包含在每一项正式评估中。有些技能并不容易评估，此时这种方法就特别重要。例如，学生可能每学年都要在好几门课上，进行非正式的小组合作、团体合作或口头报告，但是这些技能每学年只会被正式评估一两次，如此技能的评估就可以更集中。

鼓励大学让学生建立起学术技能的个人"进展文件夹"，虽然所有的学生都应该得到培养口语沟通、书面沟通、数学、电脑等技能的机会，但是某个专业领域需要的技能对另外一个专业领域来说，却可能是非常高级或非常基本的能力。顾问或社工所需的人际技能和自我管理的技能，就要比工程师所需的人际技能与自我管理技能更高级，但是他们所需要的数学与电脑技能，就工程师来说却只是非常基本的。因此，主要学术技能的标准须以院系为单位设定，而非全校采用统一的标准。

☞ 正式评估

如果可能的话，技能的评估应该纳入正式的考核当中，否则学生很可能就会认为学术技能不如一般有正式评估的课程重要。如果能在课堂上让学生讨论他们从评估的过程本身究竟学到了什么，评估他们自己对于评估过程的不同部分又有什么反应，并找出改善表现的方法，那将会很有帮助，可惜这种方法很少被采用。

在学术技能课程上，可以把评估后的自我评估，发展为第二阶段的检讨反省、行动计划和自我评估。此时学生应该思考他们当初是如何准备和进行考试的，而这个思考的过程也应纳入评估的范围。

☞ 评估的标准

为了要做到精确全面，我们很容易制定出太多的标准。在清楚说明评估标准与用太多细节加重学生的负担与困惑之间，需要找到一个适当的平衡点。另外要注意的就是不要包含难以进行的评估项目，或对结果来说是不必要的评估项目。

例如，口语沟通的评估标准，通常会包含声调、手势、语气、音量等难以迅速客观评估的项目。小组报告、同学评估，或者同时有许多项目要评估的话，尤其如此，此外这也会引起机会平等的问题。因此，最重要的便是要从活动本身的目的，来决定评估标准。如此即使有语言障碍，或是口头报告不够生动，学生还是有可能强烈地传达出某个信息。

如果课程希望促进独立、创意、"问题化"等技能的发展，就需要把它们列入评分标准中。必须让学生知道，这些技能和特质也是会被评估的。第12章和第22章建议的评分标准，便将技能评分纳入作业的评分中。

实际的评分标准当然都可以进行调整和权衡，以符合课程的目标，例如"优良的电脑技能"在工程系、艺术系和社工系，就会有不同的标准。重要的是学生需要清楚知道课程对他们的要求，他们被评估的标准，以及他们需要表现出来怎样的技能才能为他们加分。如果系里期望学生彼此合作，或是想出有创意的方法，或是使用电脑，那么这些能力就应该受到评估，并列入总成绩之中。如果不这么做，学生可能就会低估这些技能，甚至以后找工作时也会因此吃亏。

学生并不一定需要长串的次要标准才能了解评分标准，不妨用一小段文字说明评分标准的意义，同时假设一个情境。例如，如果学生已经探讨过分组作业的功能，讨论过小组合作成功的要件，分析过自己和同学的表现，那么评分标准的意义便在于做出一个总结，并提醒学生自己学到了什么。在说明文字里，可以先概要说明作业的要求，然后说明该作业的评分标准对于学习成果有何意义，像是：

口头沟通这个练习的意义，旨在考察你说服顾客接受你的建议的能力。记得顾客有可能不愿意接受你的建议，或是不确定你的建议对他们是否真的有利。此外，这些顾客大多都会说多国语言。

目标群体主要都是企业家，他们熟悉 X 模型，但是对于最近的科技发展和新名词可能不是很熟悉。

这样的总览，把评分标准置于实际环境中，使得评分标准更具体、更有意义，这是长串的次要标准所做不到的。通过把技能发展纳入学习并循序渐进地进行练习，学生就会更了解评估标准的意义。

采用评分表：在课程内评估学术技能

第 12 章和第 22 章提供的评分表，就是一个把技能评估纳入一般学术考核的方法。它使评分标准透明化，一开始就明确哪些方法可以让学生得到高分。这跟现今高等教育依旧盛行的、模糊的、以"准则"为基础的评估方式完全不同。在以"准则"为基础的评分中，分数是依作业遵守了多少准则随意决定的。但是有了清楚明确的评分标准，学生就能够事先了解老师对他们的要求，并因此调整学习方法，以取得成功。清楚的评分标准，包括清楚的技能评分标准——能使老师、学生和校外单位都更容易掌握评分的制度。

本书提供的评分表，试图平衡评估过程中几个重要的方面。它们使评估过程更透明化：学生事先就知道，哪些做法会得分，哪些做法会失分。此外，学术技能的评估过程，在高等教育中多是隐形的、间接的，而这些评分表则直接列出作业中一并被评估的技能。不同的作业可能须评估不同的技能：第 12 章的评分表只是一个例子，列出了可以包括在内的技能，而非规定应该包括在内的技能。

这种做法还提供了加权计分的可能性：跟课程最相关的技能可以加权计分。例如"知识与理解"和"技术写作技能"，就可以采用不同的分数级别（1~10 分或 1~5 分），因此具有不同的比重，或是把"知识与理解"这个大类划分成几个类别，每个类别也可以采用不同的分数级别。"知识"这个大项目也可以包含几个小项目，每个小项目侧重于不同的地方。这种评分表的另一个好处是，学生可以清楚看到，他们从"事实知识"中得到多少分数，而从管理、评估、批评和应用这些知识中又得到多少分数。

　　第12章的评分表，以不同的字母代表不同的技能。如果评分表可以电脑化，就可以利用好几份作业来评估同一项技能，并追踪其进展。这样老师就能够更准确地看出来学生几个学期以来，在各个技能上的进展，并给予适当的指导。如果还能给学生一个副本，学生就可以从中看到，课堂上教了哪些技能，作业里用了哪些技能，自己的作业又为这些技能拿了几分。

　　很重要的一点，就是要把学习成果、评分标准和评分表结合起来。有可能的话，这三者可以合并成一种工具，既节省了老师的时间，对学生来说评估过程也更清楚明了。如果不这么做的话，老师很容易就把评分标准与学习成果互相分离。例如，我们经常见到评分表上如此划分："前言：15%，结论：15%……"而"写出好的前言"却不是预期的学习成果之一。

　　如果要学生培养独立自主和自我评估等技能，那么培养这些技能的活动就应纳入评估的过程。例如，可以要学生用一张评分表评估自己的作业，而这个练习，连同检讨日记或自我评估表，都可以用来评估学生的自我评估和自我检讨能力。这个做法让学生借由现有的评分标准来比较自己评估的结果，发展出自我评估的技能。它鼓励学生进行自我检讨，因为自我检讨也被明确规定为考核项目。

学术技能作业

　　初步、临时和最终的"学术自传"，就是一套可以进行程度评估与正式评估的学术技能作业。其他的学术技能作业还有：

1. 就课程相关书籍撰写书评。

2. 对于教材文章、学习理论或学习方法，进行批判性分析。

3. 对于课程作业的某一方面或学术技能的某一领域，进行报告。

4. 针对某个主题，像是"学习能力完全取决于智商吗？"或是"我们每个人都以同样的方式学习吗？"撰写一篇小型论文。

5. 在个人进展文件夹里收藏自我检讨与自我评估的资料，写一篇描述自己的学习方式如何随着时间改变的文章（包含作业实例），以及一份最终的"学术自传"。

6. 个人或小组进行的专题计划：深入探讨某一与学习相关的主题，例如大脑如何运转、学习风格或教育理论。

7. 小型研究计划：像是研究同届学生的学习风格，或是过去的学习经验对现在的学习动力或学术技能的影响，或本科专业领域的训练或教学发展。

8. 个人案例研究：以个人或小组的学习经验为基础，批判、探讨与学习相关的文献。

7.10 系统性检讨：四大阶段

1. 定位

（1）方向：你想达到什么成就？你的目标和方向。定义任务。

（2）回顾：你从过去的经验中得到了什么能力与特质？你的经验。

（3）展望：你与目标相距多远？你的起点。

2. 策略

（1）创造机会：教育；资源；建议、指导与支持；经验。

（2）考虑各种方法：在大学念书时用的学习方法和技能与你以前的方法和技能有何异同？各有什么优点？

（3）行动计划：确认具体的行动；确定优先顺序；设定短期目标与时间表，以达成长期目标。

（4）焦点：思考如何面对会鼓励你和阻碍你的事物；确认"动力来源"。

（5）准备：规划资源（空间、时间、你自己、其他人、工具与教材）。

3. 行动

（1）执行：执行行动计划。

（2）监控：你朝向目标迈进的状况如何？监控进展。

（3）周期性地回顾：回顾你当初的定位与计划。

（4）记录：展示检讨性与有效果的学习过程；搜集证据。

4. 评估

（1）评估：你达到了什么成就？

（2）外推：在这个过程中你还意外获得或学到了什么？

（3）螺旋式进展评估：确认你如何沿着"学习螺旋"进展。

这个过程包含上述四个阶段，其目的是改善学习方法与学习表现。整个过程是检讨自我学习与专业表现的一部分，通过这个过程，学生的学业表现有望螺旋式不断进步，以下是四个阶段的细项。

☞ 第一阶段　定位

1. 方向

（1）你想要达到什么成就？你的整体目标或方向是什么？在这个阶段，你需要大体定义你的任务。

（2）你想要达成什么特定的目标。你希望得到什么成果？这可以包括：

■ 个人目标：例如增强自信、享受课程、上台说话的能力、能够接受批评，并采用别人给予的回馈等。

■ 专业目标：例如为进入职场做好准备，或是为某一特定职业做好准备。

■ 学术目标：例如提高成绩、理解某个科目、取得更高的学位。

（3）有哪些证据可以证明你达到这些目标了？你如何向他人证明你的成就？你现在就须开始思考这一点，以搜集必要的证据供后面的评估阶段使用。

2. 回顾

是什么促使你开始修习这个学位的？你过去的哪些能力与特质影响到了你的决定与你现在的学术能力？

■ 资格：你过去的资格经历，为你现在的学业奠定下什么基础？

■ 经验：你具备哪些知识技能与特质？

■ 动力：哪些人物、团体、事件、音乐、诗歌、书籍、艺术或其他事物，对你具有正面的影响？这些事物当初是如何鼓舞你进入大学就读的？

3. 展望

你与目标相距多远？

（1）技能

■ 学术技能：就你现在所处的这个阶段，学校的课程要求你具备哪些学术技能？

■ 科目技能：就你现在所处的这个阶段，你应该具备哪些科目特定的技能？

■ 专业技能：就你现在所处的这个阶段，你应该具备哪些专业技能？

■ 目前的表现：上述必备的技能，目前你具备多少？

■ 必要的行动：你必须采取什么行动，才能达到这个阶段对于技能的要求？

（2）学术规定

■ 规定：你的专业科目具有哪些基本规定？

■ 期望与责任：课程对于身为学生的你有何期望？你有哪些责任？

■ 目前的理解与表现：目前你对这些规定能够理解多少？

■ 必要的行动：你必须采取什么行动，才能达到这个阶段的要求？

（3）对于学习的个人定位

■ 动力：你自己的学习动力是什么？你为什么要修这几门课、念这个系、在这个大学就读？这些选择会为你带来什么好处？

■ 阻碍：有哪些障碍可能会妨碍你达到目标？你自己或其他人将会如何妨碍你的学业？

■ 学习经历：你过去的学习经历，如何影响到你现在的学习与信心？

■ 态度与信念：你自己对于学习的信念与态度，如何影响到你现在的学习？你是否相信自己能够成功？

■ 学习风格、偏好与习惯：你有多了解自己的学习状况？哪些因素，能够为你带来最佳的学习效率？你有哪些习惯，可能会帮助或阻碍你的学习效率？

第二阶段 策略

1. 创造机会

（1）教育机会

■ 哪个院系最符合你的目的与个人需求？

■ 哪些课程对你来说最有益处？

■ 从"个人、学术与专业发展"的角度来看，哪些课程对你来说最有用处？

（2）资源

■ 在"学习资源中心"，有哪些资源是你可以利用的？

■ 有哪些电脑资源可供你利用？

■ 在你这个专业科目里，最好的期刊有哪些？

（3）建议、指导与支持

■ 你可以从哪里得到建议，以帮助你做出正确的选择（例如，学术咨询中心、就业服务中心、"过往资历及能力认可"顾问、以实际工作为基础的课程、大学网站）？

■ 身为大学生的你，有哪些支持服务可以利用？

■ 你自己可以创造哪些支持系统，例如学习互助小组、幼儿看护团体、联合运输、书籍共享。

（4）经验

■ 你目前仍在从事的工作，或是过去曾从事的工作，有没有机会得到认可或成为优势（如通过"过往资历及能力认可"，以实际工作为基础的课程）？

■ 大学里或住家附近的学校有没有任何指导服务，可供你增加经验与自信？

■ 还有没有其他的机会，可以让你发展出一定的技能与经验，以有助于你最后交出一份出色的履历？

2. 考虑各种方法

（1）相似性：在大学念书与你以前做过的类似的事情有何异同？在过去的学习经验、工作经验或日常经验中，有没有什么类似之处可以用来协助你目前的学习？

（2）选择：进行各种头脑风暴。你可以想出多少个解决的方法？你有哪些选择？对于改善学习方法，其他人有没有什么想法？有什么可以为此带来鼓励、指导？你在这个阶段有的选择越多，就越有可能找出最好的办法。

（3）评价各种选择：各种方法分别具有什么好处？哪一种最奏效？它们各有什么坏处？

（4）确定行动的方式：选出最好的办法，并将其发展成行动计划。

3. 行动计划

（1）确认一个达成目标的方法

■ 大体来说，你必须怎么做才能达成目标，或是在此学习任务上取得成功？确认出一个办法。

（2）行动

■ 决定具体的行动：你要采取什么具体的行动？

■ 主要的步骤或阶段有哪些？

■ 每个阶段有什么任务要完成？

（3）优先顺序

■ 确定优先顺序：你要做的事情有哪些？

■ 哪些是绝对必要的？哪些可以先搁置一旁？

（4）目标

■ 为每个阶段设定短期目标与时间表。

■ 设定具体、可达成的、合乎现实、适时、有弹性的目标。

■ 你如何达到这些目标？

■ 定下时间点，监控进展。

4. 焦点

（1）动力

■ 什么能够带给你动力（个人的、学术的、专业的)？

■ 确认你如何维持动力。

（2）阻碍

■ 有什么潜在障碍？你自己或他人可能会如何破坏你的成功？

■ 你如何面对潜在的障碍？

（3）个人的动力来源

■ 是什么样的动力来源促使你安下心来投入学业？

（4）个人学习策略

■ 你的学习策略，是否适合你个人的学习风格、习惯与偏好？

5. 准备：规划资源

（1）空间：怎样规划空间对你的学习最有益？

（2）时间：怎么规划时间效果才会最好？什么时间段你的学习效率最高？

（3）你自己：你要做些什么，以确保你已经为学业做好了准备？

（4）其他人：是否还需要其他人的帮忙，例如学伴或学习互助小组、需要请人照顾家人？谁可以为你的学业提供辅导？

（5）工具与教材：你需要购买哪些设备和教材？

☞ 第三阶段　行动

1. 执行

执行你在"策略"阶段拟订的行动计划。

2. 监控

（1）一般来说，你向目标前进的状况如何？

■ 你已经完成多少？

■ 还有什么要完成？

（2）你管理时间的效果如何？你可以怎样改善你的时间管理？

（3）你是否采用了他人给予的回馈，以改善自己的表现？怎样证明这一点？

3. 周期性的回顾

（1）你的策略需不需要调整？

（2）你有没有善用各种机会？如果没有，那么必须采取什么行动？

（3）你有没有采用你找出的方法？如果没有，是不是要调整预定的方法？

（4）你有没有采取拟订的行动计划？如果没有，是不是要修正原来拟订的行动计划？

（5）你有没有达到预定的目标？如果没有，那么是否应该调整目标？

（6）你有没有维持动力？如果没有，那么应怎么改善？

（7）你有没有设法排除障碍？如果没有，那么应该怎么解决这个问题？

4. 记录

（1）展示检讨性与富有效果的学习过程。

■ 你如何向他人展示你的学习成果。

■ 你如何证明你已经按照某一策略采取行动、检讨进展、并调整计划，以提高效果？

（2）收集证据：为你执行过的行动保留一份记录，后面的评估阶段将需要这份记录，这份记录可以包括各种证明，例如日志、影片、成品、他人的报告、资格证书等。

你需要哪些证明，以符合：

■ 院系要求。

■ 专业要求。

■ 你个人的目标。

这些证明应该：

■ 精炼：给予切中要点的成品实例。

■ 展示习得的技能：只收集绝对相关的记录，一两份实例就足以展示该技能或能力，不要包含冗长的文件。

■ **注释说明**：在每个例子上都加注几行说明（写在另外一张纸上），以解释为什么你选取这篇例子。

■ **定期更新**：收集、加注和编辑你的证明，使其维持在最新状态。在决定纳入该证明时就加注说明，因为这时你的印象还很清晰，不要到了学期末或毕业时，才把所有的证明收集起来。

第四阶段　评估

1. 评估

（1）回到当初的行动计划，看看哪些方法奏效了？哪些地方还可以进行改进？如果当初你做到了下列这几点，那么行动的效果会不会更好？

■ 将其与以前处理过的类似问题或活动连接起来。

■ 找到更多的信息。

■ 花更多时间琢磨你的想法。

■ 花更多时间找出需要的条件。

■ 考虑更多其他的选择与方法。

（2）你取得了哪些成就？这跟你的学习目的与目标直接相关吗？你的目标可能是：

■ 个人的。

■ 专业的。

■ 学术的。

（3）有哪些证据可以证明你取得了这些成就？你收集的证明资料有用吗？

（4）如何向他人展示这些成就？你可能需要：

■ **文件资料**：包括副本或其他文件资料。

■ **选择**：仔细选择，只包含最具代表性的实例。

■ **组织**：组织这些证明文件，为其编辑索引，以方便他人阅览。

■ **总结**：准备一篇摘要总结，例如"学术自传"，以把所有的重点总结在一起。

2. 外推

在这个过程中，你还意外获得或学到了什么？这可能包括：

■ 对自己的人格、信念、习惯以及与他人共事的方式等有了新的发现。

■ 了解自己对"改变"保持的态度。

■ 了解自己会如何处理不确定感。

■ 学到当初并未预期学到的技能。

■ 了解学习与生活的其他方面之间的关联。

■ 理解"检讨反思"的意义。

3. 螺旋进展评估

（1）你将如何沿着"学习螺旋"向上进展，例如，你在这个任务中学到了什么，进而使得你以后再面对这样的任务时，会采取不同的方法？

（2）你对自己的学习方式或学习过程，有什么新的认识？这些新认识可以应用到新的学习环境中吗？

7.11 总结

虽然这些"正式"的教学方法对学生会非常有用，不过身为老师的你也不妨想一想，当你觉得学术工作很艰难时，有什么能够鼓舞你，尤其是在你必须撰写学术文章或准备上课内容却又没心情动工时，什么能够鼓舞你。

记住，你个人的经验可能会跟学生的经验不同：对你有效的方法，对学生不一定有效，但是你仍旧可以跟学生谈谈你自己的经验。这样学生就能理解，辛苦挣扎的自己跟老师之间并没有多大的差别，老师并非如同表面上看起来那样是无所不能的，也会经历困难与遇到障碍。你的热忱与坦然能够鼓励学生坦诚自己的困难，并找出最适合他们的方法。

7.12 推荐书目

Beaver, D. (1994, 1998), NLP for Lazy Learning (Shaftesbury, Dorset and Boston Mass.: Element).

Buzan, T. (1993), The Mind Map Book (London: BBC).

Buzan, T. and Keene, T. (1996), The Age Heresy: You Can Achieve More, Not less, as You Get Older (London: Ebury press).

Gibbs, G. (1994), Learning in Teams: A Student Manual (Oxford: Oxford Centre for Staff Development).

Lawrence, G. (1995), People Types and Tiger Stripes, 3rd edn (Gainesville, Fla: Centre for Applications of Psychological Type).

Mandel, S. (1987), Effective Presentation Skills (London: Kogan Page).

7.13 深入阅读

Douglas, T. (1995), Survival in Group: The Basics of Group Membership (Milton Keynes: Open University Press).

Gardner, H. (1993), Frames of Mind : The Theory of Multiple Intelligences, 2nd edn（London：Fontana）．

Gordon, W. J. and Poze, T.（1980）, The Art of the Possible（Cambridge, Mass.：Porpoise）．

Mckim, R. H.（1972）, Experiences in Visual Thinking（Monterey, Cal.：Brookds/Cole）．

Saljo, R.（1979）, Learning about learning , Higher Education, 8, 443–451.

单独辅导的学生

8.1 哪些学生需要额外或单独的辅导

即使已经把给予学生的辅导纳入到平常的教学活动中，还是有些学生会需要更密集的单独协助，拥有进修背景的学生尤其如此。例如东伦敦大学"学习发展中心"引荐至额外辅导中心的学生，大部分就都是成年学生。就连"阅读障碍"范围内的学生——其中的成年学生与来自特殊教育背景的学生，也比一般背景的学生更需要密集的辅导。

单独辅导可以通过一般的课程结构予以提供，例如通过个人导师。此外，单独辅导也可以通过"学习发展中心"、"学习辅导小组"或类似的单位予以提供。在一些大学里，"学生服务中心"甚至会负责所有跟学习困难有关的工作，本章便特别为那些可能需要去单独辅导有学习困难的学生的老师而写。

每一个学生都多少会从单独辅导的协助中受益，理想的方法是由个人导师进行协调组织，并专注于优先顺序与行动计划的拟订、选课指导及"进展记录"或其他类似"成就记录"的进行。然而，具有下列困难、状况或经历的学生，往往在部分，甚至全部的学业上需要更密集的辅导。有特殊障碍的学生，可以通过额外的资金，获得学习辅导。下面列出了在仅一年之内明显就会被转介至额外辅导单位的学生，或自己主动寻求额外辅导的学生。这些学生需要的协助时间往往比一般老师在课堂上能够给予的还要多。

☞ 特殊障碍

1. 特定的学习障碍，例如阅读障碍、动作协调障碍、书写障碍、语言障碍、美尼尔综合征或其他障碍等。
2. 埃斯博格综合征，即没有智能障碍的自闭症与轻度自闭症。
3. 听力障碍，包括全聋的学生，以及过去全聋但现在恢复听力的学生。
4. 童年时昏迷过，由此致使其受到长期的影响。
5. 现在或近期罹患脑瘤。
6. 因头部受伤而致使其受到长期的影响。

☞ 健康因素

1. 过去长期酗酒致使其受到长期的影响。

2. 现在有疾病而须服用药物。

☞ 社会上与财务上的困难

1. 遭受种族歧视。
2. 被迫或突然无家可归。
3. 担心财务状况，包括担心因为罚款、无法还清债务等而须上法庭。
4. 最近受过创伤，如亲人去世或遭受攻击。
5. 家属经历严重的创伤或困境。
6. 难民学生和军人学生：战后综合征，失去家人。
7. 无法融入系里同学们的圈子。

☞ 学术能力因素

1. 在一般英语或学术英语方面的能力较弱。
2. 长期逃学（有些学生自六七岁开始就逃学）。
3. 教育程度衔接不上。
4. 曾有过非常负面的教育经历。
5. 过于依恋某种学习风格。
6. 非常严重的困难，或是具有的困难远比系里的其他同学严重。

8.2   "需求"与持续发展的关系

四种需求

1. 规范性的（normative）：个人和群体的需求程度低于大多数人。
2. 感觉性的（felt）：自己定义自己有何需求。
3. 表达性的（expressed）：明确地要求得到哪些协助。
4. 比较性的（comparative）：基于"机会平等"的研究结果。

专家将"需求"区分为上述四种。实际上，往往是行政程序创造出类别的划分，归类个人的需求：需求（need）决定于要求（demand），而要求决定于既有的"服务机构与服务内容"，这个分类有助于服务单位检验其在多大程度上满足了需求，又在多大程度上创造了需求。然而，如此并不能指出需求的强度，各大学会依据其学生的学业程度、服务宗旨和教育原理来决定针对哪一种需求提供单独辅导。然而，从进修风潮、成人教育与持续发展的角度看来，这四种需求在大学内都应该得到回应。

高等教育机构可以通过一系列的措施，照顾到学生在学习方面的"需求"。一个极端是把关于学习需求的个人指导视为是学生咨询单位的职责。另一个极端则是由教学人员担起各种辅导工作。在一些大学里，是由"学习发展中心"或类似的单位提供单独的辅导，学生可以事先预约，或是随时造访咨询中心。学校提供单独辅导的整体方式，能够决定学生与老师对于"需求"的观感。而此观感则又会影响到哪一种"要求"会被创造出来。

东伦敦大学的"学习发展中心"提供了非常全面的辅导，包括对一般英语、学术英语、学术技能、特定学习障碍、非特定学习障碍以及暂时的学习障碍等方面的支持。学生可以自己主动造访该中心，尤其是在学生想要私底下与人讨论其学习状况时，或是在接受了系里提供的辅导后，由老师引荐至该中心。许多学生都去"学习发展中心"寻求学业辅导，同时也去学生服务中心处理情绪问题或一般问题。这种做法扩大了"需求"这个概念的阐释空间，使老师与学生都更乐意参与"引荐"活动。系里的老师非常愿意提供额外的辅导，以协助学生持续发展、培养自信、评估个人表现，他们也非常善用资源以达成目标，而非将辅导视为是一种补救措施。

这种"开放"的做法把辅导的对象锁定为最有可能表现不佳或考试不及格的学生。在这种情况下，"需求"的定义就建立于协助学生取得成功的前提之上。老师最主要的目标便是协助学生完成学业，并预防因为已知的"危险因素"造成他们的学业表现不佳，例如英语能力、身障和短期危机等因素。系里学生的需求和学生的类型有关，但是引荐的状况则往往取决于额外辅导被呈现的方式、需求被诊断的方式，以及辅导这一概念被纳入系里后的思想与风气的状况。具备良好辅导机制的院系，其引荐的学生往往更多，而且从目标群体中引荐的学生也更多。辅导机制较差的院系，引荐的学生则往往更少，而且引荐的形式也很随机。

这四种"需求"类型基本上都可以通过这种全面的做法得到满足，然而在实际的执行上，系里老师的参与以及足够的人力资源是这些需求得到满足的关键。规范性需求和比较性需求在资金、雇用专家和引荐评估上，往往占有优先的位置。然而，现阶段可提供的辅导，则往往更专注于感觉性的需求。

自己将自己"引荐"至辅导单位的学生，其需求可能是在私底下得到专门的建议辅导。例如，学生可能不知道为什么自己会表现这么好，因此希望能够跟人谈谈，以确定自己是哪些地方做"对"了，同时又不引起他人的注意。学生会自己引荐自己，有时候只是为了确定自己在正轨上，这时辅导老师就可以协助学生找出自己的标准，以回答这个问题。学生也有可能只是想私下了解获得额外辅导会有什么结果。例如，他们可能会担心，如果获得额外的辅导，这会记录在最后的学位证明上。

学生最终还是应该自己决定是否转至额外辅导单位：接受辅导必须是他们自己的决定，成年学生必须自己排定自己的优先顺序，并有权利拒绝接受额外的辅导。

然而，大学也有责任以正面的方式，把这些辅导呈现给学生。一旦采取这样的方法，学生就会主动前来询问，为什么他们没有被建议接受额外的辅导，也就不会将额外辅导视为是一种补救，将需要得到辅导视为是一种缺陷。从正面的角度看待额外辅导的益处，如当有残疾人津贴时，学生就会大批地前来，并要求得到辅导和评估他们的需求。额外辅导可以作为促进学习能力发展的策略之一，以及作为获得专家建议辅导的一个机会。

8.3　评估需求与目标

评估需求

"需求分析"是提供辅导的一个很好的起点。需求分析可以通过多个阶段进行，最初几个阶段可以按照第 4 章叙述的方法在系里进行。一旦学生开始获得单独的辅导，那么通常就需要进行更深入的需求分析了。从"发展模式"的角度看来，很重要的一点就是要让学生在老师的指导下，积极参与评估需求的过程。如果得到这样的机会，学生也许就会找到影响其学业表现的种种因素，甚至是生平第一次发现这个事实。对许多学生来说，教育背景、语言背景、家庭生活、家人期望、情绪因素和信念系统，所有这些都会影响他们的整体表现，只是在某些技能上这种影响会特别明显。

在早期的需求评估中，老师最好是跟学生讨论他们的作业，以及他们自己觉得有哪些因素影响到了他们的学习状况。

学生自己叙述的内容，往往跟老师介入给予的协助一样重要。有时候，学生只是需要谈一谈他们内心的焦虑，并利用这个机会，通过谈话的方式认清自己的困难之处。换句话说，辅导老师的工作就是为学生指出，他们对于自己的需求的认知对了多少。这可能就需要反复对照学生自己的叙述与老师对学生作业的分析，以及进行深入的询问。

例如，觉得自己花费了非常多的时间念书，却还是成绩不佳的学生，可能就会觉得自己不够聪明，不适合上大学，或是认为自己有某种学习障碍。但是经过一小时接一小时地分析完自己的念书时间后，他们可能就会发现，其中只有一半的时间自己在认真念书，因而重新评估自己的学习方法和能力。对于更特定的领域，如英语水平或组织能力，则可能需要进行更深入的检查和分析以检验技能。

因此需求分析可能同时包含学生自己的认知与外在的客观标准——有学生自己的叙述、有检查表、有作业分析、有导师的回馈，有时候还有小测验。个人的需求评估结果可以决定要接受哪些辅导课程，甚至是一整套大规模的辅导计划，所有这些均由多科专业人员提供协助。例如，对于残障学生，就由国立的服务单位提供

"学习援助与学习策略评估"。

每一项辅导服务都会设定自己的目标，不过一般说来，额外辅导的目的就是协助学生发展出独立自主的能力。因此，同学辅导的机制实行起来可能就比较困难：因为尽管是受过训练，学生依旧倾向于"给予答案"，而不善于保留不说。

缺乏自信的学生可能无法相信，在学业学习上他们居然可以做到独立自主，过去接受的学业辅导，甚至还加强了他们的这个观念。有些学生就只是想从辅导中得到一个快速解决问题的办法。

要让学生长期参与需求分析活动，并鼓励他们去了解困难的本质，甚至是去认清这些困难形成的原因，以及培养出自信以采用适当的策略解决困难，当然这并不容易。此外，同样重要的是协助学生设下自己的学习目标，让他们找出除了学位证书之外，他们到底想从学业当中得到什么，以及学会判断自己是否已经完成设下的目标。协助学生找到评估的标准，以评估自己的表现，此乃其中一个很有用的方法。

8.4 基本守则与责任划分

如果事先没有设下清楚的基本守则，那么个人辅导很容易就会变成一系列的"危机处理"时段。需要接受额外辅导的学生，往往更需要弄清楚这些辅导的界限，务必要让学生了解额外辅导的功能，强调"独立自主"是额外辅导的目标。学生可能会很难接受，特别是如果他们只是想临时通过某门考试或作业，而不是想长期获得自我管理的技能。因此，我们需要对这两者进行巧妙平衡，以使学生觉得这些辅导是值得的，同时又无须屈服于无数的短期目标。缺乏自信或过去曾接受额外辅导的学生，可能会认为"辅导"的功能就是协助他们渡过每个难关，因而把成功的责任都推到辅导人员身上。因此提供辅导的辅导人员需要非常清楚地对此加以说明，例如：

1. 辅导课程在何时何地举行。
2. 总共上几堂课。
3. 上课和下课的时间。
4. 课程可以包含和无法包含哪些范围。

学生在每堂课前要做好哪些准备工作。如果辅导老师没有事先对此进行清楚说明，那么学生可能会对辅导老师提出非常夸张的要求，例如要求老师为他们准备好作业的写作计划等。因此，最好在第一堂课的一开始，就先讲清楚这些界线与责任，并以书面形式发给学生，甚至可以要求学生签订某种"合约"，以表示他们了解了自己应负有哪些责任，特别是在准时上课、出席和课前准备等方面。这对于学生和辅导老师两方面来说，都再重要不过了。

8.5　排定优先目标

需要接受额外辅导的学生，往往更需要排定自己的优先目标。这对于提供辅导的辅导老师来说，可能会是很吃力的工作，因为要及时在下一次交作业前考虑到学生所有的需求，简直太不可能了。因此辅导老师不妨用一张检查表，列出其可以提供的辅导，然后请学生指出所有他们觉得需要改进的领域。之后，再把这些领域缩减成为几个最重要的项目。

这时学生可能需要老师的指导，以选出最优先需要改善的领域。例如，如果先专注在组织能力或如何写出一段好的结论上，那么得到的效果就会比先专注在拼写上要好，也更容易在短期内就达到，但学生并不一定都知道作业评分时各个技能所占的比重。

一旦确定好两三个最优先的目标，并按喜好排好顺序后，那么就要以书面形式将其记录下来，而且老师和学生也都要存有一份。每一次辅导，我们都不妨在辅导刚开始时再看一次这张表。当一系列的辅导课程结束时，学生和老师应该一起再回到这张表上，并且双方都要评估一下这些目标完成了多少。此时辅导老师的主要功能之一就是协助学生建立客观的标准，以评估自己的目标完成了多少。

这种方法能够训练学生的各种次要技能，如自我管理、排定优先目标、设定评估标准、自我评估和组织能力等，这些次要技能往往跟学生被引荐的原因一样重要。需要额外辅导的学生在这些技能上通常也需要辅导协助。

8.6　建立互信

互相信任是成功给予辅导的关键。经历过严重困难的学生，其背后往往隐藏着复杂的心态、习惯和态度。如果这些学生无法放心地袒露内心深处的担忧，也就是说，如果学生无法信任辅导老师，那么老师提供的协助就很可能并不适合该学生，即这些协助只是针对表面的症状，无法解开真正的"结"。

因此，提供单独辅导的辅导老师，最好至少能先给学生上一门实用辅导技能的基础课程。这些课程能够强化倾听的技能，培养有技能地给予回馈的能力，以使学生得到回应。

建立互信的一个关键因素是老师愿意探出学生自己认知的那些困难，找出学生寻求辅导的动机；另外一个因素就是老师能够认真地倾听学生叙述自己的学习障碍。"遭遇困难的学生，急需被了解、被体谅、被接受"，辅导老师并不需要聊到自己来跟学生建立互信。如果学生问起老师的私事，也可能只是出于礼貌，或者是为了逃避眼前的问题。

老师可以告诉学生，这段时间是特别用来让他们专注于自己的学习问题的。对学生抱持正面的态度，也有助于建立互信，尽管学生可能正处于最受挫的阶段，同时保持尊重与礼貌，把他们视为成人对待。

8.7　提供学业方面的建议与指导

为辛苦挣扎的学生找出解决症结、提高成绩的办法可能并不难，难的是要忍住且不透露这些办法，然后协助学生让他们自己找到合适的方法。提供给学生的办法必须合理可行，同时要将其分为好几个简单易行的步骤：必须让学生清楚看到第一步是什么，而且这一步是他们可以做到的，以及应如何从这一步过渡到下一步。

老师则要能够判断出何时应该介入，以开启学习的进程，推动学生前进，同时又不把学习的责任从学生手中抢过来。

对这个学生有用的方法，对别的学生不一定有用。的确，引荐至额外辅导单位的学生取得成功的方法，往往也与众不同。他们的问题往往出在无法适应传统的解释方法或教学方法上。因此，辅导老师必须考虑，他们建议的方法是否适合这个学生。

要想找出这一点，就须花些时间跟学生一起探讨，是什么使他们念得这么吃力，而在表现最好的几个领域中，他们又是如何取得成功的。下面的"专长比喻"就是一个这样的例子。

往往不是说话的内容而是说话的方式决定着老师的辅导能否奏效。例如，觉得自己差同学一截的学生，往往更乐意接纳被形容为"捷径"或诀窍的方法。有些学生则喜欢那种能够使自己觉得找到了一个多年来一直没找到的"神奇秘方"的方法，如果学生以前从来没有接受过任何学业学习上的指导，那么往往最基本的建议也都像是能够带来奇迹的"良方"。

老师应该跟学生清楚说明，哪些只是紧急应变策略，目的是应付临时的危机，而对于同样的作业或任务，哪些则是能够进行长期使用的理想方法。

8.8　从长处开始

针对因学术技能和特定学习障碍而被引荐至辅导单位的学生，第一项任务就是帮助他们找出自己擅长的技能。其目的是以既有的长处和学生自己的正面经历为基础，去解决优先要面对的困难之处。对某些学生来说，这可能是最难做到的一点，特别是对于那些曾经有过非常负面的学习经历的学生。因此辅导老师需要花费时间与耐心，鼓励和小心地敦促学生，有时候还需要跟学生进行长时间的对话，以找出学生的长处。

学生可能会觉得自己根本就没有专长，或是认为谈论自己的长处会显得"骄傲自大"，因而会被人排斥。对某些学生来说，"自吹自擂"本身就是不妥当的行为。有些学生则担心，如果他们真有长处，那么过去别人批评他们懒惰或不够努力就都是事实了。有些学生则是因为害怕尝试了就会失败，或是害怕成功了却无法一直坚持下去。

但也有学生会感到高兴，因为终于有人想听听他们能够做些什么，而不是他们无法做些什么，这对于有阅读障碍的学生来说尤其重要。

依据学生本身和学生被引荐的原因，我们需要采取不同的方法以协助学生找到自己的长处。其中一个办法就是利用检查表，检查表上应该列出多种领域中的各式各样的技能，包括各种非学术技能。然后以此为基础，讨论学生在学业上所需的次技能和特质。

有时候，这样的方法会带来意想不到的效果。例如，通常我们会预期具有阅读障碍的学生很难记住数字，但是就曾有一名具有阅读障碍的学生具有惊人的数字记忆能力，能够记住八位以上的数字。他过去曾经在仓库工作过，仓库里的员工需要这样的技能，因此他就自己发展出一套记忆数字的方法。这个技能初看并没有什么用处，但是这名学生从这种成就中培养出了恒心、毅力、实际应用、任务管理、记忆方法、解决问题的创意等能力。

当老师需要通过多次会面单独辅导学生时，他不妨与学生一起探讨他们的学习风格和现行策略，以找出他们最偏好的学习方式（见第 11 章）。这个信息有助于老师组织辅导的内容，并决定应该在这有限的时间内把哪些策略提供给学生。

学生可能需要老师来指导他们如何把自己的专长和学习方法应用至特定的学习领域中。也许老师还会发现，一开始他们就需要提醒学生，适用于某个领域的策略也可以应用到别的领域或其他问题上。

提供辅导的辅导人员应该扮演更全面、更广泛的角色，通过探讨各种策略和方法，增加学生的选择，让学生从中选择最适合自己的状况与学习习惯的方法。

8.9　案例研究：专长比喻

专长比喻（expertise metaphor）是一个协助学生找出自己长处的方法。同时，它也是培养"可转移的技能"的一个很有用的方法。在表面上看，从相关领域的技能中培养出"可转移的"技能——如学术写作技能，似乎是最好的方法。

例如，要培养出论文或报告的写作能力，效果最显著的方法似乎就是取材于其他形式的写作经验，如写信或写诗。换句话说，就是从任务本身去寻找明显的可转移之处。这就是"以任务为中心"的方法，这种方法需要高度的技能和自信，但是对某些学生来说，它的确不失为一种可行的办法。

　　然而，对于那些欠缺学术技能且辛苦挣扎的学生来说，这却不一定是有效的方法。此时要培养出可转移的技能，可能就需要采用"以学生为中心"的方法，而非以任务为中心的方法，这并不难理解，因为对于这些应该要"转移"至学术环境中的技能，可能学生自己都不是很清楚自己的程度是高是低。

　　此外，从客观的角度看来，他们的这些技能可能非常差。这等于是让学生把一项用于基础领域且差强人意的技能，"转移"到更高深复杂的领域之中。

　　简而言之，就是欲从初学者的技能中发展出更专业的技能。这反而会造成反作用：如果学生觉得自己写信写得很差，那么他们自然就会觉得自己在学术写作上的表现也一定会更差。

　　与之不同的方法就是协助学生找出他们觉得自己最专精，或至少还算能够胜任的领域，这就是"以学生为中心"的方法。

　　The Study Skills Handbook 一书便对此进行了基本的介绍，并鼓励学生找出学术技能与日常生活之间的关联。"美丽的花园"这个例子，便带领学生探讨"把花园照顾好"这一普通的日常任务需要哪些基本技能与个人特质，并请学生指出他们在自己擅长的任务中使用到了哪些技能。

　　缺乏自信的学生可能很难找出一个自己擅长的领域，这时就需要老师花些时间跟学生一起探索挖掘，特别是那些来自"非传统"教育背景的学生，因为这些学生可能会觉得自己的生活经历跟学术环境毫无关联。

　　学生可能无法接受使用"专长"这个词来称呼这些大家都普遍具有的能力，然而，即使是程度最差、念得最辛苦的学生，也可以在老师的指导下，找到自己擅长的事情。

　　这个事情最好包含几个不同的步骤，不管是烤蛋糕也好，画漫画也好，喝啤酒也好，经营俱乐部也好。总之，关键是引导学生把事情分成数个阶段，然后将之与学术任务联系起来，这往往会取得相当惊人的结果。

案例一：维多，汽车引擎

　　维多是个聪明的学生，过去曾部分失聪，习惯阅读唇语，现在已恢复听力，但是依然依赖于阅读唇语，还没完全适应用耳朵进行倾听。他最近还被诊断出有阅读障碍，而且身为具有障碍的成年学生，他过去的教育背景也很难衔接上来。

　　进入大学前，维多接受过进修教育，进修教育课程对他现在的大学学业的确有所帮助，但是他从来没有独立完成过一篇书面作业。他对于上大学感到很紧张且缺乏自信。

　　上了大学之后，他很不喜欢自由写作方面的课程内容，尽管他的打字能力还不错。他觉得自己没有写作的天分，完全不知道怎么进行学术写作。

维多抗拒写作，所以刚进大学时，他甚至只用思维导图的形式来写东西。他很怕不及格，但是又不知道该从何做起。要协助他并不容易，因为他坚持"略读"的学习方式。他不愿相信自己具备自由写作所需的逻辑思考与组织能力，尽管他明显具有这些能力。辅导老师并不直接挑战维多的这些根深蒂固的想法，而是鼓励他采用"专长比喻"的方法。

维多发现，自己对汽车引擎有浓厚的兴趣，也具有实际经验。老师鼓励他画一张思维导图，以把所有他想到的与引擎有关的技能和知识都写上去。同时，老师让他积极思考在修理引擎时，什么时候需要用到组织的技能，什么时候又需要进行计划、权衡选择、排定优先顺序、重新评估、评估表现等，然后再想想如何把在某个经验中学到的东西应用到另外一个场合中。

一旦维多开始对自己的这项专长热衷起来，老师便请他思考这项专长与学术写作所需的技能，两者之间有何相似之处。这对维多来说是一个很有趣的过程：他发现自己有一项专长，并且这项专长可以作为继续进步的基础，而且他的这项专长甚至在学术环境中也具有价值。

专家指出，儿童有能力执行超越其现有发展阶段的任务，只要这个任务对他们来说"有意义"。相同地，维多也能够利用对引擎的知识把论文写作变得有意义。

论文写作与熟悉的东西合成一体，便不再陌生。尽管存在各种障碍，但是最后维多不仅自己写出了自己的论文，而且表现还非常优异，甚至开始协助其他同学。以下是维多自己的叙述。

维多：我的引擎

我在上大学之前完全没有接触过类似于大学的学术环境。后来我来到学校的学习发展中心，接受了阅读障碍的诊断，辅导老师建议我把论文写作看作是汽车引擎。于是我把两者的类似之处找了出来：

1. 燃料　里面储存的动能能够发动引擎——就如同写论文前在图书馆找资料，以及演讲课和研讨课等。

2. 电池　储存电能——找资料时记的笔记、论文大纲。

3. 润滑油　让引擎顺利运转——拼字与文法。

4. 交流发电机　提供引擎运转所需的电能——论文相关问题、单元指引、论文目标等。

5. 引擎点火系统　以火星点燃燃油，引起汽缸内轮流点火的现象——段落。
   前言——指出论文的方向。
   主体——批判讨论各主要论点。
   结语——从论文中得到的见解与"里程"，例如"我从中学到了什么？"

6. 工具箱　买来、借来、取来和储存各种工具的地方——阅读障碍工作室、英语工作室、学习研讨课等。

这些类比还可以继续细分下去，不过除了要清楚明了，精简也是很重要的。当所有的元素都成功地整合在一起时，论文读起来就会像顺利运转的引擎一样顺畅。

案例二：罗杰，组装飞机模型

罗杰也被引荐去接受额外辅导，因为他总是交不出来课上的书面作业。他来的时候，一并带来了好几篇论文，每篇都写得很好，但是都没有写完。我们探讨了他的时间管理技能，发现他的这项技能在其他方面其实都运用得很好。时间管理技能似乎不是问题的症结，于是我们就去探讨罗杰应该如何进行论文的写作。

结果，我们发现他最主要的问题是：他对刚开始的初稿太追求完美了，而一旦想法有所改变，他就整篇重写。他每一次都"巨细靡遗"地写出整篇论文，心想这就是最后的终稿了，但是没多久又发现必须重头再写一遍。他觉得很难改掉这个习惯。

罗杰最擅长的就是组装飞机模型。我们跟他一起研究他组装模型的过程，以及组装模型与完成一篇论文可能有何异同之处。

例如，我们请罗杰想一想，如果他处理最初几个组件的方式跟他处理论文初稿的方式一样，那会有什么结果？也就是如果他在进入下一个组装阶段前，就把这部分的螺丝都拧紧，然后磨光、上漆，会有什么结果？

他发觉这个问题很有趣：一旦每一边的螺丝都拧紧了，那么就不可能把飞机的其他部分组装上去了，因为拧紧的这部分已经无法再进行移动和调节。当然，罗杰并不是这样组装飞机的。他是分成好几个阶段，等到最后所有的组件都到位了，才把整架飞机组装起来。

他一下就了解了，写论文也应该如此，先写出各段的初稿，然后对可以不断进行修改的初稿加以完善，最后再决定终稿，而且校对也应留到终稿确定了以后再进行。

一旦领悟到这个类比的方法，罗杰便能够找出组装飞机模型与各种学术问题之间的类似之处，并能够利用组装模型的专长去面对这些问题。

在学到新的知识时，他觉得学生应该先将其左右把玩一下。这就如同把玩飞机模型的组件，大概看看应该把它们装在哪里："如果你把它们放在一起进行观看，就可以得到一个概观——它们应怎样拼在一起，然后你就可以动手进行各个部分的组装，但要随时注意每个部分之间的连接问题。模型胶就如同连接的句子或是逻辑顺序，能够使这部分跟下部分准确地吻合起来。"

案例三：露琪亚，做衣服

露琪亚同样因为论文写作问题被引荐去接受额外辅导。她非常没有自信，觉得自己什么专长都没有。她听到其他同学把论文写作与自己熟悉的事情进行类比，觉得很有趣，于是她决定把"做衣服"视为自己的专长，因为她自己和家人的大部分衣服都是她自己做的。她跟维多一样，一下就想到了论文写作与做衣服之间的许多类似之处。

首先，她觉得两者都需要先在心里有个蓝图，以便知道最终产物大概是什么样子：她必须先大致知道她要做什么样的衣服，然后才能决定花色并购买布料，她把这一点类比成阐释论文标题与决定立场观点："你对这件事情的热忱就是你的蓝图，少了它你什么也做不出来。"

同样地，做衣服和写论文都需要一个过程：开始动手做衣服前，她要先确定衣服要不要有袖子、领子、裤脚等等，然后依此决定花色与布料。

对于露琪亚来说，设计衣服的样式就如同拟定论文的大纲："衣服的每一部分都要精确计算，这样整件衣服才会合身。"同样地，在一篇计划完好的论文中，每个论点都应能够合乎逻辑地连接起来。

此外还有一些其他的类比：如同在正式缝针前，要先把衣服用大针脚粗略地缝起来一样，论文在最后定稿前也须先撰写初稿；或者是衣服缝好后要试穿一下，以便最后检查一次有没有没做好的地方，这就如同论文最后的校对。对露琪亚来说，做衣服最重要的就是"缝针要一致"，她把这一点类比为在论文中要平等对待各派学说："同一个问题，每个派别你都要涉及一下。"

这些学生的经验显示，在适当的指导之下，学生可以在不同问题之间找到类似的基本结构，并依此处理表面上看起来非常不同的问题。

"专长比喻"以充满创意的方式利用既有的经验，去找出不同问题所共有的基本结构。这个方法使得学生能够从自己的身上去寻找答案，并珍惜自己的经验——不管是什么样的经验，因为这个经验有助于解决其他的问题。

有时候，学生找到的类比在外人眼里看来可能微不足道，但是它们对当事人来说却是非常有意义的，而且能使他们在面对新的问题时，更有自信，更能够应用既有的技能。每一个练习过"专长比喻"的学生，都成功地摆脱了过去的学习方式。

8.10 案例研究：交不出作业

如同罗杰的例子显示的那样，造成学生交不出作业的主要原因，有时候并不是那么明显。学生交不出作业通常都是因为缺乏时间管理的技能，从而致使他们对于作业怀有恐惧，进而把作业想象得太困难，或是缺乏信心。

案例一：麦可，上交期限与时间管理

麦可常常迟交作业，因为他低估了完成一篇作业所需要的步骤。他不仅没能为每一步骤都留下足够的时间，而且还高估了自己花在念书上的时间。这是很常见的现象。对于麦可，我们决定采取下列的辅导方法：

1. 记录他如何利用每周的时间，以便让他清楚地看到自己都把时间花在了哪里。

他领悟到自己需要增加花在念书上的时间，因为那些应该独立进行学习的部分，他只做了一半，而且自己以前没有真正了解"独立"学习的意义。

2. 列出完成一篇作业所需的阶段与步骤。

我们让麦可采用他自己对"阶段"所下的定义，此外还鼓励他增加几个以前他从来都没想到过的阶段，如进行文献调查和修改初稿。

3. 帮他找出每个阶段可能要花掉多少时间。

麦可的有些想法显然很不切实际。从他对时间的估计上，我们发现他低估了应该阅读的内容的数量。此外，他也没有为校对、注明参考出处等阶段留下时间，而这些事情应该会花掉他很多时间。

4. 从上交期限往回算，把每个阶段都安排好，并写在他的日程表上。

这样他就能很清楚什么时候应该完成哪个阶段，并会注意多留些时间，以防万一。

5. 探讨哪些事务会使他分心，并思考如何避免这些事务。

会使麦可分心的主要事情就是在宿舍走廊上跟同学聊天。为此，他采取的解决办法就是在深夜念书，然后晚一点起床，这个办法也确实奏效了。

6. 找出能够使他安下心来念书的办法。

为此，麦可为自己创造了一套仪式：去酒吧前先把书本和论文摊在桌上，之后一回到家就把电脑打开，趁电脑开机时去煮咖啡，在等咖啡煮好的空档中浏览自己的笔记，同时用荧光笔画出重点。

案例二：苏西，恐惧"展开"任务

像苏西这样的学生经常迟迟不肯动手写作业，因为他们觉得自己文笔不好，而且觉得自己最后一定会失败。苏西几乎从来不会留下时间修改稿子，校对的工作也做得不到位，因此她的论文里充满了不必要的错误。如果能够对终稿进行一下修改，那么一定会大大提高她的分数。

此外，消除"下笔开始写"的恐惧对于整个作业完成的过程也会很有帮助，苏西最主要的突破，就是重新定义了"开始"这个概念。"写作"并不是从"写本身开始，而是从上课、阅读、思考、讨论等过程开始。对于这样的学生，不妨：

1. 鼓励他们准备一本"点子笔记本"，以随时记下自己的想法。

2. 鼓励他们利用思维导图进行头脑风暴，或是对着录音机说话，然后把所说的内容打出来，或是利用其他的形式将想法写在纸上。

3. 鼓励他们无须考虑顺序，直接把想法打在电脑上，然后再把这些想法归类为标题和小项目，这时他们就不是从一片空白的屏幕开始进行写作了。

4. 鼓励他们为每次的写作时段都设定几个目标，如此便可以帮助他们了解一篇文章不是一次就可以写完的。设定的目标也可以仅仅是"把某某东西写下来"，以作为下一次的起点。这样他们下一次就能够从已经有的东西着手，而不必再次从头开始思考。

5. 告诉学生，初稿并不需要写成完整的句子，他们可以之后再回头进行修改。

案例三：玛莎，把任务想象得太困难

玛莎的问题在于把眼前的任务想象得太困难，然后心想自己永远也不可能完成这么艰巨的任务。这种现象也很常见。此时最好：

1. 协助学生把作业划分成几个分量较小的部分。

2. 跟学生一起探讨为什么他们会把任务想象得这么困难，有时候是完美主义在作祟，有时候则是因为过去曾有过被处罚或被羞辱的经历。

3. 用日常用语描述任务的内容，例如：

如果你有 5 分钟的时间来跟朋友叙述你对这个主题的观点，你会怎么说？

你以前有没有在书上看到有的人想法跟你类似，能够支持你的观点？

每个人都这么想吗？大家都会同意你的观点吗？

你有没有在书上看到有的人有不同的意见？

案例四：乔，时间管理

乔是建筑系的学生，在建筑学方面很有天分，但是很不善于管理时间。她自己叙述说："我完全没有时间概念……我搞不懂时间到底是什么东西。"我们没有让乔按照逻辑顺序的思考方式学会管理时间，而是引导她去发现空间（她擅长的领域）与时间（她不擅长的领域）之间的关联。她以前从来不觉得这两者属于同一个连续体，也不认为两者的定义是互相依赖的。这个方法为她打破了"安全"领域（空间概念）与陌生领域（时间管理）之间的藩篱。

我们请乔描述她的空间思考能力：她能够轻轻松松地想象物品在三维空间里的方位，她可以在脑中重新安排一整栋楼的墙壁、格局或家具。于是我们要她把任务或作业想象成时空连续体中的物体。例如，日程表里的每一件事都可以视为是空间中的一个物体，每一件事都是按照空间顺序记在日程表上的——写在二维空间的纸上，并横跨时间（从这一页到下一页）。

乔自己建议说，她可以把日程表视为"一栋公寓大楼"，行事日程里的"一星期"就代表一层楼，总共有 52 层楼。一天就是一间公寓，所以每一层楼有七间公寓，日程表上的"一条"代表一个房间。如此，每一件任务都被放入三维空间：一件任务就占掉行事日程上的一个房间。房间满了，她就不能再放家具（任务）进去了。这样，需要进行的活动就成为了"需要在空间里被安排的大楼或家具"。

我们花了些时间才跟乔一起找到这个方法，其中一个原因是她具有不敢面对问题的情绪障碍。她为自己具有这一障碍感到羞耻，羞耻到不敢"正视"它，反而以无所谓的态度来做障眼法。我们请她"把任务放到手上"，然后把手收向自己。她把手收向自己，停在一个觉得最安心的位置，之后如果再把手靠近她，她就会很难受了。她说，上交作业的期限接近时，就是这种感觉。

我们请她想一想那是什么感觉，她说是恐惧："我写出来的东西像小学生写的一样，而别人写的东西都是成年人写出来的东西。"进一步探讨后，她承认老师说过她的文笔很流畅（她还是有写作能力的），但是分析的成分不够。这在大学生中并不是罕见的弱点，不过有趣的是乔以"成人 VS 小孩"的模式来描述自己的能力，这对她来说是一个很大的突破，她开始去向辅导老师寻求帮助，主动去解开这个阻碍学习的情绪症结。

8.11 案例研究：了解学术写作的性质

案例一：艾莎，紧张刺激的情节

有些学生会执着于某种写作观念，然后将其很不恰当地应用到学术写作中。比如艾莎便总采用高中创意写作课上学到的写作模式，把作业或论文写得像一篇侦探小说一样。

她觉得她应该"不到最后一刻不能揭露真相"，这样写出来的东西才有趣。她总是从最弱的论点开始写，于是最主要的论点便失去了力量。

艾莎需要了解，学术写作的目的是尽快把读者拉进来，让他们跟着你的思路走。不过，这不仅仅是清楚说明作业要求的问题。艾莎的写作模式有点在情绪上过度自我，因此这就需要老师跟她保证，如果改变写作方式，并不会让她丢掉分数。但是同时我们也须鼓励她写些故事，并考虑选些相关的课程，以便让她有机会以她喜爱的写作风格进行写作，满足个人的兴趣。

案例二：米歇尔，在脑海中"看到"字

米歇尔在拼写方面非常吃力。拼写好的人，往往能够在脑海中看到要拼的单词，但是米歇尔说她无法做到这一点。对此，我们采用了神经语言学中一个非常基本的方法——要米歇尔在脑海中想一个对她来说很重要的字。她低下头，开始努力去"看"，我们要她从不同的角度去看，结果她发现，往右上方看的时候，她"几乎"可以看到那个字。我们问她字与背景分别是什么颜色，她说"字是黑色的，背景是深灰色的"。

经过几次的试验，她发现字是浅绿色，背景是蓝色时，她看得最清楚。一旦改变了颜色，米歇尔就能够在脑海中看到学过的字，以帮助回忆。

这个方法并不是对每个学生都能奏效，但是对米歇尔来说，这极大地激励了她。她生平第一次能够在脑海中"看到"字。这使她更有信心去尝试新的方法，以增进学习效率。

以这个为起点，她开始尝试以彩色标记笔记、引语以及阅读不同书籍中类似主题的章节，而这也大大增强了她在分类、理解与记忆方面的能力。

"理性的作者"

学生可能从过去的经验中学到，要为自己的观点"据理力争"，但同时又不熟悉学术写作的基本规则，比如如何清楚而公平地引用他人的论点。

一旦跟学生提起这一点，学生可能并不愿意这样"抬举"别人的观点，特别是当他们觉得该文章有种族歧视或偏见的嫌疑时，这种引用的方法可能会让他们非常气愤。

成为"理性的作者"（reasonable person）这一命令，在学生眼中可能非常不合理。这样的学生需要被指导如何有效地抒发他们的愤怒，包括通过论文写作，从而让他们觉得他们可以在学术规定的范围内，有力地呈现自己的观点。

8.12 总结

即使课程设计和教学方法已经能够照顾到传统上只能通过"额外"辅导才能得到学习辅导的学生，但可能还是会有学生需要接受单独的学习辅导。随着进修风潮的出现，学生对于学习辅导的需求或要求可能还会更大，因此大学和系里更须采取"学习发展"的模式，以使所有的学生都积极参与改善学习方法、态度、策略、任务管理和自我管理的相应练习。系里最好能够培养一种"不断发展学习能力"的风气，此时寻求专家的协助就不是能力不足与需要接受补救的象征，而是一种自我批判的态度，同时也是获得适当的技能与建议的渠道，以完成自己的目标。

许多教职员都会参与这个给予单独辅导的任务，但他们在这方面可能也并没有

受过正式的训练。有几个关键的要点还需要引起老师的重视，特别是要与学习经历比较复杂的学生和善相处。这其中包括与学生建立互信，设立清楚的界限与基本守则。学生应该自己决定是否接受单独辅导，并在排定优先目标的过程中扮演主要的角色。老师应该鼓励学生从自己的长处出发，并在老师的协助下找出能够应用到新领域的学习风格、偏好与策略。

此外，我们应该记住，学生需要单独辅导，往往是因为一般的建议对他们没有帮助。单独辅导的时间应该用来探讨学生在学习心态以及学习方法上有何"独特之处"，以协助他们达到自己的学习目标。

9

在教学中协助学生学习：自我反省的老师

9.1　思考：哪些因素能够鼓舞学生学习

今日的高等教育越来越要求学生从经验中吸取心得，评估和记录自己的技能，反省自己的表现和态度，以及学会跟同学合作。老师如果也能够自己体验一下这一类的活动，那必然会很有帮助。本章的目的便是让老师自己体验一下这些平时由学生进行的活动，同时将教学重点放在学习能力的培养与学术技能的教授上。老师也能够借此机会，更深入地体会自己身为教员所达到的成就，并找出自己的教育发展需求。

我们在第 3 章曾经提倡，学校应营造良好的学习环境，以促进学生的学习，并且应该将学习辅导纳入体系之中。然而，除非老师能够意识到自己的教学方式存在问题，否则大学里的观念是很难改变的。

"要想在教学的心态上产生质的改变，老师就必须意识到其教学行为与学生的学习之间的关联"，而这必须包括了解学生的技能。大多数的老师都没有接受过"如何教授学术技能"方面的训练，而教学与学术技能辅导方面的训练机会的确也很少。支持学生的技能发展对老师来说应该会成为一种继续学习的经验。检讨反省是学习周期中很重要的一部分，对所有的学习者来说都是，包括老师。

☞ 哪些因素能够鼓舞学生学习？

哪些因素对于你的学习造成的正面影响最大？或者是如果你在学校里曾经有过正面而愉快的学习经验，那对这些经验你印象最深的是什么？对于这个问题，许多人都会不约而同地给予相似的答案。回想自己在学校念书的时光：那时你觉得自己念书念得很顺利，读书很有趣，你乐在其中，并且享有成就感。现在，把所有这些能够为你创造良好的学习经验的状况都列出来，列完了再继续往下看。如果你觉得什么也想不起来，那就试着这样开头（列完之后，与下表进行比较）：

1. 我觉得念书念得最愉快的时候，是……的时候。
2. 我觉得念书念得最有效率的时候，是……的时候。

下表列出了对于上述问题的常见回答，把你自己的列表跟下表比较一下。如果你得出的表跟下表非常不同，那么原因是什么？这个"常见的回答"列表，集合了教育界内各式各样的人所给予的答案。也许你还没完成这个练习，就忍不住偷看下表。如果是这样的话，那这对你来说是"作弊"，还是一种学习策略？

我觉得念书念得最愉快的时候，是……的时候。

1. 任务的性质

■ 我觉得要学习的内容很有趣，对我自己或他人来说有价值。

■ 学习的内容跟真实生活相关，或是具有实用价值。

■ 会有老师以外的人看到和肯定我的学习成果。

■ 我清楚老师期望看到什么成果。

■ 我能够随意走动，或是学习活动中包含"动"的成分。

■ 学习的内容需要创意。

■ 任务的某些部分容许我们自行做决定。

■ 有"难题"或谜要解开。

2. 教材

■ 教材的外观看起来很有趣。

■ 教材的排版清晰明了。

■ 我们可以拿到新书。

3. 感觉与情绪

■ 我觉得能够得到真诚的赞赏与肯定。

■ 我觉得别人重视我，或是重视我的意见与想法。

4. 跟谁

■ 我可以跟朋友一起合作。

■ 我们以小组或是两人一起的形式进行合作。

■ 我们互相教导。

5. 老师

■ 老师很公平。

■ 老师能想到用有趣的方式教授新的内容。

■ 老师跟我们并肩努力，能够鼓舞我们，而不是一直说教。

6. 时间

■ 我有足够的时间从容完成正在做的事。

■ 我有时间吸收所学内容。

■ 中间有很多休息时间，所以我不会觉得太累。

7. 掌握理解

■ 我觉得在进入下一个主题前，我已经弄懂了眼前的这个主题。

■ 要学习的东西分量适中，但是又有挑战性，所以我感到自己有能力胜任，同时又很有成就感。

8. 评分
■ 我觉得评分的方式很公平。
■ 我觉得我能够交出老师期望看到的东西。
■ 我的努力得到肯定。
■ 我知道如果我不尽全力，是不会有好结果的。
9. 特别的活动
■ 我们会有一些校外教学或参观活动。
■ 我们会请来宾演讲，或是请名人拜访。
■ 我们把成果表演展现给家长或来宾看。

你也可以利用这张表，思考如何为你的学生带来正面的学习经验。表中有没有哪几点是可以用来规划你自己的演讲课和研讨课的，或是用于课程设计的？你可以让你的学生也进行这个练习，然后把他们的答案跟你自己的答案比较一下。

9.2 焦虑、挑战、机会、鼓舞

处于困境的学生，会激起老师的各种恐惧，他们尤其会令我们想到我们自己的局限性，老师会担心自己能否胜任这份工作，其实这是很自然的，特别是新上任或刚开始接触辅导工作的老师。老师可能会担心，学生会带来太庞大或太复杂的问题要他们解决，或是展现出令他们不知如何反应的情绪或行为。老师可能还会担心自己会给予错误的回应或建议，会忧虑自己的教学或辅导无法帮助学生，甚至影响到系里学生的流失率，教授专业科目的老师对于学生辅导工作，多少都会有些担忧。

☞ 焦虑与资源

1. 对于辅导性的教学，你有哪些担忧？
2. 有没有人可以跟你讨论这些担忧？
3. 在这方面，大学里有哪些资源可以利用？像是教育发展中心、教职员工发展顾问、学生咨询服务或专业辅导人员？
4. 你有没有充分利用这些资源？

☞ 机会

老师觉得最困难的地方，也是老师能够学习最多的地方。这些难题也许令人畏惧，但是勇敢面对它们能为我们开启许多新的机会。
1. 如何把担忧和恐惧转变为一种挑战？
2. 这些困难为你潜藏了什么样的机会？

☞ 鼓舞

被自己的热忱或学习科目所鼓舞的学生，往往在遇到重大的学习障碍时，更能持之以恒。不妨思考一下，身为老师的你，把什么样的鼓舞力量带进了教室，因为这很可能会影响到你的教学方式，也会影响到你的学生。

1. 你的学生所具有的什么特点能够鼓舞你？
2. 你的哪种教学目的能够鼓舞你？
3. 谁的教学风格或理论能够鼓舞你？
4. 对你来说，什么才是"受鼓舞的教学"？
5. 什么能够支持你度过"不顺利的日子"？

相似地，这也有助于思考：

1. 什么能够鼓舞你的学生？
2. 他们的鼓舞来源与你有何异同？
3. 课程内容的包装和教课的方式，能够鼓舞学生吗？

9.3　教学风格

☞ 个人比喻（personal metaphor）

身为老师的我们，可能会采用某种或多种内在概念模型，以决定如何思考我们的教学与学生，并连带影响到我们如何执行专业工作。不同的老师曾把自己形容为：

- 建构学生思想的建筑师。
- 应付客户的销售经理。
- 处理学生问题的社工。
- 照顾小孩的保姆。
- 在观众面前表演的表演者。
- 影响学生生活与选择的管理顾问。
- 想为人们带来灵感的艺术家。
- 把专业内容传授给准备好进行学习的人的专家。
- 训练学生成为独立自主的学习者的教练。

1. 你可能会觉得自己同时扮演了许多的角色，想想哪些角色的占比最重？
2. 试试采用不同的比喻。例如，如果你觉得自己扮演的主要是表演者的角色，那就想象自己是教练或雕塑家，要把新学生雕塑得能够适应学术环境。留意你选择的比喻如何影响你看待你与学生的关系，以及你对于学业传授的态度。例如，在开放参观日或入门指导期间，你主要是想"捕捉"学生、鼓舞学生、减少可能的损害、提供指引、提供信息，还是其他？

    3. 对于每一个角色，思考该角色可能会引导学生安静听讲、写作、跟你对谈、跟同学对谈、钦佩你、觉得自己毫无价值、为自己的能力感到自豪、受到鼓励，或是彼此竞争？还是其他？

    4. 你选择的角色或比喻，如何影响到学生的学习方式？

    5. 哪一种师生关系的比喻，能够造就主动、积极、独立且毕业时具备专业能力与前途的学生？

☞ 视觉、听觉或动觉为主的教法

    1. 你是否主要运用：

■ 幻灯片、投影片、图像、示范等视觉刺激（视觉教法）。

■ 以口头或配以音乐的方式进行讲课（听觉教法）。

■ 让学生进行活动（动觉教法）。

    2. 你教课的时候最可能使用到下列哪个句子：

■ 你们可以看到……

■ 你们可以听到……

■ 我觉得……

    3. 你是否综合使用了视觉、听觉与动觉的教法，以适应更多的学生？

☞ "主导型" VS "协助型" 的教法

主导型	协助型
1.□ 你觉得自己的角色主要是"传授"知识给学生吗？	□ 你觉得自己的角色主要是"协助"学生的学习吗？
2.□ 你是否采用"主导型"教法？	□ 你是否采用"协助型"教法，尽量让学生自己主宰学习过程？
3.□ 你是否一手包办学生作业的评估工作？	□ 你是否采纳了学生自我评估与同学评估的方法？
4.□ 你的教学是否专注于传递新的信息（主导型）？	□ 你的教学是否专注于探讨学生通过事先阅读、分组作业或练习活动等准备过的内容（协助型）？

☞ 全面整体 VS 分析连续的教法

    1.□ 你在上课时是否会先以例子进行讲解、用故事说明主要的议题、画一个图表把整堂课的内容串起来，或是以其他形式先给学生一个大纲（适合"整体型"的学习者）？

□ 你在上课时会一个接一个地说明例子或概念，让学生自己融会贯通（适合连续型"的学生）吗？

2. □ 你会给一个概略的方针，并留下个人阐释的空间（整体型）吗？

□ 你会给出非常明确的步骤（分析型或连续型）吗？

3. □ 你会呈现整体类别的信息（整体型）吗？

□ 你会采用很多"细节信息"（分析型）吗？

4. □ 你会经常变化课堂的形式（整体型）吗？

□ 你会在每一堂课上都采用固定的形式（分析型）吗？

5. □ 你会为学生指出各种信息之间的关联（适合整体型学生）吗？

□ 你只会呈现个别新的信息（连续型）吗？

6. □ 你会给学生机会，让他们把信息整合起来（整体型）吗？

□ 你每堂课都专注于一个特殊的主题（适合连续型学生）吗？

7. □ 你是否会综合使用"整体"与"连续"的教法，以适应更多的学生？

学生分组

你喜欢如何让学生进行活动？

1. 个人进行？
2. 两人一组进行？
3. 小组进行？
4. 大团体进行？
5. 综合使用上述分组方式？

什么样的学生，对哪一种分组方式反应最好？

学生对课程的掌握

1. 你清楚自己对学生设下的学习目标与评测标准吗？
2. 你是否会在课前先发给学生一份专业术语字句表？
3. 你是否会告诉学生如何进行课前预习？
4. 学生是否能够取得讲义、笔记或参考资料等，以确保他们能够取得所有会在课堂上讲到的教材？这些教材是否在课前就会发下，以让学生可以事先预习？教材是否可以在网络上取得？
5. 有没有讨论和辅导的部分，以确定学生在课程教材的使用上没有困难？

教学目标

下列这些目标在你的教学当中有多重要？

1. 教完课程大纲设定的内容（概念、理论、知识、科目专用方法与技能）。

2. 鼓励和鼓舞学生继续研习该科目。

3. 培养学生的思考能力。

4. 增强学生的动力与自信。

5. 培养学生的各种学术技能与人际沟通技能。

6. 支持学生对于学习的热爱。

8. 鼓励学生把所学内容应用到新的环境中。

9. 使学生成为更独立的学习者。

10. 让学生为就业做好准备。

11. 灌输价值观或道德思想。

你还可以参考 Teachting Goals Inventory（Cross and Angelo，1992）或 Approaches to Teachinginventory（Prosser and Trigwell，1999），以深入进行这方面的探索。

9.4 老师的长处与弱点

自我评价

当我们每天都进行同样的工作时，我们会在不知不觉中培养出某些技能，但我们自己却不知道。同样地，真正应该解决的问题可能就一直被放在一旁，因此不妨时不时地分析一下自己的长处与弱点，现在的高等教育也越来越要求学生做到这一点。

长处

1. 列出你在"老师"这个角色中所具有的长处、成就、天分、正面的态度，以及正面的特质，至少列出 21 个项目。如果你觉得 21 项太多了，那么你就低估了自己。

2. 发现自己具有这些长处是什么感觉？你每隔多久便会停下来欣赏一下自己的这些长处？

3. 你的这些长处有受到学生和上司的赞赏吗？如果没有，你觉得是为什么？要怎样才能改变这个情况？

☞ **有待改进的地方**

1. 列出你在教学当中所具有的弱点，以及有待改进的地方，至少列出 7 项。

2. 发现自己具有这些弱点是什么感觉？

3. 你如何在每天的工作中恰当地应对和避开这些弱点？你是隐藏它们、责怪别人，还是寻求协助？

4. 谁或什么能够帮助你更有效地改善这些地方？对于你的教学，你是否得到了足够的协助？如果没有，你需要什么样的协助？你如何自己帮助自己？

☞ **同学评估**

1. 你有足够的自信把上面的列表拿给同事（同学）评阅吗？如果没有，那是因为什么？

2. 什么样的因素能够让你放心地把这些评估和检讨的结果拿给同事看？

3. 你能够让系里所有的同事观察和评论你的教学吗？你觉得有困难的地方是哪里？有用的地方是哪里？

4. 什么因素能够让你更安心地接受同事的观察？

5. 从你自己对于这个练习的反应中，你是否能理解到学生在上台说话或进行同学评估练习时可能面对的那些困难？

6. 你如何使这些练习变得更容易让学生接受？

9.5 带入教学当中的"附加价值"

设想一下你的学生 10 年后的样子。让他们回想这一段与你共同度过的时光，回想你出过的作业与考试、你给予的回馈、你在走廊上的匆匆一语或脸部表情，回想课程教材的字里行间中所隐藏的信息。他们 10 年之后还会记得什么？什么改变了他们的命运？我们让许多老师也进行了这个活动——回想他们自己的老师，结果得到下面的答案：

1. 贴心的小举动。

2. 尖酸刻薄的评语，使他们从此一辈子恐惧该科目。

3. 意想不到的时刻听到的赞美。

4. 一个让他们充满希望的趣闻轶事。

5. 老师与他们说话的方式，让他们觉得自己是个"人"。

6. 老师真的关心学生，让学生觉得自己很重要。

7. 肯花时间教他们怎么成为成功的人。

8. 老师解释事情的时候，不会让学生觉得自己很没用。

练习活动

1. 回想 3 位大学老师，想想除了科目知识之外，他们如何影响了你的生命（如果有的话）？

2. 你如何看待自己的老师角色？你教授的专科知识，学生在 10 年后还能记得或利用的会有多少？学生还会从你身上得到什么有用的东西？

3. 你所具有的哪些态度和信念会影响到学生的学习与自信？

4. 现在再看一次你的"长处与弱点"列表，写上你想要改变的地方，并以此作为此练习活动的结尾。

9.6 你的专业科目到底具有哪些特点？

学生在学术技能方面所面对的问题之一就是：老师并不知道本科目的要求与别的科目并不相同，甚至是同一科目的不同分支也有不同的要求。例如，一篇心理学报告的结论应该如何撰写就有很多不同的标准，甚至心理学报告到底需不需要结论，各家也有不同的意见。下面的活动将带领你更仔细地进行思考：你的专业科目到底具有哪些特点？要更清楚地了解自己的科目有何特别之处，最简单的方法就是跟其他科目的同事比较一下你们的想法、字句、专业文章、指导说明和好的学生论文。参考本书第二部分的技能练习活动也会有帮助。

找出专业科目所需的学术技能——帮助你清楚地理解你的专业科目对于学术技能的要求。

☞ 阅读其他参考资料

1. 哪一种类型的资料对你的科目来说最有用？
2. 在你的科目里，学生如何找到好的资料？
3. 在你的科目里，不好的资料有什么特点？
4. 在你的科目里，要想在文章里迅速找到有用的信息，有没有什么诀窍？
5. 学生怎么判断什么是不用阅读的？
6. 在你的科目里，个人经验也是可取的资料吗？
7. 在你的科目里，怎样使用网络最有用？怎样使用网络最没用？

☞ 想法、意见、思考技能

1. 你的科目是鼓励还是忌讳采用个人意见？
2. 你的学生是真的应该产生自己的想法，还是应该采用他人的想法才能得到肯定？

3. 在你的科目里，对于介绍或引用他人的想法有何规定？

4. 你的科目（也许是历史或政治）对于"抄袭"的定义与其他科目（可能是艺术、医学或数学）对于"抄袭"的定义相同吗？

5. 你的科目需要什么样的基础思考技能？

6. 就研究与写作时所采用的"科学"规定来看，你的科目位于"两极对立表"的哪里？

☞ **写作**

1. 你如何要求学生在写作中结合个人经验与学术资料？

2. 你期望学生以何种方式呈现他们的文章？

3. 你要求学生在进行写作时用主动语态，还是用被动语态？

4. 学生在进行写作时应该用第一人称、第二人称，还是第三人称？

5. 你要求学生怎样注明参考文献的出处（包括特别的资料来源）？

6. 你的科目要求多少种不同的写作风格？你要学生采用分析的、描述的、批判的、评价的、个人的、情绪的写作风格，还是其他的写作风格？他们清楚什么时候应该采用哪一种写作风格吗？

7. 这些写作风格在你的科目中的使用状况有何特别之处？与别的科目中那些名称类似的写作有何不同？

8. 在你的科目里，学生能够写出具有说服力的文章有多重要？

9. 在评阅学生的文章时，写作风格会带给你多大的影响？

10. 知识、理解、论点或风格，哪一点最重要？

☞ **计算与数字**

1. 学生在入学时，必须具备什么样的数学能力？

2. 在你的科目里，数字或数量应该以特别的方式进行书写或呈现吗？

☞ **倾听**

1. 每次上课，学生都需要连续坐着听记（听讲、记笔记）多久？这需要什么样的倾听技能？

2. 如果课堂上采用了大量学生刚认识的专业术语，那么他们会专心听讲吗？这对于听讲、教学与学习有何影响？

3. 学生须具备倾听不同客户群的技能吗？这样的倾听技能与用于其他地方的倾听技能有何不同？

4. 学生的倾听技能会受到评测吗？

☞ 说话

1. 你的这一专业领域需要什么样的说话技能？
2. 学生的说话技能会受到考核吗？
3. 你会要求学生只在小组同学面前进行发言，还是要求他们在全班面前进行演讲，还是完全没有这方面的要求？
4. 口头报告是一人进行，还是小组一起进行？
5. 学生有多少练习的机会，以培养上台说话的技能？

☞ 人际关系

1. 在你的科目里，有多少小组、团体工作或合作项目？
2. 学生应该具备多少有效合作方面的技能？学生还需要接受训练吗？
3. 学生要互相给予回馈与批评吗？
4. 学生会接受训练和学习如何给予建设性的批评吗？
5. 学生要与一般民众共事吗？
6. 学生有可能要面对彼此、民众或客户的不友善态度或情绪吗？

☞ 考试与评估

1. 你的学生具备快速而正确地进行阅读的能力吗（如看选择题的时候)？
2. 你的学生的平均写字速度为多少？在你的课程上，写字速度慢于多少可能就会影响到考试成绩？
3. 你的考试是"翻书考"，还是学生必须把信息记在脑子里？这两种考试形式的准备方法有何不同？
4. 你的考试题目偏重记忆还是理解？例如，学生是要记得大量的信息与名字，还是只需证明他们理解了这些内容，或是要显示出他们能够把所学到的东西用到新的情境中？在这样的考试形式下，什么样的学生最容易吃亏？

☞ 其他技能

1. 你的科目需要什么其他别的科目一般不需要的主要技能吗？
2. 这些主要技能的次技能是什么？

9.7 学术教授现状档案

"技能现状档案"可以用来帮助我们快速掌握现有的表现与自我认知，下面的问卷便是一个很好的起点，可用来拟定你的个人现状档案，记录你在教授学术技能方面的长处与弱点。

A. 受过的训练	对	有一点对	完全不对	不知道	附注
1. 我有执教的资格。	☐	☐	☐	☐	
2. 我受过训练,能够教授学术技能——"学习如何学习"。	☐	☐	☐	☐	
3. 我接受过辅导方面的训练。	☐	☐	☐	☐	
4. 我受过训练,能够教授有英语学习障碍的学生。	☐	☐	☐	☐	
5. 其他。					
B. 经验					
1. 我以前有过教授学术技能的经验。	☐	☐	☐	☐	
2. 我有过教授成人的经验。	☐	☐	☐	☐	
3. 我自己在过去五年内也当过学生。	☐	☐	☐	☐	
4. 我也有自己的困难,所以知道那是什么心情。	☐	☐	☐	☐	
5. 我已经发展出自己的一套方法,以克服困难。	☐	☐	☐	☐	
6. 我曾倾听学生描述他们的困难。	☐	☐	☐	☐	
7. 我过去曾给过学生建议,以协助他们克服学业上的困难。	☐	☐	☐	☐	
8. 我追踪了学生采纳建议后的结果,想看看是不是有效。	☐	☐	☐	☐	
9. 我有过把不同类型的作业分解成各项评分标准的经验。	☐	☐	☐	☐	
10. 我有过依据评分标准评分的经验。	☐	☐	☐	☐	
11. 我看过"学术技能"与"辅导学生的学习"方面的书。	☐	☐	☐	☐	
12. 我知道如何把我教授的专业领域分解成各个学术技能。	☐	☐	☐	☐	

13. 我知道如何评测这些学术 ☐ ☐ ☐ ☐
技能。

14. 我知道我的科目需要哪些专 ☐ ☐ ☐ ☐
业学术技能。

15. 其他。

C. 特质

1. 我对这样的工作很有信心。 ☐ ☐ ☐ ☐

2. 我有耐心应对正经历困难的 ☐ ☐ ☐ ☐
成年人。

3. 我善于鼓励他人独自想出解 ☐ ☐ ☐ ☐
决办法。

4. 对于成年人寻求帮助或揭露 ☐ ☐ ☐ ☐
弱点等事情，我很敏感。

5. 我善于想出实用的解决办法。 ☐ ☐ ☐ ☐

6. 我是个很好的倾听者。 ☐ ☐ ☐ ☐

7. 在教授学术技能方面，我清 ☐ ☐ ☐ ☐
楚自己的长处与不足。

8. 就发展工作领域中的技能这 ☐ ☐ ☐ ☐
一问题，我知道有哪些优先
目标。

9. 我会检讨自己的工作。 ☐ ☐ ☐ ☐

10. 其他。

D. 资源

1. 我知道有哪些教材可以使用。 ☐ ☐ ☐ ☐

2. 我知道在这个领域，有哪些 ☐ ☐ ☐ ☐
老师的进修课程可以参加。

3. 需要的时候，有同事会支持我。 ☐ ☐ ☐ ☐

4. 学校里有专业的顾问可以 ☐ ☐ ☐ ☐
咨询。

E. 其他相关项目

技能、特质……

总结

9.8　技能现状档案：把学术技能训练纳入一般教学

把学术技能训练纳入教学。

A. 教学方法	对	有一点对	完全不对	不知道	参看
我对……很有信心！					
1. 介绍学生认识高等教育阶段的学业。	□	□	□	□	（第 4 章）（第 2 章）
2. 明确说明课程要求。	□	□	□	□	
3. 通过具体的例子加以重复说明。	□	□	□	□	
4. 采用多元感官的教学方法。	□	□	□	□	（第 11 章）
5. 采用适应各种学习风格的教学方法。	□	□	□	□	（第 11 章）（第 23 章）
6. 采用主动学习的方法。	□	□	□	□	
7. 给予建设性回馈与指引。	□	□	□	□	
8. 激发学生的动力与兴趣。	□	□	□	□	（第 11 章）
B. 把辅导纳入教学	对	有一点对	完全不对	不知道	参看
我有信心完成我的教学。					
1. 让学生觉得学术技能的培养是有意义的。	□	□	□	□	（第 12 章）
2. 让学生有机会注意到身为学生与未来专业人员的自己正在学习什么，而不是仅注意到自己学到了什么课程内容。	□	□	□	□	（第 11 章）（第 25 章）
3. 纳入有效的小组活动。	□	□	□	□	（第 13 章）（第 22 章）
4. 为学生形成互助小组创造条件。	□	□	□	□	（第 10 章）
5. 协助学生处理"信息过量"的状况。	□	□	□	□	（第 16 章）

6. 为自己的专业科目提供　☐　　☐　　☐　　☐　　　（第 17 ~ 20 章）
   研究方法、写作、阅读
   方面的指导。

7. 培养学生的思考技能。　☐　　☐　　☐　　☐　　（第 15 章）（第 21 章）

8. 训练学生进行自我评估　☐　　☐　　☐　　☐　　　（第 22 章）
   与同学评估。

9. 确保各个学习者的需求　☐　　☐　　☐　　☐　　　（第 4 章）
   都得到满足，包括身体
   残障、有阅读障碍、英
   语能力不足、缺乏信心
   或经验不足的学生。

9.9　利用你的专长领域：可转移的技能

我们在第 8 章介绍了"专长比喻"（expertise metaphor）的概念。这个方法利用既有的专长，使学生有信心面对新的，甚至是性质非常不同的任务。我们发现，找到与专长领域相同的基本结构后，学生便能够重新认识之前他们觉得非常困难的任务。他们的专长领域表面上看起来可能跟现有的任务关联极小，但是对某些学生来说，比起其他类型的写作技能，裁缝、绘画、烹调或机械等方面的技能可能更容易转移到学术写作上。

老师经常被放在与学生相同的位置上。老师可能会觉得自己主要是专业上或职业上的专家，也知道自己没有受过提高学生的学习能力这一方面的训练。许多大学老师非常害怕跨出"专科专家"的角色，如果你觉得自己在这方面还有欠缺，那么参加训练或老师进修课程是一个不错的选择。不过，也许你也可以从自己的专长领域中找到类似的技能，从而增加自己的信心。

练习活动：专长比喻

1. 再看一遍第 8 章"专长比喻"中所列举的例子。

2. 仔细思考在你的教学工作中，你希望改进的方面。

3. 把你的"专长领域"加以分解。例如你的整体构想、做事的顺序、怎么让自己或别人做好准备、你还需要谁的参与、如何让此人参与、你怎么判断自己的方法有效，以及遇到意外的障碍时你怎么办等。看看能不能从中得到一些认识或类比，以协助你进一步改善自己的教学工作。

4. 一旦找到一些关联，就尽力把两者的类比延伸下去，越多越好。采用这个方法的学生经常会吃惊地发现，他们可以利用同一个专长比喻面对许多种不同的问题。

9.10 关键事件与总结检讨

☞ 关键事件

回想一个你被要求去教授学术技能的场景，不管是单独、小组或团体教学，选一个让你觉得能使身为老师与学习者的自己突然领悟很多的事件。

1. 在那一次的经历中，你对自己的反应、技能与能力有了什么样的了解？

2. 参考过教育理论或本章最后的推荐书目后，你对那一次的学习经历有了怎样更深刻的体会？

3. 你的经历是证实还是反驳了你读到的教育理论？

4. 那一次的事件使你对学生的行为与学习产生了怎样不同的认识？

☞ 总结检讨

基于这些练习活动的结果，反省以下问题，并以此作为总结：

1. 哪些技能、价值与经验适合在教授学术技能时使用？

2. 你自己具备的哪些技能、经验、价值与训练经验可以用来协助他人的学术技能培训与学习？

3. 在教授学术技能这一方面，你比较薄弱的地方是什么？

4. 你有哪些资源可以利用？

5. 你在这个领域还需要怎样改进？

9.11 行动计划

基于这些练习与思考的结果，就你在促进学术技能与学习发展上需要改进的地方，拟订一个行动计划表。

需要采取的行动	优先顺序	什么时间进行

9.12 总结

- 在开始进行本章的练习活动前，你对进行这些练习有什么感觉？
- 这个评估与检讨的过程有没有改变或扩展你对自己、对自己的教学，或对学生的看法？
- 这样从学生的角度出发加以思考之后，你对学术技能的发展有了什么样的认识？
- 学生的想法跟你的想法可能会有什么不同？
- 你会采取什么步骤，以确保反省检讨与自我评估的过程对学生有益？

9.13 推荐阅读

除了上面的练习活动外，老师们也许还想就这个主题进行更深入的阅读，以在更丰富的知识基础上检讨"检讨"这个概念。Schon（1987）关于检讨练习的著作便是一个很好的起点，对于有意成为更懂得内省检讨的专业人士来说，这是一本很有用的书籍。

此外还有 Boud 等人（1985）关于检讨日记的创新著作，以及 Boud（1995）关于自我评测的书籍。Brown and McCartney（1999）也出过一本有趣的著作，描述反省检讨带来的转化力量。Brockbank and McGill（1998）从高等教育教学的角度探讨反省检讨的行为，Prosser and Trigwell（1997，1999）以及 Biggs（1996）也都描述过教学方法与学生学习成果之间的关联：老师的自我认知对于学生的学习会有正面的影响。对于学生的成功或失败，这几本书均提出了一个很有趣的新观点。在 Usher 等人（1997）的著作中，则可以找到对于 Schon 的检讨模式的批评，以及另一种看待检讨反省的方式，书中摘录了与大学老师进行的讨论内容，并对反省检讨的行为提出了不同的观点。

第二部分　学术技能课程列表

10

入门指导：认识高等教育

10.1　利用选单设计学术技能课程

第二部分将提供一系列的技能课程，教授学术技能的老师可以从这个"列表"里，选择最适合学生的内容。"列表"里的每一个单元都包含了一系列的策略与活动，可供老师参考，以设计学术技能课程。每一个技能单元介绍的教学活动都超过了一堂课可以涵盖的内容。

这里提供的教学活动都经过精心的编排，以便于老师马上就可以使用。不过，老师们不能原封不动地使用本书提供的内容，依据科目进行调整也是非常重要的，因此每章都会在这方面提供指引。此外还有一点很重要，那就是老师最好能选择最适合自己学生的活动，并依据课程状况，在不同时候侧重于不同的部分。有些学生可能已经具备某些技能，但是有些学生则需要接受更密集的训练，而第 8 章：单独辅导学生时所进行的活动有时候也可以用于群体学生。

这里的活动尽量都只给予原则性的指示，同时说明如何纳入专业科目的内容。这些技能课程如果能与特定的专业课程结合起来，并采用专业课程的教材与例子，而非独立进行，那么效果会更好。学术技能的教授要在具体的"环境"中进行，这样效果才会最好，也就是说，它必须与学生的专业科目学习相关，而且学生可以看到，这些练习活动能够帮助他们掌握所学并且能够提高成绩。

本书有不少章节建议学生阅读 *The Study Skills Handbook* 一书。*The Study Skills Handbook* 是本书第二部分的最佳参考书，因为本书第二部分当初就是为了协助老师充分利用 *The Study Skills Handbook* 一书而编写的。*The Study Skills Handbook* 一书包含许多有用的内容与活动，可以省下老师准备相关教材的时间，但老师还是需要准备与专业科目相关的例子。当然，本书也可以单独使用，所以老师如果想要使用其他的教材，那么就不必非得采用 *The Study Skills Handbook* 一书。每一章的"资源列表"部分，都会为我们建议一些其他可参考的书籍或文章。

10.2 课程列表的特色

练习活动所需的时间

这一点并没有明定，除非时间限制对该活动非常重要。许多活动都是时间多一点最好，但是每个系里分配给技能训练的时间都不同，因此老师不妨依具体情况调整时间长短。有些系提供 3 小时的技能课程，有些系则只提供 1 小时的由个人导师进行的技能课程。而每个技能单元提供的教材所涵盖的内容通常都会需要超过 3 个小时的时间才可以讲授完毕，因此安排技能课程的老师可以从中选择最适合学生与其现有水平的练习活动。

顺序

对于各个技能单元应该以什么样的顺序进行，课程列表并没有严格的规定，不过有些技能是须通过好几堂课的教授才能逐渐培养起来的，如说话的信心、分组作业和自我检讨评估等。一般说来，最开始的技能单元最好能在学生刚进大学时就开始进行教授。

分组作业

分组作业是这一部分不断使用的方法，其中特别着重于让学生听到自己的声音，并形成一个团体。每个系对于分组作业的需求可能都不同，但是一般说来，如果这个技能能够早早就开始培养，如在入门指导期间或是开学后就开始培养，那么效果会最好。良好的分组作业对于学生的去留与互助工作都会有很大的影响，特别是如果小组合作能够被视为是一种系里的风气。

学生越能够彼此协助，就越能够独立自主，老师的负担也就会越少。因此，最开始的目标应该是培养学生说话的自信，然后再渐渐发展到参与更具挑战性的小组任务或个人任务。

检讨反省与自我评估

检讨反省与自我评估也是这一部分不断使用到的方法。第 11 章将会介绍"检讨日记"的方法，如果老师在课堂上常用到这个检讨日记，也就是留些时间给学生在日记上做些简短的笔记，或是请学生发表一下写在日记中的想法，那么必然会很有帮助。如此便能够增加课程的深度，并能够协助学生在适当的指导下，逐渐培养出检讨反省的能力。

☞ 课前准备

如果系里能够形成一种课前预习的风气，使得学生对每门课都进行课前准备工作，那么这对他们会非常有帮助。不过，我们宁愿学生在没有预习时依旧来上课，也不要他们因为没有预习就逃课。每一章的结尾都会有"资源列表"（resource sheet），它可以用于课堂上的教学，也可以用于进行课前的准备工作。此外，需要注意的是即使学生没有预习，他们还是能够顺利进行技能练习活动的。

"资源列表"也许还可以激发你的创意，让你设计出自己的"资源列表"，也许你还可以把它们装订成册，并在第一堂课就将其发给学生，这样中间缺课的学生就不怕拿不到下一堂课的资源列表了。不妨在下课前带学生看一遍下一堂课要用的资源列表，这样他们就知道要为下一堂课做好哪些准备工作。

☞ 调整列表

你可能会觉得可以原封不动地采用某些练习活动，但是很有可能你一采用这些活动，就发现它们激发了你的想象力，使你想出了更好的点子，这样其实更理想。

你自己设计的练习活动，或是你自己找到的科目相关实例，对你和学生来说可能更"生动"。不过，如果你刚好时间不够，或是才刚开始教授技能课程，那么本书提供的教材与练习活动，也不失为一个有用的起点。

10.3　课程列表的主要内容

依据每个学术技能的性质不同，每个技能单元的内容可能会稍有变化。不过大致说来，每个技能单元包含的内容有：

1. 学生的困难

说明学生在此学术技能上面对的困难，这对于技能课程的老师与一般课程的老师都会很有帮助。有时候，让学生知道这些都是很常见的困难，然后再一起进行讨论，这对学生也会很有帮助。

2. 老师如何帮忙

说明老师如何通过其教学帮助学生克服这方面的困难。

3. 课程目标

4. 学习成果

5. 老师的准备工作

简短指导老师如何准备技能课程，说明有哪些是有用的方法。指导老师如何准备与专业科目相关的教材。

6. 练习活动

提供技能课程上可以采用的练习活动。

7. 资源列表

协助学生预习课前准备的讲义，也可以直接将其用在课堂上。

10.4 技能代码、课程目标与学习成果

针对教育单位所列的各种技能，本书在接下来的练习活动中以代码的方式对其进行表示。这些代码会写在学习成果的表格中，也会写在每个练习活动的标题上，当然这只表示该技能是练习活动的练习内容，并不代表完成这些练习活动就足以使学生具备该技能。有些技能还需要进一步从教育单位分级标准的列表中分离出来，例如调查与研究的技能便被独立划分了出来，创意也从综合能力中独立出来，此外还需要加上就业意识这一项。评分标准的建议（第 20 章、第 12 章、第 22 章）上面也采用了同样的代码。如果老师采用了本书建议的评分标准，那么便需发给学生一份技能代码。

评分标准技能代码

A	Analysis 分析
C	Creativity and generative thought 创意
E	Evalution 评估
Emp	Contextual awareness and employability skills 环境意识与职场技能
I	Information management，research and investigative skills 信息管理、研究技能与调查研究
IGS	Interactive and group skills 互动技能与团体技能
KU	Knowledge and understanding 知识与理解
M	Planning and management of learning 学习计划与学习管理
OC	Oral communication 口语沟通
P	Problem-solving 问题解决
R	Self-appraisal；reflection on practice 自我评估；检讨反省
S	Synthesis and summary 综合与总结
WC	Written communication 书面沟通

本章的练习活动旨在配合第 4 章的入门指导活动。后面几章所介绍的活动，也可以视入门指导时间的长短及科目的目标与教法来决定是否将其列为入门活动的一部分。

ⓖ 课程目标

> 1. 以友善体贴的方式引导学生融入大学的环境，使他们更顺利地适应高等教育，并产生"归属感"。
> 2. 给予学生认识老师、同学的机会，并在学期开始前就尽量"形成团体"。
> 3. 带领学生认识高等教育的学术文化，让他们了解大学对学生的期望。
> 4. 确保学生有权获得他们想要得到的东西，并能帮助他们了解这个新的学习环境。

ⓖ 学习成果

> 进行完这些练习活动后，学生应该能够：
>
> | 学习成果 | 技能代码 |
> |---|---|
> | 1. 有更多信心与他人进行互动，同时尊重他人的看法与感觉。 | IGS |
> | 2. 对不同大小的团体均作出贡献。 | IGS OC |
> | 3. 找出自己与团体的困难之处，并负起自己的这部分责任，找出解决办法。 | IGS M P R |
> | 4. 懂得采用一系列"形成团体"的策略。 | IGS KU |
> | 5. 清楚表明对高等教育所具有的迷思、期望与责任。 | KU M RD |
> | 6. 找出他们个人或团体所具备的技能、特质与知识。 | Emp IGS KU R |

10.5 活动（1）：认识彼此的名字

学生刚进大学时，也就是刚开学的几个星期，是学生最有可能放弃和离开的时候。要适应高等教育的环境并不容易，学生可能会觉得自己迷失在一大群人里，感到孤单、寂寞、不适应，以为自己是唯一一个无法适应周围环境和没有朋友的人，或挣扎着去弄清这些排山倒海而来的人。

他们可能会从这个课换到那个课，每一次都要重新面对一批记不住名字的新同学与新老师。他们可能会觉得根本没有人在意他们是谁，如果不去上课也没有人会注意。然而，大学不必非得是这个样子，不只在入门指导期间，就连在课堂上，系里都可以规划"形成团体"（group bonding）的活动。早期就进行一些两人合作、小组讨论和其他的练习活动，可以协助学生安心地投入系里，并与系里同学形成团体，建立友谊，如果学生知道团体中其他人的名字，那必然会对其学习与生活产生很大的促进作用。

练习活动（1）：认识彼此的名字

1. 请学生带一张自己的照片（自己喜欢的），旁边附上自己的名字，把照片依笔划或字母顺序贴在系里的公布栏内。

2. 鼓励学生在说话前先报自己的名字。

3. 请学生报出自己的名字，同时在名字前加上一个适合自己的形容词，形容词的开头字母要与名字的开头字母一样，例如：Sleepy Stever（爱睡觉的史蒂芬）。

4. 大家围成一圈，每个人都说出另外一个人的名字，同时把一个坐垫或大球丢向那个人。所有人的名字都要被喊过一次。

5. 每个人轮流报出自己的名字，以及之前所有报过名字的人的名字。

10.6　活动（2）：破冰游戏

"破冰游戏"（icebreakers）最适用于大家还不是很熟识的时候，尤其是有些成员特别焦虑或紧张时。在第一堂课玩两三个"破冰游戏"，然后接下来的几堂课每堂课都再玩一个会很有帮助。"破冰游戏"有很多种，当然你也可以自己发明，但需注意最重要的原则就是，游戏不能让任何人觉得自己被冷落，不能令人害怕，而且花的时间不能长，不能占去整堂课的时间。进行"破冰游戏"时，从最不会令人害怕的游戏开始，也就是不需要让学生一个人站在全班面前进行说话，因为这种在大家面前说话的信心是要慢慢建立起来的。下面列出了许多例子。

1. 自我介绍　　　　学生须在限定的时间内向教室里的每个人都作自我介绍。每个人都要自己注意有没有遗漏掉任何人。除了进行自我介绍外，学生也可以跟对方简短描述一件关于自己的事情。

2. 有什么共同点？　方法如上，但是每个人还要找出两个跟对方相同的地方，像是名字都是 A 开头、一样的星座、一样的社团等。

3. 谁跟谁一样？　　依序读出几个一般人都可能会有的共同点（像是穿蓝色毛衣的人、坐公车上学的人、去过哪里的人等），每喊出一个问题，符合条件的人就跑到中间去（或是其他指定好的地方），要避开可能会令人感到尴尬的私人问题，也要避开可能会使学生遭到排挤的问题，像是年龄、种族、性倾向、政治立场等。

4. 芝麻小事　　　　要学生从在场的每个同学身上都搜集 3 条"芝麻小事"般的事情。或者是让学生两人一组进行上述活动。每个人均须再向全班报告对方的 3 件"芝麻小事"（使其习惯在全班面前说话）。

5. 采访　　　　两人一组，各自花 3 分钟时间采访对方。然后两队形成一组，把自己的伙伴介绍给对方成员。最后全班集合起来，每个人均用一句话介绍对方成员中的一人。

6. 找出……的人　发给每个学生一张"个人特征表"，你甚至可以将之排成"宝果卡"的形式。学生必须从教室里为每个特质找到至少一个对应的人：

将符合条件的人填上去。可参考的例子有：

生日在月底最后一天	喜欢摄影
去过中国	会唱歌
家里有双胞胎	会做蛋糕
家乡离学校最远	自己刷过墙壁
会说多种语言	擅长某项运动
养猫	有小孩
上过电视节目	会骑摩托车
喜欢看科幻小说	对花生过敏
不喜欢吃意大利面	喜欢玩任天堂的游戏

7. 胡说八道　　两人一组，每个人均跟对方叙述 3 件自己的事情，其中有一件不是真的。然后全班集合起来，每个人均为大家介绍对方的名字，并复述听到的 3 件事情，然后猜猜哪一件事不是真的。最后对方再公布答案。

8. 成就　　　　每个人均说一样自己至今为止取得的成就。

9. 改变　　　　每个人均说一样自己在今年内想对生活做出的改变。

10. 名人　　　　每个人都说说自己想变成哪个名人。

11. 东西　　　　如果自己是一只动物（或是植物、颜色、乐器等），你觉得自己是哪一种动物（或是植物、颜色、乐器等）？

12. 心情　　　　在刚上课或快下课前，每个人均轮流以一个字或一个词说出自己的心情，或是对这节课的感觉。

13. 墨渍测验　　给学生看一幅没有确定形态的图画（用投影片或讲义），让学生分组竞赛，看哪一组能列出最多的阐释方法。

14. 拼图游戏　　把一个问题或一件事情写在纸上，然后将纸剪开变成拼图。学生分组竞赛，把问题拼出来，然后回答。

10.7 活动（3）：消除焦虑

☞ 谈一谈心中的焦虑

上面的练习活动总是能够带来不少帮助。焦虑和担忧通常是新生遇到的最关键的问题，如果解决了这个问题，学生的心情就可以放松下来。焦虑往往使人觉得孤单无助，因此及早处理这个问题，将非常有助于团体的凝聚。

1. 个人　　　请学生简单列出他们对于进入大学与在高等教育机构或这个系里念书所怀有的担忧。

2. 小组　　　请学生组成 6 人左右的小组，互相讨论自己表中的项目。

3. 全班　　　每一组均请一位学生说一项组中提到的担忧，但是不要说出来是谁提出的。确保各组的发言都会轮到两次以上，每一次都请不同的学生回答。在黑板上把学生的回答写成思维导图的形式或列成表，以让全班同学都可以看到。

4. 全班　　　列表完成后，请学生看看这个表。问问他们是不是很吃惊，因为有这么多同学对于读这个系感到担忧？这个事实使他们对自己的焦虑产生什么新的感觉？学生通常会吃惊地发现，大多数同学都很脆弱，因此也就会安心不少。

5. 三人一组　如果有时间，请学生讲一讲他们自己或别人在团体中感到焦虑
   然后全班　害怕的时候会出现什么行为。让他们注意到，团体中困扰人不合作行为的因素常常出于恐惧或逃避心理。学生如果能明白这一点，那么必然会对他们带来很大帮助。提醒学生这样的行为会如何影响学习及与他人的互动。

☞ 把焦虑转化为挑战或"学习的机会"

建议学生以正面或"问题解决"的心态来看待自己的焦虑。跟学生说明，在开始新学业的时候感到担忧是很自然的，而且兴奋与害怕其实是密切相关的。提醒学生，老师并不期望他们已经知道课堂上要学习的东西：很多焦虑的学生都会有这样的误解。我们小的时候喜欢拼图、迷宫、字谜这些东西，面对这些还不知道答案的问题，我们觉得很好玩，但是随着年纪渐长，我们往往失去了这种接受挑战的好奇心与渴望，因为我们太害怕失败了。

不妨鼓励学生怀着一点冒险、玩耍和好奇的心态来看待所有遇到的困难。等他们回到职场时，这种心态会对他们非常有帮助。鼓励学生把焦虑转化成挑战，并思考可以取得哪些资源，包括"同学"这个资源。

练习活动（2）：找出机会（延续练习活动（1）在黑板上列出困难与担忧）

1. 小组　把学生进行分组，让他们讨论如何把这些焦虑视为学习新事物的机会。

2. 全班　听取每个小组的建议。有可能的话把这些建议写下来，并在下次上课时将其发给学生，或是征求自愿者帮忙。

3. 个人　如果有学生自愿帮忙，那么确保学生能够在系里免费打印这些资料。

练习活动（3）：问题解决

1. 小组　把学生列出的担忧进行分类。请每个小组都进行交流分享，想想每类问题有什么解决的办法。这有助于引导学生把彼此视为一种资源，而不是把老师视为所有问题的答案。对于以后建立互助小组来说，这也是一个很好的基础。如果学校有《大学服务指南》之类的手册，那么建议学生善加利用，以协助问题的解决。

2. 全班　请小组里的每一个人都从讨论的结果中提出一个可能的解决办法。

3. 个人　请学生写下适用于自己的解决办法。不妨将之写成"行动计划"的形式，并标明在哪天之前要做到什么。

4. 三人　请学生三人一组，互相分享行动计划。另外两个同学今后要在协
   一组　议好的时间点检查当事人有没有按照行动计划行事。

10.8　活动（4）：期望与责任

让学生清楚知道，高等教育一般会对学生有何期望以及本系对他们有何特殊期望，这是让学生为自己的学习负起责任的关键。如果老师没有把这一点在入门指导期间和刚开学的几星期内传达清楚，那么以后想改变学生的学习习惯与学习方法就很难了。及早培养出好的学习习惯不只学生受益，老师辅导学生的负担也会减少，因为学习习惯不好或责任感不强的学生少了。不妨将这个主题与"个人、专业与学术发展"或"个人发展计划"联系起来。

练习活动（4）：迷思与期望

1. 小组　请学生与班上最不熟悉的人组成小组，互相介绍自己的名字。

2. 小组　请小组列出他们对于高等教育、老师和同学所怀有的假设与期望。建议他们同时也想想高等教育对学生的期望与中学或学院对学生的期望有何不同。

> 3. 全班　轮流从各组听取一条建议，并写在黑板上，以便让大家都可以看到。请学生不要说出来该建议是谁提的。鼓励每个学生都献出一条建议。

以上面的练习为起点，进行讨论与破解迷思。学生一般都想知道：老师生病了会怎么样？系里的沟通是怎么运作的？大学采用何种教学策略？学生有什么责任？清楚说明所有对大学学术生活的假设。有些学生可能已经习惯了另外一套非常不同的学术规定，特别是曾经在国外念过书的学生，例如他们可能习惯了抄袭，认为这才是得高分的方法，或是习惯跟老师有更多或更少的接触。在这里也不妨带学生思考一下，他们应该怎么处理"不确定"的状态，以及他们期望老师把"正确答案"给到什么程度。

☞ 双方的责任

学生的责任

清楚说明学生的责任。学生在下列事项中可能需要老师的指导：

1. 总共应该花多少时间在课堂上。

2. 应该进行多少独立学习，特别是在阅读方面，以及自己应该怎样负起责任监控自己的个人发展。

3. 入门指导活动、演讲课、讨论课、实习课、辅导课、校外教学、考试等的出席要求。

4. 准时进教室。

5. 准时交作业。

6. 请求残障协助或因特殊因素必须请求缺考的责任。

7. 个人情况有变动时须通知学校，如地址改变。

老师与学校的责任

如果师生双方都有责任，那么学生对于"责任"的接受度就会更高。

系里与老师往往为学生付出很多，但是学生常常看不到，或者视为理所当然。这个状况是可以改善的：

1. 承诺学生他们可以预期从你和学校方面得到什么。

2. 清楚说明你的期望，以及你如何使之生效。

3. 清楚说明你会提供什么。例如：阅读书目、事先公布作业题目、作业的指导手册、详细注释的范例、评分时会以固定的评分表给予回馈、作业交上来后多久会改好发回、什么时候学生可以去找老师问问题等。

4. 讨论学校在机会平等、抗议程序、校外督察、学术标准，以及学生的个人与社会需求方面会提供哪些服务。

🖇 合约

双方的责任最好能够写成某种形式的合约，内容不必复杂，像上面那样简单列出双方的责任就够了。学生与老师都在上面签名，并各保有一份。里面还可以写入一条：同意遵守全班共同制定的"课堂基本守则"。学生签了这样的合约，以后要弄清问题就容易多了。

10.9　活动（5）：课堂守则

> **练习活动（5）：制定课堂基本守则**
>
> 1. 个人
>
> 请学生简单列出他们觉得班上同学应该要做到的事情，也可以写出他们希望上课时间应该怎么安排。你可以给几个例子，如"进教室前先关手机"，或"别人说话的时候不要插话"等。
>
> 2. 全班
>
> 请学生提议应该写入课堂基本守则中的项目，并逐项讨论，如果多数人都同意，就保留下来。
>
> 3. 告诉学生
>
> 鼓励学生想想有没有漏掉什么重要的项目，如保密、同学发言时要安静地进行倾听、准时进教室、不采用有歧视意味的语言或行为、每个人都积极参与发言等。
>
> 4. 告诉小组
>
> 把这些条文写下来，并在下节课时给每人都发一份，同时说明课堂基本守则是可以改变的。
>
> 5. 讨论
>
> 全班怎么确保守则的效力？例如有人违反规定的话，是你揭发还是他们揭发？

10.10　活动（6）：开学期间的资料指导

学生在入门指导期间往往会得到非常多的资料，虽然大学也许觉得这样能够涵盖到所有的细节，有利于学生，学校也站得住脚，但是如果期望学生把所有的资料都吸收进去就不是很明智了。

另外，如果学生没有掌握最基本的"生存要件"，那么就不会在学业上投入足够的心力。因此很重要的一点就是要确保学生对系里与大学有一定的了解。下面列出了三种可以协助学生处理这些资料的方法（当然这三个方法也可以合并使用）：

1. 检查表。
2. 问与答：学生列出想问的问题，然后主要由学生自己找出答案。
3. 小测验。

检查表（checklist）

发给学生一张检查表，上面列出所有在入门指导期间该做的事，并以标题的形式进行分类，例如：

- ☐ 入门周之前
- ☐ 入门周要带的东西
- ☐ 要办的手续
- ☐ 特别入门指导服务
- ☐ 我应该要拿到的资料
- ☐ 应该拿到的课程相关信息
- ☐ 要记在日程表上的事情
- ☐ 学校里的重要服务单位
- ☐ 重要的老师与职员

请负责入门指导活动的各老师提醒学生好好利用这张检查表，告诉他们每完成一项就可以划去一项。在检查表上预留空白，以方便学生写下想到的问题，并留下时间回答学生的问题。检查表上应包含与学业相关的事项——如把重要的日期记到日程表上，或是其他事项——如购买教材或教科书、熟悉图书馆与其他学习资源（如电脑训练）。确保学生把重要的日期与作业的上交期限都记到自己的日程表上。

对于你的这一科目所涉及到的重要书籍、设备、软件、电脑等，进行基本的介绍。记住，可能很多学生都没有足够的经费购买这些东西。清楚说明哪些书籍与设备是系里或院里有的，以及它的借用程序——如何跟老师约时间、如何使用打印机或者是预定教室和打印机、如何使用其他资源等。

问与答（question and answer）

学生往往有许多问题要问，但是可能又觉得问出来不太好。而从你的角度看来，许多问题的答案可能早就提供给学生了。学生常常不会想到，他们需要的信息可能都已经写在发下来的资料与手册上了。

学生很容易就把老师视为是所有信息的来源。为了避免这种状况，并鼓励学生善用拿到的手册与资料，不妨试试下面的练习活动。

练习活动（6）：找到一般信息

1. 小组　　　请学生在一张大纸上列出他们在课程、老师、学术技能等
　　　　　　方面的所有问题。问题要描述清楚。最后把列出的大表贴
　　　　　　在前面，让大家都可以看到。

2. 全班　　　所有小组都完成大表后，带学生快速浏览一遍，分析学生
　　　　　　的哪些问题是可以由他们自己找到答案的，哪些问题是只
　　　　　　有你能够回答的。或者你也可以自己制作一张列表，列出
　　　　　　每年的新生都会问到的问题。

3. 把学生分　小组互相竞赛：从发下的资料中找出问题的答案，同时注
　　成4～5人　明答案的来源。准备好学校里其他服务单位的相关资料，
　　的小组　　以供学生查阅。

4. 全班　　　请各组学生汇报答案，并说明是在哪里找到资料的。可能
　　　　　　的话，请所有的学生都立即去翻阅该资料，眼见为证。每
　　　　　　正确回答一题，小组就得一分。（得分最多的小组欢呼
　　　　　　三声。）

5. 最后　　　请学生看看，有多少问题是可以由他们自己找到答案的。
　　　　　　回答其他没有解决的问题，或介绍恰当的资源和服务。

小测验（quiz）

1. 上述的练习活动可以由小测验进行代替，或是再加上小测验，以加强学生对基本信息的掌握。这是一个可以鼓励学生为接下来的一年内会被问到的问题找出答案的好机会。

2. 小测验可以两人一起进行或分小组一起进行。

3. 可以由学生互相评分，然后收上来让你阅览。强调这个小测验的目的是要帮助他们，而非评判他们。

4. 留意留下空白或找到错误信息的学生，因为今后这些学生往往更容易遇到困难，他们可能就是"有危险的"学生。他们可能在学业和其他方面能力不错，但在行政事务方面就不是那么擅长，可能需要接受额外的指引。

10.11　活动（7）：探索校园

设计一个寻宝游戏，鼓励学生早早就去探索校园，以认识所有他们以后可能需要造访的地方。

练习活动（7）：寻宝游戏

给学生一张表，上面列出你要他们从校园各处的墙上、桌上或布告栏上找的资料。这些资料可以是门的颜色、某个重要的教职员的名字、房间的窗户数目等等。总之，最重要的就是能够激励他们在校园里进行四处探索，并大概摸清楚重要的办公室和设施的位置。

把所有的学生在以后的学习生活中可能造访的地方都包括进去，如教务处、学生服务中心、学生会、学习资源中心、影印室、电脑室、考试室、工作室、教室、餐厅等。让学生们一起找到位置特别奇怪的地方能够加强团体的凝聚力，并培养学生在校园内的方向感。

而所谓的"宝藏"，可以是一个字母——就贴在每个地方的大门旁边。全部的字母最后会一起拼出你们专业领域里的某个概念或某个名人的名字，或者是《课程手册》某一页上的标题。最后学生甚至可以用找到的答案换取奖赏，如一杯咖啡和一袋饼干。

如果有别的院系也采用了这个活动，那就注意使用不同颜色的字母和纸张。例如，你们这个院系要找的是黄底红字，另外一个院系要找的则是另外一种颜色组合。

10.12　活动（8）：认识"个人、专业与学术发展"

☞"个人发展计划"的好处

应尽早介绍学生认识"个人发展计划"，并跟学生说明它的好处——不管是对继续深造还是对就业：

1. 它能够帮助学生更有效率地进行学习，因此学生更能够善于利用时间，也更有机会得到好成绩。

2. 掌握学术技能以后，学习过程就会变得更有趣，学习压力也会更小。

3. 学生会更清楚如何把所学应用到更广的环境中，如其他课程与职场，也会更善于将所学展现给雇主看。

4. 它能使学生更专注于学业学习。

5. 学生会发展出自我评估与自我检讨的技能，这在许多生活情境中都很有用。

6. 学生从中获得的将不只是一个学位。

7. 学生会更有竞争工作的实力。

☞ 说明"个人、专业与学术发展"是通过下列哪种方式进行培养的

☐ 练习活动——本部分所描述的各类活动　　☐ 以现有工作抵消某些学习的机会

☐ 专门的学术技能课程　　☐ 职业教育

☐ 融入一般的课程内　　☐ 其他途径

☐ 实习的机会

明确说明学生学到的东西会如何整合在一起。重要的是，学生知道自己学到什么并能够以恰当的方式让他人知道自己的技能与发展经历。这可以通过个人导师、个人进展文件夹、进展记录、手稿或专门的单位等加以展现。

☞ 学生自带了哪些技能与经验?

这个练习活动很有用，应该及早进行，以引导学生以"个人发展"的态度看待技能训练，它鼓励学生检查自己把哪些技能带进了高等教育中，而这对于以后的技能课程是一个很好的准备工作，尤其是对第 13 章中的练习活动。它让学生看到，许多技能与观点都会受到重视，包括检讨与评估现有表现的能力，而且班上同学所自带的各种技能、特质与观点都是一种资源。老师也可以利用这一点，鼓励学生去思考团体合作的好处。以下练习活动所得出的检讨与讨论结果可以用来帮助写个人的"学术自传"，以供老师进行诊断。

练习活动（8）：技能、特质与观点

1. 个人　学生列出自己现在或过去所扮演过的不同角色，如母亲、学生、户长、厨师、朋友、伴侣、学校董事、职员等等。

2. 全班　全班一起列出班上学生所扮演过的角色。尽量全部列出，除非黑板空间有限或时间有限。

3. 全班　选一个角色，全班进行头脑风暴，想想这个角色所需要的所有技能与特质。鼓励学生找出例如管理他人、组织能力、阅读、书写、数学、说话、准时完成任务、事先计划、拟定预算等这些在日常生活中常见的技能。

4. 个人　学生掌握了这个方法后，请他们针对自己的一个角色，进行同样的分析。

5. 小组　请学生在大纸上列出小组成员所具有的所有技能：如文字处理、使用钻孔机、运动、社区工作等。把结果挂在教室墙壁上，请学生绕一圈看一看。或者也可以每组均请一位学生读出他们的结果，但是注意要去掉前几组读过的技能。

6. 全班　邀请学生欣赏教室里这些各式各样的知识、观点与天分，想想这些"资产"汇集到团体合作中会有多么丰富。

10.13　活动（9）：小组专题计划

能够打破隔阂、鼓励团队合作，并能够在早期就纳入到技能训练中的一个很好的方法就是在入门周或开学后的第一周或第二周拟订一个"小组专题计划"，这个小组专题计划不会用于正式考核，但是它非常有助于进行诊断。入门式的小组专题计划有以下特点：

1. 它与以后要学习到的内容明显相关，也可以让学生大致了解课程的要求。
2. 它不会占用太多时间，但是又具有挑战性。
3. 它要求学生在团队中进行合作，甚至是进行团队间的合作。
4. 对于最后的成果，有清楚明确的标准。
5. 有明确的步骤指示，同时有资料说明哪里可以取得信息与建议。
6. 它包含一些须在图书馆内进行的工作，也包含对于图书馆的简介。
7. 它包含一些使用电脑的部分，如在 CD-ROM 或网络上搜查文献。
8. 每个学生都要开口谈谈自己小组的计划：每个人两分钟就够了。例如，第一个人可以说说为什么他们选了这个主题，第二个人叙述他们事先是怎么计划的，第三个人则可以说说有多少资料可以取得等。如果小组规模很大，那进行这个回馈活动时可能需要再把小组划分得小些。
9. 学生要互相评估别组的计划，而且是小组一起进行评估，并采用已经发下的评分标准。
10. 每个学生都要交一份手写的报告。跟学生解释，这份报告只具有诊断作用，目的是协助老师找出学生的长处与不足。
11. 学生在报告里应该检讨自己的表现，说明自己对小组有何贡献，遇到了什么困难，在哪些领域还须加强等。这部分可以与其他诊断技能与困难的工作结合起来使用。
12. 学生要一并交上参考书目以作为报告的一部分。

10.14　活动（10）：认识高等教育的思考方式

高等教育的思考方式的特色就是"没有正确答案"。

练习活动（9）：正确答案
1. 一人或两人一组。
发给学生 3~4 个思考问题。最好能够事先就发下，以让他们课前就开始进行思考，有可能的话选取与本院系有关的问题。如果这门课只是很一般的课，那下面是一些可以采用的例子：

- 所有的东西都可以归类。
- 如果资源有限，年轻人应该比老年人优先得到健康照顾。
- 想要找到终生伴侣的人，应该让朋友或家人替他们做决定。
- 我们在生命中要做的最重要的事，就是为死亡做好准备。
- 如果看到不对的行为，就应该大声说出来。

2. 请学生写下对每个问题的看法，不必让别人知道。

3. 全班。

发给学生一张资源列表或一张"派瑞的相对性思考阶段历程"表。你可以调整一下，减少阶段的数目，但不要说它们是阶段性的思考历程，只说是对于是否有"正确答案"的不同态度。把表大声读出来，同时请学生边听边看。

4. 个人。

请学生判断一下，派瑞的哪个态度最能描述他们对每个问题所采取的观点。请他们说明为什么自己倾向派瑞的这个态度。

5. 全班。

讨论大家对每个问题所提出的不同答案。

6. 告诉学生，派瑞所说的这些都是学生会经历的发展阶段，看看他们对此有何反应，讨论在他们的专业院系里，各阶段的方法会带来什么结果：

- 他们对于学习新知识与考虑不同的观点有多开放？
- 对于没有"正确答案"这一想法，学生的接受度有多高？如果是非常能接受，则说明这在刚进入高等教育时是很正常的，不需要太担心。

7. 利用这个机会，说明在他们就读的专业领域里，所谓的"真相"或"事实"指的是什么。

资源列表——有正确答案吗？

在高等教育里所讨论的问题可能并没有"正确答案"，一个问题可能有好几个答案，或者可能要根据特定的证据被如何评估来确定，也有可能现有的证据并不足以得出一个确定的结论。老师可能曾请你思考自己对某些问题所采取的态度。下面列出了学生在思考问题时可能采取的一般态度，针对每个老师给的问题，判断下列哪一种态度最能描述你的立场。

1. 绝对的答案

我觉得这是一个对或错的问题，或是这个问题有一个很明显的正确答案，而且不可能有别的答案。受到公认的权威人士或权威机构，例如老师、书本、法律或专业机构，能够告诉我正确答案是什么。

2. 无法接受的暂时不确定状态

正确答案还没找到，但是一定要找出来。专家、老师或其他权威人士必须清楚说明正确答案，以避免学生产生困惑。

3. 可接受的不确定状态

每个人都有权保留自己的意见，每个答案都一样平等，都是可以接受的。我的答案跟别人的一样好。

4. 相对主义

事情的正确与否都是相对的，哪个答案最恰当要视情况而定。"正确答案"是依状况而定的。别人思考的方式可能跟我不一样，但是也一样正确。说真的，世界上没有绝对正确的答案。每个答案都一样好，没有什么绝对的方法可以决定谁对。老师和权威人士并不知道答案。

5. 经过思考后决定支持某个观点，为自己的决定负起责任

我能够理解并尊重别人对这个问题的观点，但是我相信某些答案或观点会比其他的答案或观点更好，而我需要决定在这些互相矛盾的意见中自己要站在什么立场上。我了解做出这个决定意味着责任，并且它也会影响到我如何思考、说话和以后如何做决定。

6. 持续的发展

我拥护我的观点，也尊重别人的观点，也知道我的决定带有个人的责任。不过，我也觉得这是我需要一再回过头来进行反省的地方，尽管这样可能会引起某种不确定感。我支持的答案对于我是谁、我的价值观和我想成为什么样的人等这些问题都非常重要。

10.15　活动（11）："自己写"

讨论"自己写"的意义，并带入"抄袭"的问题。不妨将下列几点包含进去：

1. 有些学生担心，老师要求他们"自己写"出一篇论文，他们就必须写出一篇跟前人的研究完全无关的东西。但是老师通常不是这个意思。告诉学生老师并不是要他们自己发明全新的写法。

2. 跟学生解释"自己写"的意思。老师注意的是学生如何理解课程中学到的概念，换句话说，他们想看到学生是否做过一定的调查研究，思考过看到和听到的东西，评估过不同的学派方法，并最后得出自己的结论。

3. 老师想看到学生以自己的话呈现这个结果，同时注明资料来源。如果学生能够做到这些，那么就是"自己写"，而他们自己的写作风格也会在写作过程中逐

渐形成。

10.16　活动（12）：伦理与价值体系

　　下面是英国伯明翰大学为引导学生思考院系的相关价值观念而采用的练习活动。当初这个练习是为社工系所设计的，但是也可以稍做调整用于其他院系。

练习活动（10）：思考"压迫"的问题

基本原理

我们必须让学生尽早开始思考"压迫"的问题。这主要是通过之后的正式课程进行，但之前最好能先让学生对"压迫"进行一般而整体的思考，而非一下就把"压迫"这个主题划分为各种类别。第一部分与第二部分各花两小时。

第一部分：贴标签

1. 每个学生都会拿到一张贴纸，上面会写有某种形容词或名词（如"同性恋"、"艾滋病患者"，"印巴人"（对英国境内巴基斯坦人的贬称）、"智能障碍"等）。每个人都把标签贴在身上，然后留意自己的第一反应。问学生：

■ 你拿到标签的第一感觉是什么？

■ 你喜欢这样被贴标签吗？还是觉得这样很侮辱人？

2. 接着学生两人一组，互相讨论被贴标签时的第一个想法，以及对对方的标签有何感觉。把讨论结果回馈给全班。之后请学生走出教室，贴着标签去学校餐厅坐十分钟，或是在校园里走十分钟，同时留意：

■ 在公众场合展示身上的标签心里有何感觉？

■ 自己有没有想办法遮住标签，或是防止别人看到标签？

■ 自己是跟同学紧靠在一起，还是单独行动？

■ 有没有人看到标签并说了什么？如果有的话，他们说了什么？

3. 回到教室后，把自己的经历反映给全班同学。最后讨论这个练习是否让他们体会到：

■ 身为受压迫团体成员是什么感觉？

■ 被贴标签是什么感受？

■ 看到别人被贴标签是什么感觉？

■ 对于受压迫团体的成员，一般人如何反应？

4. 你也问问学生他们自己对于这些标签的态度：

■ 有哪个称呼会冒犯他们？

■ 还是有哪个称呼让他们觉得很好笑？

第二部分：社会工作的价值体系与反压迫实践

下午第二部分的活动，以上午第一部分的活动为基础，思考"反压迫实践"的真义。对于这个问题，学生经常会想到"表示尊重"或"不存在偏见"这样的答案，但是并不知道实际上到底该怎么做。因此在这部分，我们将通过有组织的讨论，带领学生思考下列问题：

- 别人怎么知道你正在执行一种反压迫的行为？
- 你觉得哪些行为是反压迫实践的表现？
- 你怎么让对方感到你尊重他们？

10.17 活动（13）：其他的入门指导活动

也不妨将下面的议题纳入到入门指导活动中，可以安排在入门周，也可以安排在刚开学的前几个星期。

1. 学习态度与学习方法。　　　　　单元 2（第 11 章）
2. 找出自己的技能与排定优先目标。单元 3（第 12 章）
3. 分组作业。　　　　　　　　　　单元 4（第 13 章）

学习管理：学习态度与学习方法

11.1 学生在学习态度与学习方法上的困难

从老师的角度看来，这方面问题中最难解决的就是学生对于学习、对身为学生的自己所持的各种负面态度，以及对于不佳的习惯与信念的依恋。

☞ 担心自己"不够好"

担心自己不够好，没有资格上大学，觉得取得高分毫无希望，或是小心谨慎地维持现有的成绩，这些现象在学生当中非常常见，而且往往带给学生很大的压力。

担心失败并不一定起因于实际的失败经历。许多学生表现不佳，其实常常是由于自我的信念、过去的经验、内心的负面思想、担忧与压力造成的。一旦这个恶性循环被打破，表现就能进步。

☞ 觉得成功是偶然

学生不了解哪些因素会影响学习，这是引起成功的学生担忧焦虑以及失败的学生消极认命的原因之一。

如果学生认为学习是天资的产物，或是取决于分配到哪个老师，那么学生就不会去思考还有哪些因素会影响学习表现，或是为自己负起责任。

☞ "良药苦口"

一些被引荐至辅导班的学生虽然花很多时间念书，但学进去的却很少，最后只会觉得学习负担很重或很无趣。他们可能不会愿意改变原有的学习习惯，因为他们相信学习就应该是辛苦艰难的。

☞ 采用缺乏效率的方法

学生可能不敢走"捷径"，因为他们觉得这样就是作弊，最后一定会受到惩罚，拿到很低的分数。

最典型的例子就是学生把所有的推荐书目都从头到尾看完，毫无选择地为每一章都记下详细的笔记。这些太想要将"全部内容都念完"的学生，可能会忽略了如批判思考与选择这样的基本技能。

多余的工作反而产生反作用：例如，学生可能会花很多时间重写笔记，因为原来那份不够整齐，或是太过详细。这就为学习过程加入了不必要的步骤。老师可以示范如何利用有效的捷径以帮助这样的学生。

☞ 无法维持最初的热忱

随着学业（或是整个生活）越来越困难，学生最初的热情慢慢消退，这是很常见的。学生在这方面可能需要协助与提醒，以维持当初的热忱与动力。

☞ 情绪因素

情绪状况对于学业学习是非常重要的。学生需要觉得他们可以成功，觉得老师对他们有信心。不过如果学生的表现真的很差，那么这对老师来说也非常困难。此时不妨将焦点集中于学生较擅长的地方，这样学生就不会觉得自己一无是处了。

11.2 老师如何帮忙及其准备工作

☞ 老师如何帮忙

1. 挑战学生的信念

在挑战学生"自己天生注定就是不行"的信念上，老师扮演着非常重要的角色。要做到这一点，学生首先可能需要理解他们对于天资与自己所持的信念是如何打击他们的信心的，然后再探讨这些信念与想法从何而来。

2. 维持热忱与动力

老师可以通过下列方法，协助学生维持当初的热忱与动力。

■ 特意把这个议题提出来跟学生进行讨论。

■ 设定容易达到的目标与挑战。

■ 把工作划分成小的、清楚与实际可行的分量。

■ 如果能够将课程内容与学生的生活经验联系起来，也会很有帮助：因为当学生对学习缺乏热忱与动力时，就很难保持对抽象概念的兴趣。具体相关的例子、案例研究、把知识与个人生活联系起来，都能使抽象的概念更有意义。

■ 穿插职业教育课程也会很合适。

3. 给予建设性的回馈

建设性的回馈会清楚给出改进的方法，如此学生就会看到他们有方案可供采取以改善其表现。很重要的一点就是老师在看到学生英语很差以及没有按照指示进行写作时，需要克制内心的沮丧，并要依旧给予他们建设性的建议。在学生的作业上写满惊叹号与气愤的批评，以及数落他们这没做到那没做到并不会带来任何帮助，尽管老师很想这么做。

避免在回馈的评语中暗示学生已经知道该怎么做却故意没做到，例如"句子不完整！"或"要分段落！"或是"不够详细！"。对于这种评语，学生不太知道该如何理解，最后只会觉得很无助，不知道怎么改进。往往他们会觉得自己已经写得很详细了，或是已经尽了全力组织自己的想法。为此，老师应明确地告诉学生还可以增加什么，或是可以在哪里找到相关的指示或资料。

（1）"你的论点很有趣，但如果能够改善一下句子结构和标点符号，那么就会更有说服力，关于这方面，你可以去看看学习发展中心的网页……"

（2）"你的想法很好，但如果能够更有组织、更清晰，那就更好了。你可以去看 *The Study Skills Handbook* 一书，里面有说明应怎么组织整理你的想法。"

（3）"这里还需要用一两行文字来说明受试者的确切人数与年龄。你可以看看……第……页的例子。"

4. 关心学生

学生缺乏自信便会增加焦虑，而焦虑本身又会使学习更困难。如果老师对学生表示出关切与信任，那么此时似乎要失败的学生往往能够大放异彩，但随着学生人数的增加，老师要做到这一点会越来越难。从老师的关切中，他们感觉到自己是值得关心的，而光是这一点就能够鼓励他们做得更好。

老师的准备工作

1. 心理准备

学生对你将会有各种不同的反应。对于觉得自己过去已经被学校老师"放弃"的学生来说，这节课能够让他们重拾信心，它可以为许多学生带来新的认识与希望。但是另一方面，过去一向表现很好的学生，可能就会产生抗拒的心态。他们可能会觉得自己"天生就聪明"的地位将要受到威胁，并担心如果大家都开始进步，那么自己以后就得加倍努力。如果他们本来就非常刻苦用功，那么一想到要加倍努力才能保持现有的程度，可能就会沮丧。

其实，每个学生都能从探索学习态度与学习方法中获益。每个学生都会有一些策略和诀窍可以与他人分享，供他人仿效。

2. 教材

本章末尾附上了资源列表，你可以视你的课程需求，有选择地采用这些教材或别的教材。

11.3　课程目标与学习成果

☞ **课程目标**

> 1. 鼓励学生对自己的学习抱持一种检讨反省的态度。
> 2. 创造机会使学生培养团体互动的技能，以使他们更有信心与他人进行共事，参与课堂讨论，并彼此进行辅导互助。

☞ **学习成果**

> 进行完这些练习活动后，学生应该要能够：
>
> | 学习成果 | 技能代码 |
> |---|---|
> | 1. 通过小组合作与学习检讨日记，反省自己的学习方式。 | IGS　R |
> | 2. 继续深入分析上一节课或上几节课展开的小组互助合作。 | IGS |
> | 3. 通过探索自己的学习历程，更加了解身为学习者的自己。 | A　IGS　M　R |
> | 4. 评估他们对于天资的想法以及过去的学习经验是如何影响他们对于自己是学习者的信念的。 | E　IGS　R |
> | 5. 思考各种学习方式和能够促进学习的因素。 | E　KU　R |
> | 6. 讨论 CREAM 学习模式，以及如何将之应用到自己的课业学习上。 | E　IGS　KU　R |
> | 7. 拟订一个改善学习方法的计划，并以之作为同学间辅导的基础。 | IGS　M |
> | 8. 探索检讨反省对于学习与专业学术工作的重要性。 | EMP　IGS　M　R |

11.4　活动：10 种带动学生的方法

☞ **破冰游戏**

"通过修完这个学位，我希望完成的目标是……"。

☞ 课堂基本守则

如果上节课已经制定好了课堂基本守则，那就把守则快速浏览一遍，有需要的话再对其加以调整或增加条文。（另外也可参阅第 13 章：分组作业）。

☞ 学习经历

1. **个人**　请学生至少完成下列其中一个句子，答案越多越好。不管是学校、同事、工作还是生活上的经验都可：
"……是我最愉快的学习经验。"
"……的时候，我的学习效率最高。"
"通过……的方式，我把……学得很好。"

2. **小组**　把大家的经验收集起来，然后把每个人或大多数人都相同的答案列出来。

3. **全班**　请小组主动分享结果。每读出一条，就问问是不是全班都有同感。然后依此将其写在"相似"或"不同"的标题下。

4. **全班**　全班就这张表进行讨论：（1）什么能协助学习；（2）每个人的学习方式的不同点。

5. **全班**　鼓励学生把从中得到的心得应用在现在的学业学习上。
怎么调整现在的学习方式才能充分发挥自己的长处？

☞ 天资与学习

1. **个人**　请学生花 3 分钟的时间，想想他们对"天资"与"学习"所持的态度，以及这样的态度可能如何影响到自己的学习。资源列表可以用来指导这个练习活动。

2. **三人一组**　在下面的活动中，清楚指示什么时候换活动，什么时候换人，以及换了之后那个人要做什么。
请学生三人组成一个小组，三个人分别编号为 1 号，2 号，3 号。每个人都有 3 分钟的讲话时间，其中一个人说话时，另外两个人专心听，不能插话，就算在很想问问题时也一样。这样可以培养出倾听的技能以及展现对发言人的尊重。尝试专心倾听，并记住重点。
1 号先叙述自己刚刚的思考结果。如果 1 号看起来说不下去了，那么 3 号可以就其学习状况提出问题，以鼓励 1 号继续说下去。最后，2 号用最多两分钟的时间总结重点，其他两人则注意其是否大致都说对了。

第一次换人　2号说，1号问问题协助，3号总结。

第二次换人　3号说，2号问问题协助，1号总结。

检讨　趁记忆都还很深刻，给学生几分钟时间让其讨论刚刚完成的这个过程。建议他们在自己的检讨日记上简短记下：

☐ 连续讲话3分钟且不被打断，是什么感觉？

☐ 一直听对方说，不插话、不问问题，是什么感觉？

☐ 提出的问题（如果有用到）有达到协助的效果吗？

☐ 总结的内容都正确吗？

3. 全班　　请学生踊跃发表自己的思考结果与学习经验。从学生的例子中整理出共通的特点。学生可以从"态度、自信与环境如何影响学习"这个活动学到什么？

☞ 成为会检讨的学习者

1. 两人一组　找出两人从上面的检讨活动或小组讨论中得到的共同心得，至少一点。找出检讨工作所面临的问题或困难。

2. 全班　　　依据刚才的讨论结果，请学生发表意见，说明为什么检讨工作很重要，检讨能够带来什么好处？

让学生陈述他们的问题或困难。每提出一项，就请班上同学提出建议或答案。这样可以鼓励学生互相学习。

建议学生一星期写2～3次的"检讨日记"，内容不必写很多。请学生提议可以把哪些东西写到检讨日记里，然后跟全班确认这些提议是否合适。

可以鼓励的答案　☐ 热忱的改变，以及什么能够帮助他们维持热忱？

☐ 学到的诀窍，以及为什么这些诀窍对他们有用？

☐ 专业学习中哪一点让他们觉得困难，为什么觉得困难？

☐ 可以如何改变学习方法，以及试过之后觉得是否有用？

☐ 关于"学习"的任何想法。

☐ 心里的焦虑，以及他们如何处理这些焦虑？

☞ 改善你的学习状况

4～6人的小组

■ 本章的资源列表要学生找出3件他们现在就可以做，并且可以改善学习状况的事情。给每个学生两分钟的时间，让其简短叙述他们觉得这3件事情可能会带来什么帮助。

■ 组里的每个人都要把别人的 3 件事情写下来，并在未来几节课时将其再带来。在未来几节课里，学生可以互相监督彼此的进展。这是很有用的基础工作，有助于将来互助小组的发展。

☞ CREAM：创意、检讨、有效、主动、热忱

1. CREAM 分别代表 Creative（创意）、Reflective（检讨）、Effective（有效）、Active（主动）与 Motivated（热忱）。

可以借此告诉学生，缩写是一种压缩资料的很有用的方法，如在考前复习的时候。

2.

■ 问问学生，在技能课程上或其他课程上采用的方法，有哪些是创意的、检讨的、有效的、主动的和热忱的。

■ 确定学生了解被动学习与主动学习之间的差别，其中"检讨"是主动学习中很好识别的一个性质，与同学进行合作和进行小组活动都是某种形式的主动学习。

■ 学生也可以从自己的学习经验中找到"热忱的"或"有效的"的方法。

3. 对于把这些方法应用在自己的学业学习上，他们还有什么其他的想法？

4. 跟学生说明，在后面"组织技能"的课程当中，我们还会更详细讲到"有效的"学习方法，而所有其他的课程也都会相应地讲到有效的学习方法。

5. 热忱与创意的部分，也会在未来的课程中被探讨。

☞ 学习风格

探讨学习风格的方法有很多，你可以依据可用的时间进行选择：

1. 标准"描述"测验：例如 *Honey & Mumford*、*Dunn & Dunn* 以及 *People Types and Tiger Stripes*（Lawrence，1995）中介绍的迈尔·布雷格类型指标（Myers Briggs Type Indicator）。在这些测验中，学生要对固定的描述进行评分，之后评分的结果由人工或电脑进行分析，以确定学生的学习"类型"，并以简短、标准化的解释说明这种类型所代表的意义。

2. 通过练习：例如 *The Study Skills Handbook* 中的记忆练习，或是后面的"视觉、听觉与动觉学习风格"测验。

3. 通过检讨：即 *The Study Skills Handbook* 中采用的方法，利用多种材料去刺激学生思考各种会影响学习的因素。

4. 通过问题：书中附有例子。

5. 综合使用上述各种方法，本章最后还附有相关教材可供使用。

对作业进行自我评估

自己评估自己的作业，可以鼓励学生为自己的学习过程负起责任。这并不一定很容易，但是如果能够这样训练学生，并将之与其他的检讨反省与自我评估工作联系在一起，那么会为师生双方都带来很大的收获。老师最好能在一开始时就引入这个概念，这样学生就会有更多的时间培养这个技能，并将之视为是系里文化的一部分。

对老师的好处 评分与回馈的过程会变得更轻松，并有助于老师找出"有危险"的学生。

对学生的好处 自我评估这个练习本身也可以为学生拿到分数。老师可以将自我评估的练习结果纳入到最后的总分之中，这有助于学生专注于评分标准，并破除对于评分过程的迷思。

1. 请学生思考学会评估自己的作业有什么好处。
2. 将之与评改作业范例的练习结合起来。
3. 用实际的例子说明好的自我评估是什么样子。
4. 就现在课程中正在进行的作业，讨论什么才是好的自我评估。
5. 让学生小组讨论他们应如何评估自己的作业，以及应如何进一步改善。
6. 书中附有自我评估表。

总结

1. 进行完这个单元后，请学生发表意见，说明为什么要检讨自己的学习方法与学习态度。
2. 你还可以从本章开头（学生的困难）一节中，找到可以补充说明的内容吗？
3. 鼓励学生在检讨日记上写下能够鼓舞自己的想法。

11.5 资源列表：学习态度与学习方法

买本笔记本，写下你对下面每个主题的想法。你也可以使用文件夹，并在以后上课时将其带上。

推荐阅读：立志至少阅读下面其中一本书

☐ Cottrell, S. (1999) The Study Skills Handbook (Basingstoke：Macmillan-Palgrave)（第3章和第4章）.

☐ Rose. C. and Gall, L (1992) Accelerate Your Learning：The Action Handbook (Aylesbury：Accelerated Learning Systems).

☐ Gardener, H.（1993）Frames of Mind：The Theory of Multiple Intelligences. 2nd edn（London：Fontana）（第 4 章）.

☐ Entwistle, N.（1997）Styles of Learning and Teaching：An Integrated Outline of Educational Psychology for Students, Teachers and Lectures（London：David Fulton Publishers）（第 5 章）.

天资

☐ 你对"天资"有什么看法？这些看法是怎么形成的？

☐ 老师或父母对天资所持的态度和他们对你的看法是如何影响到你的？影响到你学习的能力了吗？

☐ 这些信念是鼓舞你去学习，还是阻碍你去学习？

☐ 其他你认识的人在生活上或学习上又是如何受到这种想法的影响的？

改善的策略

依据阅读或反省的结果，在记事本上写下 3 件你现在就可以做的事情，以便帮助改进你的学习状况，以及你觉得这些事情会带来的帮助。

与他人合作

☐ 随着课程的进展，你在与同学相处方面的信心有何变化？

☐ 有没有哪些同学是你特别钦佩的？如果有，他们的哪些特质令你钦佩？

☐ 在你自己的生活中，你在哪些地方也展现出了类似的特质？

☐ 有没有在哪些方面，你并不积极参与你的学习小组或研讨课？

☐ 是什么令你不愿全心投入和参与？为了改变这个状况，你可以做些什么？

11.6 学习风格：视觉型、听觉型还是动觉型？

学习风格：你的学习风格属于视觉型、听觉型还是动觉型？

非常对：4 分　对：3 分　有点对/不知道：2 分　　　　得分

很少对：1 分　完全不对：0 分	4 3 2 1 0
1. 我看书的时候，会在脑海中想象书上描绘的画面。	4 3 2 1 0
2. 我对进行过的对话记得很清楚。	4 3 2 1 0
3. 如果看到的东西是写在纸上的，我会更容易记住。	4 3 2 1 0
4. 我站起来四处走动时，最容易把东西记住。	4 3 2 1 0
5. 我说话的时候喜欢用手比划。	4 3 2 1 0
6. 看书时，我喜欢把看的内容画下来。	4 3 2 1 0

7. 我是靠按电话号码的动作记住电话号码的。 4 3 2 1 0

8. 我会大声重复，或是在脑海里一遍遍重复。 4 3 2 1 0

9. 我听课的时候喜欢胡写乱画。 4 3 2 1 0

10. 计算时我会大声念出来。 4 3 2 1 0

11. 除非看到写下来的数字，否则我没办法进行计算。 4 3 2 1 0

12. 我很会记歌词。 4 3 2 1 0

13. 对于新事物，我喜欢先看别人做一遍，然后自己再去 4 3 2 1 0
尝试。

14. 上课时我很喜欢问问题。 4 3 2 1 0

15. 我很容易就会想起来某个东西最后一次是在哪里看 4 3 2 1 0
到的。

16. 我会把单词写出来，以感觉一下有没有拼对。 4 3 2 1 0

17. 我对颜色很敏感。 4 3 2 1 0

18. 我很有运动天赋。 4 3 2 1 0

19. 要把东西背下来对我来说很容易。 4 3 2 1 0

20. 我对音乐很敏感。 4 3 2 1 0

21. 需要动手做的事情我都能做很好。 4 3 2 1 0

22. 如果别人给我一套指示，那么我很容易就能记住内容。 4 3 2 1 0

23. 坐在书桌前工作时，我很喜欢在座位上动来动去。 4 3 2 1 0

24. 我很喜欢摆弄我的手。 4 3 2 1 0

25. 我喜欢写下来的指示说明，这样我可以用眼睛看到。 4 3 2 1 0

26. 我喜欢在动手做的过程中学习。 4 3 2 1 0

27. 我会在脑海中看到单词，以检查拼对了没有。 4 3 2 1 0

28. 我会把要学习的内容在脑海中编成一部影片。 4 3 2 1 0

29. 我喜欢在讨论中学习。 4 3 2 1 0

30. 如果要我去做什么，我喜欢听到别人用嘴巴和我说。 4 3 2 1 0

31. 我不喜欢遵从指示，宁愿自己去把方法"试出来"。 4 3 2 1 0

32. 我喜欢用自己去尝试的方式进行学习。 4 3 2 1 0

33. 我靠播电话号码时的声音记住电话号码。 4 3 2 1 0

34. 我喜欢通过幻灯片、图片去学习。 4 3 2 1 0

35. 我经常哼哼唱唱。 4 3 2 1 0

36. 我喜欢老师上课时用幻灯片、投影片，并把东西写在 4 3 2 1 0
黑板上。

记分表（把每一题的分数抄在下表中，并计算总分）

视觉题的分数	听觉题的分数	动觉题的分数
1	2	4
3	8	5
6	10	7
11	12	9
13	14	16
15	19	18
17	20	21
25	22	23
27	29	34
28	30	26
34	33	31
36	35	32
总分		

得分

上面每一项描述都能透露出你是偏向视觉、听觉或动觉中的哪种学习方式。

视觉学习者　喜欢"看到"信息，用眼睛去学习。

听觉学习者　喜欢"听到"信息，用耳朵去学习。

动觉学习者　喜欢通过肢体的感觉去学习，例如通过动作、触摸或感觉等。

得分说明

没有特别偏好	三类的分数都很相近	如果三类的分数都很相近，就表示你在学东西时可能不会特别偏好哪一种感官路径。
	三类的分数都很高	如果三类的分数都很高（每一类均为40~48分），那表示这三种感官你都会利用，以协助学习。
	三类的分数都很低	如果三类的分数都很低（均为0~24分），那么你可能就需要加强利用你的感官以协助学习，并进行多方试验，看看通过哪一种感官路径学习效果最好。

有特别偏好　　如果结果显示你非常偏好某个感官路径，那你就更加需要确定你是否能够善于利用这个路径，以便使学习过程更轻松。

想一想如何把上述方法都应用到学习中，以发挥你的创意。也许你还可以考虑看看，多利用其他的感官路径是否也能够获益。

11.7　学习风格、习惯与偏好

下面的练习可以帮助你分析你现在的学习方式。你在某个项目中的分数很高并不代表你就是某一"类型"的学习者，它只是告诉你，你的某些习惯、风格或偏好会影响你的学习方式。

组织

下面的测验是为了探讨你是否偏好用有组织或没组织的方式进行做事。每一项只打一个分数：

非常对：3 分　对：2 分　有点对：1 分　没有特别偏好：0 分

较没组织		较有组织
1. 我喜欢充满创意的混乱状态	3 2 1 0 1 2 3	我喜欢一切都很有组织
2. 我的书桌或工作的地方总是一团乱	3 2 1 0 1 2 3	我的书桌时时都很整齐
3. 我喜欢让我工作的地方有个人特色	3 2 1 0 1 2 3	我会把工作的桌面保持得整整齐齐
4. 我把事情记在脑袋里	3 2 1 0 1 2 3	我会写很多备忘清单
5. 我从来不用书签	3 2 1 0 1 2 3	我每次都用书签
6. 我晚上都让课本、作业摊在桌上	3 2 1 0 1 2 3	我晚上都会把课本、作业收好
7. 只要有时间我就读书	3 2 1 0 1 2 3	我读书的时间非常规律
8. 当天我对什么有兴趣，我就念什么书	3 2 1 0 1 2 3	我读书很有计划，都按时间表来读
9. 我从不觉得时间紧张	3 2 1 0 1 2 3	我每次都准时交出作业
10. 我会在课本上写得到处都是	3 2 1 0 1 2 3	我从来不在书上写字
得分		得分
总分		

分数

0～10 分　表示你既不偏好有组织的方式，也不偏好没组织的方式。

20～30 分　表示你在学习上特别偏好其中一种方式。

得分说明

"较没组织"　得 20～30 分

表示你特别偏好在你自己的时间内以你自己的方式念书。这可能是一种非常有创意和独立的工作方式，但是更有组织和计划的方法也值得参考，看看会不会有帮助，你要留意的地方是：你可能容易迟交作业和没有达到作业的要求。

"较有组织"　得 20～30 分

表示你特别偏好以有组织、有系统的方式念书，这可能是很有效率的工作方式，而你应该也是那种每次都会把事情做好的人。但是你也可以思考看看，对新想法采取更有弹性、更开放的态度，对你的学习会不会有帮助。你要留意的地方是过于刻板的思考与工作。

"其中一列"　得 10～20 分

表示你在学习上只是稍微偏好某一种方式。不妨尝试另外一列中的方法，看看会有什么结果。

外来的指导

下面的测验，意在探讨你是否偏好外来的指导。每一项只给一个分数。

非常对：3 分　对：2 分　有点对：1 分　没有特别偏好：0 分

我比较喜欢……

较少外来指导		较多外来指导
1. 事先不知道上课的情况	3 2 1 0 1 2 3	事先知道上课的情况
2. 老师直接开始上课	3 2 1 0 1 2 3	一开始上课，就由老师事先说明这节要上的内容
3. 自己决定要交出什么样的作业	3 2 1 0 1 2 3	由老师决定要交什么作业
4. 自己决定作业题目	3 2 1 0 1 2 3	由老师规定作业题目
5. 自己探索相关主题	3 2 1 0 1 2 3	由老师给予清楚的纲要
6. 自己决定参考哪些书籍	3 2 1 0 1 2 3	由老师给予参考书目
7. 以自己的方式进行做事	3 2 1 0 1 2 3	有人确切告诉我应该做什么
8. 自己边学边练习使用电脑软件	3 2 1 0 1 2 3	去上电脑课，学会使用新的软件
9. 自己就这样念下去	3 2 1 0 1 2 3	老师先就这个科目做大概的介绍

10. 自己学会怎么解决新问题　3 2 1 0 1 2 3　有人指导我怎么去解决新的问题

得分　　　　　　　　　　　　　　　　　得分

总分

分数

0～10 分　表示你对于外来的指导没有特别偏好。

20～30 分　表示你在学习上特别偏好其中一种方法。

得分说明

"较少外来指导"　得 20～30 分

表示你特别偏好自己决定怎么念书。这非常有助于成为独立自主、自动自发的学习者，同时也能够为自己展开各种新计划。但是你也应思考是不是需要对他人的想法采取更开放的态度。你要留意的地方是：在团队合作中可能较不适应，以及忽略作业的要求。

"较多外来指导"　得 20～30 分

表示你对于他人的指引与领导抱持非常开放的态度，如此一来便可以确保你一定不会走错方向，并能有效率地利用时间，在团队中也能积极参与合作。"是不是需要多学习做自己的主人"，这值得你思考，同时应对探索与冒险采取更开放的态度。你要留意的是：在思考与计划上太过依赖他人，独立性与领导能力不足。

"其中一列"　得 10～20 分

表示你在学习上只稍微偏好某一种方法。不妨尝试另外一列中的方法，看看会有什么结果。

与他人共事

下面的测验，意在探讨你是否偏好与他人共事。每一项只给一个分数。

非常对：3 分　对：2 分　有点对：1 分　没有特别偏好：0 分

偏好与他人共事		偏好独立做事
1. 我喜欢小组成员一起完成作业	3 2 1 0 1 2 3	我喜欢自己一个人完成作业
2. 在图书馆里喜欢坐在大家附近	3 2 1 0 1 2 3	在图书馆里喜欢一个人坐
3. 我喜欢和朋友对照课堂笔记	3 2 1 0 1 2 3	我喜欢自己一个人做笔记
4. 我喜欢听取他人的想法	3 2 1 0 1 2 3	我喜欢自己构造想法
5. 喜欢分组作业中的人际互动	3 2 1 0 1 2 3	喜欢自己一个人安静地进行思考

6. 我在讨论中学到的东西比
   从看书中学到的东西多　　3 2 1 0 1 2 3　　我从看书中学到的东西比从
   讨论中学到的东西多

7. 小组里可以产生更多的
   想法　　　　　　　　　3 2 1 0 1 2 3　　我自己一个人可以有更多的
   想法

8. 对我来说分组作业很有用　3 2 1 0 1 2 3　　对我来说分组作业是浪费
   时间

9. 我喜欢跟别人一起讨论
   作业　　　　　　　　　3 2 1 0 1 2 3　　我喜欢独自完成作业

得分　　　　　　　　　　　　　　　　　得分

总分

分数

0～10 分　表示你对于是否与他人共事没有特别偏好。

20～30 分　表示你在学习上特别偏好其中一种方法。

得分说明

"偏好与他人共事"　得 20～30 分

表示你在学习上特别偏好与他人进行互动。这非常有助于获得大众的观点与想法，以及发展社交技能、分组作业及互助网络。但是不妨思考多花时间独自学习对你会不会有好处。你要留意的地方是：过度依赖他人，无法独立产生自己的想法。

"偏好独自做事"　得 20～30 分

表示你特别偏好自己一个人做事。这非常有助于避开分心事物、达到目标及发展独立的性格。但是也不妨深入思考与他人合作会有什么好处，如集体思考的优势，及从调和不同意见与个性中所产生的技能。不去接触他人各式各样的观点，你可能会损失很大，尤其是在真实生活中或需要（实际应用）的事情上。你要留意的地方是：无法尊重他人的贡献以及人际技能较弱。

"其中一列"　得 10～20 分

表示你在学习上只偏好某一种方法。不妨尝试另外一列中的方法，看看会有什么结果。

环境因素

下面的测验，意在探讨环境因素对你做事会有多大的影响。每一项只给一个分数。

非常对：3 分　对：2 分　有点对：1 分　没有特别偏好：0 分

	高刺激		低刺激
1.	我需要在很明亮的房间里做事	3 2 1 0 1 2 3	我需要在很昏暗的灯光下做事
2.	我做事时需要开着音乐或电视	3 2 1 0 1 2 3	我做事时需要完全安静
3.	即便地震来了我还是可以继续做事	3 2 1 0 1 2 3	我很容易分心
4.	我念书的时候总是在吃东西	3 2 1 0 1 2 3	我在念书的时候根本无法想到吃
5.	我念书的时候需要喝很多水	3 2 1 0 1 2 3	我念书的时候从来不喝东西
6.	很热或很冷的时候，我的工作效率最好	3 2 1 0 1 2 3	我喜欢屋子里冷热适中
7.	我很喜欢动来动去，或是摆弄把玩东西	3 2 1 0 1 2 3	我工作的时候会动也不动地坐着
8.	走来走去能够帮助我思考	3 2 1 0 1 2 3	动的时候我无法思考
9.	在纸上涂鸦有助于我上课听讲	3 2 1 0 1 2 3	上课时我专注在听讲与做笔记上
10.	我喜欢同时做很多事	3 2 1 0 1 2 3	我需要把手上的这件事做完，之后才能开始做下一件事

得分　　　　　　　　　　　　　　　　　　　　得分

总分

得分说明

0～10 分	表示你的适应力很好，可以在大部分的环境下工作。
任何一项得 0～1 分	表示该条件不存在时，你依旧能够安心念书。
任何一项得 2 分	表示该条件不存在时，你念书可能会受到影响。
任何一项得 3 分	表示该条件不存在时，你念书可能会受到严重影响。你可能需要发挥一下创意，看看如何在各种学习环境中创造该条件（如在光线这一项，可以用亮一点的灯，或是戴帽子以遮住光线）。
其中一栏得 20～30 分	表示你非常偏好在有刺激或没刺激的环境下做事。如果你小时候念书时这些刺激并不存在，那么那时的你念起书来应该是很辛苦的。分数高可能也表示压力大，找辅导人员谈一谈可能会有帮助。

实验

不妨试验一下这些刺激存在或不在时，你的学习效率如何。看看这些刺激对你念书有多大影响，很多人都会发现，他们一直以来都按照从中小学起就固定下来的方式念书，仿佛这是唯一正确的念书方式。然而，一旦找到最适合自己的刺激组合，你可能就会发现念书变得容易多了。

整体型或连续型

下面的测验，意在探讨你是否偏好"整体型"或"连续型"的方法，有人认为这分别与"右脑"思考或"左脑"思考相对应。

非常对：3 分　对：2 分　有点对：1 分　没有特别偏好：0 分

整体型		连续型
1. 先有个概观	3 2 1 0 1 2 3	从有趣的细节开始
2. 看到用图表形式整理出来的科目内容	3 2 1 0 1 2 3	看到逻辑顺序
3. 看到以图像解释的东西	3 2 1 0 1 2 3	看到一张列表清单
4. 使用思维导图或"图形笔记"	3 2 1 0 1 2 3	使用标题和项目符号
5. 不多想就一头栽进去	3 2 1 0 1 2 3	事先仔细计划好
6. 相信我的直觉	3 2 1 0 1 2 3	严格依据事实
7. 利用想象力	3 2 1 0 1 2 3	把前因后果想清楚
8. 寻找各信息之间的关联	3 2 1 0 1 2 3	把信息分门别类
9. 寻找相似之处	3 2 1 0 1 2 3	寻找相异之处
10. 综合归纳	3 2 1 0 1 2 3	分析细节
得分		得分

总分

分数

0~10 分　表示你并不特别偏好整体型或连续型的学习风格。

20~30 分　表示你在学习上特别偏好其中一种方法。

得分说明

"整体型"　得 20~30 分

表示你在学习上特别偏好采取全面整体的方法。这非常有助于对信息进行综合以及与创意进行结合。但是你也不妨思考，你在学习上是不是需要更多的组织性与系统性的学习方法。你要留意的地方是：你在细节、组织、清晰明确与逻辑顺序上可能较弱。

"连续型"　　得 20～30 分

表示你在学习上特别偏好采取逻辑性和分析性的方法。这非常有助于确保工作的思路清晰明确与结构鲜明。但是你也不妨思考，需不需要找机会培养你的想象力与直觉。尝试找出各主题之间的关联，也会有帮助。你要留意的地方是：你可能不擅长将想法总结成一个有力的整体，并将你的学习内容和大环境连接起来。

"其中一列"　　得 0～10 分

表示你稍微偏向该型的学习风格。不妨尝试另外一列中的方法，看看会有什么结果。

方法

1. 在学一个全新的东西时，你怎么学？（在所有符合的框中打勾）

□ 听别人说。

□ 把要学的内容想象成是自己的。

□ 看别人怎么做。

□ 在脑海中进行想象。

□ 写字描述它。

□ 把它变成一张图画。

□ 把它变成好几个标题。

□ 把它分类标示。

□ 做白日梦的时候去想它。

□ 把它读出来，同时录下来。

□ 看书。

□ 问问题。

□ 把它调整一下以适应自己。

□ 把它写出来。

□ 做一个图表。

□ 用颜色标示出来。

□ 跟别人讨论。

□ 把它跟你已经知道的东西联系起来。

□ 跟别人描述或解释它。

□ 做家务的时候去想它。

2. 有哪些方法是你现在还没有用到的，但是可以试一试的？

亨尼与蒙弗德学习风格

亨尼与蒙弗德（Honey and Mumford，1982）研究出一套问卷，将人分成四大类的学习者。下面简短列出了这四种学习类型，哪一类的描述符合你（可能不只一类）？哪一类又最符合你的状况？

1. **行动派**　我喜欢用直觉、弹性、随性的方式做事，喜欢创造新的想法，尝试新事物。通常我有很多话要说、要发表。我喜欢通过实际的经验进行学习，例如通过问题解决、分组作业、工作坊、讨论或团队合作来学习。

2. **思考派**　我喜欢观察和思考，在做决定之前先收集信息，然后花时间考虑所有选择。演讲课、专题计划和独立做事最适合我。

3. **理论派**　我喜欢在明确的指引下一步一步仔细地、按照逻辑顺序地把东西学好，我在自己觉得知识已经很牢固的时候，才去进行实际应用。我喜欢通过阅读去解决问题和讨论学习。

4. **实务派**　我喜欢通过尝试的方式进行学习，在尝试当中看看它们有没有效，边做边学。我很注重实践。我喜欢在需动手实践的专题计划与实际应用中学习。

■ 通过选择某些类型的课程或院系以确保其教学方式与评测方式适合你的学习类型，你觉得这会不会有好处？

■ 你能不能调整你的学习方式，使其适合你的学习类型？

■ 你觉得把自己视为某种"类型"的学习者，有帮助吗？

11.8　思考你的学习 SHAPE

SHAPE 分别代表：Style 风格、Habits 习惯、Attitudes 态度、Preferences 偏好与 Experience 经验。

对于什么才是一种风格、习惯、偏好，一般并没有绝对的共识。不过受到公认的是，我们每个人都在以不同的方式进行学习，并且自己的学习方式会深深影响到学习的效果。做过本章的几个学习风格的问卷之后，你应该就会更了解身为学习者的自己了。

1. 风格？

有些人相信学习风格就像人的性格，是你整个人的一部分，无法改变。如果真是这样的话，那么你就得调整你的学习方式来使其符合自己的风格。

■ 在"学习风格、习惯与偏好"问卷与"视觉、听觉与动觉学习风格"的问卷结果中，有哪些是你觉得真的无法改变的？

■ 如果让你用十个字描述自己的学习风格，你会怎么描述？

■ 你要怎样调整你的学习方式，以善用自己的学习风格与学习偏好？

2. 习惯？

从问卷中得出的学习风格或学习偏好，你觉得有多大程度依赖于过去养成的习惯？你是否过分依恋一些现在并不适合你的学习习惯或学习行为？如果是的话，改掉这些习惯会有什么结果？是否能够进一步培养自己的学习能力？有哪些可能的风险？

3. 态度？

你觉得现在的学业学习在多大程度上受到了固有态度与信念的影响？

■ 你觉得为什么自己念得好或不好？

■ 你觉得什么样的学生是好学生？

■ 你相信自己能够念得很好吗？

■ 你曾经是否因为担心太过成功而故意表现不好？

4. 偏好？

你觉得自己的学习特色在多大程度上取决于你个人的偏好？如果你想改掉这些偏好，请问能够改掉吗？

5. 经验？

你现在的学习偏好是不是以过去的学习经验为基础？例如，以前在学校里有没有什么特别的经验导致你今天采取这样的学习方式？

11.9 总结

■ 你对身为学习者的自己有什么发现？

■ 有哪些关键因素可以协助你的学习？

■ 你现在的学习方式真的适合你吗？

■ 你还能不能再多利用一下自己的学习风格与学习偏好，从而使学习更轻松容易？

11.10 入门阅读

Cottrell, S. （1999） The Study Skills Handbook （Basingstoke：Macmillan-Palgrave）.

Beaver, D. （1994-1998）, NLP for Lazy Learning （Shaftesbury, Dorset and Boston, Mass.：Element）.

11.11 深入阅读

Dunn, R, Griggs, S., Olson, j., Beasley, M 与 Gorman, B. （1995）, A Meta-analytic Validation of the Dunn and Dunn model of Learning Style Preference, Journal of Educational Research, 88 (6), 353–62.

Honey, P. and Mumford, A. （1982/92）, The Manual of Learning Styles Questionnaire（Maidenhead, Berks.：Peter Honey Publications）.

Lawrence, G. （1995）People Types and Tiger Stripes（Gainesville, Fla：Center for Applications of Psychological Type）.

12

学习管理：找出技能与排定优先目标

12.1　学生在学习管理上的困难

☞ 学生可能无法看到检讨与监控跟整个学习过程的关联

学生可能会说，他们"看不出来自我评估或学术技能有什么用处"，有时候这可能是因为学生习惯了以学习知识内容为主的课程，在这种课程上要靠死背硬记才能取得成功。这些学生可能成绩很好，但是并不一定会知道如何去整体地进行学习，而新的学习方法似乎又会破坏一直都很有效的例行学习方法，因此这些学生可能会感到非常不安。

根深蒂固的习惯是很难被打破的，还有些学生可能会担心自己不具备足够的技能。老师应该强调，检讨自己的技能与建立档案记录都是向前进步的策略，而不是要否定过去。

☞ 学生可能不知道，每项技能还可以再分解成多个次技能

一旦学生知道每个技能还可以再分解成多个次技能，而且次技能有时候还可以分开学习，这时他们就会大松一口气。同样地，学生可能不知道，某个技能较弱，可能是因为其中的一个步骤或一个方面没做好，才导致整体表现不佳。

因此，不妨为学生指出，他们的某项技能较弱，其实可能是因为另外一项技能不足。比如论文写作能力较弱，可能是因为组织能力、思考能力，或搜寻文献的能力不足，而非写作本身的问题。

☞ 学生不习惯从正面的角度看自己

学生可能会觉得，如果说自己擅长什么会显得骄傲自大，因此最好能把这方面的练习设定在自我检讨与排定优先目标的大目标下。更清楚地了解自己的长处与短处后，学生可以把时间更恰当地花在真正需改进的地方。

☞ 学生不知道该依什么标准进行自我评估

自我评估是一种以经验为准的方法，学生常常不知道自己的长处与短处，因为

从来没有人教他们去设定一套标准来评估自己的能力。

☞ 学生会按照他们想象的练习目的以及谁会看到评估结果，来高估或低估自己

老师务必跟学生说清楚这些评估练习的目的以及看到结果的人会是谁，这对"检讨日记"尤其重要。如果"检讨日记"最后是要收上来给老师看的，那一开始老师就应该告知学生，以避免学生把私人的事情也写上去。

☞ 学生可能"看不到这有什么用处"

自我评估的工作是迈向更有效的学习管理的一个步骤。如果技能的"分析建档"与技能发展是分离的，那么学生自然就看不出来评估自己的技能到底有何用处。

为了让学生真正从技能评估与诊断需求中获益，这些工作就须与技能的辅导工作连接起来。如果学校无法提供相关的辅导，那么学生就会觉得做这些评估是在浪费时间，表现优异的学生可能也看不出来提升学术技能有何用处，因此老师须清楚说明其益处。

12.2　老师如何帮忙及其准备工作

☞ 老师如何帮忙

1. 更高的目的

把学术技能、专业发展与就业资格（或是继续深造所需的资格）结合起来，让学生了解到发展学术技能是大学生涯中不可或缺的一部分。鼓励他们记录自己的技能发展，并用一个"进展文件夹"保留相关的资料。

2. 课程设计

有可能的话，老师应该在课程中采用不同的教学方式以适应学生们不同的学习风格。例如，就书面作业设定不同的写作风格，或是采用专题计划、分组作业、同学评估、同学辅导、口头报告、公司或社区实习等不同的教学方式，以使学生"较轻松"地学习获得各种技能。

3. 从学生的长处开始

让学生从过去的经验中找出自己已经具备的技能，成年学生与其他"非传统"学生往往具有丰富的资历可利用。

4. 清楚说明次技能与评估的标准

把主要技能分解为次技能，如此学生就可以看到，哪些次技能是自己已经具备

的，哪些还需要加强。鼓励那些觉得自己"没有技能"的学生找出自己具备的次技能，以增加信心，也不妨花些时间探讨学生是不是把标准定得太高，把自己跟一个想象中的完美典范进行相比。提醒学生，没有人期望他们现在就什么都会，或是达到专业的标准。对于觉得自己不需要学习学术技能的学生，可能需要对他们进行一些督促，以帮助其找出可以精益求精的地方：他们不可能在每一方面都已经很完美了。

5. 辅导系统

确保在进行过自我评估、找出自己的弱点之后，学生能够得到适当的辅导。除非学校已具备完善的辅导系统，否则不要跟学生签订任何的技能"契约"。

☞ 老师的准备工作

1. 课程原则

（1）强调"学习发展"的模式。

鼓励学生把这一切都视为是一种追求进步的方法，并以长期的专业与学术发展为目标。掌握每个学生的技能状况，这样你就知道以后要在哪些方面多花一点时间。

（2）鼓励学生使用与技能相关的教材。

如果学生已经拿到了与技能相关的教材，鼓励他们尽可能多地使用，自己在课堂上也要不时用到这些教材。

（3）找出"有危险的"学生。

尽早出一个诊断性质的作业。有些院系在学期开始前就会进行这个工作，有些院系则在入门周或开学后的几星期内进行。

2. 教材

（1）附在本章最后的几份资源列表。

（2）为科目的特定技能拟一份检查表。

12.3 课程目标与学习成果

☞ 课程目标

1. 进一步加强学生与他人共事的信心与技能。

2. 培养学生的自我评估与检讨反省的技能。

3. 使学生了解到，学习是一件他们可以掌控的事，是可以管理的。

4. 协助学生找出自己已经具备的技能以及还需要改进的技能，以提升学习能力。

☞ **学习成果**

进行完这些练习活动后，学生应该能够：

学习成果	技能代码
1. 带着自信与技能参与不同大小的团体。	IGS C
2. 更深入地检讨自己的学习状况。	IGS M OC R
3. 描述"可转移的技能"的意义，并找出自己已经具备哪些特质。	A E Emp IGS KU M R
4. 在现在的学术技能中，找出自己擅长的地方与需要改进的地方。	A E M R
5. 找出科目特定的技能。	KU
6. 撰写学术自传。	Emp S WC
7. 设定优先目标、拟订行动计划，以发展学术技能，改进学习状况。	Emp IGS M P R

12.4　活动：8种带动学生的方法

☞ **破冰游戏**

个人　□ 最能鼓舞我的事情是……
　　　□ 我最擅长的事情是……

☞ **技能是什么？**

1. 个人

请学生简单写下他们觉得技能是什么。

2. 三人一组

请学生三人组成一组，互相分享自己对技能的定义。讨论知识、经验、好的表现与技能之间有什么差别？

3. 全班

全班一起讨论，确保最后学生都了解到技能是一种能够随心所欲、在多个场合中取得良好表现的能力。

☞ **培养自我检讨的能力**

确认一下是不是每个学生都开始写自己的检讨日记了。如果不是，强调这是自我评估中很重要的一部分，而且在课堂上要常常提到。

1. 个人

请学生阅览一下自己的检讨日记，简单写下自己将怎么使用这本检讨日记，在日记上都写些什么，以及如何更加巧妙地使用这本日记。

2. 三人一组

每个人都有两分钟或三分钟的时间进行发言。每个人轮流为发言的人控制时间。发言的人简短描述他们现在如何使用检讨日记，以及觉得可以怎样改进使用方式。

3. 赞赏

说完后，另外两个人就其所讲内容或其在小组中的行为，提出一点加以赞赏（像是坦然叙述自己的困难、诚实说自己没有写检讨日记、对于这个工作的热忱，或是能够专心听别人说话等）。每个人都要把得到的回馈写到检讨日记里。

4. 全班

全班发表意见，讨论大家都怎么使用检讨日记，鼓励学生记下对自己有用的意见。

☞ 可转移的技能

全班检讨的结果也可以用于撰写学术自传，供老师进行诊断工作（见活动7）。

1. 个人

请学生简单在纸上写下：在他们擅长的领域里，有哪些技能是可以应用到学业的学习上的？这个检讨的活动也可以作为课前预习。

2. 全班

请每个学生就自己写下的一项技能，说明在非学术环境下这项习得的技能对于学业可能有何帮助。

3. 个人

现在听过大家的意见后，请学生在检讨日记上简短记下自己还具备哪些值得珍视的技能。

4. 全班

跟学生说明，学术技能也是可以转移到职场上的，而且每个人最好都能够记录自己的学术技能的发展，以供今后的课程使用。

5. 全班

你可以借这个机会，鼓励学生从此刻开始使用一个文件夹收藏自己的进展状况。例如成就证明、技能证明和履历等。让学生思考，随着学业的进展他们保留一个"进展文件夹"有什么好处。

技能发展的优先目标

如果学生已经建立起一份"技能现状档案"，那么请学生现在拿出来，否则的话给学生时间，让他们现在建立档案。

三人一组，利用"优先顺序组织帮手"表格轮流找出：

■ 学术技能中自己目前较擅长的两个领域。

■ 学术技能中近期须优先改进的地方。

科目特殊技能检查表

讨论的结果可用于撰写学术自传，供老师进行诊断工作。

1. 与学生讨论你拟定的"科目特殊技能检查表"。

2. 说明你会如何教授学生检查表上列出的技能。

3. 指出学生在哪天之前，应该全部掌握这些技能。

4. 指出发展的阶段。学生交出的第一份作业与往后的作业，甚至是以后几年的作业，应该有什么区别？

5. 说明怎么评估这些技能，或是它们会如何影响其他的考核结果。如果这些技能对于成绩没有影响，那学生可能就不会认真看待它们。

6. 如果学习这些技能有困难，那么应该怎么办？

7. 应该什么时候向系里的什么人寻求辅导？

准备进行 SWOT 分析

跟学生解释，SWOT 分析可以用于各种情况。其实它就是一个现成的简单大纲，可以用来思考新的行动计划或探讨自己对于陌生情况的反应。SWOT 分别代表：优势 Strength、弱点 Weakness、机会 Opportunities 与威胁 Threats。画一个 SWOT 表格，以供学生仿制，或是将书后所附的表格印给学生。请学生：

1. 在检讨日记上找一页写上下列标题：

我准备好了要达到……系学生的标准。

2. 画一个大十字，将该页划分成上下左右四个大格。上面两格分别写上标题"优势"与"弱点"，下面两格分别写上标题"机会"与"威胁"。

3. 请学生在上面两栏中尽量写出自己的优势与弱点。当中除了考虑自己是否已准备好成为大学生外，还要考虑就读院系所要求的条件。

4. 想一想，攻读这个学位可能会有什么样的新机会？

5. 面对大学的学业，是什么令他们感觉受到威胁？他们心里有什么担忧？

6. 请全班学生就每栏发表自己的意见，并写在黑板上。

7. 以此为基础与学生讨论他们对于该专业领域所保持的态度，并确认学生是不是都已了解到大学学业对他们的要求。

如果还需要学生拟订行动计划或诊断性质的学术自传的话，那么可以以这个练习活动的结果为基础。

行动计划与学术自传

请学生就开学以来所学到的东西撰写一篇临时学术自传，这会很有帮助。鼓励学生放宽眼界，根据过去的生活经历，认真考虑毕业之后的前景，以便使现在的技能发展工作显得更有意义。

The Study Skills Handbook 一书第 2～4 章的内容，便是协助学生思考过去的经历是如何影响现在的学习的，并分析现有技能对于这些练习活动会有什么帮助。

下面的练习活动，也可以作为诊断性质的评估。让学生也参与评估的过程，那么这些评估感觉起来就不会像是一种"测验"，而更像是一个发展的过程。自我评估问卷、自我检讨练习以及阅读与讨论，都能帮助学生开始用文字去描述身为学习者的自己。行动计划与学术自传都应收上来，这样老师就可以了解系里学生的整体状况，看看学生对于发展自己的技能，是不是都制订了实际可行的计划，并找出可能需要额外辅导的学生。关于这种诊断工作更详细的细节，请见第 4 章。

1. 行动计划

请学生就下列标题拟订一个简单的行动计划（每一个标题下的内容不要超过 150 字）。

（1）自我评估	总结我现在的长处、技能与特质中有哪些是我要继续发展的？
（2）期望看到的成果	我想达到什么程度？我想要做到什么？
（3）优先目标	我该做些什么？什么时候做？怎么做？第一步是什么？
（4）评估	我怎么知道自己进步了？如何评估我自己、我的学业或别人对我的态度。

2. 写作：个人声明或学术自传

我的学习经历：过去、现在与未来。

请学生就这几堂课所用过的教材，特别是行动计划，写一篇 1 000 字左右或 2～3 篇的"学术自传"。鼓励他们把这个练习视为是一个清楚说明想法、立志积极投入学业学习与技能发展的步骤。这可以作为他们期末正式考核的基础，或是将其用于他们以后的就业计划活动中。

本章后面附上了自传的大纲。如果学术自传要评分，那就应该同时发给学生一份评分标准。本章后面附有一份可供参考的评分标准。此外还有一份学生自我评估表格，是参考东伦敦大学时装设计暨行销系师生研发的版本而编的。

12.5　资源列表：找出技能与排定优先顺序

> 如果你花些时间做些预先的准备工作，那这对于下一节课会很有帮助。下列的活动中，立志至少完成一件。如果全部的活动你都能够完成，那么下节课里你就会有非常多的收获。
>
> **推荐阅读：立志至少阅读下面其中一本书**
>
> ☐ Cottrell，S.（1999）The Study Skills Handbook（Basingstoke：Macmillan-Palgrave）.
>
> ☐ Boud，D.，Keogh，R. and Walker，D.（1995）Reflection：Turning Experiens into Learning（London：Kogan Page）.
>
> **自我评估**
>
> ☐ 完成"优先顺序组织帮手"表格。
>
> **珍视你现有的技能**
>
> ☐ 你在生活中一定扮演了多种不同的角色，列出你从各个角色中学到的技能。选出 5 种技能，思考它们是如何帮助你进行学业学习的。例如，写会议记录可能有助于上课做笔记的技能的形成，或是送小孩上学有助于准时完成任务。
>
> ☐ 你怎么评估自己的能力？
>
> ☐ 你觉得你对自己要求太松了，还是太严了？
>
> **自我检讨**
>
> ☐ 在你的检讨日记中写下：生活里什么能够鼓舞你？（不管是一个人、一本书、音乐或其他的事物等皆可）为什么它能够鼓舞你？
>
> ☐ 是什么鼓舞你进入这个院系，或是回到学校来念书？
>
> ☐ 你觉得我们说的"技能"是什么，以及技能是如何培养起来的？
>
> ☐ 从进入大学以来，在阅读过相关的文章书籍之后，你对于自己的技能所具有的了解有什么改变？

12.6　学术技能的优先顺序

☞ 学术技能（1）

A 栏　如果描述的句子符合你的状况，打一个勾。

B 栏　以分数表示掌握这个技能的重要性。（6＝不重要；10＝非常重要）

C 栏　以分数表示你现在对这个技能的掌握程度。（1=很弱；5=非常好）

D 栏　写出 B 栏与 C 栏相减后的分数（B-C）。分数越高，该技能就越可能需要优先加强，继续做下一页的测量。（过一段时间再填一次这个表格，与现在的分数做一下比较）。

学术技能（1）	A 对（打勾）	B 重要性 6~10 分	C 现在的能力 1~5 分	D（B-C）优先度
1. 我知道要怎么做学习效果才会最好，也知道如何检讨与评估自己的作业				
2. 我很有动力，也知道如何为自己设定合理的目标				
3. 我具有良好的时间与空间管理技能，能够安排好我的工作量				
4. 对于展开一个新任务或新作业，我有良好的策略				
5. 我对自己的研究技能很有信心				
6. 我知道在什么样的状况下，什么样的方法最有助于我的阅读				
7. 做笔记：我能够有效率地做笔记，以及有效率地组织、储存、找到和使用我的笔记内容				
8. 我能够有效利用上课时间，并得到最大的收获				
9. 我知道如何准备和进行口头报告				
10. 我知道如何善加利用分组作业与研讨课				
11. 我有恰当地完成各种写作任务的能力				
12. 我知道如何利用电脑协助我的学业学习				
13. 我能够批判性及分析性地进行思考、评估自己与他人的论点				
14. 我有很好的记忆策略				
15. 我有很好的复习策略与考试技能				
16. 其他				

资料来源：Stella Cottrell（1999），*The Study Skills Handbook*（Basingstoke：Macmillan-now Palgrave）.

学术技能（2）

A 栏　利用阶段 1 的结果，决定各项目是真的应优先改进，还是可以先摆着，或是由别人来处理，或是有没有其他选择。

B 栏　依照你要进行的顺序，为各项目编号。把下一个要进行的项目用黄色标示出来，把已经完成的项目用红色标示出来。

学术技能（2）	A 优先要解决？（打勾）还是：	B 还可以等？有其他选择？
1. 我要怎么做学习效果会最好，以及如何检查和评估自己的作业		
2. 我要使自己更有动力，并学会为自己设定合理的目标		
3. 我要改进我的组织安排能力与时间管理技能		
4. 我要制定出展开新任务或新作业的策略		
5. 我要改进我的研究技能		
6. 我要改进我的阅读技能		
7. 我要改进我做笔记的技能，以便更有效率地组织和使用我的笔记内容		
8. 我要更有效率地利用上课时间来得到最大的收获		
9. 我要提高自己口头报告的能力		
10. 我要善加利用与同学合作（分组作业、研讨课等）的机会		
11. 我要加强我的写作技能		
12. 我要多加利用电脑以协助我的学业学习		
13. 我要培养进行批判性思考与分析性思考的技能		
14. 我要改进我的记忆策略		
15. 我要制定良好的复习策略，以及强化自己的考试技能		
16. 其他		

资料来源：Stella Cottrell（1999），*The Study Skills Handbook*（Basingstoke：Macmillan-now Palgrave）.

12.7　SWOT 分析

我准备好要达到……系学生的标准。

优势	弱点
机会	威胁

资料来源：Stella Cottrell（2001），*Teaching Study Skills and Supporting Learning*（Basingstoke：Palgrave）.

12.8　撰写学术自传

学术自传只是记录学生目前的位置。撰写学术自传，让学生有机会把在入门指导期间完成的工作进行总结，如自我评估、检讨反省、排定优先目标，以及拟订行动计划等。下面指明了学术自传可以包括的内容，以及如何组织这些资料。这些只是一种指引，学生不必把每一点都写进学术自传内。最后的终稿中不要有标题，最好还能够利用读过的资料或文献来支持他们的观点。

我的学习经历：过去、现在与未来

1. 方向　抱负与动力：我未来要走向哪里？

■ 你对未来有什么目标与抱负？你希望 5 年之后的自己在哪里？
（尽量大胆地发挥想象力）

■ 你觉得进入这个院系，能够如何帮助你完成这些目标？

■ 你希望在大学期间获得哪些技能与特质？

2. 回顾　我从过去带来了什么？

■ 是什么把你带到了这个学习阶段或事业阶段？

■ 什么能够鼓舞你（有可能的话，注明出处或来源）？

■ 过去的学习经验与生活经历使你具备了什么条件，其中哪些有助于你现在重新成为学生，在这个院系就读？评估你从过去带来的知识、资格、技巧、态度与经验，哪些能够协助你的学业？

3. 评估　评估知识与技能：我现在在哪里？

■ 身为这个院系的学生，你需要具备哪些技能与能力？

■ 身为这个院系的学生，你主要的长处与弱点为哪些？

■ 你在哪些方面还需要加强，以取得成功？

4. 计划　取得成功：我如何完成目标？

■ 你计划如何完成你的学习目标？你要做些什么？

■ 什么时候做？怎么做？

■ 你觉得可能会遭遇到什么困难？

■ 做出什么样的事情可能会毁坏你的成果？

■ 你要怎么预防自己或别人毁坏你的成果？

■ 你怎么维持自己的动力？

■ 你还需要进行哪些其他的准备工作？

5. 评估进展

■ 达到目标的时候，你预期会在自己、自己的学业及他人的态度上看到什么转变？

■ 你如何向他人展示你取得的成就？

6. 意外的收获

■ 你对于自己或自己的学习状况，有什么意外的发现？

■ 这些发现对你的学业，或是更广义地，对你的生活或工作可能有什么帮助？

7. 参考资料

把你一路走来曾经鼓舞过你的书本、电影、音乐或其他事物都列出来。列出在写这篇学术自传时会用到的所有资料。

8. 范例：前言

在这篇学术自传中，我将说明过去的经历和未来的目标是如何影响我目前在媒体科技系里的专业学习的。对过去的生活与学习经历进行了深入的思考后，我将说明过去的学习经验使我具备了哪些可以帮助我现在的学业的技能与个人特质。

此外，我会着重描述去年夏天担任义工时习得的技能与见解，以及这些技能与见解是如何意外地为我在设计方面建立了一个很好的起点。我最主要的目标就是取得这个学位以开始我的职业生涯。

我还会说明我觉得需要在哪些地方投入更多的精力以符合职业愿景，还有在选择课程时我进行的思考，以及我在未来一年需要特别专注的技能以提高成绩。最后我还要说明，我觉得这个院系的课程以及我做出的决定会如何帮助我完成目标。

12.9　作业自我评估

姓名：　　　　　　　　　　　　　　　　　　　　　　　　　日期：

院系/课程：

作业题目：

□ 作业准时完成？　　　　是　否

□ 缺课？　　　　　　　　是　否

□ 如果有缺课，说明错过的课程内容。

续表

1. 你觉得你了解这项作业的要求了吗？ 　　　　　　　　　　　　　　　　　　　　是　否

你觉得你应该怎么做，这项作业才能够取得好成绩？

2. 你在查找文献资料，或是在准备、计划这项作业时，有没有什么困难？　　　是　否

如果有的话，请详细说明。你当初可以采取什么别的办法吗？

3. 你是否每节课都去上课，而且善加利用老师给予的资源？　　　　　　　　　是　否

如果没有的话，你应该怎么做以改善以后的表现？

4. 你在课堂之外为这项作业花了多少时间？这样的量足够吗？　　　　　　　　是　否

说说你在这些课堂之外所做的准备工作的用处有多大。

5. 你希望当初得到更多的协助或建议以帮助你完成这份作业吗？　　　　　　　是　否

如果是的话，请详细说明。

6. 你在写作业上有困难吗？需要协助吗？请详细说明。　　　　　　　　　　　是　否

7. 如果你愿意的话，可以再写写你觉得应如何改进你在这份作业或其他书面作业上的表现。

完成后面的评分表，老师会依据同样的评分标准进行评分，这份自我评估表也会被评分（满分5分）。

学生签名：　　　　　　日期：

老师：　　　　　　　　日期：

老师评分及评语：

资料来源：Stella Cottrell（2001），*Teaching Study Skills and Supporting Learning*（Basingstoke：Palgrave）.

12.10 评分标准

评分标准

			评分 弱 ←——→ 强	
1. KU	对该题目进行了广泛的阅读或研究	0 1 2 3	4 5 6 7 8 9 10
2. KU	了解与作业题目相关的课程内容	0 1 2 3	4 5 6 7 8 9 10
3. A	对老师教授的内容与自己阅读的资料进行了良好的批判分析	0 1 2 3	4 5 6 7 8 9 10
4. I	恰当选取了与作业题目相关的资料	0 1 2	3 4 5
5. I	整篇作业正确注明了参考资料的出处，并列出了全部的参考书目	0 1 2	3 4 5
6. IGS	显示擅用了同学辅导与同学讨论	0 1 2	3 4 5
7. R	显示进行了建设性的个人检讨	0 1 2	3 4 5
8. E	善加利用了自我评估表	0 1 2	3 4 5
9. C	利用想象力与创意并结合例子、个人经验、课堂教授内容与参考文献	0 1 2 3	4 5 6 7 8 9 10
10. M	对所学内容进行了良好的计划与管理	0 1 2	3 4 5
11. M	想法与概念整理的有组织、有条理	0 1 2	3 4 5
12. WC	有力而清晰的论点	0 1 2	3 4 5
13. WC	作业呈现的方式很好，拼写、语法、标点符号和分段	0 1 2	3 4 5
	正确恰当	0 1 2	3 4 5
14. WC	清晰、顺畅、明了的写作风格	0 1 2	3 4 5
15. S	内容总结得很好，得出了一个有力的结论	0 1 2	3 4 5
16. Emp	显示了解技能发展对未来的学业与事业的重要性	0 1 2	3 4 5

黑线右边为可接受的程度。及格分数 40 分

总分：

评语：

资料来源：Stella Cottrell（2001），*Teaching Study Skills and Supporting Learning*（Basingstoke：Palgrave）.

分组作业

13.1 学生在分组作业上的困难

如果班上的分组作业运作良好，学生的收获会非常大，老师的负担也会减轻很多。但是，如果组织得不好，分组作业可能就会是一种威胁，令学生觉得脆弱无助。东伦敦大学曾在一个咨询练习中调查了某系学生流失严重的原因，结果表明学生之所以会"整群人"离开，是因为他们非常不满意课上分组作业的安排方式。因此我们务必要给予学生适当的训练与辅导，使他们能够体会小组合作的好处。

☞ 怕生

课程刚开始时，学生理所当然多少会对班上同学感到畏惧，不知道同学会怎么看待自己的困难与脆弱。他们可能担心会被嘲笑、被认为不够聪明，或是被排斥，因此筑起一道墙来保护自己。大学并不总是一个令人觉得安全的地方，因为学生可能会在高校中暴露自己所有可能会被认为是缺陷的弱点，而大班教学与缺乏互动更会增加这种情况出现的次数，因为学生对于要一起合作的同学的了解少之又少。

☞ 害怕落单

学校分组时，有些学生总是最后一个才被"挑走"。如果让学生自己分组，这些学生可能又会经历这种极度脆弱无助的感觉。

☞ "没有贡献"

有些学生担心自己会使同组的同学失望，或是没有任何东西可以贡献。在小组活动中，你应重点注意学生在日常生活中需要的技能，从而可以帮助改变学生的这种心态，而且对每一个同组的同学都给予正面的回馈也会对此有所帮助。

☞ "其他人会拖累我"

这种想法在成绩一向非常优异的学生中很常见，特别是对于那些一向自己一个人独立学习的学生而言，更是如此。这些学生可能担心分组作业会影响到他们自己的学业，或是他们总得"拖"着整个小组前进。

☞ **缺乏经验**

上述的心态，往往又跟学生缺乏良好的小组合作经验与相关技能密切相关。

13.2　老师如何帮忙及其准备工作

☞ **老师如何帮忙**

1. 建立友爱互助的团体气氛

"形成团体"的活动与讨论团体的运作，有时候看起来像是在浪费"正式"的上课时间，但是它非常有助于新生融入班级，尤其是那些学生还未彼此合作过但须进行小组作业的班级。

2. 在组成正式的参与评估的小组前，先培养团体合作的技能

通过各种两人、三人、小组和全班进行的活动来培养学生团体合作的技能，之后再要求学生组成固定的小组。如果学生总是待在同一个小组，或是在被要求组成小组时显得很不情愿，那么这些基础工作就变得特别重要。

3. 消除身处于一群陌生人当中的感觉

进行各种破冰活动，让学生彼此互相认识。学期初的时候，让学生轮流与最熟和最不熟的同学同组进行活动。如果你事先就指出这些活动都很短暂，那么学生就不会那么恐惧排斥了。如此可以帮助学生建立与不熟的人进行交谈与共事的自信，从而有助于在将来组成互助小组或专题计划小组时，避免有些学生被冷落这一状况的发生。

4. 改变分组方式

在早期进行小组活动时，改变分组的方式以让学生经常换组。例如，发给每个学生一个字母，如 A、B、C、D、E，拿到同一个字母的学生组成一组，或是让学生按照出生月份、星座、学习风格等等进行分组。

一旦习惯了与陌生人共事，他们就更易融入到新的小组中。这种做法也有助于打破小圈圈、小团体。让学生记录小组运作的过程，可以协助你对小组进行评分。你也可以把学生纳入评分的过程中。在评分过程中，重要的是要同时对小组运作的过程（小组成员如何合作）进行评估，而并非只对最后的成果（小组作业）进行评估。

5. 评估标准

指出在分组作业中会受到评估的技能：像是批判分析分组作业的情况、评估自我表现，或是给予建设性回馈的能力。如果这些技能能被评估，那学生就会更认真

看待。老师在评估小组作业时，不要只评估最后的成果，这样可以避免学生严重影响他人的成绩。

老师的准备工作

1. 小组进行的原则

分组作业有很多种进行的方式，根据你收的学生的不同，可以选择不同的做法。对这班学生适用的做法，对另外一个班并不一定适用，不过为了确保取得最好的效果，老师可以遵循以下 8 个基本的步骤：

（1）认识彼此的名字。

（2）进行破冰游戏。

（3）谈论心中的担忧。

（4）讨论如何将焦虑视为一种机会。

（5）一起制定课堂守则。

（6）训练学生如何给予建设性的批评。

（7）清楚说明分组作业的焦点、目的与益处。

（8）留出时间讨论哪些做法可以使团体顺利合作，哪些又会破坏团体的运作。

但老师应该注意的很重要的一点便是，应该留意学生对于分组作业所怀有的担忧，即使他们也不喜欢孤独一人的感觉。分组作业仍有令学生不安的地方，但是积极正面地面对困难往往能够获得最大的收获。老师应该尽量通过小组合作，培养学生在面对困难时抱持"解决问题"的态度。当然，一开始，你应该为学生指出，当他们积极面对焦虑与困难时能够学到什么，并不时给学生机会，让他们看看自己已经拆除了多少心中的藩篱。

以渐进的方式引入小组活动，先培养技能，然后带学生回头评估自己学到的东西，等到学生都已知道彼此的名字，也了解各种破冰活动、团体游戏、小组合作与分组方式后，就可以在这个基础上开始分析能够促进和破坏团体合作的因素了。

2. 教材

（1）发给每一组：一把剪刀、两张 A4 纸、胶带、胶水。

（2）在与你所教专业相关的职场中，如果团体合作是一个必要的技能，那最好能够利用就业职场的实际资料，让学生了解这个技能的重要性，学校的就业服务处在这方面也许可以帮上忙，例如就业指导手册或就职要求，就是可以拿来讨论的资料，因为许多工作都明文要求具备"良好的人际沟通技能"或"团队合作的能力"。

(3) 如果学生组成了互助网络，老师就可以把各种破冰游戏的资料印发给学生。

13.3 课程目标与学习成果

☞ **课程目标**

> 1. 培养学生在团体中有效合作的能力，这种能力将来可以应用到不同的场合与环境中。
> 2. 建立学生在他人面前说话的信心。
> 3. 打下将来形成互助小组的基础。

☞ **学习成果**

> 进行完这些练习活动后，学生应该能够：
>
> | 学习成果 | 技能代码 |
> | --- | --- |
> | 1. 与他人合作，以形成想法。 | C Emp IGS OC |
> | 2. 了解对别人说话时，清晰与准确的谈话思路的重要性。 | R Emp IGS OC |
> | 3. 了解倾听的重要性，并运用策略改进自己的倾听技能。 | R Emp IGS OC |
> | 4. 找出能促使团体合作顺利进行的因素。 | R Emp IGS OC S |
> | 5. 给予建设性的批评。 | Emp IGS OC S |
> | 6. 检验自己从分组作业中习得的技能与工具。 | A E Emp IGS R S |
> | 7. 反省自己在团体中的行为，并采取行动改善自己在小组中的表现。 | Emp IGS R |

13.4 活动：9 种带动学生的方法

☞ **破冰游戏**

每个人都进行简短发言，并提出一个简短的、适用于下一次活动的"破冰游戏"。

☞ **集合大家的想法**

1. 个人　□ 请学生在 1 分钟内，写下所有他们能想到的"花瓶"的用处（或是一张纸、一个玉米脆片的纸盒等）。

2. 全班　□ 找出写出最多用处的人，请他们读出来，并写在黑板上。

　　　　　□ 请其他同学把其他不同的用处都说出来。

　　　　　□ 跟学生指出，比起自己一个人，全班合作可以产生更多的想法。

☞ 分组作业的好处

1. 三人一组

□ 请学生进行头脑风暴，快速想出分组作业的各种好处。

2. 全班

□ 请学生发表刚才的结果，尽量让每个人都有机会发言。

□ 指出分组作业对互相协助解决学业困难的好处。

☞ 说话与倾听

1. 全班

指出清晰表达与认真倾听在各种人际互动中的重要性。

2. 两人一组

准备好纸、笔，以及一个有助于写字的垫板。两人背对背坐着，决定好谁是 A，谁是 B。A 要先说话，并把图 A 发给 A，不要让 B 看到。接下来做出下列的指示：

A 告诉 B 怎么画出图 A。B 要仔细听，明确按照 A 的指示画图。

只有 A 才能说话，B 不能问问题。

画完后，或是 5 分钟之后，把图 B 发给 B，两人角色进行交换。

在两人都担任过说话者与倾听者后，比较一下画出来的图，并让所有人都讨论他们觉得这个练习简单和困难的地方，以及在过程中的感觉。

3. 全班

请学生就刚才的讨论结果发表意见，并询问他们从中学到了什么？

4. 全班

引导学生找出我们在倾听与说话时同时使用到的工具，如肢体语言、眼神、表情等以确认对方听懂了。

5. 全班

请学生发表意见，说说在哪些场合中良好的倾听技能会非常有用：

（1）在学业学习上；（2）在职场上。

失聪与部分失聪的学生

如果班上存在有听力障碍的学生，那么两个人可以面对面坐着，以方便阅读唇语，但是不能让画图的人看到原图。

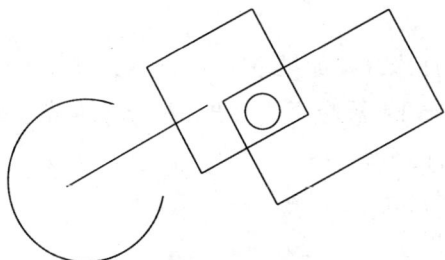 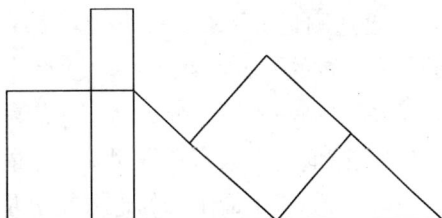

图 A（只发给 A）   图 B（只发给 B）

☞ 有效地进行倾听

1. 全班

请学生想想所有可能影响他们在课堂上或会议上无法专心倾听的因素。可以给出一些提示，如疲倦、内容太难、演讲的人讲得太枯燥等这些因素。在黑板上以列表或图形笔记的方式写下来。

2. 小组

发给每个小组一或两个"影响的因素"，请学生提出解决的策略。

3. 全班

听取每一组的建议。确认他们包含了这类可能的做法：上课前调整好上课的心态，抛开一切令自己分心的事物，采用主动倾听的策略，如先想好希望得到答案的问题，然后认真听课以找到答案；寻找听课内容与作业问题的关联，寻找可以问的问题；做笔记记下重点，在心里质问演讲者的论点或例子；事先预习等等。

4. 个人

鼓励学生在检讨日记中，写下至少一个可以用来改进自己倾听技能的策略，并决定何时实行这个策略。

☞ 团队合作

1. 把班上的学生分成 4～6 人的小组。

2. 发给每一组一把剪刀，两张 A4 纸，以及胶带和胶水。

3. 每组都有 12 分钟的时间用这些工具造一座桥，这座桥至少要有 15 厘米高，并能支撑一袋糖。

4. 告诉学生，每组的得分将取决于桥的规格是否符合规定，以及桥的外观。

5. 12 分钟后，每组为自己的桥取一个名字，然后放在大家都能看到的地方。

6. 称赞。请全班为每一座桥找出一个值得称赞的地方。

7. 请大家投票，选出最漂亮的桥，这是艺术分数。（不能投票给自己的组）把每座桥的得票数写下来。

8. 迅速测量一下是不是每座桥都有 15 厘米高。如果不到 15 厘米，就扣掉原来的艺术分数的 1/3，接着放一袋糖在桥上，如果桥垮掉了，再扣掉原艺术分数的 1/3，最后看哪一座桥得分最高，并恭喜获胜的小组。

（1）全班　□ 大家觉得团队合作最大的好处是什么？

　　　　　　□ 最困难的地方在哪儿？

　　　　　　□ 每个人分别带来了什么不同的才能与贡献？

（2）小组　□（与上面的分组不同）讨论能够使团队进行有效合作的因素。

（3）全班　□ 听取小组的讨论结果。将其列出来并进行讨论。

　　　　　　□ 问学生：为什么雇主如此重视团队合作的技能？

☞ 建设性的批评

1. 全班　　□ 讨论"建设性的批评"是什么。确保最后每个学生都能了解到建设性批评能够提供一个清楚实际的"下一步"，并以正面的方式传达出来。请学生举出建设性批评与非建设性批评的例子，以确定学生了解两者的差异。把例子写在黑板上。

　　　　　□ 问问学生，得到建设性的批评是什么感觉。讲明人们并不一定都能够认同对方的批评，或是欣然接受对方的批评。请他们想想他们自己是否善于接受和给予正面的回馈。

2. 个人　　给学生时间完成本章资源列表上的反省练习。

3. 三人小组　每个人都用几分钟的时间来说明自己的检讨结果。另外两人安静地进行倾听。听完后，两个人各给予：

　　　　　□ 一条正面的回馈：就刚刚的说明进行称赞。

　　　　　□ 一条建设性的批评，建议如何更有技能地参与团体活动。得到批评的人说明自己对这些批评的感觉，以及听进这些批评对自己来说是困难还是容易，并写进检讨日记以供反省。每个人都轮过以后，再用几分钟时间讨论他们对这个练习的想法。

4. 全班　　讨论通过进行这个练习得到哪些心得。从这次经验中可以学到什么？

☞ 工具与技能

1. 个人　给学生时间，让他们列出从过去几堂课中，所学到的有助于团体合作的策略。

2. 全班　请学生列出迄今为止自己为促进团体合作技能的发展所采用过的方法。他们从中获得的哪些工具是以后自己组织团体时可以使用的？其答案应该由两人小组、三人小组、多人小组，以及在大团体中发言、进行破冰游戏、制定课堂守则、给予赞美与正面回馈、给予建设性的批评、控制说话时间、倾听技能等构成。

☞ 成功的团体与失败的团体

1. 小组　□ 请小组成员在一张大纸上列出所有破坏团体的行为。

　　　　□ 接下来请小组成员在另一张大纸上列出能够使团体顺利运作的行为。

2. 全班　□ 每一组均请一名自愿者站起来与全班分享小组列出的结果。

　　　　□ 把内容写在黑板上，让学生各自抄下来，或是请两个自愿帮忙的学生打出来，再由你影印发给全班。

13.5　资源列表：分组作业

如果你花些时间做些预先的准备，那么对于下一节课会很有帮助。下列的活动中，立志至少完成一件。如果全部活动都能够完成，那下节课里你就会有非常多的收获。

推荐阅读：立志至少阅读下面其中一本书

□ Cottrell, S. (1999) The Study Skills Handbook (Basingstoke：Macmillan-Palgrave) （第 5 章）.

□ McGill, lan and Beaty, L. (1992) Action Learning：A Practitioner, S Guide (London：Kogan Page) （第 2 章、第 5 章、第 9 章）.

□ Benson, J. F. (987) Working More Creatively with Groups (London：Tavistock) 值得阅读，书中介绍了许多如何使团体进行有效合作的方法.

□ Luft, J. (1984) Group Processes：An introduction to Group Dynamics (Mayfield, Calif.：Mountain View) 可作为深层次的读本.

练习活动

1. 破冰活动

□ 自己想一个简单的破冰活动。

2. 总结所学

□ 列出到目前为止我们做过所有的以培养团体合作技能为目的的事情，不妨想想你扮演过的"角色"，我们采用过的做法，以及你学到的策略。

☐ 你觉得哪一项最有帮助，为什么？

3. 反省

在检讨日记中，用几行文字描述开学以来的这几星期与他人相处的经验。如：

☐ 你有什么感觉？你会因为害羞而尝试去隐藏你的害羞吗？还是充满自信？

☐ 你觉得在团体中发言很容易还是很困难？

☐ 你会专心听别人说话，还是喜欢主导发言权？

☐ 你有没有注意到自己与同学相处时有什么特点？

☐ 你觉得自己为什么会有这种感觉或行为？

☐ 记住，这个活动主要是用来考察你自己的反应，而不是用来想别人有什么不对。

学业的组织与管理

14.1　学生在学业组织与管理上的困难

☞ 个体差异

组织管理的能力涉及的范围非常广，有些学生的主要困难是不会安排时间，有些则是不会整理资料或规划念书的空间。

☞ 太多事情要做

现在许多学生除了学习，同时还要工作，还有家属或其他的责任，因此学校的学业只是他们需要完成的其中一项事情。此外，不同的课程还需要他们采取不同的学习方式，作业上交的期限也常常挤在一起。这都会使学生觉得要做的事情很多，应付不来。

☞ 可转移的技能

学生不会意识到自己从生活经历中学会了哪些管理组织的技能。分析既有的能力可以帮助学生发现自己有哪些技能可以应用到学业管理上。

☞ 自我认同

对于自我的认同，有时也会影响到人们管理时间和资料的方式。例如，有些学生就是喜欢在混乱的状态中做事，因为觉得这样能够激发创意。而事实也可能真是如此。当学生有这种坚定的信念与偏好时，想要把他们的习惯改变过来是很困难的。如果他们选择在混乱中"充满创意"地做事，那就需要找出一个充满创意的方式去准时完成作业，以满足课程的要求。

☞ 错估规模

首先，许多学生会错误估计课程要求的阅读量与写作量。例如，他们可能会只买一个文件夹，因为他们以为所有跟上课有关的资料都可以夹进去。

学生尤其会低估应该花在作业上的时间。他们可能会以为一篇论文几小时就可以写完，结果却发现光是找资料就把这几个小时花完了。

☞ 只看整体

学生常常只想到最后的成果及最后应该要完成的作业，或是一连串要考的科目，然后一想到任务的庞大艰巨就害怕，而不是想办法把任务划分成多个部分，并对每个部分制定各自的期限与策略。

☞ 却步不前

学生作业交不出来的一个主要原因是把任务想象得太难，因此迟迟不开始着手进行。这其实与上述的"错估规模"和"只看整体"是密切相关的。一篇"几千字"的作业，可能实际上并不多，但是听起来却很多。

"研究"或"统计"也是令人望而却步的名称。如果学生最后留下太少的时间去做作业，结果往往就是迟交或表现欠佳，而他们心中"作业太难"的想法也会因此得到证明。

☞ 不会排定优先顺序

学生可能不知道怎么把信息或任务按照重要性排定先后顺序，然后再进行选择。曾有不少学生叙述过他们在这方面的困难：他们觉得，所有读到的资料都一样重要，因此不知道该怎么选取，也不敢舍弃任何部分，因为他们担心那才是重要的资料。

14.2 老师如何帮忙及其准备工作

☞ 老师如何帮忙

1. 示范如何管理时间

在上课前，先发下今天的讲课纲要，同时大致说明一下每个部分会花的时间，然后按照这个计划讲课。不一定每节课都须如此，但是老师这样做可以让学生看到，就连老师有时候也无法在时限内教完所有想教的内容，也必须删减内容。

2. 示范如何整合信息

跟学生简短说明，你如何把一整节课的内容划分成几个大部分，然后又如何将这几个大部分划分成几个小部分。这可以通过运用大标题、小标题、项目符号等来实现，并将其写在讲课纲要上。这样做不仅能使课程内容一目了然，也能让学生看到资料是可以通过分层、分类来进行组织的。

3. 指出优先顺序

这有很多种方法，例如你可以强调哪些是主要的理论或学派。用图表从视觉上去呈现这些理论或学派的关联，组织你的教材讲义，以清晰地突出重点。发给学生一份"作业手册"，在里面鼓励学生思考课堂上提出的主要问题，并列出课堂上提到的文章、书籍或其他文献，同时注明你推荐阅读哪些主要章节。

4. 指导如何安排时间完成作业

虽然每个学生完成作业需要的时间彼此会有很大的差异，但是如果老师能够为学生说明一下，完成一篇作业大致需要经历哪些阶段，那么这对学生会有很大帮助。

老师应该说明从开始写作业到完成作业可能需要经历的所有阶段，同时为每个阶段提议一个合理的时间安排。例如，你可以说，在最后完稿前需要先写初稿，初稿可能需要更改两次，而初稿的撰写和更改可能各需要花上一天以上的时间，如此就可以减少学生在最后一天才开始写作业的状况。鼓励学生从上交日期往回算，然后把每个阶段应该完成的日期写到自己的日程表上。

☞ 老师的准备工作

1. 课程原则

学生在组织管理能力上的缺陷可能是各式各样的，因此不可能在人数众多的大课上被全部提出并讨论解决。这堂课的一个潜在危险就是学生会一股脑儿吐出所有的困难，然后期望所有的问题都能够立刻得到解决。然而，即使是这方面技能欠佳的学生，其所具有的能力实际上也都比他们自己想象的要强大很多。

老师应该跟学生强调这堂课的目标是找出一、两个最需要优先改进的领域，并利用分组作业，找出彼此既有的长处与技能。本节课的活动将引进"决策小组"的概念，并以过去几堂课的分组作业为基础，继续加强学生这方面的能力，以促进互助小组的形成。

2. 教材

本章后面所附的讲义，可以影印并发给学生，其中一份是说明"决策小组"的活动方法，另外一份则是资源列表。

14.3 课程目标与学习成果

☞ 课程目标

> 1. 利用 SWOT 分析等工具，培养学生的组织管理技能，并将其应用于学术环境与就业职场之中。
> 2. 介绍"决策小组"的活动方法，培养学生进行小组互动合作的技能以彼此互助。

☞ 学习成果

进行完这些练习活动后，学生应该能够：

学习成果	技能代码
1. 就组织管理的技能进行 SWOT 分析。	E Emp IGS M P R
2. 了解时间、空间、信息以及电脑等相关的组织管理技能。	Emp IGS K R
3. 找出如何利用现有的长处去发展较弱的技能。	Emp IGS K P
4. 确认应优先完成的目标，以加强组织管理的技能。	Emp P R
5. 对问题解决与学习互助，主要采取"决策小组"的策略。	IGS M P R
6. 总结出他们能够采用的组织策略。	S

14.4 活动：7 种带动学生的方法

☞ 破冰游戏

每个人都提出"一个生活中或学业上的管理诀窍"（可以严肃，也可以幽默）。

☞ SWOT 分析

1. 个人

如果没有把 SWOT 分析规定为课前的预习内容，那现在就请学生利用本章的资源列表，完成 SWOT 分析。

2. 两人一组

讨论彼此的 SWOT 分析中，最重要的项目是哪些。问问他们对于分析的结果是不是很惊讶。

3. 全班

☐ 听取学生陈述写在"优势"一栏中的项目，并分条列在黑板上。

☐ 请学生陈述写在"弱点"一栏中的项目。调查这些项目在班上是否普遍存在。

☐ 听取学生陈述写在"机会"一栏中的项目，越多越好。鼓励学生把自己没想到的"机会"也抄下来，并选出几个跟学生进行讨论。

□ 听取学生陈述写在"威胁"一栏中的项目，越多越好。带学生讨论这些
"威胁"，以及应如何面对它们，并找出将之转化为机会的可能做法。鼓励
学生抄下适合自己的做法。

☞ 在新领域中应用既有的技能

1. 三人一组

□ 每个人都利用本章的资源列表，迅速找出自己组织能力最好的地方，以及
一个需要改善组织能力的领域。

□ 另外两个同学帮忙找出优势领域中，有哪些技能可以用于需要改进的领
域中。

例如，如果有个人每次去看足球赛都准时到达，那其中涉及到的哪些事先计划
的技能是可以用于计划作业进行的，以准时交出作业？

2. 全班

□ 请学生发表结果，说明既有的技能可以如何用来协助学业。

☞ 小组特色

1. 利用资源列表，请学生依其组织能力最好的领域（例如善于安排时间或空
间等）站到教室的某个地方——也就是优势领域一样的人站在一起。如果各组人
数的多少不一，那就请学生依其第二（或第三）擅长的领域，移到较小的组去，
尽量使各组的人数相当。四组分别为 A、B、C、D 组（或是分别发给每组一个写
着 A、B、C 或 D 的贴纸）。

2. 请学生组成 4~6 人的小组，每组至少要有一个 A、B、C、D 组的成员。如
此才能确保技能的多样化。这个小组将组成"决策小组"。

☞ 决策小组

1. 全班

尽量留下充裕的时间进行这个活动（4 人一组的小组至少需要一个小时）。根
据本章后面的讲义，说明"决策小组"的进行方式。

2. 个人

告诉学生：从学业上或工作经验上，选一个他们觉得可以加强组织能力的领
域，并选择一些你愿意分享的话题与小组成员进行讨论。

决策小组（依"活动 4"分好的小组）

1. 每个学生都利用自己分配到的时间（最好每个人 15 分钟），获取小组成员
的协助建议，以改进其组织能力较弱的领域。要求学生只针对一开始选好的领域，

不要讲到其他的领域。

2. 走到学生中间，确定每个小组都确实做对了。

3. 到了该换步骤的时候，清楚指出现在要换步骤了，并提醒他们应该换到哪一个步骤（尽管讲义上有）。

4. 请全班学生发表意见，说说对这个练习的想法。尽量让大家都有机会发言。

☞ 总结

1. 个人　□ 请学生整理出从这个单元（包括所有的课前预习）所收集到的管理诀窍和策略。

2. 小组　□ 请学生思考课堂上讨论到的组织管理技能，并说明它们是如何被运用到各种其他场合的，包括职场。

3. 全班　□ 请学生就刚才的讨论结果发表意见。以此为基础，进一步讨论各种可转移的技能与职场技能。

　　　　□ 请每个学生轮流说明自己在这一天所学到的最重要的管理诀窍。

☞ 组织管理的策略

1. 通过有系统的检讨，改善学习方法与学习表现

如果缺乏一个全面的组织管理策略，组织管理的技能也就无法充分发挥功能。以"问题解决"为导向，为学生提供一个系统的架构，以规划如何面对并完成新的任务，而改善学习与表现即为其任务之一。这个架构能够促进"可转移的"技能成为"被转移的"技能。

2. 方法

（1）全班

把讲义中的第一页影印并发给学生，并让他们简单浏览示意图与各主要阶段。

（2）小组

请各组都想一个比较复杂的、与学生的专业学科有关的例子，然后将其发给每个小组（像是组织一场研讨会、撰写一篇给小学生看的传单、换插头、找出机器不运作的原因、设计网页等）。

（3）小组

把任务对应到"架构"上，注明任何需要进行的调整，并把结果写成海报的形式。

（4）全班

请每组相继展示自己的结果，并且小组里的每个人都要轮流作一小段报告，或

是把海报挂起来，彼此互相观摩。特别注意那些让学生觉得有困难的地方。

3. 专注于细节

选取其中一个阶段，例如"策略"，请学生进行头脑风暴，想想该阶段的每个步骤还可以如何被分解成更细的步骤。把结果写在黑板上，然后发下讲义中说明该阶段的部分。讨论学生自己的想法与讲义上的架构有何异同。

4. 导向

与学生一起看"定位"的部分，描述你如何利用这部分的架构，并介绍他们认识高等教育的学业，同时将之与学术自传联系起来。

5. 找出自己的弱点

（1）个人　请学生了解四个阶段的 15 个步骤。请他们找出自己最擅长的 4 个步骤，以及 4 个他们觉得最困难或可能会忽略的步骤。

（2）小组　每个学生都需要说明自己最擅长的领域，以及最能够在哪个领域给予他人建议。小组一起为组里的每一个人都找出一个改进他们较弱领域的方法。

（3）全班　找出各组的优势。互相分享改进较弱领域的方法。

6. 行动计划

鼓励学生按照讲义的步骤拟订行动计划，一段时间后再回到"评估"中的步骤评估与更新其行动计划中。不时找机会让学生讨论其检讨架构的应用进展。

7. 深入了解

理想的方法是，要求学生将此检讨架构应用到学业中的至少一个领域中，以便更深入地了解此架构的潜能。有可能的话，请学生说明此架构是如何被应用于不同的环境并在当中进行了怎样的调整。

14.5　资源列表：学业的组织与管理

如果你花时间做些预先的准备，那对于下一节课会很有帮助。在下列的活动中，立志至少完成一件。如果全部的活动都能够完成，那下节课里你就会有很多的收获。

推荐阅读：立志至少阅读下面其中一本书

☐ Cottrell, S. (1999) The Study Skills Handbook (Basingstoke: Macmillan-Palgrave), (第 4 章).

☐ Bourner, T. and Race, P. (1990) How to Win as a Part-Time Student (London: Kogan Page).

☐ Lewis，R.（1994）How to manage your Study Time（Cambridge：National Extension College）.

☐ Rickards,T.（1992）How to Win as a Mature student（London:Kogan Page）.

练习活动

SWOT 分析：

- Strength（优势）
- Weakness（弱点）
- opportunities（机会）
- Threats（威胁）

☐ 在学习日记上找一页写上下列标题："组织管理的技能：SWOT 分析"。

☐ 画一个大十字，将该页划分成上下左右四栏。上面两栏分别写上标题"优势"与"弱点"，下面两栏分别写上标题"机会"与"威胁"。

☐ 在上面两栏中尽可能多地写出自己在组织管理上的优势与弱点。

☐ 想一想你目前有什么新的机会，可以改善你管理组织的技能？

☐ 想一想如果要你改变一贯的做法，哪些方面会令你觉得受到了威胁？哪些习惯是你不愿改掉的？这些习惯对你真的有用吗？对于改掉这些习惯，你有什么担忧？

自我检讨

想想你在哪件事情上的组织管理能力最强。你采取了什么具体的做法来维持有组织的状态？还有没有什么其他的做法可以使你更有组织能力？写下检讨的结果。看看你写下的结果，列出你在下列 4 个领域中已经具有的技能：

（1）安排时间　　（2）规划空间

（3）整合信息　　（4）使用电脑时有组织、有计划

☐ 在上面 4 个领域中，在哪个领域你的组织管理能力最强？

☐ 哪个是你次强的领域。把结果写在检讨日记上。

14.6　决策小组

决策行动

决策小组，是另一个可以用来促进分组作业进行和互助辅导的工具。它可以在短时间内有效地讨论问题与搜集资源，而且步骤简单明了。当小组成员具备不同的长处与经验时效果最好。

步骤 1　每个人都有一段固定的时间用来说明自己想要改进的地方，例如：准时交出作业。轮到某个人发言的时候，要求小组的其他成员专心倾听，不要打断。时间到，发言的人就停止。

步骤2　小组用几分钟的时间，跟发言者讲明任何有疑问的地方。

步骤3　发言人此时只听不说，其他成员则进行头脑风暴，为发言人的问题提出可能的解决办法或思考方式，像是早一点开始写作业、换个地方念书、拟订写作计划等。这个步骤也要在固定的时间内进行。

步骤4　发言人与其他成员在固定时间内，一起简短地讨论刚才提出的办法。在这个步骤里每个人都可以发言。

步骤5　发言人在固定的时间里，简短说明哪些办法是他们可以采用的，以及他们要何时、以及如何实行。例如，学生可能会决定以后晚上九点之前不再讲电话，好专心念书。下一次上课时，再和小组汇报实行的结果。组里每个成员都要写下自己最后决定的做法，以在下一次上课时彼此监督。

步骤6　下一次上课时，每个人都跟小组汇报自己实行的情况。对成功和进步者给予鼓励赞赏。如果有人没有实行上次决定的做法，那就会成为小组今天讨论的焦点。

培养思考技能

15.1 学生在培养思考技能上的困难

☞ 缺乏问题解决的基础

思考技能是问题解决的基础，因此如果思考技能不够纯熟或被利用得过少，那么学生在面对各种学术任务时，就很难找到起点。尤其是在学生不知道如何找出问题的共同基本结构，也不知道在把这个任务的做法转移到另一任务时。

☞ 无法转移的技能

学生可能无法判别问题的性质，特别是在遇到与信息的处理有关的问题时，更是如此。

学生往往已经在日常生活中运用了一些与学习所需的技能类似的技能，只是无法看出日常情境与学术任务之间的相似性。

☞ 任务的规模

随着各种学术任务的规模越来越大，从写信到写小型论文、毕业论文再到写博士论文，对于组织能力的要求也越来越高。

如果学生无法预见最后的成品（如论文、专题报告等）以及无法预见应该如何把信息整理到成品，那么他们就很难预先构想出组织计划的策略。

☞ 慌张

遇到新的作业题目和学术任务时，学生常常会惊慌失措，因为他们忘了应用已经知道的技能。

15.2 老师如何帮忙及其准备工作

☞ 老师如何帮忙

1. 与日常事务建立联系

指出学术任务与实际经验及日常生活的关联，说明其共同的原理。例如，对信息的分类就如同对餐具的分类一样。

2. 提供范例

提供给学生多份具体的范例，这样学生心里就会有个更详细的蓝图或模型。指出范例的主要特点，并讨论其整合信息的方式。不妨再为学生说明，在适用于小型作业的方法中，有哪些还可以适用于大型作业，哪些则不适用。

3. 在课堂上示范

基本的思考技能是培养多项学术技能及问题解决技能的关键，因此在课堂上示范基本的思考技能是非常重要的。如何将这些技能纳入课堂教学中，请见第5章。

☞ 老师的准备工作

1. 课程原则

（1）这个单元最好能安排在组织管理技能的单元之后。

（2）在练习4.1中，你需要找一个主题，让学生能够以他们的常识、经验与一般知识对其产生各种想法（像是过去两百年来公共卫生的进展、工业对全球气候的影响、电脑对人际沟通的影响、该不该克隆人类等）。有可能的话，选一个跟学生专业科目相关、但课堂上没讲到的议题。

（3）本单元提供了非常多的练习活动，它们势必无法在一堂课内被全部完成。对于某些学生，你可能需要花几节课的时间让他们一一练习这些活动，而对于比较资深的学生，可能就只需要针对其主要的不足之处进行练习。很重要的一点便是要确保所有学生都知道这些技能，因为它们是其他学习领域中所需的技能的基础。对于增进写作技能，它们也是一个很好的准备工作。

（4）课前先发下要阅读的资料，这样有阅读障碍的学生与阅读速度较慢的学生就可以事先进行详细阅读。

2. 教材

（1）数对相似的物品，相似的程度越来越高（用于练习活动3~4）。

（2）幻灯片或投影片，用于显示练习4中的图表。

（3）2~3段短文，你为选取的每个主题（用于练习活动4.1选的主题）而准备的额外的资料文章应尽量简洁、印制清晰（以便在压力下阅读能力会变差的学生不至于惊慌失措）。

（4）一个视觉、音乐或其他形式的刺激（用于练习活动4.1：刺激）。

（5）在练习活动4.2中进行物品分类，须为每组都准备好相同或近乎相同的多套物品，让学生进行分类，例如刷子、棍子等。尽量选择可以用多种不同方式进行分类的物品。

（6）在练习活动4.2中进行概念分类，须准备各种颜色的卡片以供学生书写。

（7）就你课上的论文题目，准备几个标题与小项目，并为每个小组发一套，小项目归类在标题下。

（8）在练习活动 5 中，就一个平常的主题准备两张图片，做成投影片或海报。

（9）在练习活动 5 中，就一个主题准备两段简短的录影片段。

（10）在练习活动 6 中，准备至少两个作为练习的作业题目。

15.3　课程目标与学习成果

☞　课程目标

> 1. 协助学生培养出批判思考所需的基本技能。
> 2. 培养与作业写作当中的组织资料有关的基本思考技能。
> 3. 发展问题解决的技能。

☞　学习成果

> 进行完这些练习活动后，学生应该能够：
>
> | 学习成果 | 技能代码 |
> |---|---|
> | 1. 找出不同问题的相似处、相异处与关联处。 | A C I IGS OC P S |
> | 2. 依照内心的蓝图或模型组织资料。 | A I KU M |
> | 3. 采用能够解决问题的各种策略。 | C IGS P |
> | 4. 了解归纳、分类与分层的重要性，并按此整理、挑选和补充资料。 | A E I KU M P |
> | 5. 简要介绍批判思考。 | A KU |
> | 6. 将思考技能应用于完成作业上。 | A KU WC |

15.4　活动：13 种带动学生的方法

☞　破冰游戏

每个人都说一项"一个鸡蛋的用处"（鼓励学生提出有创意的答案）。

☞　说明

先跟学生解释，这个单元所练习的技能是许多学术技能与问题解决技能的基础。同时指出，这些技能其实他们大都已经具备了，只是不知道怎么应用。指出学生在这方面经常遇到的困难（见《学生培养思考技能的困难》一节）。

☞ 寻找相似处

1. 全班　　　请全班同学进行头脑风暴，一起随机想出 20 个左右的物品（袜子、球棒等等）。写在黑板上，给每个物品编号（例如球棒是 1 号，剪刀是 6 号）。

2. 三人一组　□ 三个学生组成一组。随机发给每个小组两个号码（1 ~ 20），例如，让每组从帽子里抽出两个号码。把拿到的号码与黑板上的编号对照（例如拿到 1 号与 6 号的组便分到球棒与剪刀）。

　　　　　　□ 小组进行头脑风暴，想出这两个物品间所有相似的地方，尽量发挥创意。最后找出一个最重要的相似处，并说明理由。

3. 全班　　　每个小组都要发表讨论的结果。此时班上同学还可以加上其他的相似处，然后全班同学一块讨论哪一个相似处最重要以及原因。

4. 指出　　　进行比较，找出重要的相似之处，这在学术思考中是一个最基础的技能，在许多专业领域也是如此。为学生讲明，即使是在这么随机找出的物品之间，他们也能成功地找到相似的地方。

☞ 寻找相关处

1. 个人　　发下一个未完成的句子，要学生完成。句子中须把两个随意选出的不同物品联系在一起，例如：

　　　　　□ 读这个专业就像是登陆月球，因为……

　　　　　□ 医院就像机器，因为……

　　　　　□ 过生日就像糖，因为……

2. 全班　　收集答案。把句子的结尾更改一下，如"生日就像纸（版税、书等），因为……"，看看学生有什么新想法？

3. 指出　　"比喻"可以用来探索某个主题。利用比喻的做法，能够激发新的想法，带来有用或不寻常的观点，拓展思路。就连最"狂野、夸张"的答案，也可能带来意外的收获。

☞ 寻找比喻：找一个个性化的比喻

1. 个人　　"读这个专业对我来说就像……，因为……，"请学生为自己的专业找一个个性化比喻，并依照上面"寻找相关处"的做法进行扩展，要学生选择脑中马上想到或眼睛马上看到的东西，不要花时间去找最完美的答案。不管选择什么，他们最后都能够找到满意的比喻。

2. 全班　□ 听取学生的答案。

　　　　　□ 这个比喻，有没有使学生深入了解到自己应该如何看待现在的学业？

寻找相异处

给全班学生两个相似的物品（例如，马克杯与咖啡杯，或是两个与学生的专业学科有关的东西），先找出主要的相似处，然后再找出相异处。换一对更相似的物品（例如两个咖啡杯），进行同样的练习。再换一对更相似的物品（例如两个绿色的咖啡杯），继续进行同样的练习。继续换上更相似的物品，以激励学生更努力地找到相异的地方，然后再以学科之内的例子（理论、实验或计划等）继续进行这个联系。

产生想法与组织资料

课堂上，在幻灯片、投影仪或黑板上秀出下面的"产生想法与组织资料循环图"，具体见图 15-1。

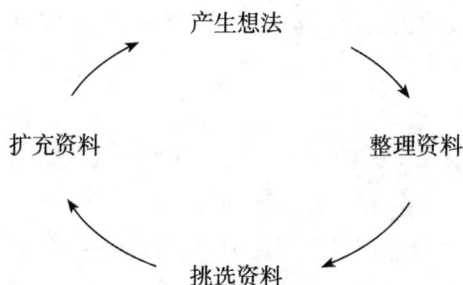

图 15-1　产生想法与组织资料循环图

进行下面的活动时，同时指出它们在循环图上的位置，指出哪些策略属于哪个步骤。确定一下学生是不是都已经了解了该策略。如果还有人不懂，就请已经懂的学生协助说明。如果全班都懂了，就继续进入到下一步骤。

1. 产生想法

产生想法，是大学老师能够教授给学生的最有价值的技能之一。通过想法可以产生提议与假设，而这就是传统批判思考的起点。没有想法，就没有具体的东西可以分析。先问问学生，想法如何产生：在真正开始进行一份作业，或探讨一个新的问题之前，有哪些做法可以用来帮助你产生想法？并确定最后讲到了下列所有的做法：

（1）头脑风暴

■ 就是把所有的想法和灵感都拿出来，包括已经知道的东西、还需要做的事情，可以在哪里找到资料、各种资源等。

■ 给学生一个以后才会学到的主题，但是对于这个主题，他们可以通过常识和一般的知识产生各种想法。把学生提出的想法写在黑板上。

■ 为学生指出，进行头脑风暴是一个简单快速的方法，几乎各种作业或任务都可以用这种方式展开。

（2）图形笔记或思维导图

■ 这也是一个很有用的方法，因为它让你从一个东西联想到另外一个东西。此外，它的图形结构对应着大脑组织资料的方式，因而也更有趣。

■ 全班一起合作，在黑板上把通过进行头脑风暴总结出来的想法写成图形笔记。

（3）问题库

小组（3~5人）

各小组在短时间内想出各种可以刺激想法产生的问题：为什么、谁、什么、哪里等等。请各小组在此基础上努力想出更特殊的，并能刺激学生对上述主题产生想法的问题。

全班

汇集学生想出的问题，用这些问题去思考"头脑风暴"或"图形笔记中采用的主题"。这能否刺激学生产生更多的想法？

（4）刺激

■ 学生看或听一个影像、一段文章、一段音乐、一段影片或一则趣闻轶事。

■ 学生去寻找这个刺激与之前"头脑风暴"或"图形笔记"所用主题的联系，或者也可以选一个他们都在研读的主题。

■ 学生还能不能提供其他的刺激？问问学生，如何利用刺激产生更有创意的想法。

（5）研究阅读

个人　将你准备好且与上述主题相关的短文，发给学生阅读。

小组　看过这篇短文后，小组产生了什么新想法？

■ 把这些新想法，加到之前的图形笔记上。

■ 指出阅读文献对于产生想法的重要性。

■ 问学生，还可以从哪里得到资料以产生想法。

（6）多重答案

"我已经有一个答案了——让我再想出三个答案。"

■ 觉得自己已经知道答案的人，很少会尝试再去找出一个更好的答案。为学生指出，跳脱显而易见的答案或立马就想到的好答案是非常重要的。答案的数量越多，就越可能找到最好的答案。

■ 学生："砖头的用处是什么？"然后听取学生的回答。为学生指出，问题的问法会影响到我们面对问题的方式。"砖头的用处是什么？"暗示砖头只有一种用处，因此你很可能也只会给一个答案。接下来与下个步骤的问法做一做比较。

两人一组　　问题："一块砖头有哪些用处？你能想到多少个？"

全班　　　　由你或学生在黑板上写下学生的答案。

全班　　　　问题："一间商店外有一群人，其中有一个男的头上顶了一个水桶。请给一个明显的答案。"之后再问："还有什么其他的解释吗？"

全班　　　　问一个问题，最好跟之前的主题有关，并能够包含多个答案。

2. 整理资料

一旦产生多个想法后，便需要通过不同的阶段组织这些资料。下面的练习活动，即训练学生将散乱的资料，依类别、阶层和顺序进行组织整理。这个技能对于大多数的学术任务来说都是必需的。

(1) 寻找分类模式

印度　　大象　黄色　海洋　白色　　狗

西班牙　宠物　希腊　沙　　忙碌　　猫

假期　　蜘蛛　太阳　冰　　土耳其　冷

■ 请学生把上面的文字分成至少3类，写在一张大纸上，并简单标示每一类的东西有何共同点。告诉学生，怎么分类都可以，只要每一类的东西有共同点即可，分类的方式不止一种。至少要分成3类，一类里至少要有两个东西。时间不要太长（两分钟左右），这样学生才会尽力。

■ 把这些字混在一起，换一个方式进行分类，同样也写在一张大纸上。这一次时间可以长一点。

■ 请学生把大纸举起来，让大家都可以看到。

■ 把大家的分类模式列出来（例如：比较长的词、跟动物有关的词、含有 t 的字等）。

■ 为学生指出，依我们的头脑可以找出很多种分类的模式，这有助于我们将事物分门别类，从而使我们更快、更有效率地进行思考。

(2) 分类

全班　　请学生指出我们在日常生活中经常要进行分类的东西（例如餐具、衣服、购物等）。

小组　　把你准备好让学生进行分类的东西发给各组。请各组依自己选择的分类方式，将东西分成几类。时间为 3～5 分钟。

全班 请各组展示分类的结果，并说明他们分类的原则（例如颜色、长度等）。

为学生指出，分类的标准有很多种（例如颜色、大小、形状等）。同样地，整理资料的方式也不是只有一种。物品或资料越复杂多变，分类的方式也越多。在进行作业的写作时，他们不可能采用所有的分类方式组织资料，就如同他们不可能同时用不同的分类方式排列面前的物品一样。

（3）概念类别

这是介绍"概念"（或"概念类别"）的好机会。学生常常见到"概念"这个词就怕，仿佛这个词本身就很艰深复杂。老师应该跟学生解释，概念只是一种组织的方式，把在某一方面相同的东西分在一个类别，例如"餐具"、"棍子"或"椅子"等。其实它就是一种总称。你需要指出把东西分门别类的能力对于学习的重要性：它使我们得以进行归纳，并能以过去所学为基础继续前进，沟通起来更容易等。

小组 请学生把在上述活动（"产生想法"）中产生的想法摆在面前，并进行分类。有可能的话，把每类资料分别写在不同颜色的卡片上，为每个类别取一个名字，以辨别其内容。

全班 比较各组分类的方式。

指出"分类"能帮助我们进行预测，进行推论。例如，如果我们知道某个东西属于"树木"或"动物"这个类别，那我们就能预测这个东西还具有什么性质？

（4）标题与项目

这个做法可以有效整理由思维导图产生的散乱想法，而之前学生把想法分类在不同颜色的卡片上，其实就已经是在订定标题与项目了。

小组 事先准备好与某个论文题目有关的标题与项目，写在卡片上，发给学生。公布论文的题目，请学生把各项目分到各标题下。

全班 各组发表结果，讨论所有与你的预期不同的地方。

（5）层次

利用"概念类别"或"标题与项目"中所用的卡片，指出资料可以被分到不同的层次中。就你专业科目中的知识，或利用（图形笔记）练习中产生的例子，画一个简单的分层示意图，例如：

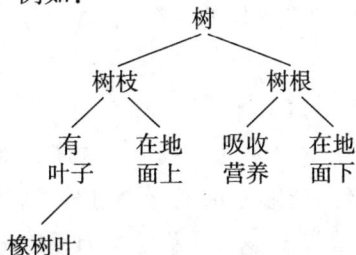

```
                树
          ┌──────┴──────┐
        树枝            树根
      ┌───┴───┐      ┌───┴───┐
     有     在地    吸收    在地
    叶子    面上    营养    面下
      │
    橡树叶
```

■ 指出不同层次的资料有何不同之处，例如下层的资料更详细、更特定，因此也更不具普遍性。

■ 指出当老师要求更多细节时，通常指的是需要更多下层的资料，如果老师要求提出更多论点时，可能就是因为学生写了太多下层的细节。

■ 指出增加或删除最下层的资料能够帮助学生符合字数的限制。

挑选资料：挑选最重要的资料

小组　□ 请学生拟出一个尽量简短的性质列表，以用来定义"椅子"，这个定义列表不能用于任何其他的物品（例如"桌子"），而且必须能够适用所有种类的椅子。如果学生觉得这个练习很简单，那就把椅子换成"座位"，或者也可以选一个与学生的专业院系相关的字。

　　　□ 这个练习有助于学生挑选出最基本的资料，以达到精确的地步。为学生指出，要明确画出类别的界线往往很难，因为规则之外常常有例外。这一点务必要说明，否则当学生发现自己难以将课程资料分门别类时，可能会觉得是自己能力太差。

　　　□ 回到之前（标题与项目）所用的卡片中，把论文题目的措辞更改一下。现在，各项目的资料中哪一条最重要？哪些项目应该去掉？

扩充资料

一旦我们知道了在报告或作业中要关注的范围，那接下来就是要扩充已经得到的资料。在这个步骤里，很多用来"产生想法"的做法也会很适用。不过这个阶段并不同于仅仅产生想法的阶段，因为这个阶段应该专注于特定的点或面。

从之前的主题中选一个子题目。请学生想象自己正在这个子题目下写一篇论文，并到了写到不知道还能写什么的阶段。这时该怎么扩大他们正在讲述的论点？为学生指出，此时他们可以采用下列的做法：

1. 详述原来的论点。
2. 增加细节。
3. 举实例。
4. 加入"概念层次"中更低一层的资料。
5. 加入解释。
6. 指出已经说过的东西的重要性。

从刚才的主题中选另外一个子题目，请小组思考：如何利用他们现有的知识与阅读经验进行扩展。如果老师能够先示范这个过程，将会非常有帮助：选一个想法，然后利用特定的策略，如上述这几个做法，有系统地进行逐步扩展。

分析资料

"分析"也是一个常常会让学生感觉害怕的词，仿佛它本身就很艰深复杂。跟学生解释，"分析"是：

1. 把某个东西详细分解成其组成成分。
2. 或是从各种不同的角度观察一个主题，并进行详细的解释。

简单的练习活动就可以说明这点。

1. 两张图片　小组　发给每组两张主题类似的图片，或是把图片做成幻灯片和海报。请学生列两张表，一张表列出两张图片的相同处，另一张表列出两张图片的相异处。

跟学生解释，他们这样做就是"分析"了两张图片的相同处与相异处。在"比较与对照"类型的论文及许多作业中，他们就需要这种技能。

2. 两种观点　给学生看两段简短的影片，两段影片中各有一个人就科目相关的主题发表观点。

　　　　　　　小组　请学生列出两个发言者所提出的几个最有趣的论点。

　　　　　　　全班　两位发言者有哪些一样的看法？有什么不同的观点？可以重放影片，以证实或挑战学生提出的意见。

简化

学生常常把学业弄得很复杂，把它想象得很艰难。在这个练习中，我们将带领学生利用在上面的活动中所掌握的技能来分析某些作业的固定模式。

1. 全班　给学生一个看起来很复杂的作业题目。示范如何将其分解成多个较小的部分，分析这个题目到底问了哪些问题。题目主要要求学生进行哪些活动？（寻找相似处？寻找相异处？详细描述各组成部分？说明某件事情的好处或坏处？找出哪个意见最好？指出这件事如何引起那件事？解释为什么某件事会发生？推测可能会发生什么事？）

为学生指出，有时候一份作业会要求好几个活动，像是找出两样东西的相异处，然后找出这些相异处有何好处或坏处。

2. 小组　再给学生另外一个作业题目。请学生用自己的话、以最简单的方式，说明题目的要求。题目的"组成成分"是什么？要求学生用关键字或条列的方式进行说明，不要写出整个句子。

问题解决的要素

指出问题解决所涉及的不同要素，也就是：

1. 弄清"问题"到底是什么。简要叙述即可。

2. 找一个类似并且你熟悉的问题或事情，以从中获得可以帮助你解决新问题的策略。问题解决的关键就是找到一个相似的问题或精通的领域，以提供至少部分的解决方法。

3. 清楚新旧问题或状况之间的相异之处。

4. 在尝试将已知领域的策略应用到新的状况时，要清楚这些相异之处具有的意义。

5. 知道还有哪些事情是你该知道的，或是应该去哪里寻求协助。

6. 想出的解决办法越多越好，因为这样找到最佳办法的机会也就越大。不要满足于找到的第一个办法。

7. 思考各个办法的好处与坏处。

8. 仔细权衡相对的好处与坏处。

1. 个人　　　　利用资源列表进行问题解决的练习。

2. 三人一组　　讨论个人的发现。

3. 全班　　　　指出这个基本的问题解决模式在日常生活、学术学业和各种生活状况上的用处。

问题解决

1. 小组　□ 发给各小组同样的问题让其去解决。这个"问题"可以很有弹性，从拼图到与学科有关的问题都可以。它可以是"人数加倍时，怎么样让每个人都挤进教室"，或是"上课手机铃声大作的问题"，或是一个与专业课程有关的案例研究。如果选择一个与专业课程有关的问题，那么该问题应该与学生已经学过的东西有些类似。

　　　　□ 视学生的水平与问题的难度，让学生在设定的时间内解决问题。建议他们采用之前在准备活动中用过的策略。

2. 全班　□ 听取每个小组的结果。如果每个小组都想到了好几个办法，那么说明哪一个办法他们最中意？

　　　　□ 指出他们在这个活动中用到了哪些之前用过的思考技能（像是产生想法、挑选、简化等）。

后续工作

1. 这里的每个练习活动最好都能用到 3 个例子，3 个例子之间的关联也应清楚说明。

2. 以后涉及到写作技能与批判思考技能时，让学生回头复习一下这些技能。

3. 通过"系统的检讨改善学习方法与学习表现",为问题解决提供了一个更系统的方法。

15.5　资源列表：发展思考技能

如果你花些时间做些预先的准备,那对于下一节课会很有帮助。下列的活动中,立志至少完成一件。如果全部的活动你都能够完成,那下节课里你就会有非常多的收获。

推荐阅读：立志至少阅读下面其中一本书

☐ Cottrell，S.（1999）The Study Skills Handbook（Basingstoke：Macmillan-Palgrave）（第 7 章、第 8 章、第 10 章）.

☐ Bono，E. de（1994）De Bono's Thinking Course, revised and updated edition（London：BBC）.

☐ Bono，E. de（1996）Teach Yourself to Think（London：Penguin）.

☐ Inglis，J. and Lewis，R.（1980）Clear Thinking：The Key to Success（Cambridge：National Extension College）有许多有用的基本练习.

☐ Lovell，Bernard R.（1979，1992）Adult Learning（London：Routledge）.

练习活动

找一件你经常做不好的事情。任何事情都可以,只要你愿意跟组里的同学谈这件事,而且事情不是太大。例如：迟到、录电视节目时录错台、说错话、把钥匙弄丢、把学生证弄丢、买东西时总忘记最该买的东西等。在检讨日记或一张纸上回答下列问题,回答的问题越多越好。

1. 问题到底是什么?

2. 跟你做得比较好的事情相比,这个问题有什么相似的地方?

3. 就你做得比较好的事情,列出是哪些实际做法让你把它做对了。

4. 是什么使这件做不好的事情不同于做得好的事情? 换句话说,是什么原因让你做不好这件事,而那件事却可以做得好?

5. 让你把事情做好的方法能不能用来帮你把做不好的事情做好? 你还能怎么做?

6. 你还需不需要其他的信息或协助? 哪里可以得到这些信息或协助?

7. 列出所有可能会帮助你把问题解决掉的建议或诀窍。同时,列出每个办法的好处与坏处。你最中意哪个解决办法?

16

有效利用上课时间

16.1 学生有效利用上课时间的困难之处

学生在这方面遇见的困难，主要有两大类。首先是无法集中注意力。传统的上课方式，往往要求学生连续好几个小时静静地坐着听讲、做笔记，中间完全没有休息时间。这样，学生很难集中注意力，除非把时间分段，中间有短暂的休息时间，并交替进行活动与讨论。如果不改变上课的方式，那么这对于增进学术技能也不会有多大帮助。

另一个困难是做笔记。美国当初之所以会发展出同学辅导计划——"补充指导计划"，就是基于这样的想法：没有一个学生能够做出完整的笔记，有阅读障碍者以及外国学生在这方面尤其有困难，这是可以理解的。

然而，当老师们谈到这种边听课边做笔记的困难时，他们常常会说："但是所有的学生都有这方面的困难啊。"换句话说，有很大比例的学生，无法通过边听讲边做笔记的方式记下所有需要的资料。在这个领域里，老师的授课技能较差，这严重影响到学生的学习。

☞ 为什么学生做的笔记不完整

1. 不了解做笔记的诀窍

有些学生根本不知道他们应该做笔记，所以也就什么都不记。有些学生则以为只要记下幻灯片上的内容就可以了，因此老师应清楚说明他们期望学生做笔记。

2. 过度注重一字一句

许多学生都会尝试把老师讲的每一句话都记下来，这可能是因为他们害怕漏掉重要的资料。这通常是因为他们对已有的研究技能缺乏信心，不知道还有别的地方可以找到老师使用的资料。

这样的学生往往也对整个讲课内容缺乏整体的了解，他们把注意力放在了快速抄写上，而非讲课的内容上。有些学生因此只记到零星片段，事后阅读时更加无法连贯起来。

3. 不会挑选

无法辨别什么重要、什么不重要的学生，往往不是记得太多，就是记得太少，或是只记下了不重要的资料，特别是如果他们习惯用"听写"的方式做笔记的话。

笔记做太多的学生，可能根本就没办法把笔记念完，因此惊慌失措，觉得自己应付不来。记得太少的学生，则会遗漏重要的资料，像是各种专有名词，以及取得深入的阅读资料的途径。

4. 内容之间的关联

学生往往看不出来某些资料与课程的其他内容之间的关联，因此老师不妨为学生明确指出各类资料之间的联系，并提供具体的例子，以及告诉他们如何将某个统计测验应用到真实的生活情境中。

5. 演讲般的讲课方式

这种授课方式不会有很大效用，老师应该做到让学生很容易就看出重点在哪里。

6. 缺乏明确的目标

一位老师曾写道："我越来越确定，学生很少好好'利用'课堂上做的笔记……笔记变成了一种'拐杖'，而非学习的帮手。"学生可能只是想从笔记或录音中抄下"安全"的资料，而非借此了解课程内容，进行融会贯通。

16.2 老师如何帮忙及其准备工作

☞ 老师如何帮忙

1. 一般原则

（1）确定学生都了解了这门课的目的，以及你期望的他们在课堂上的参与方式。

（2）对于一年级的新生，跟他们讨论做笔记的方法与目的。

（3）问学生你可以在哪些地方做出改变，以使他们在课堂上收获更多。

（4）把上课时间划分成几个小节。穿插活动进去，以集中学生的注意力。

2. 授课目标

一般说来，老师上课的主要目标是给学生一个概观，提出当今的问题，给学生发问的机会，并通过各种活动让学生用另外一种方式进行学习。有些老师仅是把上课时间拿来向学生灌输知识与资料，但是这些知识与资料还不如写在讲义上，或者其实它们早就已经被写在教科书里了，因而浪费了提高学生学习能力的机会。如果期望学生通过听讲与做笔记就能正确地提取、挑选与记下需要的资料，那就过于乐观了。

3. 为下一节课规定预习工作

发下一份讲义，或是要学生阅读一篇文章或浏览一本书籍，以帮助学生为下一节课做好准备。这个预习工作所占的分量应该不要太重，但要能够就下节课的内容给予学生一个概观。让学生事先浏览内容、标题与主题，以在上课时间内有所收获，还可以让学生事先熟悉一下各种缩写。

如果学生事先能有个概观，那么上课时就能有余力专注于更细节的地方。学生往往不了解事先预习的好处，除非老师特意规定。事先预习同时也能够让学生觉得自己在课堂上的学习过程中扮演了一定的角色，而非仅是抄写讲课内容。

4. 清楚明了的授课方式

良好的授课技能非常重要，但是许多老师并不重视。

（1）开始讲课前，先介绍这节课的重点与学习目标，这样可以为学生示范怎么写"好"的前言。

（2）用一个句子总结这节课的内容。这样不只是使课程内容"一目了然"，同时也为学生示范了总结的技能，因为学生常常不知道如何总结他们的主要想法。

（3）进入下个主题前，先总结当前的这个主题，同时下课前再总结一次。这样重复会很有帮助，因为学生可能在第一次听时会漏掉一些，这样也可以为学生示范怎么下"结论"。

每说明一个新的要点时都要让学生知道。这样有助于学生更好地组织这些新的资料，而且学生也可以将这种技能用于论文写作或口头报告中，这对于无法长时间集中注意力的学生更是很有帮助。

5. 速度与组织

"老师教了六种方法——第一种、第二种、第三种，到了第四种我就已经搞不清楚了，全都混在一起了。"

老师在呈现新的内容、特别是在比较几种不同的内容时，速度应该慢下来，而同一点可能还需要以不同的措辞进行重复强调。如果要比较三种以上的模型或实验，那必须先让学生清楚了解前三种模型或实验，然后再进入到后面几种的讲解中。用几节不同的课来说明不同的模式，或是中间穿插休息时间，或是先深入讨论几个模式，再加入新的例子。

用示意图或流程图表示各个模型之间的相似处与相异处，会很有帮助。如果采用图表，讲课时就应准确按照图表上的顺序进行讲授，以免学生搞不清楚。

另外一个可能的方法就是提供一个标准列表，以此标准来比较各模型，或是以其中的某个模型作为标准，再将其他的模型与之进行比较。换句话说，老师应先以一个总的标准或基本模型建立起一个稳固的基础，再进入到大量的细节对比阶段。如果不这么做，学生就会把内容都混淆在一起，然后感到沮丧不已：许多学生并不具有迅速吸收与掌握大量新内容的能力。

6. 专业术语

（1）把新的字句或专业术语写在黑板上，并制作成词汇表，附在学生手册里。班上如果存在来自国外、有阅读障碍或词汇量太少的学生，这个做法就会特别有用。在老师的快速讲课中，学生可能无法分辨出新词的发音，因此也就无法记下来，而学生此时也可能因为要弄清这些新词影响到接下来的听课质量。

（2）对于不熟悉学术英语的学生来说，如果老师能在上课的过程中提到学生在写作中常用错的词，那这对学生会很有帮助。

7. 讲义

（1）以讲义的形式提供比较细节的资料，像是统计数据、参考文献、专有名词、报告名称、重要事件的发生日期、出版文献等。这样学生就可以专心于课程的整体方向上，而且会觉得自己手上已经拿到了所有的"重要的资料"，进而感到安心。

（2）用讲义列出讲课纲要，并留下空行，以便对其加以编号，让学生把每段主题的重点都填上，这样可以鼓励学生专心听课。

（3）课前就把讲义发下，以让学生进行事先准备。

8. 后续工作

（1）告诉学生，哪里可以找到他们上课时不小心错过的内容，像是书本上、网络上或其他媒介上。

（2）提出几个有趣的问题，让学生在互助小组或推荐阅读中继续探讨。

☞ 老师的准备工作

1. 课程原则

指出每个老师都可能会采取不同的上课方式，并强调一份好的笔记通常是下列两者的结合：学生具有倾听与选择的技能，老师能够有条理地上课，不过学生需要具备一定的弹性技能，以适应不同老师的教学方式。

跟学生强调，他们没有必要把老师的每句话、每个字都记下来：学生做笔记有困难，往往就是因为他们不加挑选地记课堂内容。事先预习有助于了解那些资料的其他出处，这样上课时就不需要记那么多笔记了。

2. 教材

利用本章的资源列表。请学生带一份自己的上课笔记（上课一小时左右所做的笔记），或是请学生在课前先进行资源列表上的活动。

16.3　课程目标与学习成果

☞ 课程目标

> 1. 帮助学生在听课时做出有意义的笔记，以有效利用上课时间。
> 2. 让学生了解"听出意义"的重要性。
> 3. 提供学生互助合作的策略，以理解上课内容。

☞ 学习成果

> 进行完这些练习活动后，学生应该要能够：
>
> | 学习成果 | 技能代码 |
> | --- | --- |
> | 1. 了解有效利用上课时间的方法。 | M |
> | 2. "听出意义"。 | IGS　M　OC　P |
> | 3. 理解有选择地做笔记的重要性。 | M |
> | 4. 与同学合作解决听课的困难。 | IGS　M　P |
> | 5. 了解并应用做笔记的策略。 | M　WC |

16.4　活动：9 种带动学生的方法

☞ 破冰游戏

每个学生都说一说"自己在 10 年后会教的一门课"，欢迎学生给出大胆且具有创意的答案。

☞ 有效利用上课时间

1. 三人一组　请学生思考自己对于上课所持的态度，例如是否会准时出席、是否会事先预习、是否采取质疑的心态等。

2. 个人　请学生写出两个可以更有效地利用上课时间的方法，以协助自己的学业学习。

3. 全班　□进行头脑风暴：对于如何更有效地利用上课时间这个问题，学生有哪些想法？加入你的建议。

　　　　　□请学生讨论事先预习的好处。

☞ 做笔记的目的是什么？

全班　进行头脑风暴：对于这个科目，做笔记的目的是什么？也提出你自己的
　　　看法。

☞ 听出意义（1）

1. 讲 20 分钟的课，或是给学生看一段纪录影片。请学生把笔放下，专心听，
也就是什么笔记也不要做。

2. 讲完后，给学生 3 分钟的时间，让他们写下从中学到的主要东西。

3. 学生可以就讲课的内容写下至多 2 个问题。每个问题都要清楚地写在便利
贴上。大家把便利贴贴到墙上。

4. 学生互相阅读彼此的问题，并拿走一个（不是自己的）自己可以回答的
问题。

5. 每个学生都读出自己选取的问题，然后给出答案。其他学生可以确认或修
正该答案，有需要时可以修正自己的笔记。

6. 从留在墙上的便利贴中，可以看出学生们觉得哪些部分特别困难。鼓励学
生一起找出这些问题的答案。

7. 利用这个练习跟学生讨论，他们从这种只是"专心听讲"的教学方式中能
够记得多少你讲的内容。他们从中学到了什么，这会促使他们在以后改变做笔记的
方式吗？

☞ 听出意义（2）

1. 在学生进行了 20 分钟的"专心听讲"后，请他们如同前一个练习一样写下
自己学到的重点。

2. 5 人左右的小组：小组成员一起把所有人的笔记集合在一起，以做出更完整
的笔记。

3. 讨论进行同学合作之前的那份笔记与进行同学合作之后的那份笔记有何不
同。老师应该强调这是一个很有用的做法，值得互助小组采用。

☞ 做笔记的诀窍

1. 小组　请学生根据以往阅读相关资料的经验以及进行上面几个练习活动的
　　　　经验，列出做笔记的诀窍。

2. 全班　每个小组轮流提出一个诀窍，一直到所有的诀窍都发表完（或是上
　　　　课时间结束）。对于较年轻或较散漫的学生，不妨以小组竞赛的方式

进行这个活动，每提出一个诀窍就给小组加一分，一直到所有的诀窍都发表完。确定学生把同学提供的诀窍都记下来了。

提高做笔记的技能

利用后面的资源列表。

1. 个人　　请学生浏览自己在最近一堂课中所做的笔记。给学生一点时间把笔记的内容（或是部分内容）用至少一种其他的形式写出来，像是标题与项目、思维导图、散乱的条目、图形笔记、利用颜色或影像等。鼓励学生发挥创意。

2. 三人小组　每人都说明自己原本记笔记的方式与在这个练习中所采用的方式的好处分别是什么，并听取组员的回馈。他们觉得哪个方法对自己最有用？

3. 个人　　请学生简单写下，他们目前做笔记的方式所具有的最大的几个优点与缺点，以及他们如何进行改善？

4. 两人　　协助彼此选择两个适用的改善方法，以使笔记做得更有效率。两人互相约定好一个日期，并记在日程表上，届时互相监控彼此的进展。

利用教学影片

如果时间允许，或是学生在这方面的能力较弱，那么可以让学生看一段影片，同时做笔记。影片内容可以是讲课片段或是纪录片。

1. 讨论影片里的主要内容是什么，以及学生们应该记下什么。

2. 给学生几分钟的时间，以评估自己记下了多少重点。

3. 把影片再放一遍，为学生指出各种表示"重点来了"的线索。说明如何辨别这些线索，如从用词、肢体语言等方面进行辨别。指出哪些细节是可以在别处找到的，现在并不一定要记，因为从书本上抄下来可能要比边听边记容易。尤其对外国学生与成年学生来说，更是如此。

4. 视班级的大小与学生的知识水平，可以选择再放一卷影片，以让学生现学现用。这一次，请学生每看到一个"线索"就大喊"暂停"，然后把影片倒转重放，这当然要询问一下班上的其他同学是否也同意。

与就业的关联

全班　请学生进行头脑风暴，想想做笔记的技能与倾听的技能合并后，在不同的职业上可能会有的用处，像是会议记录、进行客户案例记录、记录个人的会议发言等。许多工作都需要长时间坐着开会，这时能否集中注意力就变得很重要。

16.5 资源列表：有效利用上课时间

有效利用上课时间的诀窍在于预先准备。

推荐阅读：立志至少阅读下面其中一本书

☐ Cottrell，S. （1999）The Study Skills Handbook（Basingstoke：Macmillan-Palgrave）（第 6 章）.

☐ Northedge，A.（1990）The Good Study Guide（Milton、Keynes：Open University Press）.

练习活动

☐ 浏览你在这个星期内所做的任何一份约在一个小时的上课时间内完成的笔记。把笔记的内容（或是部分内容）用至少一种其他的形式写出来，像是标题与项目、思维导图、散乱的条目、图形笔记、利用颜色或影像等。尽量发挥创意。

☐ 你原本的做笔记的方式与在这个练习中所采用的方式，各有什么好处？哪个方法对你更有用？

☐ 目前你在上课做笔记这方面有什么缺点？

☐ 目前你在上课做笔记这方面有什么长处？

☐ 评论（如果你有写检讨日记，那么记在检讨日记上）你应该如何编排你的笔记，以达到最好的效果。

自我检讨

检讨自己对于上课所持的态度，例如是否会准时出席、是否会事先准备、是否采取质疑的态度等。列出两个可以更有效地利用上课时间的方法，以协助你的学业学习。

17

文献阅读

17.1 学生在阅读文献上的困难

学生在阅读上面所具有的困难，可能比老师想象得还要多。其中的原因有很多，下面列出了几点。

☞ 生理因素

针对东伦敦大学的两个院系的全体学生进行的调查显示，将近 2/3 的学生在阅读时有生理方面的困难：比如说遮起一只眼睛看书，没多久另外一只眼睛就疲劳不已，以致其看到的字体变得模糊，或产生跳行，或读一读就找不到之前读到的地方等。但是之后接受访谈的学生都表示，他们在最近的眼科检查中，并没有找到什么问题。

☞ 语音困难

许多学生都无法把较长的字按照语音原理拆分开来。他们不是把字拆分开，而是在长字中寻找单字，然后把这些单字组合起来，拼成一个跟原字不同的长字，例如把 paramagnetism 拆成 para-ram-magnet-ism，组合起来成为 paramagnetisrn。

☞ 不知道要挑选什么文献来阅读

对于应该阅读什么，学生既缺乏信心去选择，也缺乏技能去选择，这不只是能力较弱的学生所存在的问题。优秀的学生也常常担心漏掉可能会考到的东西，因此花很多时间进行阅读，也花很多时间依据书本做笔记。但是因为他们动作很快，所以这可能不是很大的问题，但是对能力较弱的学生来说就不是这样了，因为他们的阅读速度与做笔记的速度可能都较慢。

☞ 阅读速度不够快

通过非传统路径进入大学的学生，往往所具有的阅读经验并不多。有些甚至自离开学校后，一本书都没读过。他们的阅读经验，可能仅限于阅读非常短的文章和标题，像是报纸和杂志。多种原因造成他们阅读速度缓慢，像是上述的生理因素、不熟悉特殊字词、掌握的一般字词量不足，以及缺乏练习，不熟悉基础知识等。

这些因素往往造成他们理解上的困难，这表示学生常常需要重复阅读同一段内容，甚至需要停下来查字典，从而打断了思路。

☞ 阅读量不够

基于上述的理由，阅读能力的培养对许多大学生来说都是一个缓慢的过程。此外，跟过去的大学生相比，今日的大学生可能也没有那么多的时间看书。

一想到要看完这么多的书，学生可能会产生严重的焦虑情绪，特别是当他们觉得自己必须把每一页都看完、都做笔记时。

☞ 阅读书单

对于长长的阅读书单，老师若不加以说明这些书籍的优先顺序与关联，那么它们可能会给学生造成很大的困扰。学生可能会花太多钱去买这些书，或是在图书馆进行漫长等待，以借来不一定需要看的书，甚至是花很多时间阅读不重要或重复的资料。

17.2　老师如何帮忙及其准备工作

☞ 老师如何帮忙

学生的阅读速度与精确理解的能力的确会随着高等教育阶段所提供的阅读机会的增多而提高。然而，某些学生多年的疏于练习是很难通过这样就弥补过来的。"拆字"的技能容易改善，但是学生在掌握单词量、熟悉各种写作风格、理解复杂的句子以及有信心阅读复杂的文章方面的能力却需要较长的时间才能弥补过来。

1. 需要进行选择性阅读时

学生面临严重的财务与时间压力，因此，当需要他们选择性阅读某些内容时，最好能告诉他们，哪些文献的内容是类似的，或是当哪些书在图书馆里找不到时，可以选择哪些其他可替代的书。

2. 按照主题分类：为学生制作分类书单

对于一、二年级的学生，如果某本书并不需要他们全部读完，那么要为学生指出哪几章、哪几页是应该阅读的，而不要把整本书都丢给学生。这样学生也能够"心安理得"地进行选择性阅读。

（1）在书单上，将参考书目按照主题进行分类。

（2）用星号注明你最推荐阅读的书籍，并列出一本可以替代的书籍。

（3）明确注明最重要的章节与页数。

（4）在书单上做些解说，简单说明书籍的内容。

3. 有目标地阅读：列出重要问题

提出几个相关的问题，以帮助学生在阅读时专注于重要的资料。这样做也有助于学生理解自己应该提出什么问题，以引导自己的阅读。

4. 印刷清晰

发给学生的影印资料，印刷务必清晰悦目。很多学生连印刷清晰的资料阅读起来都很吃力，那么模糊不清的资料只会加重他们的负担。

5. 以书面形式提供细节资料给学生

有些老师上课时会提起一连串的名字与书名，仿佛学生都很熟悉这个领域里的哪些人写了什么书一样。一位大学生反映，他的老师上课时会这么说"约翰在银行服务系统方面有写过一本书，另外还有罗伯特就汉萨同盟写了一本很棒的书"，学生可能无法光靠这样听就把人名记下，所以提到参考文献和细节时，老师务必以书面形式将其提供给学生。

☞ 老师的准备工作

1. 心态

"敏感"是这堂课的关键。老师须留意，任何一种形式的阅读困难都会令学生感到极度尴尬，甚至是只由视力引起的阅读困难。跟学生指出，阅读方面的焦虑与困难，哪怕是在高等教育里也是很常见的。一项对哈佛学生进行的研究指出，有很多学生都选择相关课程以增进阅读技能，但是在训练阅读速度的时候，他们往往忽略了"读出意义"这个更基本的任务。

2. 教材

如果先让学生依资源列表做些事先的准备，那么这堂课进行起来效果会更好。依据你所选择进行的练习活动，准备下列相应的教材：

■ 活动4　选一篇短文（一页左右，印刷清晰，字体适中），让学生在课堂上进行阅读。每个人都要拿到一份影印稿。列出几个问题，以引导学生进行阅读。其中一半的学生会拿到附有问题的文章。另外一半的学生则拿到没有附问题的文章，活动进行完后再把问题发给他们。

■ 活动10　选一段文章，让学生事先或在课堂上进行阅读并做笔记。短文可以选自学生已经有的书籍。列出一个问题，以引导学生进行阅读与做笔记。

■ 活动12　列一份参考书目，上面要列出10本书籍与文章，但顺序杂乱。每人都拿到一份参考书目列表。在投影片或幻灯片上列出正确的顺序，说明如何正确列尽参考书目（参看 *The Study Skills Handbook*）。

■ 就你希望学生找到的资料列出5个网站，并设定一个与科目相关的主题，就此列出有用的搜寻工具与搜寻引擎。

资源列表上还会要求学生带一本书到课堂。

17.3 课程目标与学习成果

☞ **课程目标**

> ■ 增强学生阅读的信心。
> ■ 培养学生为特定目的而应用边阅读边做笔记的策略。
> ■ 培养学生基础的研究技能。
> ■ 进一步提高进行头脑风暴、做笔记、检讨、与同学合作等前几个单元教
>   授过的技能。

☞ **学习成果**

进行完这些练习活动后，学生应该要能够：

学习成果	技能代码
1. 知道如何更快找到资料。	IGS M
2. 就不同的任务采用不同的阅读方式，包括选择性阅读。	IGS M
3. 理解有目标的阅读的价值。	IGS M
4. 评估哪些因素可以改变他们的阅读效果，为自己列出可以使阅读更容易的诀窍。	M P R
5. 采用科目特定的阅读方式。	M
6. 在进行阅读的同时，应用各种做笔记的策略。	IGS M P
7. 正确注明参考出处并列出参考文献。	IGS KU M WC
8. 评估主要的参考文献。	E M
9. 与同学合作探讨一个主题。	E IGS M

17.4 活动：16 种带动学生的方法

☞ **破冰游戏**

大家轮流说说"最想变成哪个虚构人物"，以及为什么。

☞ **翻阅练习（1）（预先进行）**

1. 见本章后面的资源列表。

2. 三人一组：花几分钟时间讨论活动进行的结果。学生们觉得这个练习活动有什么益处？

3. 全班：大家发表意见，说明这个活动有何益处。

4. 指出如何在书写每份作业前开始这个活动。

5. 如果有学生觉得很困惑，那么老师就为学生进行解说。有必要的话，带学生讨论为何"困惑"是学习过程中的一个必要的部分，而非逃避的对象。困惑的状态往往表示旧有的观念受到挑战，可以将之视为是进入新的理解层次的契机。

读出意义

1. 个人

☐ 阅读的目的是什么？

☐ 你觉得一个"好的阅读者"的最重要的特质是什么？

2. 全班

进行头脑风暴，思考"好的阅读者"有什么特质？

3. 讨论阅读的目的

指出阅读最主要的目的是理解，是去寻找意义。速度与流畅都有助于理解，但它们都是次要的，而且会随着练习而不断进步。告诉学生，一个好的阅读者并不一定是阅读速度很快的人。同时也指出，阅读太慢会影响阅读的流畅度；阅读非常缓慢的读者如果稍微加快速度，其理解可能也会进步。

有目标的阅读

1. 把全班随机分成两组。

2. 个人：每个学生都拿到同样的短文。其中一组的文章后面会附有几个问题，以引导学生进行阅读。给学生时间让其阅读短文，中间不能讲话或问问题（老师需之后解释这么做的原因）。

3. 就文章所附的问题进行小测验。每个人各自在纸上进行回答。

4. 公布正确答案，让学生批改自己或邻座同学的答案。

5. 比较班上两组学生的分数，看看学生的得分是否与拿到的问题有关系。通常是有的。如果没有，那么讨论可能的原因。

6. ☐ 拿到问题与没拿到问题的学生，他们阅读时各有何感觉？

☐ 没拿到问题的学生，如果当初拿到了问题，会不会从中获得益处？

7. 指出在阅读时为自己"定向"的重要性。

☞ **翻阅练习（2）**

1. 两人一组　□ 请学生互相交换各自带来的书，然后翻阅 30 秒，看看有什么令他们印象特别深刻的地方，简单记下，哪怕只是一个字。

　　　　　　□ 然后再翻阅 5 分钟，这次专注于封底、目录、标题和索引中项目特别多的词条处。

　　　　　　□ 当 5 分钟时间快到时，让他们写下自己觉得这本书在讲什么，或是有什么用处。

2. 两人一组　□ 描述一下你拿到的书，看看原书的主人是否同意你的描述。

　　　　　　□ 你在这几分钟内取得的资料，对了多少？

3. 全班　　　指出事前翻阅的新书，以大致了解其内容与风格。

☞ **针对不同目的，采取不同的阅读策略**

1. 全班讨论有哪些不同的阅读方式。问问学生，他们自己平时针对不同的阅读目的，会相应采取哪些不同的阅读方式。

2. 指出人们会因各种因素的不同而选择在"快速浏览"与"缓慢细读"之间移动，如主题、文章风格、专业字词或生字的量、该主题对他们来说有多新、该文章对他们来说有多重要等。

3. 指出专业领域中所需要的不同阅读风格。

☞ **科目特定的阅读方式**

如果学生的专业科目要求某些特定的阅读方式，那么就为每一种阅读方式都准备一篇一页的文章。带领学生阅读这些不同类型的文章，同时说明各类文章应分别怎么阅读才会更容易。例如：

1. 法律　　　在不同类型的法律文件中，我们分别需要专注于哪些方面，才能找到关键资料。要找哪些关键的词汇？这些词汇可能会出现在哪里？

2. 历史　　　在冗长的法规序言中，要去哪里寻找关键字？

3. 科学报告　摘要的价值。如何就报告中的不同部分选择相应的阅读方式。例如，讨论的部分可以进行快速浏览，而假设和结果的部分则须仔细阅读。

4. 物理治疗　边阅读边进行对应的肢体运动，有助于了解描述的内容。

什么因素使阅读这么困难

1. 小组　一起列出致使阅读速度缓慢或致使阅读显得特别困难的因素。可以是个人因素，也可以是书本或文章的原因，或是环境，或是任何学生想得到的因素。

2. 全班　集合大家的意见。指出人在看书时，可能会遇到非常多的问题。

阅读的诀窍

1. 小组　□ 各组把上面列出的因素写在一张大纸上，然后思考如何克服这些问题。把建议的办法写在问题的对面。也许你可以把整个列表分一分，然后发给各个小组。有可能的话，同样的问题最好给两个以上的组去讨论，以增加选择性。鼓励学生进行清晰的书写。

　　　　□ 各组把大纸贴在墙上。

2. 个人　浏览各组的建议，抄下有用的诀窍。

3. 全班　问问哪个建议最受大家的喜欢。

边阅读边做笔记

1. 个人　请学生阅读你事先准备好的短文。同时设定一个问题，以引导他们进行阅读与做笔记。请学生按照平常边阅读边做笔记的方式做笔记。有可能的话，把这个练习当作课前准备工作。如果在课堂上进行，应确保看书较慢和有阅读障碍的学生有足够的时间可以完成。

2. 全班　□ 大家一起一段一段地阅读短文，同时告诉学生哪些内容是重要并且是应记下来的，以帮助他们回答你出的问题。

　　　　□ 把每个建议都写在黑板上，然后请全班确认或讨论。如果大家都觉得这条内容对问题并不重要，那么就把它划掉。

　　　　□ 最后把跟问题无关的建议都擦掉。

　　　　□ 在黑板上写的时候，采用缩写与简短明了的提示语，并使版面一目了然。此时你就是在示范做笔记的技能。

　　　　□ 黑板上的笔记是否清晰明了？从这个练习当中，可以得出什么边阅读边做笔记的诀窍？

　　　　□ 给学生时间检讨自己的笔记。自己是做了太多的笔记，还是做了太少的笔记？该记的重点有没有都记下来？

3. **三人一组** 讨论如何改进自己阅读时做笔记的技能。每个人都要想出至少一个策略并去尝试。或者，比较资深的班级，可以用小组的方式进行这个活动。

☐ 学生各自把短文阅读完毕并做完笔记后，各组要集合组员的成果，整理出一份完整的笔记，然后以海报的形式写在大纸上，之后跟全班分享与讨论。笔记上应该只包含跟问题有关的内容，鼓励学生采用缩写等简单记法。

☐ 展示各组的海报。

☐ 全班一起讨论各组笔记的异同。指出笔记中非必要的内容。

☐ 各组的笔记是否都清晰明了？从这个练习当中可以得出什么样的有关边阅读边做笔记的诀窍？

☞ 边阅读边做笔记的困难

1. **小组** 用"决策小组"的方式，找出边阅读边做笔记的策略。
2. **全班** 集合大家讨论"决策小组"中的策略。

☞ 出处、参考书目与抄袭

1. **全班** 指出这些议题的重要性，并说明如何引用、注明出处及列出参考书目。说明对于抄袭的一般处罚政策，回答任何有关"灰色地带"的问题。

2. **小组** 把你随机排序的参考书目（皆与学生的专业科目相关）发给各组。请各组重新排好这些书名与文章标题的顺序。

3. **全班** ☐ 用幻灯片或投影片说明正确的排序方法，回答任何学生不清楚的内容。

☐ 将其与写作技能课程连接起来，学生如果有已经被老师评阅过的作业，也可以借此说明。

☞ 书评

请学生做一个书评，并且之后要他们向班上的同学做报告。先确定他们到时要花多长时间跟同学介绍自己的书。选的书必须是与其就读的专业科目有关的书籍，你也可以给学生一份书单让他们从中挑选。书评的内容应包括：

1. 书的内容，用一般的用语介绍即可。
2. 阅读这本书时，他们觉得特别有趣的一点。
3. 他们不同意该书中的哪些内容，为什么？

4. 为什么这本书值得阅读，哪些章节特别有用。

5. 他们觉得该书还有哪些可以再改善的地方（如果有的话）。

6. 就这本书的主题来说，他们是否宁愿选另外一本书，为什么？

书评之后：

■ 学生做完书评之后，其他看过这本书的人可以发表自己的意见。你也可以补充说明该书的价值。

■ 大家讨论这个练习有什么好处。

■ 指出这在互助小组或同一个系的朋友之间会是一个很有用的方法，因为它有助于进行焦点式的阅读。

■ 对于一年级的学生，你也可以把书评练习作为他们的书面作业。

☞ 在网络上找资料

先确定学生都知道如何使用网络。如果有学生还不知道怎么使用网络，那么告诉他们去哪里接受这方面的训练。给学生几个含有下列资料的网站：

1. 关于学校本身。

2. 以后在专业课程上会涉及的主题。

（1）给学生5个主题，请学生到你给的网站上寻找资料。

（2）请学生阐明每个主题各可以找到什么样的资料。告诉他们对各主题最有用的搜索引擎（像是 Yahoo、Lycos、Google、Ask Jeeves 等）。鼓励他们浏览之后，写下资料，同时记下网址，以便于今后再找到该资料。

（3）让学生分享心得，让他们说说自己觉得使用网络对于学业有何帮助。

☞ 确定什么是好的资料来源

1. 指出在你的专业领域中，好的资料来源有什么特点。学生如何判断某个资料来源是否恰当？

2. 讨论在这个专业科目中，网络是否可作为资料来源。

3. 指出书本资料与网络资料在效力上的差别，例如，网络上的资料可能没有经过审查或更新。

☞ 与就业的关联

1. 小组　小组进行头脑风暴，思考这几个单元教过的阅读、研究与做笔记的技能，在职场上可能具有的用处。例如，为老板准备报告、为客户找资料、研究商务计划等。

2. 全班　讨论各组提出的建议。

17.5 资源列表：文献阅读

有效利用上课时间的要诀在于预先准备。

推荐阅读：立志至少阅读下面其中一本书

☐ Cottrell，S.（1999）The Study Skills Handbook（Basingstoke：Macmillan-Palgrave），（第6章）.

☐ Williams，K.（1989）Study Skills（Basingstoke：Macmillan）（第1~3章）.

☐ Northedge，A.（1990）The Good Study Guide（Milton Keynes：Open University Press）（第2章）.

☐ Entwistle，N.（1997）Styles of Learning and Teaching：An Integrated Utline of Educational Psychology for Students，Teachers and Lecturers（London：David Fulton Publishers）.

"翻阅"练习

☐ 去图书馆或书店翻阅3本书，最好主题相同，每本书翻阅几分钟即可。

☐ 各个作者是如何探讨该主题的？你能察觉到多大的差异？

☐ 一次同时翻阅几本书，是能帮助你更加了解该主题，还是使你更迷糊？

☐ 这几本书有哪些地方你不喜欢：字体大小？纸张颜色？风格？

边阅读边做笔记

阅读老师发下的短文。依你平常边看书边做笔记的方式做笔记，之后将其带到课堂上来。

自我检讨

☐ 阅读的目的是什么？

☐ 你觉得一个"好的阅读者"的最重要的特质是什么？

☐ 为什么一般的阅读或是某些为了特定目的而进行的阅读对某些人来说这么困难？你能想到多少个原因？结合你过去的经验，想想你看书比别人困难的时候。

带到课堂上

把一本你很熟或最近看过的书带到课堂上来。在课堂上，你要跟同学交换各自带来的书，以练习在短时间内去熟悉一本新书的能力。

写作技能 （1）

18.1 学生在写作上的困难

☞ **依据中学的标准评断自己的写作**

他们常常以为自己拿到低分是因为英语技术不好，因此他们不会专注于发展思考技能和更高层次的写作技能，如组织想法和形成论点等。

☞ **上千的字数**

2 000 字对刚进入大学的学生来说，听起来可能就像"一百万字"一样，尤其是对于那些不知道 2 000 字实际上只相当于自己手写的几页，以及不知道如何产生想法的学生。

☞ **不知道怎么改正错误**

学生一般都以为自己写的英文没有错误，所以像是"英语不正确"这样的评语并不能带给学生任何帮助，除非把正确的写法清楚写出来。

☞ **以为"复杂"就是厉害**

教科书里的句子常常看起来非常复杂深奥，因此有些学生以为句子越复杂，听起来就越"厉害"，于是采用冗长的复合句和一连串的长句，以写出复杂的文章。

☞ **担心会被严厉评判**

学生交出文章，就如同把自己赤裸裸地呈现出来，就是对于成绩好的学生来说，这也是一样的。

☞ **不了解作业的指示或题目**

这可能有多种原因，看不懂很长的作业题目便是其中之一，特别是当题目里有好几个专业术语或不常见的单词时。

18.2 老师如何帮忙及其准备工作

☞ 老师如何帮忙

1. 清楚说明各种写作技能的相对重要性

评阅时，把重点放在层次比较高的技能的培养上，英语技术方面则先保留一点，等到高层次的技能都掌握了，再来挑语言上的问题。清楚说明评分的标准，特别是各种宏观技能（研究、分析、批判思考、条理清晰等）与微观技能（拼写、标点符号、文法）进行权衡时的相对比重。

2. 提供"字数"方面的指导与协助

■ 请学生猜猜某篇文章总共有多少字，并让他们把估计的数目写下来，再听你公布答案。最后让他们算出自己的估计值与正确答案相差多少？

■ 如果学生在写检讨日记，那么请他们算一算自己在里面已经写了多少字，好感觉一下"几百字"看起来是什么样子，并告诉他们写到 500 字就可以停下来了。

■ 进行相关的练习活动，协助学生习惯去产生想法。

3. 评分策略

确定学生都很清楚你的评分策略。例如，在早期的几份作业中，你会专注于高等教育中的重要的技能（研究、论点等），或是不管作业里有多少英语技术上的错误，你只会改正三个错误。这样可以节省你的时间，学生也更好消化，同时学生也不会以为自己写的英文都对了。对于那些有严重困难的学生，为他们提供额外的辅导，或是把他们引荐到校内的额外辅导单位。

4. 鼓励简单清晰的表达方式

强调"清晰"（读者能够了解你说的东西）比"听起来厉害而信息不明"还要重要。建议学生把自己的文章大声地读给亲人或朋友听，并请朋友每听到不懂的地方时就打断他们。要求他们在被打断时，用自己的话说明想要表达的意思，但是不要使用太口语化的说法。如果朋友听懂了，那就马上把刚刚说的话记下来，之后再继续读下去。

5. 作业的细节

给予学生清楚明了的作业题目，以鼓励学生也以清晰明了的句子进行写作。带学生看一遍题目，确定学生都了解题目的意思。说明在作业中应该要涵盖到的几个主要方面。给出明确的评分标准。如果有什么地方表面上看起来很简单，但实际上并不简单，那么老师要务必说明清楚，并指导学生如何着手处理。

老师的准备工作

1. 课程原则

写作课程应结合学生的学习程度、系里所要求的写作类型以及写作指导，以将其纳入一般的教学当中的方式来进行教授。这个单元将专注于增强学生对于写作的信心，以及高等教育在写作上的一般要求。到了第 19 章，本书还会介绍更进一步的练习活动。第 15 章的练习活动有些也适用于这个单元，如果这些活动已经实施过了，那么老师不妨在此点出思考技能与写作技能之间的关联。如果要进行"写作互助"的活动（活动 5），那么之前必须进行过小组合作与建设性批评的练习。如果之前没有进行过这种练习，那么"写作互助"的活动可能就会太具威胁性。其他练习活动的目的，则在于增强学生在他人面前的写作信心，以及接受他人就写作给予的回馈。

2. 教材

本章后面附有资源列表。

18.3　课程目标与学习成果

课程目标

1. 增强学生对写作的信心。
2. 教导学生如何开启写作的初期阶段。
3. 介绍学生认识"写作互助小组"。

学习成果

进行完这些练习活动后，学生应该能够：

学习成果	技能代码
1. 认识自己在写作上的优点与弱点，并设定优先目标以求改进。	IGS　M　OC　P　R　WC
2. 应用策略，开始着手进行写作。	C　IGS　M　WC
3. 提供与接受有关写作方面的协助。	IGS　R
4. 了解"清晰明了"对于有效的书面沟通的重要性。	WC

18.4　活动：8 种带动学生的方法

☞ 破冰游戏：标题是什么？

用幻灯片或投影片给学生看一幅主题模棱两可的卡通或照片，请每个人都为图片想一个简短的标题，并说给小组或全班听。

☞ 对写作的焦虑

1. 小组　□ 请学生与相处得来的同学组成 4 人一组的小组，并说明以后在进行写作方面的分组作业时，就以这个小组为单位。

　　　　□ 组员一起列出对于写作所持有的所有焦虑、担忧与经历过的困难。

　　　　□ 另外再列出，他们期望在接下来的几堂专注于写作训练的课上取得什么收获。

2. 全班　收集各组的答案。

3. 个人　□ 请学生简单写下，增进写作能力后，自己取得了什么收获。鼓励学生在感到受挫时，回头看看这些愿景。

　　　　□ 指出大家对于写作都怀有焦虑与担忧，而且这是很平常的，就连专业的作家也有这种情况。

☞ 让文思流动起来

1. 个人

□ 请学生找一个自己喜欢的单词。他们最喜欢的单词是哪一个？

□ 把这个单词写在纸上，同时把字母也写下来。

□ 以每个字母为字首，再想一个单词或短语（2～3 个字）。每个单词都须与第一个最主要的字相关。以下是一个学生的例子：STAR。

S—sparkling

A—astral, cold, distant

T—tiny light

R—rotating in space

2. 小组

邀请学生把自己写的东西读给组员听。告诉大家互相鼓励彼此朗诵自己的作品，但不是非读不可。通常写作有困难的学生会觉得这个做法让他们很有成就感，因为这也算是一种"作品"。

3. 回馈

☐ 每个组员均反馈一个（只说一个）他们觉得好的地方。

☐ 不要请学生把自己的成果发表给全班听，除非大多数人都同意发表自己的作品。这个练习的目的是增进彼此间的信任，而不是比较谁写得最好。

☐ 指出短短几个词语就可以表达很多东西。

☞ 主题写作

1. 全班　在黑板上或投影片上写几个单词，如雪、叶子、蜘蛛、云、梦、岛、朋友、足球、纸、狗等。

2. 个人　☐ 请学生迅速从中选一个单词。

　　　　☐ 利用活动 3 的经验，就自己选的单词写 5 行内容。不必写完整的句子。每一行多短都可以，只要不超过 7 个单词即可。

3. 小组　邀请学生在组里读出自己写的东西。告诉大家互相鼓励彼此朗诵自己的作品，但不是非读不可。

4. 回馈　每个组员均反馈一个（只说一个）他们觉得好的地方。

5. 全班　问一问大家这样先写东西，然后把自己的作品朗诵给同学听并接受回馈是什么感觉？有想象中那么可怕吗？

☞ 写作互助

1. 小组　☐ 请学生拿出事先写好的短文，或者是将之作为课堂上的写作活动也可以。跟学生强调，在这个阶段，他们并不需要写出什么文学作品，这个阶段的目的仅是让他们养成把想法写在纸上的习惯。鼓励他们朗读自己的作品，或邀请组里的一个同学读自己的作品。

　　　　☐ 其他组员用清楚的字迹写下：

　　　　　（1）3 个他们觉得好的地方：像是整体的想法、作者的热情，或是特别的用词等；

　　　　　（2）2 个他们觉得可以再进行稍微改善的地方：像是资料再多一点、改变一下顺序等。

　　　　☐ 组员轮流说明自己觉得好与可以再改善的地方。

　　　　☐ 让作者告诉大家，各个组员的哪一点想法他觉得最有趣，最值得思考。

　　　　☐ 接着让作者收下其他组员所写的东西，并带回去参考，以改善自己的文章。下一节课再带过来。

2. 全班　□ 问问学生对这个活动有什么想法。告诉他们，下一节课还会有一个类似的活动。让他们知道，专业的作家也经常利用这样的协助活动，以求精益求精，而就学生所须完成的书面作业来说，这会是一个很有用的做法。

　　　　□ 讨论大家得到的回馈可以分成哪几类。把分类的结果留着，以便下节课使用。

清晰明了与模棱两可

全班　□ 从各种公告、看板和广告上收集模棱两可的影像或文字信息，并列出来给学生看。它们可以有哪些不同的诠释？为什么它们会这么模棱两可？

　　　□ 指出"清晰明了"在写作中的重要性。鼓励学生特意找出自己作品中模棱两可的字句。

优先目标

最好把这个活动当作课前准备工作，这样学生才有时间进行检讨反省。

1. 个人

□ 请学生完成后面的自我评估问卷："我的写作能力有多好？"

□ 请学生找出自己需要优先改进的几处地方。

□ 请学生找出最需要优先改进的一个地方（不包含拼字、语法或标点符号）。

2. 小组

□ 可以采用"决策小组"的做法，以让每个人轮流成为小组讨论的焦点。每个学生均用两分钟的时间说明自己最需要优先改进的地方。提醒他们，拼写、语法和标点符号不用列出来：这几个问题的范围太大了，不适用于这样的同学辅导。

□ 每组均用几分钟的时间（3～5分钟）进行头脑风暴，思考如何改进每个组员最需改进的领域，也可以建议采用在阅读资料中看到的做法。

□ 每个人都选出对自己最有用的建议，并写下来。

结尾

全班每个人都说说自己从这堂课中得到的最有价值的收获是什么。

18.5　资源列表：写作技能（1）

有效利用上课时间的要诀在于进行预先准备。

推荐阅读：立志至少阅读下面其中一本书

☐ Cottrell，S.（1999）The Study Skills Handbook（Basingstoke：Macmillan-Palgrave）（第7章）.

☐ Northedge，A.（1990）The Good Study Guide（Milton Keynes：Open University Press）（第5章）.

☐ Williams，K.（1989）Writing Essays：Developing Writing（Oxford：The Oxford Centre for Staff Development）.

自我评估

☐ 完成自我评估问卷："我的写作能力有多好？"

☐ 你在写作上需要优先改进的几个地方是什么？

☐ 你最需要优先改进的一个地方是什么（不包含拼字、语法或标点符号）？

你对什么有兴趣

☐ 上大学后，各科涵盖的所有主题当中，哪一点你觉得最有趣？

☐ 简单记下为什么你觉得这一点最有趣，以及为什么这一科对你来说很重要。以做笔记的方式或你平常的写作方式记下。

☐ 再写出5点这一科所具有的有趣的地方，或是5点细节。

☐ 把刚刚记下的内容写成一篇流畅的短文。不必写得很完美，重要的是把它写下来，用什么写作风格都可以。

自我检讨

☐ 根据上面的阅读与练习，在检讨日记里简单写下你对学术写作的一般感受。你是觉得信心满满，还是很担心？

☐ 你觉得你在写作上有何长处？有什么地方需要改进？

☐ 在老师出书面作业时，你是很担心，还是很有自信能够准时完成一篇像样的作品？

18.6　评估：我的写作能力有多好？

在下面表格中的适当选项内打勾，并对你现在的状况进行评分。

评分：9分代表最优，1分代表最弱，或是还需要极大改进。

我是否知道……	是	我只是需要多练习	不太确定	否	评分	改进的优先顺序
1. 如何养成写东西的习惯？						
2. 如何开启写作的过程（或是克服"下笔的障碍"）？						
3. "论文"是什么？						
4. 写论文的程序是什么？						
5. 怎样分析作业提出的问题？						
6. 怎样组织资料？						
7. 怎样使用与组织概念？						
8. 怎样建立论文的结构？						
9. 怎样建立一篇报告的结构？						
10. 怎样写出好的段落？						
11. 怎样写出有说服力的论点？						
12. 什么是学术写作风格？						
13. 怎样在写作中应用你的个人经历？						
14. 怎样打草稿、编辑和校对？						
15. 怎样呈现我的作品？						
16. 哪些做法可以得到好的分数？						
17. 怎样利用老师的回馈提高下一次的分数？						

下一次写作时，哪两个地方是你需要优先改进的？把这两项用颜色标示出来

下一次作业发回来时，参考老师的评语，再做一次这样的自我评估

资料来源：Stella Cottrell（1999）。，*The Study Skills Handbook*（Basingstoke：Macmillan-now Palgrave）．

19

写作技能 （2）

19.1　学生在写作上的困难

☞ **在黑暗中摸索**

学生可能不知道，最后的作业成品看起来应该是什么样子。就算他们以前写过作业，但那些作业也可能跟现在要写的作业有不同的要求。即使有具体的范例，学生也可能并不知道这些范例好在哪里，或不好在哪里，尤其是当他们的作业写得不是很好时。

☞ **缺乏建设性的回馈**

学生可能从来没得到过正面的回馈，或是明确指出改进方法的评语。

☞ **无力继续进行写作**

学生可能不知道如何修改初稿，甚至根本就没想到要修改初稿。有些学生认为，第一次没写好就是能力不足的表现，而没有把它看成是写作过程当中的一个必要部分。

学生可能无法产生足够的想法，并写出大量的字句，以达到规定的字数，或者是啰啰嗦嗦写一大堆，结果无法写出所有想写的主题。他们可能不知道怎么组织整篇文章，或是不知道应该用什么顺序呈现各个想法。

19.2　老师如何帮忙及其准备工作

☞ **老师如何帮忙**

1. 具体的例子

给学生具体的例子，最好每种类型的作业都给 3 个范例，并在上面指出好和不好的地方。

2. 清楚的评分标准

清楚说明怎么做会得分，怎么做会失分。

3. 建设性的回馈

给予学生建设性的回馈，具体指出学生应该如何改善写作的方式。即便之前进行过适当的分组作业练习，此时也给学生机会，使同学之间就写作方面，互相给予建设性的回馈与协助。

4. 及早介入

及早在写作过程中创造介入的机会，像是同学回馈或老师回馈。跟学生讨论你自己如何修改草稿，以及你在修改时所采用的原则。请学生也讨论他们如何修改自己的文章。

☞ 老师的准备工作

1. 课程原则

这个单元会继续第18章的培养写作技能（1）和第15章的培养思考技能中所学到的技能，以及之前所教授的建设性批评技能。在这个单元里，学生将会有机会进行实际的写作，同时在草稿阶段就会得到回馈，并会探讨老师在评阅作业时，注意的是哪些地方。如果这门课有学分，那么这几堂课的写作成果就可以作为评分的作业。鼓励学生利用课余时间继续完成这篇写作。

2. 教材

（1）本章后面附有资源列表。

（2）练习活动2：如果有学生用 *The Study Skills Handbook* 一书，那么告诉他们练习活动中所提到的两篇文章为本书中的内容。

（3）如果你们不用 *The Study Skills Handbook* 一书，那就准备好两篇1 000字左右的论文或文章，用以激发学生的写作。其中一篇要比另外一篇明显好很多，但是两篇论文或文章都要有好的地方与值得改善的地方。在另外一张纸上写下对这两篇文章的评语，指出其优点与缺点。

（4）练习活动3：准备几个跟你的专业科目相关的论文题目。

（5）练习活动5：准备两篇主题相同的短文（100～150字），一篇文字精简浓缩，一篇文字支离杂糅。

19.3 课程目标与学习成果

☞ 课程目标

1. 培养学生在进行写作时的习惯与策略。
2. 让学生清楚知道各种作业的具体写作要求。
3. 培养学生辨别评分标准，并依此标准来提高写作的能力。

☞ 学习成果

进行完这些练习活动后，学生应该能够：

学习成果	技能代码
1. 利用写作小组的支持，开始写作的过程。	IGS WC
2. 知道一篇作品最后看起来应该是什么样子。	KU
3. 知道怎么做会得分，怎么做会失分。	IGS KU
4. 了解不同的作业类型有什么不同的要求，以及这些要求与评分之间的关系。	A E IGS KU M WC
5. 应用策略以达到规定字数，并了解这一点对分数的影响。	C IGS M WC
6. 了解文章的"结构组织"对有效的书面沟通的重要性。	A S WC

19.4 活动：11 种带动学生的方法

☞ 破冰游戏

每个人都说一样自己在好好开始写东西之前，会使自己分心而须克服的事物。

☞ 评估作业

1. 运行资源列表中"评估写作"的部分：可以在课堂上进行，或请学生事先准备。发下几份作业的范例（可以采用 *The Study Skills Handbook* 中的例子，或是你自己准备的例子），让学生依照你的评分标准与所附的"老师评语"，给自己评分。

2. 小组：请学生进行头脑风暴，想想老师在评阅作业时都注意哪些地方。

3. 问问学生对"老师评语"的部分有没有疑问，有没有任何不清楚的地方。

4. 全班：老师在评阅作业时，应注意的是什么？各组均发表意见，并且全班一起进行讨论。确认或清楚说明学生提出的意见，并补充你觉得学生还应该知道的部分。

5. 解释清楚任何在活动当中产生的疑问。

☞ 作业题目

1. 全班 □ 确定学生都了解作业题目中各种用词所代表的意义（见 *The Study Skills Handbook*）。

      □ 就你的专业领域中会用到的作业题目，找几个例子给学生练习。

      □ 就这些题目列出简单的写作大纲，以显示该题目包含了哪几个部分。怎么通过辨别每个部分所占的评分比重来确定各部分内容的比重？别的老师会不会有不同的比重分配？

2. 小组　如果有时间的话，给学生两个作业题目，让他们快速将其分解成几个小部分，并叙述题目到底在问什么。浏览各组的建议，指出哪些是可以接受的答案。

3. 全班　□ 如果将对这几堂课的写作成果进行评分，那就跟学生讨论什么才是"强有力的标题"。

      □ 鼓励学生把那些让其对不同观点进行比较的问题或用句，也列于"强有力的标题"之列。

      □ 请学生就你给的主题想几个标题，以更有"感觉"。

      □ 在学生想出的标题中，留意任何可能会使学生觉得很难回答的标题，并解释如何修改这些标题。

☞ 比喻

1. 个人　□ 请学生想想，哪一种比喻最适合描述他们写作业的方式。给几个详细的类比例子（见第 6 章）。请学生完成下面的句子："写论文（或报告、案例研究等）就像……，因为……。"

      □ 请学生思考，自己所选的比喻与论文（或报告、案例研究等）写作之间具有的所有相似或不相似的地方。

2. 小组　学生互相讨论自己所选的比喻。

3. 全班　□ 听听学生都采用了哪些比喻。

      □ 指出这些比喻是一种了解写作过程的方式。

4. 个人　□ 请学生从同学的比喻中，记下能够帮助自己更清楚理解写作任务的比喻。

☞ 对字数的感觉

    学生常会把 1 000 字想象得比实际上的字数还要多。利用学生在前一堂课和课前准备中所完成的写作，看看他们知不知道自己写了多少字。如果不是很清楚，那就请他们先猜，然后再数，看看学生有什么反应。把自己写的字数跟平常作业规定的字数比较一下。

☞ 达到规定字数

1. 全班　□ 进行头脑风暴，在黑板上或大纸上用图形笔记的方式，延伸某个主题，或是请学生提供一个觉得难以写出规定字数的主题。从图形笔记中选一个分支，并通过直接的问题继续进行延伸：我们还知道什么？怎么办？何时？为什么？有例子吗？怎么应用？有模型或理论可说明吗？有缺陷吗？有特别有趣的方面？等等。

　　　　　□ 有必要的话，进行"产生想法"的练习活动（见第 15 章，及 *The Study Skill Handbook*：概念金字塔）。

2. 小组　发给学生两篇主题相同的例文（见《教材》部分）。一篇语言支离杂糅，另外一篇语言浓缩精简。请小组：

　　　　　□ 列出他们分别从两篇文章中得到的所有资料与知识。

　　　　　□ 比较两篇文章，看看其中一篇文章是如何用同样的字数传达更多的信息的。

3. 全班　□ 讨论各组的发现。

　　　　　□ 指出其与得分之间的关系。说明"支离杂糅"的内容往往会占据不少字数，从而挤掉应该得分的重要内容。

☞ 生成文字：额外的练习活动

1. 个人　□ 每个人都拿出自己课前（或是上一节课）写好的文章，并用图形笔记的方法写出里面的内容。

　　　　　□ 给学生 5 分钟的时间，用活动 6 中使用过的问题扩展图形笔记。把这些问题写在黑板上，让学生看到。

2. 小组　每个人都把自己的图形笔记拿给小组的其他成员看，并简短描述一下，然后小组的全体成员一起进行头脑风暴，以产生更多的想法。

☞ 安排文章的结构

老师应该强调任何一篇好的文章都会有一个清晰的论点，或是一个强有力的中心思想。这个中心思想应该是整篇文章的骨干，所有的内容都依附在这个骨干上。你可以用"鱼骨头"的方式加以说明还可以将之描述为河流与分支，或是树干与树枝。

河流里的水最后都会流向大海，河流的流向就是水的流向。没有跟着流走的水，就会留在湖泊或水洼里，从而被遗弃了。同样地，在写作的时候，也应该要求学生整理资料并将其组织成段落（有可能的话，提醒一下学生事先进行的相关阅读工作）。每个段落都要导向主要的论点，如同支流流进河流。将每一处的细枝末节都整理成段落与章节，就如同小溪流进小河与支流。整篇文章，包括对于其他观点的思考，都应该朝着一个终点发展。所有的细节与讨论都应与这个最主要的论点相关。

如果学生在这方面有很大的困难，那么就先进行一些培养思考技能的练习活动（第15章），之后再继续进行下列活动。

要求每个人看过一篇自己的文章之后，都用几个字简单记下文章的中心思想和论点，当然不必写完整的句子。如果学生觉得有困难，那就先把文章摆在旁边，想象着自己要把文章的内容总结一下，然后向一个朋友叙述。如果还有困难，那么可以向写作互助小组进行求助。

☞ 进一步展开写作

1. 全班 想想上节课大家把同学的回馈意见分成了哪几类，如"文章的流畅性"、"结构"、"修辞比喻"等。把意见写在黑板上，让学生都看到。问问学生还有没有其他的想法。

2. 小组 请学生回到上一节课所组成的写作互助小组。每个人都拿出上次修改过的文章。老师应该强调，在这个阶段，他们并不需要写出完美的文章，只要有东西写在纸上就可以了。每个人轮流说明：

   （1）文章的内容大概是什么。

   （2）为什么选择这个主题（为什么对这个主题有兴趣）。

   （3）经过几次修改后，文章有何改变。

   （4）希望能从小组得到什么样的回馈或协助。

3. 作者就其觉得最需要小组给予回馈的地方，从文章里选一页或三段左右的内容，读给小组的其他成员听。小组中若有志愿者，也可以请他帮自己读。

4. 如同前一节课，每个听的人都以清楚的字迹写下：

■ 3个他们觉得好的地方：像是整体的想法、作者的热情，或是特别的用词等。但这次写的内容最好跟上次不一样。

■ 2个他们觉得有待改善的地方：像是更多参考些资料、改变一下顺序等。有可能的话，尽量使学生专注于文章的结构或作者希望得到回馈的地方。

■ 他们觉得文章的主要论点或信息是什么。

5. 组员轮流说明自己觉得"好"与"有待"改善的地方，以及他们觉得文章的主要论点或信息是什么。

6. 请作者告诉大家，各个组员的哪一点想法让他觉得最有趣、最值得思考。

7. 如果文章的论点不是很明显，那么小组可以提供意见，看看如何把论点清楚呈现出来。

8. 作者收下其他组员所写的东西，带回去参考。

☞ 课前准备：写作

鼓励学生继续修改自己的文章，并让他们在下次上课时再将其带来。鼓励他们再去看一看推荐的阅读资料，同时将文章的修改集中围绕在以下几点进行展开：

1. 定一个适合中心论点的标题。

2. 论点与思路集中围绕标题展开。

3. 组织资料与答案。

4. 达到规定的字数。

5. 如果这篇文章以后要交上去，并被正式评分，那你就要有清楚的评分标准，同时学生们也都要有一份评分标准表。

☞ 结尾

每个人都说说，自己从这堂课中得到的最有用或最有价值的收获是什么。

19.5 资源列表：写作技能（2）

> 有效利用上课时间的要诀在于预先准备。
>
> **推荐阅读：立志至少阅读下面其中一本书**
>
> ☐ Cottrell，S.（1999）The Study Skills Handbook（Basingstoke：Macmillan-Palgrave）（第 7 章、第 8 章）.
>
> ☐ Northedge，A.（1990）The Good Study Guide（Milton Keynes：Open University Press）（第 5 章、第 6 章）.
>
> ☐ DCreme，P. and Lea. M. R.（1997）Writing at University：A Guide for Student（Buckingham and Bristol：Open University Press）浏览前几章.
>
> **评估写作**
>
> ☐ 阅读老师发下的两篇例文，仔细留意标题与评分标准。
>
> ☐ 仔细阅读其中一篇例文，简单记下任何你觉得不是很好的地方。再仔细读一遍。利用你刚刚记下的东西，以及评分标准，向作者提议改善的方法。你可以把评语写在旁边的空白处，或是在文章上编号，然后把评语按照编号顺序写在另外一张纸上。
>
> ☐ 写完评语后，把你的评语跟老师的评语比较一下。
>
> ☐ 另外一篇例文也以同样的方式进行阅读。

继续改善你的文章

☐ 修改上一节课在小组中所讨论的文章。

☐ 记下你用哪些方法改善文章，例如进行头脑风暴以想出新的想法、搜集新的资料、让文思流动起来、采用上次小组给予的回馈、依照评分标准编辑文章等。

☐ 想想你希望从你的小组中得到什么样的协助，以进一步改善文章。

自我检讨

☐ 你对两篇例文写下的评语跟老师的评语有多相近？

☐ 在进行这个活动时，你有没有想到什么问题？

☐ 你有没有发现自己的写作有可以进行改进的地方？

20

写作技能 （3）

20.1 学生的困难、老师如何帮忙及其准备工作

学生的困难以及老师如何帮忙解决这些困难，见第 6 章、第 18 章及第 19 章。

☞ **老师的准备工作**

1. 课程原则

这堂课将以之前几堂课的工作为基础，继续培养写作能力，以使学生交出一篇接近完成阶段且符合专业学术规定的文章。让学生组成与之前一样的写作互助小组，但本单元的学习，最好在上完第 21 章 "批判性思考与分析性思考" 之后再进行。

2. 教材

（1）本章后面附有资源列表。如果这几堂课所写的文章将接受正式评估，那么学生可以参考其中的自我评估表与评分标准表进行评估。

（2）活动 2 从平时学生交上来的作业中选取三份，并将其打出来发给学生。这三份作业，一份应该得分很高，一份分数很低，还有一份分数中等。作业上不要打出学生的名字和老师的评语。大概说一下各篇的分数，然后发给学生一张评分标准表，让他们对作业进行评估。

（3）活动 3 准备三篇短文，这三篇文章要各自具有不同的学术风格，或者是三篇文章的主题相同，但是出自不同的背景，不过其中至少有一篇是学术文章。

（4）活动 4 影印 "两极对立表"，并发给学生。

（5）活动 6 用讲义说明如何注明专业科目中常见的特别出处（例如手稿、艺术作品等）。

（6）活动 7 用投影片或讲义展示抄袭的例子。

20.2 课程目标与学习成果

☞ **课程目标**

1. 给学生策略与时间，让他们在彼此互助下继续进行写作。

2. 使学生了解老师如何使用评分标准。

3. 通过具体的例子，使学生了解学术写作的要求。

☞ 学习成果

进行完这些练习活动后，学生应该能够：

学习成果	技能代码
1. 深入了解怎么做能够使作业取得高分。	A E IGS WC
2. 评估学生的写作。	A IGS WC
3. 在小组成员的辅导下展开写作。	A IGS R S WC
4. 识别不同类型的学术写作及其理论根据。	A IGS WC
5. 在作业中正确注明参考资料的出处。	IGS M WC
6. 理解"抄袭"的意义，懂得如何避免抄袭。	IGS KU W

20.3　活动：10 种带动学生的方法

☞ 破冰游戏

每个人都发挥想象力，为自己以后出的第一本著作想一个名字。

☞ 评估学生的写作

有可能的话，把这个活动作为课前的准备工作。如果是在课堂上进行，那么请确定阅读速度较慢的学生也能有足够的时间看完这些作业例文。

1. 个人　如"教材"部分的描述——从平时学生交上来的作业中选取三份，并将其打出来发给学生。请学生按照资源列表的说明进行评估。

2. 小组　学生互相比较各自为最差的那份作业列出的优点与缺点。

3. 全班　听取大家列出的优点与缺点，全班展开讨论，评判作者所列的优缺点是否正确。借此指出怎么做会导致失分。不时带学生看一下评分标准表，说明老师如何依据这些标准进行评分。

4. 小组　学生互相比较各自为最好的那份作业列出的优点与缺点。

5. 全班　听取大家列出的优点与缺点，全班展开讨论，评判作者所列的优缺点是否正确。借此指出怎么做能够获得高分。

6. 小组　学生互相比较各自为得分中等的那份作业列出的优点与缺点。他们会给作者哪些建议，以提高分数？

7. 全班 　☐ 列出大家给予的建议。问问还有没有别的想法，然后补充你自己
　　　　　　的建议。最后请学生抄下这些建议。

　　　　　　☐ 对最差的那份作业也进行同样的步骤。

不同的写作风格

1. 全班 　请自愿的学生依序将下面的信息传达给另一位同学，并假装是：很
　　　　　熟的朋友、自己的上司或大学的校长、小朋友、预期有什么可疑事
　　　　　件要发生的警察、自己不认识的人、一个从来不专心听别人说话的
　　　　　人、一个很害羞的人。信息：告诉对方，有一个人站在门外，想跟
　　　　　他说话。这个人已经等了一段时间了，就等他回来。说话者传达信
　　　　　息的方式是不是随着说话对象的改变而改变？指出文章的写作风格
　　　　　也会因环境与读者的不同而改变。

2. 个人 　☐ 发下三篇与学生的专业领域有关的短文。这三篇文章必须能够
　　　　　　呈现出该专业科目针对不同目的而采用了不同的写作风格，或
　　　　　　者是该专业科目呈现某个主题的方式，与其他专业或媒体有所
　　　　　　不同。

　　　　　☐ 请学生仔细阅读这三篇短文。强调你不会问文章里写了什么，你
　　　　　　只是想让学生找出每篇文章的写法有何不同。

3. 小组 　每组均列出他们找到的不同之处，并尝试解释原因。

4. 全班 　☐ 各组均发表意见，说明各篇短文的不同之处及其理由，并证实或
　　　　　　清楚说明这些理由。

　　　　　☐ 如果可以，讨论一下你这个专业领域里的写作要求应具有什么样
　　　　　　的特色？

两极对立

1. 全班 　影印"两极对立表"，并发给学生。

2. 小组 　学生觉得自己的专业科目或是专业科目里的某种写作类型的各项目
　　　　　分别位于两极之间的何处？用铅笔标出来。

3. 全班 　☐ 讨论大家的答案。指出两极对立表中各项目的意义，以及为什么
　　　　　　这一科的写作有这样的倾向。

　　　　　☐ 他们认为这个结果跟其他科目可能会有什么不同？

继续进行写作

1. 小组：每个人轮流跟组员报告自己文章的进展情况，简单说明：

（1）文章的标题与中心论点。

（2）目标读者是谁。

（3）从上次上课之后，文章得到了哪些改善。

（4）他们觉得有所改善的地方。

（5）他们觉得还有哪些地方需要改善，以及希望从小组中得到什么样的回馈，接着读一段希望得到回馈的内容（最好不要超过一页）。小组中若有志愿者，也可以请他代读。

2. 组员专心听，同时用笔记下：

（1）论点是否清楚。

（2）写作风格是否适合目标读者。

（3）任何跟作者希望得到的回馈有关的建议。

3. □ 每个人就作者希望得到的回馈，提出一项建议，同时要有一个人进行记录。

   □ 每个人的建议应该都不一样，其中可以包括作者应该维持不变的东西。

   □ 小组简短讨论这些建议，并说明他们是否同意，并给予理由。

   □ 作者安静地进行倾听，并把想记下的内容记下来。

4. 作者接下来说明他可以怎样利用这些建议。

☞ 在文章里注明参考出处

将此活动与第 17 章 "文献阅读中的练习活动" 联系起来。确定学生都有一份说明如何注明出处的讲义，如 *The Study Skills Handbook* 一书中的说明。带学生看一遍，然后确认一下他们是不是都了解了这个内容。

1. 个人　从课本上找一段话，写在黑板上，请学生写一个句子来介绍这段引文。

2. 全班　听取学生写的句子，并将其写在黑板上。收集了几句后，带学生看一遍，并说明哪些句子是正确的，哪些是有问题的并应该怎么改正。鼓励学生记下修改后的正确版本。

3. 加强　再用几个例子继续加强练习，并多选用那些在你的专业科目中可能会用到的不同参考资料。确定学生都拿到一份以实例来说明如何引用和介绍特殊参考资料（如照片、影片、工艺品、手稿、口头证词等）的讲义。

☞ 抄袭

1. 讨论抄袭与欺骗的意义。

2. 使用幻灯片或讲义，举几个在你的专业科目里曾有过的抄袭的例子（不要用这一届学生的例子）。

3. 清楚地说明抄袭需承担什么法律后果。

4. 小组　小组进行头脑风暴，想想如何避免抄袭行为，并列出任何可能存在的关于"灰色地带"的问题。

5. 全班　听取各组的建议（如不要看着书做笔记；直接把引文抄到笔记里时，要用另外一种颜色的笔进行书写；作业不要借给同学，除非是已经改好发回的作业等）。

6. 清楚说明"灰色地带"的问题。

☞ 作业的类型

1. 说明你的专业科目里需要进行哪些类型的写作：论文、案例研究、报告等。

2. 说明各种类型的写作各需要什么样的结构，解释为什么需要这些章节并举实例：摘要、方法概述、讨论摘录、结果等。

3. 对各种类型的写作进行评分练习（以课前的准备工作为基础）。

☞ 为不同的读者而写

1. 发给学生几篇主题相同，但是由于写作目的及目标读者不同而具有不同的深浅程度与写作风格的短文。

2. 小组讨论这几篇短文，并找出它们之间存在的不同之处。为什么会有这些差异？各篇文章的写法符合作者的初衷吗？适合目标读者吗？

3. 请学生拿出一篇以前写的文章，然后将其写作目的与目标读者更换一下。

☞ 与就业的关联

全班　　□ 请学生想想看，在职场上可能会需要什么类型的写作。

　　　　□ 他们对可以应用于不同环境中的写作与写作技能有了什么样的认识？

20.4　资源列表：写作技能（3）

推荐阅读：立志至少阅读下面其中一本书

□ Cottrell, S.（1999）The Study Skills Handbook（Basingstoke：Macmillan-Palgrave）（第 7 章、第 8 章）.

☐ Northedge，A.（1990）The Good Study Guide（Milton、Keynes：Open University Press）（第 5 章、第 6 章）.

☐ Creme，P. and Lea，M. R.（1997）Writing at University：A Guide for Students（Buckingham and Bristol：Open University Press）.

评估学生的写作

☐ 阅读老师发下的三份学生作业及评分标准。

☐ 参考老师的评分标准，分别列出这三份作业中好的地方、不好的地方及有趣的地方。

☐ 简单写下你认为得分最高的那份作业获得高分的原因。

☐ 简单写下你认为得分最低的那份作业失分的原因。

继续写你的文章

对你前几堂课一直在修改的文章进行进一步的修改：

1. 参考你拿到的评分标准。

2. 定一个适合你的中心论点的标题。

3. 围绕标题展开论点，并找出适合的某群目标读者。

4. 组织资料与答案。

5. 达到规定的字数。

自我检讨

1. 记下这星期你用了什么方法来进一步改善你的文章。

2. 你觉得上面的练习活动中哪些地方特别困难？哪些地方特别容易？

3. 与用来练习评分的作业相比，你觉得自己的文章怎么样？

4. 你还需要采取什么步骤，以便更进一步地改善你的写作？

20.5　学术方法中对立的两极

就下列各项目，找出你的专业科目是比较靠近"北极"还是比较靠近"南极"。这可能会依作业的类型不同而不同。想想各项目对于你的作业有多重要。你可以在虚线上打一个勾。

一级	另一级
1. 极力控制研究进行时的状况，……… 如此一来研究者就可以决定要改变和测量哪些变数。	1. 极力使研究接近真实的生活状况，也就是给予生态效度。

2. 研究结果是可以归纳的，也就 ……… 2. 研究的价值就在于其独特性：
   是如果再重复之前的研究，结   研究结果不可能再一模一样地
   果仍旧会一样。   重复一遍。

3. 数字和标准化的测量单位，使 ……… 3. 非常重视有创意的阐释方法。
   得归纳的工作更容易进行。

4. 客观的反应，以证据和事实为 ……… 4. 主观的反应，感觉、直觉和创
   基础，而非个人意见。   意被视为是珍贵的资源。

5. 科学家本身在研究中的角色并 ……… 5. 研究者的角色很重要，讨论研
   不重要，也很少被讨论。   究者的在场如何影响研究结果
                                         是很重要的。

6. 个人之间的差异并不重要，重 ……… 6. 对人进行详细的阐释，重视个
   要的是归纳出来的结果。   人的独特性。

7. 个人的经验只是个人的，并不 ……… 7. 个人的经验非常重要，因为它
   重要，也不会被提到。   带来了更深入的理解。

8. 使用的语言应冷静、客观，即 ……… 8. 使用的语言容许表达作者的性
   使研究者对该主题充满热忱。   格与感觉。

20.6 自我评估：写作作业

自我评估：写作作业

1. 这篇文章发展的过程：开始写这篇文章时，你对文章的主题有多大的兴趣？随着对主题的了解越来越多，你的兴趣产生了什么样的改变？有没有别的文章或资料给了你更多灵感？你是怎么利用同学的回馈的？

2. 我觉得我这篇文章的优点为：

3. 如果可以继续修改这篇文章，你有哪些改善方法（例如，你还会去找哪些之前没时间查阅的资料？你可能会采取什么不同的方法？）：

续表

4. 行动计划：我需要做哪些事情，以改善以后的写作？

5. 我觉得我在写作上还需要获得进一步的协助：是/否（划掉一项）

详细描述你觉得需要的协助：

请完成后面的评分表

姓名：   日期：

课程名称：

资料来源：Stella Cottrell（2001），*Teaching Study Skills and Supporting Learning*（Basingstoke：Palyrave）.

20.7 评分标准

评分标准

		评分	
		弱←———————→强	
1. C	在结合例子、个人经验、课堂所学与研究结果方面展现出丰富的想象力与创意	0 1 2 3	4 5 6 7 8 9 10
2. M	能够良好地组织与管理所学知识	0 1 2	3 4 5
3. M	想法和概念整理得有组织、有条理	0 1 2	3 4 5
4. WC	有一个清晰而有力的论点	0 1 2	3 4 5
5. WC	作业呈现的方式很好，拼字、文法、标点符号和分段正确恰当	0 1 2	3 4 5
6. WC	写作风格清晰、流畅、容易阅读	0 1 2	3 4 5
7. WC	考虑到目标读者	0 1 2	3 4 5
8. S	把各科资料导向一个有力的结	0 1 2	3 4 5
9. KU	显示出对背景资料进行了充分的阅读或研究	0 1 2 3	4 5 6 7 8 9 10

续表

10. KU	显示理解了标题所隐含的概念	0 1 2 3	4 5 6 7 8 9 10
11. A	运用了良好的批判分析	0 1 2 3	4 5 6 7 8 9 10
12. I	适当挑选了对标题与读者重要的资料	0 1 2	3 4 5
13. I	全篇都注明了参考出处，最后也列出了参考文献	0 1 2	3 4 5
14. IGS	显示出其利用了同学间的辅导与讨论	0 1 2	3 4 5
15. R	显示出进行了建设性的个人反省	0 1 2	3 4 5
16. E	善用了自我评估表	0 1 2	3 4 5

黑线以右为可接受程度。及格分数 40 分

总分

评语

资料来源：Stella Cottrell（2001），*Teaching Study Skills and Supporting Learning*（Basingstoke：Palgrare）.

21

批判性思考与分析性思考

21.1 学生在分析或批判上的困难

老师经常在学生的作业上给予这样的评语：多增加分析或批判的成分，分数就会更高。但是被引荐至额外辅导单位的学生经常表示，他们不知道这到底是什么意思。

下列原因造成了他们在批判思考与分析思考上的困难。

☞ 不知道批判或分析到底是什么

学生可能觉得他们已经进行了批判或分析，因此不知道下一步要怎么做。

☞ 听起来不好听

批判和分析这两个词可能听起来就不是很好听。学生可能以为"批判"就是采取"负面"和不客气的态度，因此对于批判感到"良心不安"。

☞ 缺乏自信

"分析"这个词可能听起来很深奥，所以造成学生对其产生恐惧。让学生查阅这个词的定义，解开这个词的谜面，有助于消除学生的这种恐惧。

☞ 阅读技能不足

学生可能不知道如何分析性地进行阅读或倾听，因而也不知道如何分析性地进行写作与说话。他们的阅读可能过于匮乏和表面。此时，各种学术技能之间的关联性就变得非常明显。

☞ 过于依赖单一的参考文献

学生可能并不知道，在高等教育阶段写论文时，不能只找一份参考文献。如果写论文时只依赖一份参考资料，那么就很难形成批判性的观点。阅读策略与研究策略要和思考技能联系起来。带领学生比较两篇文章是提高其批判技能的很有用的方法，同时也可以强调广泛阅读的重要性。

☞ 缺乏范例

学生可能没有看过批判分析性的文章，因此没有范例可以模仿。

☞ 新闻记者的写作风格

学生写作的主要弱点之一，就是采用新闻记者的风格，纳入太多没有证据支持的个人意见。学生可能以为"把自己放进文章里"，指的就是用一般的语言谈论他们自己和自己的想法。他们一旦采用了这种写作风格，就很难站在更具有分析性的角度进行写作。

21.2　老师如何帮忙及其准备工作

☞ 老师如何帮忙

1. 强调"批判"的建设性角色

延续对于建设性批评的练习，强调"批判"的意思是指出好的地方与可以改善的地方。跟学生强调批判性思考的实用价值或伦理价值。建议学生在论文中提出建议或指出可以改善的地方，而不要把批判视为是一种攻击。

2. 提供范例

发给学生两三篇与学生的专业相关的，且经过示范分析写出的短篇文章。最好能再指出是哪些特点使这几篇文章成为很好的范例。

3. 在课堂上示范

在一般的课堂教学中对各种理论或想法给予分析评估与建设性的批评，并特意为学生指出你正在进行分析或批判。

4. 给学生练习的机会

在课堂上进行练习活动，通过讨论与回馈逐渐培养学生的分析批判技能。

5. 在作业上给予清楚的回馈

如果学生的作业分析性不够强，那么给予其具体的建议，说明如何使文章更具分析性，还可以对相关证据提出问题。

☞ 老师的准备工作

1. 课程原则

学生对这个领域的工作往往非常恐惧，因此老师的一个很重要的职责就是：

（1）去除其深奥的色彩。告诉学生，他们多少都会觉得批判思考与分析思考有一定的难度，但这是一个可以征服的领域，并且这种心态在所有的学习领域都适用。

（2）放慢速度。这一章可能需要用一节课以上的时间来进行讲述。跟学生强调，课前的准备工作非常重要。

（3）可以批判性地分析几篇文章或电视辩论会，以此作为开场白。

2. 教材

本章后面附有资源列表。

活动3　选三篇文章给学生分析（*The Study Skills Handbook* 一书中的第 9 章提供了一篇这样的文章）。除非班上的学生学业水平很高，否则这三篇文章应该简短（每篇 200～300 字左右），并符合下述条件：

文章 A　选一篇简短完整并与你的学科相关的文章。为文章的每一行都进行标号。有可能的话，留下宽边以方便你在旁边进行注释。为整篇文章进行评注，并以批判分析的方式评估其优点与不足（按照后面"批判分析表"上的分类）。

文章 B 与文章 C　另外再选两篇文章，两篇文章要各自示范出批判性写作的不同方面，或者示范出批判性分析的相关问题（与你的专业及学生相关）。两篇文章都应有不足和优点，并且至少一篇应具有一定的偏差、主观性或隐藏的意图。为文章的每一行进行标号。

21.3　课程目标与学习成果

课程目标

> 1. 使学生清楚了解批判思考和"分析"的意义。
> 2. 培养学生应用批判技能与分析技能的能力。

学习成果

> 进行完这些练习活动后，学生应该能够：
>
> | 学习成果 | 技能代码 |
> | --- | --- |
> | 1. 在进行阅读与写作时应用批判、分析的思考方式。 | A　E　IGS　KU |
> | 2. 采用分析性的阅读策略。 | A　I　IGS |
> | 3. 为评估文章中的证据研究一套标准。 | E　IGS　WC |
> | 4. 得出有效的结论。 | E　I　S |
> | 5. 合作解决困难之处。 | IGS　P |
> | 6. 批判性地评估专业领域的参考资料。 | E　IGS |

21.4 活动：11 种带动学生的方法

☞ 破冰游戏：视觉信息

拿一张有争议性的海报或照片，请学生简单写下这张影像对他们来说有什么意义。例如，他们喜欢和不喜欢它的地方，他们觉得它在传达什么信息。听取每个人的意见，留意不同的地方。讨论为什么不同的人会有不同的反应。

☞ "错误的控告"

用一个日常生活中的例子，协助学生理解批判思考的价值。例如，如果有人故意指控你的学生，说他们考试作弊，此时学生可能就会想知道：

■ 这话是谁说的？他们为什么要说这种话？

■ 他们凭借什么证据做出这种指控？他们是不是别有用心？

■ 他们是不是听别人说才跟着这样说？如果是的话，最初指控的人有什么证据？

这可以用演戏的方式进行——由你或一组学生对另外一组学生进行挑战，并试图为自己的组员进行辩护。如果采取这个方法，那么需要确定学生能够"入戏"。

另外一种方法

用法庭影集的片段，介绍从不同角度检视证据的方法。先看完影集片段，再指出影集中的律师运用了哪些不同的批判性思考或分析性思考。分段重放影集，好让学生一个个地吸收各种方法。

☞ 批判性与分析性的阅读

1. 小组 　□ 组员将在课前的文章分析中得到的答案进行互相比较（见资源列表）。

　　　　□ 如果没有将此活动列为课前准备工作的话，那就马上在课堂上进行，同时注意好好利用后面的"批判分析表"。

　　　　□ 请各组协调给出一个统一的答案，但同时也要留意个人之间的不同。

2. 全班 　□ 让全班学生至少一起阅读其中的一篇文章，并按"批判分析表"上的七大点听取各组的答案。

　　　　□ 对小组内所产生的不同意见进行讨论。

　　　　□ 指出学生阅读的深入程度。

☞ 分析性的写作

1. 三人一组 　请学生讨论批判性阅读对他们自己的写作的重要性，并将其一条条列出来。

2. 全班　　　收集各组的答案，讨论学生提出的问题。

☞ 进行头脑风暴的相关问题

1. 小组　各组都想想在这方面还有什么问题，将其列出来并做成海报。
2. 全班　□ 大家提供意见，说说怎么解决这些问题。

　　　　□ 或者是把全班分成若干个更小规模的小组，每组发一张海报，看看学生是否能够自己解决这些问题。请各小组把想到的建议分享给全班。

　　　　□ 清楚地阐明任何疑问，有必要时可再次去翻看课前准备中所用到的文章。

☞ 在课堂上进行（给信心不足的班级）

对于信心不足的班级，最好能够将教学速度放慢一点，花两节课以上的时间在批判与分析性思考的内容上。此时不要让学生进行课前准备，而且第一节课要先带学生阅读 *The Study Skills Handbook* 一书中的第 9 章，并指出重点。每次只读一小段课文，或是请学生读，有必要时再用更简单的语言解释一遍。然后进行练习，并一起对答案。等班上一起确定了一个论点后，请他们：

1. 为该主题搜集更多资料：
■ 不重要的资料。
■ 重要而且能支持论点的资料。
■ 会威胁到论点的资料。
2. 列出几个错误的前提。
3. 列出几个有漏洞的论点。
4. 列出几个遭到扭曲的证据。

☞ 与口头报告联系起来（给信心较充足的班级）

1. 请学生两人一组或分小组就某个主题准备两篇简短的辩论讲稿，其中一篇从情绪出发，另一篇则从事实出发。在每一组发表完从情绪出发的讲稿之后，紧接着请全班学生举手投票，看看是否同意这组同学的观点。
2. 随后，各组发表从事实出发的讲稿，并避免诉诸情绪，同样也是全班举手投票。
3. 以此经验讨论可以用哪种策略说服听者与读者。

☞ 科目相关实例（给信心较充足的班级）

讨论：请学生讨论，在你们的专业领域中找到的参考资料，不管是实验报告、案例资料、客户陈述还是会计账目，一般都可能具有什么样的隐含意图、扭曲意义、隐藏内容和偏差？为什么它们这么难察觉？有可能的话，举几个典型的例子。

☞ 以批判分析的方法评估自己的作业（给信心较充足的班级）

讨论如何利用批判分析的技能分析作业的评分标准。鼓励学生依照评分标准批判性地阅读自己的文章。

☞ 深入阅读（给信心较充足的班级）

1. 等学生掌握基本原理后，再给他们几篇更难分析的文章。这样，就能够更进一步地培养他们的"侦探"精神。

2. 选几篇文章的摘要，用以说明在此专业领域中分析资料时可能会遇到的问题。带学生进行讨论，以指出批判分析中的不同问题。

3. 发下若干篇文章，其中有几篇的论点存在漏洞。请各小组找出是哪几篇（并说明理由）。

☞ 与就业的关联（给信心较充足的班级）

请学生想想批判分析技能在职场上的用处。

21.5 资源列表：批判性与分析性的思考

> **推荐阅读：立志至少阅读下面一本书**
>
> ☐ Cottrell，S.（1999）The Study Skills Handbook（Basingstoke：Macmillan-Palgrave）（第 10 章）.
>
> ☐ Warburton，N.（1996）Thinking from A–Z（London：Routledge），有用的基础阅读.
>
> ☐ Thompson，A.（1996）Critical Reasoning：A Practical Introduction（London：Routledge），深入阅读，并附有逻辑练习.
>
> ☐ Brookfield，S. D.（1987）Development Critical Thinkers：Challenging Adults to Explore Alternative Ways of Thinking and Acting（Milton Keynes：Open Universitry Press）.
>
> ☐ Garnham，A. and Oakhill，J.（1994）Thinking and Reasoning（Oxford：Blackwell），介绍思考的心理学原理，此为深入阅读。前几章为有趣的背景介绍.

练习活动

☐ 慢慢阅读老师发下的范文，看看老师的评注，考察评注是否为批判性与分析性的思考观点，并说明文章的长处与不足。

☐ 依照老师的示范，分析另外两篇短文。

☐ 利用"批判分析表"对两篇文章进行分析。你可以多复印一份，这样你就可以把答案直接写上去。你可以在表上写明行数，这样你就不必把内容抄上去了，并且只要写在课堂讨论时容易找到的位置即可。

☐ 你还可以用"批判分析表"评估你自己写的文章。

自我检讨

☐ 你对批判和分析的工作有什么感觉？

☐ 你有没有觉得学业的哪个方面特别有趣、简单或困难？

☐ 完成上面的阅读和练习之后，你对批判性与分析性思考还有什么不确定的地方吗？写下来。

21.6　批判分析表

批判分析表

1. 找出主要的论点：
   （1）文章的主要论点是（用你自己的话进行描述）：
   （2）文章把论点呈现得很清楚吗？说出你的理由。

2. 批判性地评估文章的论点：
   （1）举几个将论点阐释得十分到位的地方。

   （2）举几个逻辑不通的地方。

   （3）举几个推论有漏洞的地方。

3. 找出隐藏的意图：
   （1）作者可能隐藏了什么意图，什么致使你质疑文章的内容或结论？

   （2）文章里少了什么资料（如果补上这些资料，就会得出完全不同的结论）？

4. 找出文章提供的证据。作者采用了什么样的证据？

5. 评估文章提供的证据：

  （1）文章里用的是最新的资料吗？

  （2）文章采用的资料其来源可靠吗？资料来源于哪？为什么你觉得它们可靠或不可靠？

  （3）你感觉文章有偏差吗？说明理由并找出例子。

  （4）评论文章中采用的统计资料。这些统计资料能够真实完整地呈现事实吗？

6. 找出作者的结论。

7. 文章里的证据支持作者的结论吗？

资料来源：Stella Cottrell（2001），*Teaching Study Skills and Supporting Learning*（Basingstoke：Palgrave）.

研讨课与口头报告

22.1　学生在研讨课与口头报告上的困难

☞ 一下子想做太多

学生常常把任务想象得很庞大，觉得自己胜任不来，因而陷入恐慌之中。有些学生觉得自己必须表现的跟老师一样好，但却忘了老师的技能是通过经验与训练培养出来的，这个方面的典型问题有：花太多时间找资料，花太少时间准备讲稿。

☞ 太过依赖老师

当一个不是老师的人在台上讲话时，学生常常不知道该怎么作出反应。讲话的学生可能在整个报告期间都只对着老师说话，结果班上的同学就成了旁观者。

☞ 害怕同学

如果班上还没形成互助支持的气氛，那么上台说话尤其会令学生恐惧。

☞ 害怕在众人面前说话

上台说话，真的是最令人紧张的事情之一了。每个人害怕的原因都不一样：担心自己的声音；担心忘词以致说不出话；担心无法回答问题、紧张口吃以及撞倒东西等等。一般说来，人们都担心自己会在众人面前出丑。

☞ 缺乏练习

当缺乏与演讲相关的练习时，上述的许多担忧都会出现。学生缺乏信心，而且通常也缺乏相关的技能训练。

☞ 不知道如何给予和接受建设性的批评

研讨课是训练建设性批评与各种团体技能的绝佳场所，然而，不了解"批评"意义的学生，可能会以为批评就是挑出"缺点"。

22.2 老师如何帮忙及其准备工作

☞ 老师如何帮忙

1. 在开始正式的报告之前，先营造"团体"的感觉

确定学生已产生某种团体归属感，并且已经制定了课堂守则。

2. 培养建设性批评的技能

（1）先让学生接受一些建设性批评、赞赏、专心倾听方面的练习，之后再鼓励同学对此给予回馈。

（2）至少花几堂课的时间，带领学生探讨批评的过程。

3. 循序渐进

（1）利用诸如破冰游戏和全班讨论这样的活动，给学生机会使其听到自己在班上讲话的声音。

（2）多次进行两人、三人和小组活动，让学生习惯在班上进行说话。

（3）让小组对全班每个同学都给予简短的回馈，以让学生习惯对着更多的听众说话。

（4）让学生在开始时先以小组一起的形式进行简短的口头报告，然后再进行时间较长的小报告或两人报告，最后再渐进到简短的个人报告。

4. 早期练习

刚开始时先进行一些练习，让小组一起在台上对着全班给予回馈。每个人的讲话内容都应该由小组一起完成，这样学生就不须担心内容的问题了。每个人只要说一点就行，可以照着讲稿读，也可以自己说。一旦克服了这个挑战，以后在研讨课上进行说话就不会那么可怕了。

5. 建设性的问题与反应

协助学生提出建设性的问题，最好的方法就是在课堂上进行示范：

☐ 我有兴趣知道的是：你是怎么搜集整理资料的？

☐ 请问你的资料来源有哪些？

☐ 你有没有想过这一点可以应用到什么地方？

☐ 我在想还有没有其他的方法？

☐ 有了这些想法，接下来该做些什么？

☐ 来看看我们能不能一起解决这个问题？

☐ 我想知道你在这里用了什么资料？

6. 给报告者明确指示

用讲义的形式，说明口头报告的进行方式、研讨课的评分方式，以及其他的一般要求。说清楚报告者是否可以带领大家进行活动，他是否只会在台上作"报告"。

7. 给台下听众明确的指示

说清楚你期望台下的学生有哪些表现，以及你是否会一并评测他们的团体技能。这在一开学时就应该进行讨论并决定好。

8. 清楚划分你的角色

为了避免在台上作口头报告的学生只对着你一个人说话，那么你应该尽量远离第一排的座位。事先提醒在台上作口头报告的学生，他应该对着全班作报告，而不应只对着你说话。请另外一个学生做开场白，介绍主讲人。

☞ 老师的准备工作

1. 课程原则

研讨课与口头报告的练习活动，理想上应以前几个单元的技能为基础。其前提是，所有的学生都已经进行过多种要他们"说话"的活动，每个人都听过自己对着全班说话的声音，哪怕只是在破冰游戏里，以及在已经进行过的一些建设性批评与互助合作的练习中。关于团体合作的详细说明请见第 5 章。此时，不妨花些时间想想你自己在团体里的经验：

☐ 第一次加入团体时，你有什么感觉?

☐ 在团体里，你最怕被要求去做什么事情?

☐ 如果被要求跟你看不顺眼的人一起合作，你会有怎样的反应? 会遇到什么困难? 这些困难是可以避免的吗? 是可以被巧妙处理掉的吗?

☐ 想想你所待过的最棒的团体为什么能够运作那么顺利?

☐ 你会不会希望当初这些团体领袖或团员采取不同的方法?

☐ 这些团体的其他团员会不会有其他的想法?

2. 教材

活动6　选几篇主题与学生的专业相关的短文（每篇 1 页左右），注意文章避免太复杂，让学生于课前进行阅读。每篇文章设一个问题，这个问题应该能够作为小组的一个简短报告的基础，并激发学生进行思考，使他们形成自己的意见。详见资源列表。

22.3　课程目标与学习成果

☞ 课程目标

1. 培养学生作报告与上台说话的技能。
2. 培养学生的建设性批评与团体互助合作的技能。

🖝 学习成果

进行完这些练习活动后，学生应该能够：

学习成果	技能代码
1. 了解并应用能够促使团体成功合作的方法。	A E IGS KU, OC P R
2. 评估并面对自己在团体中说话时所具有的困难。	A E IGS OC P R
3. 更积极地在团体中进行发言。	A IGS OC
4. 小组一起上台作报告，并评价自己的表现。	IGS OC R
5. 进行简短的个人口头报告。	OC R
6. 就同学的口头报告给予建设性的回馈。	A E IGS KU
7. 就报告的表现，制定一套评估标准。	A E IGS R S

22.4 活动：8 种带动学生的方法

🖝 破冰游戏

每个人都说一位自己最钦佩的演说家或表演者。

🖝 研讨课的困难

1. 三人一组
   - ☐ 请学生快速列出，在准备和进行研讨课的报告时，自己（或同学）可能会有的担忧、恐惧和困难。
   - ☐ 强调就算是很微小的担忧，也值得列入表中。

2. 全班
   - ☐ 集合各小组的意见，并将其罗列在黑板上，每个意见的对面都留下一点空间，以便之后用来写下解决的办法。
   - ☐ 按照顺序讨论各项困难或担忧，请全班提出解决策略。把大家的建议写上去，并鼓励学生把建议抄下来。
   - ☐ 确保你们包含了最基本的方法，像是：准备好可以喝的水；采用视听媒体；早点到达教室；采用列出标题与项目的小卡片或幻灯片，以集中同学的注意力；事先预讲一遍，并确定已把内容调整为可在规定时间内讲完；慢慢吐气，以保持平静等。

☞ 研讨课——SWOT 分析：另一种初步练习

1. 个人	请学生进行头脑风暴，并写下他们对在研讨课上所进行的口头报告的反应。建议他们采用 SWOT 分析的方法：

优势（Strength）　　　　　　弱点（Weakness）

机会（Opportunities）　　　　威胁（Threats）

2. 三人一组	集合大家在 4 个标题下所写的答案，完成一份小组 SWOT 分析。此外再在优势与机会两个标题下，加上小组合作所带来的优势与机会。
3. 全班	□ 收集各组 4 个标题下的所有建议。
	□ 如何利用优势去克服弱点？
	□ 如何把弱点转化成优势？有没有哪个弱点是可以被视为是优势的？
	□ 如何克服威胁？如何把威胁转化成机会？

☞ 成功与破坏

1. 全班	□ 讨论有哪些个人行为可能会破坏整个团队？
	□ 有哪些行为一定会导致团队失败，团员个个灰心沮丧？
	□ 反过来，讨论有哪些方法可以使团队更有效率、更加欢乐和更有趣。
2. 三人一组	□ 请学生想想自己对团体怀有的恐惧，并为自己设定一个目标，以成为更积极的组员。
	□ 或者是如果学生已经进行过决策小组的练习，那么就运用决策小组的方式，协助解决小组成员在研讨课上作报告或发言时所怀有的困难或恐惧。
3. 全班	讨论研讨课上适用什么样的课堂守则。

☞ 有助于推动讨论的问题

问问全班学生，什么样的问题和评语有助于刺激、澄清或推动研讨课上的讨论？把学生的建议写在黑板上，并给出几个例子（可参考"老师如何帮忙"一节中的例子）。把提出的建议进行分类（可以训练学生分类的技能）。引导全班达成共识，从而决定哪些建议是有帮助的，以及哪些建议并没有帮助。

澄清	□ "这一点你可不可再多说一点？"
	□ "可以给个例子吗？"

　　□ "你可以换个说法解释一下吗?"

集中焦点　□ "这一点跟我们的主题有什么关系呢?"

　　　　　□ "这一点跟……有何关联?"

　　　　　□ "为什么这一点跟……不一样?"

　　　　　□ "为什么这一点跟……一样?"

鼓励推动　□ "我觉得这一点讲得很好，你觉不觉得……?"

　　　　　□ "我们准备好进行下一点的讲解了吗?"

☞ 小组报告练习

　　跟学生介绍，这个练习的目的是让学生感受一下进行口头报告是什么感觉。它在一个安全的环境下进行，而且不会得到评分。最成功的表演往往以最差劲的彩排为基础，所以不必担心自己会表现不好，重要的是从这个经验中学到东西。提供大型纸张、笔和幻灯片等辅助工具，并准备好水跟杯子。有可能的话，给学生一篇短文，这篇短文应该在课前按照资源列表的说明准备好。或者是给学生时间，让他们在课堂上准备短文。

　　根据短文的状况，把全班分成4~6人的小组。各小组于限定的时间内讨论出：

1. 短文中最重要的几个重点。
2. 就你提出的问题给出一个简短的回答。
3. 他们同意作者的哪些论点。
4. 他们不同意作者的哪些论点，或是可以提出哪些不同的论点。
5. 短文中提出了哪些有趣的想法。
6. 或是其他类似的问题，这样每个组员都有机会说到一个问题。

　　事先说清楚，每个人只需说一分钟，所以学生只要准备讲稿的大纲即可。这个活动的重点是练习说话，而非报告的内容或完美的表现。如果小组有意愿，那么鼓励他们制作简单的视听媒体教材。要求小组在短时间内做好准备，这样他们就没有太多时间担心完不完美的问题了。

　　或者是让各小组从帽子里抽一个题目，然后用几分钟的时间进行头脑风暴，想想他们应就该主题讲些什么，同时组内成员应该大致协调谁要说什么内容。

　　根据时间的长短，请各小组在全班面前作报告，或是在另外一个小组面前作报告。请大家在每次有人要作报告之前就安静下来。请班上的同学专心倾听，并于报告结束时热烈鼓掌，以鼓励作报告的同学。不管学生讲得多好多坏，你自己都要找一点对其加以称赞。学生在这个阶段对于批评可能非常敏感，所以此时他们能够开口说话就已经是进步很大了。

☞ 报告的心得

1. 小组　请学生互相询问：
   ☐ 在大家面前作报告的感觉如何？
   ☐ 哪些地方进行得很顺利？
   ☐ 哪些地方还可以通过策略或技能进行改进？
2. 全班　大家发表意见，谈谈就整体说来这个活动进行的如何。学生有哪些可以使报告进行起来更轻松的诀窍？确定你们涵盖了使用小卡片、放慢说话速度、在视觉媒体上采用了足够大的影像和文字等诀窍，并将之与学生在练习活动 2 中给予的建议联系起来。

☞ 我们学到了什么？

请每个人都说一样他们从中得到的重要收获。

22.5　后续工作

在初期的学术技能课程中，我们只能接触到最基本的研讨课技能。不过，如果以后能够在研讨课上花一点时间分析小组和个人的报告表现，那就可以继续提高这些技能。下面列出了可以采用的后续做法。

☞ 两分钟的个人报告

1. 请每个学生就其选择的题目（或是抽签抽到的题目），准备进行一个两分钟整的报告。告诉学生要避免跟专业有关的话题，建议学生讲讲与个人专长或日常生活有关的内容（煮意大利面、使用录影机、踢进罚球、制作生日卡片、使用降落伞、发动车子等）。

2. 如果学生有意愿，鼓励学生利用视听媒体、小卡片、实物等来吸引听众的参与。

3. 请学生按照一定的流程进行，如下面的例子。

（1）流程

a. 引言　　　介绍报告的题目，并简短说明报告的内容。
b. 听众的好处　说明听众会从报告中得到什么知识或收获。
c. 主体　　　报告的主体。
d. 结语　　　用一句话总结或结束报告。

（2）同学回馈

根据报告时间的长短，使用不同的方式组织班上的同学对此给予回馈。

a. 老师可以把将要作报告的学生带出教室放松一下，其他同学则在教室里，按照下面的"同学回馈内容"整理其回馈。

b. 另外一种方法是，班上的同学就下面的"同学回馈内容"发表意见，每一个项目都保留最先提出的五个建议，然后大家举手投票，选出最合适的意见。

c. 或者是由全班或小组中的每个人轮流给出个人的回馈。

（3）同学回馈内容

下面是一个有用的过程：

a. 多少报告者遵照了规定的流程报告模式。

b. 听众是否得到了报告者所说的收获。

c. 在报告内容或报告方式中，选择两个他们觉得好的地方以及可以进一步改进的地方。

（4）接受回馈

可以要求报告者说一说：

☐ 在这些回馈中，哪些回馈让他们觉得最受益？

☐ 什么样的回馈是他们最难接受的（不必详细说明为什么）？

☐ 他们会专注于什么地方，以改善下一次的表现？

（5）老师给全班的回馈

就班上同学给予和接受回馈的状况，花些时间讲评回馈。指出好的地方，包括个人回馈。说说全班在整体上还可以怎么改进，以促使作报告的同学不断进步。

☞ 总结

全班根据已经听过的口头报告，或是分析某公众人物演讲的影片，讨论怎么为听众清楚呈现自己的论点。

☞ 自我评估：研讨课上的参与状况

学生以课堂守则或上面活动4中的讨论结果为基础，设计问卷，并决定以哪些标准评测自己在团体中的表现——或是利用 *The Study Skills Handbook*，或者是利用本章后面的"资源列表"。

☞ 自我评测：口头报告

方法同上，但是把焦点放在进行的口头报告上。

☞ 联合评估

个人完成一份自我评估，此外小组组员也对该同学给出一份团体评估。然后比较两份评估结果的差异，并讨论为什么会有差异。对于较资深的班级，老师可以再试着让其在两份评估之间达成共识。

☞ 团体评估与投票

1. **小组**　找出三个全班都已经做得很好的地方，以及还可以再做哪三件事情，以改善大家的表现。
2. **全班**　各组均发表讨论结果，并将其写在黑板上。
3. **投票**　□ 每个人都有三票，以选出他们觉得班上最亟待改善的地方，这三票怎么分配都可以（可以三票都投给同一个建议）。
      □ 全班一起讨论如何及何时把这些建议付诸到实际行动中，以及如何评测他们的进展。

22.6　资源列表：研讨课与口头报告

推荐阅读：立志至少阅读下面其中一本书

□ Cottrell，S.（1999）The Study Skills Handbook（Basingstoke：Macmillan-Palgrave），（第 5 章）.

□ Benson，J. F.（1987）Working More Creatively with Groups（London Tavistock），该书值得一读，书中包含了许多使小组合作更有效率的建议.

练习活动

由于在课堂上你们将进行简短的小组报告，因此这个练习活动便是准备工作。阅读讲义上的短文，思考老师就文章所问的问题。此外，简单写下：

□ 文章的主要内容是什么？

□ 列出作者提到的其他重点。

□ 你同意文章的观点吗？

□ 除了文章提出的观点外，还可能有什么其他的观点？

□ 这篇短文是否能够使你产生有趣的想法？

自我检讨

□ 思考一下你对团体合作抱持什么样的态度，以及你在团体中一般会做出什么样的贡献。

□ 通常你会主导整场讨论，还是觉得很难找到开口的机会？

□ 你会推动事情往前发展，还是被人觉得你只会捣乱？

□ 你能想到多少件你可以自己做到，并且也能够使全班在研讨课上更顺利运作的事情？其中有哪一个或哪两个建议是你可以在下一次的研讨课上付诸行动的？

□ 在检讨日记上，写下你的想法与建议。

22.7 学生自我评估：群体讨论

学生自我评估：群体讨论

姓名：   日期：

院系/课程：

报告题目：

组员名单：

1. 你觉得你了解这份任务的要求吗？

2. 你们这个小组的合作方式有什么优势？

3. 小组是否遇到过困难？你们如何处理？

4. 你觉得自己在小组中有多少贡献？你在小组中主要扮演什么样的角色？

5. 你觉得自己在小组报告中的表现如何？如果还要再进行一次小组报告，你会在哪些地方采取不同的方法？

6. 在对其他作完报告的小组给予回馈时，你的回馈是建设性的吗？你觉得自己还有什么地方可以做得更好？

续表

7. 就"如何在团体中有效地进行运作",你学到了什么?

评估你自己和其他组员在小组报告中的贡献。5 分最高,0 分最低。

1. 你的姓名:	分数/5
2. 姓名:	分数/5
3. 姓名:	分数/5
4. 姓名:	分数/5

学生签名: 日期:

完成后面的评分表。老师会再以同样的评分标准进行评测。这份自我评测表也会被评分（满分 5 分）

资料来源：Stella Cottrell（2001），*Teaching Study Skill and Supporting Learning*（Basingstoke：Palgrave）.

22.8 评分标准

评分标准

		评分标准 弱←————————→优	
1. C	具有清楚的引言和概观	0 1	2 3
2. OC	以清晰、有意义的方式呈现主要的资料	0 1	2 3
3. OC	有力的结论,总结了重点	0 1	2 3
4. IGS	小组报告整体表现良好	0 1 2	3 4 5 6
	小组报告的技能（个人分数）		
5. OC	论点清晰、有力、有趣	0 1 2	3 4 5
6. OC	懂得掌握听众,能够一直吸引听众的注意力	0 1 2	3 4 5
7. IT	使用视听媒体或者 PowerPoint	0 1 2	3 4 5
8. OC	妥善处理听众的问题	0 1 2	3 4 5
9. IGS	对小组合作的贡献（由同学评分）	0 1 2	3 4 5
	小组报告完成后,个人交上来的书面作业		
10. R	善用自我评估表	0 1 2	3 4 5

		评分标准	
		弱←————————→优	
11. KU	显示对该主题进行了相关的背景研究	0 1 2 3	4 5 6 7 8 9 10
12. KU	显示理解了课程的主旨	0 1 2 3	4 5 6 7 8 9 10
13. A	显示对资料进行了良好的批判分析	0 1 2 3	4 5 6 7 8 9 10
14. I	适当挑选相关资料	0 1 2	3 4 5
15. M	想法与概念整理得有组织、有条理	0 1 2	3 4 5
16. WC	有一个清晰有力的论点	0 1 2	3 4 5
17. S	内容很紧凑，得出了一个有力的结论	0 1 2	3 4 5
18. WC	作业呈现的方式很好，拼写、语法、标点符号和分段正确恰当	0 1 2	3 4 5

黑线以右为可接受的程度。及格分数 40 分

总分：

评语：

资料来源：Stella Cottrell（2001），*Teaching Study Skills and Supporting Learning*（Basingstoke：Palgrave）.

23

记忆力

23.1　学生在记忆力上的困难

☞ 觉得自己就是记忆力不好

被引荐至额外辅导单位的学生最常提出的要求，就是希望能够加强自己的记忆力。学生可能觉得自己就是"记忆力不好"的人，而这样的信念往往成为"自我实现的预言"，越相信自己记忆力不好，记忆力就越不好。学生可能不知道记忆力到底是什么，不知道我们的记忆力需要多好才能顺利地执行各种日常事务，也不知道哪些方法可以提高记忆力。

☞ 压力

各种因素导致的压力都有可能影响到记忆力的表现。像是惧怕考试、缺乏自信、父母的期望过高、边念书边工作、赚钱养家活口、之前所接受的教育衔接不上来等等，这都会给学生带来不小的压力。压力会造成某些症状，看来就像是记忆力失灵了。

英国在几年前为紧急电话 999 所做的广告中，便建议每个人都把自己的地址、离自己最近的交叉路口和电话号码写下来，以免遇到紧急情况需要报警时，人们会在极大的压力下，连这种最基本的资料都忘掉。而面对这种记忆失常现象，学生时常会感到非常沮丧。

☞ 考试经验

学生可能觉得自己已经非常认真地进行温习了，可是考试时却什么也想不起来，这种经历打击了他们在记忆力与考试方面的信心。

☞ 生活方式

学生可能不知道，生活方式也会影响到记忆力：熬夜、饮食不均衡、酗酒、嗑药、脱水，还有边念书边工作都会对记忆力产生影响。

☞ 记忆与死背

学生可能深信，死记硬背是记住资料的主要方法，或者刚好相反，深信死记硬背就是不对的方法。学生往往低估了"理解"在记忆中所扮演的角色，因此，他们也不重视一整年下来他们以稳定的速度所累积下来的学科记忆。

☞ 个人意义

与上述内容密切相关的便是个人对学科的投入程度，不少在学习上有困难的学生都表示，他们"对这门课并不是很感兴趣"，但是该门课是必选课，或者该门课只是他们的第二选择，或者他们"看不出来"该门课程的内容与他们的职业生涯有何关联。除非是具有非比寻常的记忆力，否则要记住对自己来说没有意义的资料，那必然是很难的。

☞ 个人的记忆风格

有些学生觉得要把东西背下来很难，因此对这些学生来说，探讨自己的学习风格与记忆风格就很重要。例如，有些无法靠背诵把东西记下来的学生，若选择用唱歌的方式，就可以记下同样的资料。有些学生需要看到连续的视觉影像才能记住，所以如果能够把要记下来的文字资料与某种视觉逻辑连接起来，那么他们的学习效果就会更好。因此对于各种特定的资料，学生可能需要进行试验，以采用不同的感官路径及路径顺序。

23.2 老师如何帮忙及其准备工作

☞ 老师如何帮忙

1. 避免不必要的压力

避免带给学生不必要的压力。例如，考试时出需要理解而非死背细节的题目，像是"如何将所学内容应用到新的领域"之类的题目。老师应该对辛苦挣扎的学生持同情态度，而非质疑他们的天分或念这个系的权利，因为这种做法只会使情况恶化。

2. 不同的学习内容，使用不同的策略

重复进行背诵和练习的活动，因为每一次的活动都有其必要性。带学生一起讨论哪些资料适合以重复背诵的方式进行学习，如表格、公式、姓名、日期和各种关键字等。而当需要使学生了解理论、应用方式和各主题之间的关联时，就适合让他们通过练习活动来进行学习。

3. 把课程内容与实际例子联系起来

如果老师在教学时，能够以实际的例子对其所教授的知识加以说明，并将其与大家的个人经验连接起来，那么自然就能够加深学生的记忆。

4. 把练习活动纳入教学中

在活动中进行学习，更有助于加深学生的记忆。

5. 记忆诀窍

在上课时，不妨聊些有用的记忆诀窍或趣闻轶事，以加深学生的记忆。

6. 把各主题连贯起来

这样做有助于学生把各种资料联系起来，这也有助于加深学生的记忆。此外，这样做也可以提醒学生之前老师已经教过哪些东西。

7. 衔接与总结

在开始上课前，先总结一下上一堂课的内容，或是把上一堂课的主题与今天的主题做个衔接。清楚解释各要点，以及它们在图表、层次间或各学派中的关系，这也会对加深学生的记忆有帮助。

☞ 老师的准备工作

1. 课程原则

这个单元对学生来说可能是最好玩的一个单元，因为本单元有许多有趣的练习活动，以便带领学生一窥记忆的奥秘。学生往往会吃惊地发现：原来记忆的运作方式是各式各样、因人而异的。他们还会发现，记忆力是可以训练的。

个人对于记忆的信念有时已经根深蒂固，因此打破这种信念的最好方式，就是通过各种练习活动，使自己的记忆获得不同的体验。本单元可以与"学习风格"及"自我检讨"的相关工作联系起来。

2. 教材

活动1 写有 A、B 两种不同信息的纸条，一组的学生拿到纸条 A，另一组的学生拿到纸条 B。

纸条 A：Happy birthday to you and to everyone, whose birthday it is today.

纸条 B：PTYLRQNGYBKFHZJDQPFXWDMR.

活动2 六乘八列的大表格，上面写有 49 个单词，其中一个单词另外独占一列。随机选单词，不过有几个单词跟颜色有关，有几个单词跟地方有关，有几个单词是拟声词，有几个单词则是功能或意义相似。用颜色和形状突出其中的几个单词。或者是采用 *The Study Skills Handbook* 中的表格。

活动3 几个与专业科目相关的姓名与日期（5~10 个）。

活动4 搜集几份学生在专业课程上会用到的教材，最好是该科目独有的教材，例如：

（a）公式（3~5 个）。

（b）一份或两份案例研究或实验描述（每份至多10行）。

（c）三份考试前要念的理论大纲（采用标题与项目的方式）。

23.3　课程目标与学习成果

☞ 课程目标

> 1. 找出增强记忆力的策略。
>
> 2. 使学生更加了解记忆的本质，并增进他们的自信，相信自己有能力增强自己的记忆力。

☞ 学习成果

> 进行完这些练习活动后，学生应该能够：
>
> | 学习成果 | 技能代码 |
> |---|---|
> | 1. 理解记忆运作的方式，并应用策略以增强自己的记忆力。 | IGS　KU　P　R |
> | 2. 找出个人在增强记忆力上的优势与可应用的策略。 | C　KU　P　R |
> | 3. 应用各种记忆策略，以改善自己在正式的限时考试中与其他场合上的表现。 | M　P　S |

23.4　活动：9种带动学生的方法

☞ 破冰游戏：最初的记忆

每个人都简单描述一下自己最初的记忆。

☞ 记忆的广度

1. 全班　指出"有意识的记忆"与我们不加思考所做的事情之间的差别。

2. 个人　请学生迅速制作两个列表，并分别列出自己容易忘记的东西，以及记得非常清楚的东西。

3. 小组　进行头脑风暴，列出我们在日常生活中何时用到有意识的记忆，何时用到无意识的记忆，列出的内容越多越好。

4. 全班　☐ 听取各组的意见，并将之写在黑板上。

　　　　☐ 指出所有我们记得的事情，且将其与容易忘记的事情作比较，并强调我们的记忆容量到底有多大。

把资料串起来

1. 给教室前半部分的学生一人一张纸条 A，后半部分的学生一人一张纸条 B（见教材部分），注意纸条写字的那面要朝下。请他们安安静静地用一分钟的时间尽可能地记下纸条上的内容。

2. 请学生把纸条翻过来，然后大声背诵一首打油诗或顺口溜，以避免他们利用此空当进行练习。

3. 请学生把纸条内容默写下来。

4. 与纸条内容进行比较，数数看自己有几个字母写对了（顺序也要对）。先问一问有多少人写对了 3 个以上的字母，然后是 4 个、5 个、6 个以上，之后跳到 10个、15 个以上，依此类推。

5. 接着用幻灯片展示出两种纸条的内容，指出"有意义的组合"对于记忆能有多大帮助。

6. 问学生：这与他们在一般课程中所需要学习的资料有何关系？

个人的记忆优势

1. 把写有 49 个字的表格放在黑板前，给学生三分钟的时间进行观看。

2. 把表格遮起来，请学生把记得的字写下来。

3. 露出表格，让学生数数看自己写对了几个字。

4. 请学生发表意见，说说自己采用的是什么特殊的记忆策略，并将其写在黑板上。

5. 回头再看一看表格，指出哪些字可以基于颜色、主题、地方、词性或位置等性质而归为一类。请学生留意自己用了其中的哪些归类方法来记这些字。例如，如果他们写出了所有跟颜色有关或形状怪异的字，那么颜色标示或怪异影像可能就特别适用于他们的记忆风格。

6. 请学生想一想，现在认识了自己的记忆风格后，以后要如何利用它提高学习效率。

故事

1. 小组　把姓名与日期列表（见教材部分）发给各小组，请小组编一个故事，在故事中用声音、联想或任何其他方式把这些单词串起来。故事内容不需要有意义。

2. 个人　请学生把列表和故事放到一边或盖起来。让他们靠记忆写出列表中的姓名与日期，然后对一对答案。

3. 全班　□ 请小组讲述一个特别成功的故事。组员觉得这个故事对于记忆这些姓名与日期有多大帮助？

　　　　□ 问问这种技能在学业上何时会特别有用？

资料的代码

1. 全班　　指出资料能够转换成的代码越多，大脑记忆这些资料的途径就越多。比如我们记得的事情，以及其与容易忘记的事情之间的对比，并转换成视觉代码或是地方代码。在古代社会，一个很常见的策略就是把资料与某个地方联系起来，这种方法被称为"地点记法"，这只是把资料转换成代码的一种方式，而把资料编成一个故事又是另外一种方式。

2. 三人一组　利用上面几个练习活动中的经验，进行头脑风暴，想想可以把资料转换成多少种"代码"（例如通过个人的联想，把资料与数字、图案、认识的人、衣服上的扣子等联想在一起）。

3. 全班　　收集各组的答案。

个人的策略

1. 给学生时间进行资源列表上的活动，或是将此活动列为课前准备工作。

2. 小组　组员互相分享自己记忆东西的策略。每人都有一段固定的发言时间。

3. 全班　□ 每人均说一个由别人提出的，并认为自己也可以采用的策略。

　　　　□ 请学生阐述其他没有被说到的记忆策略。

记忆专业科目内容

把准备好的教材发给学生（见教材部分）：

1. 小组　在规定的时间内，用一定的策略，尽可能地记住教材的所有内容。说清楚他们有多少时间用来进行记忆。之后请他们把教材放到一边，看看他们还记得多少。留给学生足够的时间让他们将记得的资料写出来，之后再给他们足够的时间对答案。

2. 全班　按照顺序讨论各种类型的资料，并请各组发表想法。他们的策略对记忆这种资料的效果怎么样？什么样的方法可能会更有效？

3. 个人　在讨论过各种类型的资料后，再测验一次，把教材放到一边。同样地，给他们足够的时间让其写出记得的东西，然后给他们时间对答案。

4. 全班 □ 前后两次的表现有何不同? 从中可以得出什么结论? 讨论这些资
料对于增强记忆有多大帮助?

□ 他们是否还需要做些什么, 才能记住这些资料?

☞ 我的最佳诀窍

每个人都说说自己从书上或这堂课中得到的最好的记忆小诀窍。

23.5 资源列表: 记忆力

推荐阅读: 立志至少阅读下面其中一本书

□ Cottrell, S. (1999) The Study Skills Handbook (Basingstoke: Macmillan-Palgrave) (第 11 章).

□ Baddeley, A. (1993) Your Memory: A User's Guide (London: Prion), 它以轻松有趣的口吻入门介绍记忆.

□ Rose, C. and Goll, L. (1992) Accelerating Your Learning: The Action, Handbook (Aylesbury: Accelerated Learning Systems).

练习活动

□ 列出你想改善记忆的地方。

□ 找出一个最需要优先改善的地方。就目前来说, 为什么这个地方是最需改善的?

自我检讨

□ 仔细思考你在回想下列东西时, 你到底是用什么方法想起来的:

1. 一个很罕见或很困难, 而你一般都会拼对的单词。

2. 是不是需要买某个东西。

3. 到达好朋友家的路。

4. 某人的生日。

□ 留意你在尝试想起东西时, 是否有肢体动作、心里在想什么、眼睛在看哪里、是否采用了一些小诀窍或任何能够刺激记忆浮现的东西。

□ 在你的检讨日记里, 写下你留意到的细节。你觉得你的记忆优势在何处? 你在什么状况下更容易记住东西: 用视觉的方法、联想的方法、自言自语、四处走动, 还是其他的策略?

24

复习与考试

24.1 学生在复习与考试上的困难

☞ "神化"考试过程

学生可能会"神化"考试过程，猜想老师要考的内容，或是老师都能看穿学生的心思，专考学生不会的内容。

这种心态可能来源于过去考低分的经历，以及假设考试的目的就是要呈现各种"事实"与"知识"。但是，其实老师只是想看到学生能够通过推论、应用或适当的挑选来说明自己理解了科目的内容。

☞ 无法区分考试答案与作业答案之间的不同

学生可能不知道如何把 2 000 字的书面作业缩减成考试所需的答案。有些学生便会把前言、结论甚至是论点都删掉，以写出足够多的"事实"，进而证明自己的"知识渊博"。

如果考试所要求的写作风格不同于平时的作业中所要求的写作风格，那么学生的困难就更多了。例如，考试时要求进行简短的论述，但是平时的作业中所要求的却都是将相关内容写成报告的形式。

☞ 不了解评分的程序

学生经常想象老师会一字不漏地评阅试卷，以找出答案中所有的漏洞。因此，如果坚持着只有一个"正确答案"的认知，那么学生考试时就会非常紧张。

☞ 没有计划地进行复习工作

学生在进行复习时可能会杂乱无章，没有计划，所以考试时就需要花太多时间去挑选和组织资料。这样的话，最后的结果就是无法写完试卷，因为学生花了太多时间去思考怎么写答案，或是前几道题写得太详细。

☞ 考试策略不当

学生可能会花不同的时间回答分数比重一样的问题，完全不考虑分数分配的问题。有些学生以为，把前两题写的超级漂亮，就算第三题没写完，老师也会给他们高分。学生也常常假设得满分是可能的，然而许多大学所采用的评分制度是很少有70分以上的成绩的。

☞ 缺乏练习与考试的习惯

许多学生在之前的选修课程中，往往选修以作业（而非考试）为主的课程。有些学生可能在进入大学前，甚至是在大二、大三之前，从来都没有参加过考试。有些学生以前参加过考试，但是他们的考试表现却一直都很差。这样的学生往往很难想象出坐着考试到底是什么状况，更别指望他们会知道什么样的答案才是好的答案了。

这些学生可能不知道如何准备考试，也不知道怎么写试卷。通常要参加过多次考试，经过多次的练习之后，学生才有可能在考试时觉得轻松自在，并发挥出该有的表现。此外，这样的学生还有许多次技能需要训练，如写字的速度。

☞ 速度

习惯打电脑的学生可能会欠缺快速写字的肌力。

24.2　老师如何帮忙及其准备工作

☞ 老师如何帮忙

1. 清楚说明考试的过程

跟学生强调，老师都想看到学生成功，都想协助学生得高分，大部分的学生也都会通过考试，老师的目的不是要把学生挂掉。

清楚说明考试的目的，例如考试只是一个确保学生能够自己作答的方式，考试的功能之一是协助学生把所学的东西进行融会贯通。说明你在考试的答案中期望看到什么答案，并让学生看看同一题目的几个得分不同的答案。

在课堂上，让学生自己改试卷，或是一起想想怎么回答考试题目，以了解一下整个考试的过程。请学生事先设计考试答案，并以此作为复习的工具。

2. 清楚说明考试答案与作业答案的不同

清楚说明平时的作业答案与考试答案有何不同。你对考试答案采用了什么样的评分标准？示范如何把作业的内容简化为恰当的考试答案。指出考试答案与作业答案相比起来所具有的优势（更简短、不须详细注明出处、不需要有那么多例子、呈现方式更灵活等），以增加学生的信心。

3. 指导复习的方法

教完一个单元后，拿过去的考题让学生进行头脑风暴，想想答案该怎么写。花几堂课的时间带学生复习一下。说明不同类型的考题各需要何种详细程度的答案，强调把笔记内容精简为重点与例子的重要性，因为这样做可以减轻复习量，并在考试时节省时间。

告诉学生，你知道他们不可能在考试时把每个例子和细节都写进去。如果考试以测验"事实"为主，例如多选题的考试，那他们就应该多花时间去发掘记忆小诀窍，以把相关的资料联系在一起，这样学习的过程也会更易于管理，且会更有趣。

4. 指导如何写试卷

清楚说明考题分数分布的方式，并强调学生应尽量回答所有的问题，以提高得分的机会。说明分数是怎样加总起来的，以及考试的分数与科目成绩或最后的毕业成绩有何关联。

示范如何写出一个好的答案，特别是将之与作业答案作对比，指出后者可以去掉哪些部分。说明答案中的结构、推论、事实和英语的使用会如何决定得分。

5. 创造练习的机会

给学生几份范例考题让他们去进行练习，这对新开设的课程以及那些没有以前的考题可参考的课程，尤其重要。本章的练习活动，便建议并利用了同学辅导与练习范例考题的方法，以此来减轻老师评分与回馈的负担。

6. 考试后检讨

学生很少知道为什么自己考试考得不好。考试后检讨是留住学生与改善其表现的一个很重要的因素。

可能的话，对全班进行回馈，说明你期望在答案里看到什么，班上同学哪里做得好，哪里还可以改进。同时，对特别需要的学生给予个别的回馈。

老师的准备工作

1. 课程原则

本单元的工作应适合学生的学习程度。缺乏考试经验或成功的考试经验的学生，可能需要接受额外的辅导。这也是一个好机会，带学生温习前几个单元所学到的技能，并指出之前练习的技能对于良好的考试表现也很重要。

2. 教材

（1）考题　　几份范例考题或过去的考题（或是指导学生去哪里找这些考题）。事先将其发下，并作为课前阅读的内容。

（2）活动4　几个有关考试时会犯的典型错误的例子，并将其做成幻灯片或讲义。

（3）活动5　一份打好的范例论文，以及内容经过精简后所形成的考试答案。

（4）活动 11　列一份考题清单，让学生自己练习回答。同时给出一套答案大纲，以及评分标准，这样学生就可以自己评改自己的答案了。

（5）活动 12　就如同第一次接触新的写作类型时一样，发给学生三份答案范例，上面做好注解，指出好与不好的地方，以及造成失分或得分的因素。

24.3　课程目标与学习成果

课程目标

1. 增强学生对考试的信心。
2. 清楚说明考试的过程。
3. 向学生提供提高成绩的策略、技能与想法。

学习成果

进行完这些练习活动后，学生应该能够：

学习成果	技能代码
1. 理解之前的技能训练工作，知道如何使考试取得成功。	IGS　P　R　S
2. 应用策略进行复习。	IGS　M　P
3. 应用策略进行考试。	IGS　M　P　WC
4. 带着更多的知识与信心去回答考题。	IGS　KU　M
5. 理解在考试中，什么会得分以及什么会失分。	KU　M　P
6. 对考试抱持更积极正面的态度。	M　R
7. 理解考试答案与作业答案之间的不同。	A　E　IGS　KU　M

24.4　活动：14 种带动学生的方法

破冰游戏

每个人都说一件在考试时通常不允许，但是自己很想尝试的事情。

成果验收：技能、知识与经验

1. 个人　留给学生时间让其进行资源列表上的活动，或是将此活动列为课前准备工作。

2. 小组　　组员互相分享自己记忆东西的策略。每人都有一段固定的发言时间。

3. 全班　　□ 每人均说一个由别人提出并觉得自己也可以采用的策略。

　　　　　　□ 请学生阐释其他没有被说到的记忆策略。

☞ 考试的目的与好处

1. 两人一组　进行头脑风暴，想想为什么要有考试。集中讨论考试的正面目的，以及与作业相比起来考试有什么好处？

2. 全班　　各组均发表意见，并解释清楚任何误解。

☞ 老师怎么改试卷？

全班　□ 说明老师期望在学生的考试答案中看到什么东西。给学生一份老师在改试卷时所采用的评分标准，说明其与评改作业所用的标准有何不同。

　　　□ 描述出考题与改试卷的过程。说明整个过程从老师的角度来看是什么情况，这有助于解开学生的迷思：为什么考题要用这样的词语进行表达，如何在短时间内批改一大沓试卷等。

　　　□ 用幻灯片的方式给学生看几个考试中常犯的错误，如看错题目或是误选明显错误的答案。避免举出会致使学生更加紧张的例子，像是阅读障碍造成的错误，因为这种情况在考试时通常是无法避免的。

☞ 考试答案的特色

1. 小组　□ 发下你准备好的范例论文，以及内容经过精简后所形成的考试答案（见《教材》部分）。

　　　　□ 请学生列出两种答案的不同之处，以及如何将论文内容调整缩减为考试答案。

　　　　□ 确保阅读速度较慢的学生也能够有足够的时间看完这些内容，或者是要求学生在课前先将其看完。

2. 全班　讨论两种答案之间的区别，并解释清楚任何误解。

☞ "怎么让自己挂科？"（IGS、M、P、S）

1. 个人　　请学生用两到三分钟的时间，写下一定会让自己考试不及格的方法，写出的方法越多越好。

2. 三人一组　集合每个人的想法，再加上其他的想法，并将其列成表。

3. 全班　　　□ 集合全班的想法，并将其列成表。

□ 请学生另外列一张表，在上面写出能够增加考试及格机会的方法。

□ 扩大讨论的范围，讨论怎样安排才能制定出合理的复习时间表；应该复习多少内容才保险；怎样对考试抱持积极的态度；考试时应该如何善用时间，怎么看试卷，以及如何分配同样的时间给比重相同的题目等。

□ 请学生把两张表抄下来，或是把它们打出来，然后影印并发给学生。

☞ 写作小组（IGS、R、WC）

方法一　请学生快速列出他们对于考试的主要担忧或困难。

方法二　继续按资源列表进行课前准备。

□ 组成与前几堂课一样的写作小组或决策小组：每个人都用 3 分钟的时间描述一下他们预想的在考试中可能会遇到的困难。

□ 每个人一说完，整组就用五分钟的时间进行头脑风暴，讨论可以用哪些策略克服这些困难。这时，刚才的主讲人只听不说，或是边听边做笔记。也可以请另外一个组员帮忙做笔记，以便更专心地进行倾听。

□ 紧接着，之前的主讲人会有 3 分钟的时间，以说明他要如何采用组员提供的意见。只能说要怎么采用，或是提出新的想法（也就是不能说"这个方法行不通，因为……"这样的话）。

☞ 记忆策略

1. 小组　　为科目内容设计记忆小诀窍。

2. 全班　　汇集大家的意见，看看有哪些有用的诀窍或策略能使课程内容复习起来更轻松，更容易记住。

☞ 考试题目

1. 全班　　大家发表意见，说说考试可能会出什么题目。清楚说明学生建议的题目是不是真会以这种词语进行表达。把题目以可能会出现在试卷上的形式写在黑板上。

2. 三人一组　每组均从黑板上选一个题目，进行头脑风暴，想想该题的答案应涵盖哪些内容和哪些论点，以及应用到什么教材。用标题与项目的方式条列清楚，以便随时提供指导。

3. 全班
□ 听取各组的意见，并将其写在黑板上，或者是请学生以海报的形式来呈现他们的答案，并加以说明。

□ 请全班发表意见，看看各答案还可以怎么改进。回答所有关于哪些因素会导致失分或得分的问题。有需要时，提出你自己的建议。

□ 鼓励学生抄下这些题目以协助复习。

正面积极的心态

1. 全班
说明如果对考试抱持正面积极的心态，那么就会使整个考试过程变得更轻松，自己也就更容易考得好。指出稍微的紧张是难免的，但是如此也有助于使自己在考试中更专注，更投入。

2. 三人一组
讨论如何以正面积极的心态面对考试。

3. 个人
找出自己可以用哪些不同的心态去面对考试。

练习写答案

1. 鼓励学生为论述的题目列出尽可能多的内容大纲，以便能够在进行完课堂上的复习后可以加快列出大纲的速度。

2. 发下一份考题清单，以及相应的答案大纲。鼓励学生不要看答案大纲，先自己试着写出答案。

3. 与此同时，提供评分标准。鼓励学生跟互助小组的组员碰面，然后利用建议的答案大纲与评分标准讨论彼此的答案。

评改及讨论范例答案

1. 发下范例答案，并在上面做好注解（见《教材》部分），以供小组与全班讨论。

2. 给学生几份考试答案让他们参照批改，并让他们讨论从批改过程中学到了什么。

3. 这次的批改经验会对他们以后的作答方式产生什么影响？

模拟考试

1. 出一份只有一道题目的模拟考题。跟全班讨论考试的过程。指出你期望在答案中看到什么，并请学生按照发下的评分标准，批改自己的试卷（除非你有时间自己批改）。

2. 出一份完整的模拟考题，让学生进行练习，使其习惯在有限的考试时间内作答。

3. 根据你的时间安排，对全班或个人给予回馈。

4. 分组：给学生机会让他们讨论模拟考试过程中出现的状况，并找出需要改变考试策略或心态的地方。老师应随时给予他们协助。

总结

每个人都说一说从此堂课得到的、有助于他们以后的复习或考试的最大收获。

24.5 资源列表：复习与考试

推荐阅读：立志至少阅读下面其中一本书

☐ Cottrell, Stella（1999），The Study Skills Handbook（Basiny Stoke：Macmillan-now Palgrave）（第 10 ~ 11 章）.

☐ Flanagan, K.（1997）Maximum Points, Minimum Panic：The Essectial Guide to Surviving Exams（Dublin：Marino）.

☐ Northedge, A.（1990）The Good Study Guide（Milton Keynes：Open University Press）（第 7 章）.

练习活动

☐ 从专业科目中选一个主题，然后查看过去就此主题出过的所有考题。

☐ 你还能就此主题出什么考题？老师有可能出什么样的考题，以把这个主题与其他的主题连在一起？

☐ 从中选一个考题，用一个句子或几个主题词总结你会写在答案中的主要论点。

☐ 简单列出你要写出的内容，用标题和项目或图形笔记的方式表示你会以何种顺序写出各项资料。

☐ 写出一个结论。

☐ 把你就这个主题所对应的教材和笔记重新整理一下，以便于使用与记忆。采用"记忆"单元学到的方法，并学会善用你的记忆风格。

☐ 把上面的工作成果和你的想法带到课堂上。

自我检讨

☐ 你有哪些特别不熟的地方需要进行复习？

☐ 你有什么样的个人复习策略？

☐ 到目前为止，你学到的许多技能对于考试都很重要。举几个例子，说明截至目前你所参与的技能训练是如何协助你为考试做好准备的。

25

融会贯通

25.1 学生在融会贯通上的困难

☞ 技能之间的关联

　　为了教学的方便，学术技能课程会把各种技能分入不同的单元。然而不同的技能之间，其实有很多交集的地方。学生在某个领域中的技能较弱，可能起因于其在另一个相关领域中的技能不足。

　　例如，组织技能较差会影响到学业的多个方面，但是可能表面上它只表现在阅读能力或写作能力上。而组织技能较差本身可能又与分类技能、时间管理技能或缺乏动机有关。

☞ 技能的可转移性

　　学生可能不知道如何将所学到的东西应用到别的环境中，或是如何向他人展示自己的技能。

☞ 持续发展

　　学生可能会觉得，一旦上完了这套技能课程，一切就都"结束了"。然而要维持当初的动力，不断进行自我检讨、自我评估与设定新的目标可能并不容易，尤其是当杂事很多时。

25.2 老师如何帮忙及其准备工作

☞ 老师如何帮忙

1. 指出关联

老师可以引导学生找出不同技能之间的关联。老师如果熟悉这些关联，并能够协助学生找出困难，那这对学生会很有帮助。探讨不同技能所包含的次技能，有助于学生了解一个地方的不足可能会影响到许多不同的领域，老师可以为学生指出如何将某个特定的策略应用于其他环境中。

2. 应用的环境

如果能够用至少一堂课的时间让学生整理一下至今学到的技能，并思考如何将这些技能应用到其他的课程或职场中，那这对学生会非常有帮助。这就包括总结从所有课程上学到的所有技能。

3. 进展

本书所练习的技能只达到了高等教育技能分级标准中的第一级，或第二级的初步阶段。

一些更高级的技能，如资料管理与批判思考，传统的大学都教得很好。然而学生需要教学环境与课程设计不断为他们创造机会，以进行练习和精进技能。

☞ 老师的准备工作

1. 课程原则

让学生回头看看自己进入大学后成长了多少。鼓励他们把某堂课应用过的策略应用到别的课堂上。你可以着重强调技能在"就业"方面的应用，或鼓励学生思考如何灵活调整既有的技能，以及如何将之应用至不同的课程或领域中。将本单元与学校的就业咨询中心所进行的职业教育或职业规划联系起来也是不错的方法。

2. 教材

本章后面附有资源列表。你可以根据自己的职业领域，调整资源列表的内容。

25.3 课程目标与学习成果

☞ 课程目标

1. 协助学生看到自己这段时间来习得了哪些技能，并肯定自己的成就。
2. 鼓励学生以现有的成就为基础，继续发展。
3. 鼓励学生思考"就业能力"的问题，以及如何向雇主展现自己的知识、能力、技能与个人特质。

☞ 学习成果

进行完这些练习活动后，学生应该能够：

学习成果	技能代码
1. 理解"可转移的技能"指的是什么，并懂得如	E Emp P R S

何将自己的技能与特质应用至其他环境——如工作职场中。

2. 知道自己擅长的领域。　　　　　　　　　　Emp　IGS　R

3. 知道自己还有哪些技能需要精进，并了解持续　E　Emp　IGS　P　R
发展的重要性。

4. 理解表面上差异巨大的技能之间实际上有何关　A　Emp　IGS
联，并了解这种关联可能会对学业表现产生什　B　P　R　S
么影响。

5. 了解自我检讨对于学术学业与专业领域的重　IGS　R　S
要性。

6. 更新自己在学业与就业关系上的行动计划与学　Emp　P　R　WC
术自传。

25.4　活动：8 种带动学生的方法

☞ 破冰游戏

每个人都说一说"十年之后，我会成为……"之类的问题。

☞ "我现在在哪里?" 与 "下一步是什么?"

1. 个人　　　□ 让学生再做一次第 12 章"学术技能优先顺序"组织帮手中的练习活动。把这次的结果与上次的结果比较一下。两次结果之间有没有什么不同? 把结果与心得记在检讨日记中。

□ 请学生找出：

(1) 基于目前的技能状况，两个相对来说比较擅长的领域。

(2) 两个需要在近期之内优先改善的领域。

2. 两人一组　每个人都用 5 分钟的时间，讨论自从进入高校之后，自己对学术技能的信心增加了多少，并找出两个或三个想要继续加强的领域。把想要精进的领域记在检讨日记里。

3. 全班　　　□ 请学生发表意见，说说自己这段时间以来有什么进步。接着问发言的学生，他们觉得下一步该怎么做。

□ 指出技能发展在整个学业与专业生涯中的重要性，"是不是总是有下一步?"

☞ "找出一个擅长的技能……"

1. 个人 　□ 请学生找出一个他们觉得自己最擅长的技能，简单写下来。
这可以是次技能，如规划空间、拟定时间表或写作大纲。
　□ 用两分钟的时间进行头脑风暴，想想这个技能对于未来的学
业或就业，或是在一般的生活上可能有什么用处，写出的用
处越多越好。
　□ 鼓励他们放宽思路，不管是在任何环境场合，只要能够用到
这项技能，或是能用来帮助培养另一项类似的技能，这都算
是一种用处。

2. 三人一组 　每组均用两分钟的时间进行头脑风暴，想想这项技能还可以应
用于什么地方，或是如何将其作为发展类似技能的基础。

3. 全班 　□ 听取大家的意见，将这些意见在黑板上列成表，并将其分为
"学术应用"、"就业应用"与"其他应用"三大栏。
　□ 指出一项技能可以从一个环境转移到另外一个环境中。
　□ 指出各项"职场"技能。给学生几分钟的时间，让其简单阐
释他们觉得自己具备表上所列的哪些职场技能。
　□ 讨论：技能可能需要进行什么样的调整，以便能够应用于另
外一个环境?

☞ "找出一个较弱的技能……"

1. 个人 　请学生找出一个自己较弱的技能。同样地，这也可以是次技能，如
时间管理、撰写结论等。进行头脑风暴，想想这项弱点可能会对他
们的学业、生活与就业产生什么影响，不管这个影响是直接的还是
间接的。

2. 全班 　□ 请学生指出一项较弱的技能，以供全班一起讨论。不一定非得是
他们刚才写下来的技能。全班进行头脑风暴，想想这个弱点可能
会对学业、生活与就业产生什么影响。同样也在黑板上列成表，
并分为三大栏。之后再讨论另外一项技能。
　□ 指出技能是如何互相联系、互相影响的。一个领域的不足会导致
另外一个领域的困难，而克服了这个困难也会连带改善其他的不
足。自己举例，也请学生举例。

3. 小组 　问题解决。发给每组一个学生觉得困难的技能。各组进行头脑风暴，
想想如何克服这个困难，不妨利用在这门课上学过的策略和方法。

把建议列在大型纸张上，并做成海报，最后把海报挂在教室的墙壁上。

4. 个人　给学生时间让他们看看这些海报，并抄下对自己有用的策略。

最优策略

1. 小组　大家进行头脑风暴，写出这一年来学到的所有"工具"，如进行头脑风暴、SWOT 分析等。

2. 全班　汇集各组的意见，并将其集合成表。

3. 小组　各组均从表上选出他们觉得用处最广、最有用的三样工具，并向全班简短说明为什么。

自我检讨的重要性

1. 两人一组　请学生找出：

☐ 对学业采取自我检讨与自我评估的方法后，感觉自己有什么收获？

☐ 自己在自我检讨上有何进步？

☐ 在剩下的大学生涯中，如何对学业维持自我检讨与持续发展的态度？

2. 全班　讨论大家的反应，找出好的建议。

可转移的技能与就业能力

1. 全班　请学生阅读后面的"雇主要求什么技能"，并完成（可转移的技能）表格。

2. 三人一组　集合大家的表格，以制作出更完整的表格。

3. 全班　☐ 进行头脑风暴，想想自己已经在学业学习的过程中培养出哪些"软性技能"，并找出其他可能还需要进行培养的技能。

☐ 此时不妨利用学校就业咨询中心的资料。

更新学术自传

在第 12 章里，我们请学生拟订了一份"初步"的行动计划与学术自传。现在你可以请他们再回到这个步骤，以下列材料为基础，撰写一份更新的行动计划与学术自传：

1. 老师就临时学术自传所给予的回馈（见第 12 章）。

2. 对临时学术自传进行的自我评估的结果。

3. 撰写完临时学术自传后，自己在接下来的几堂课所发展出的技能、知识与特点。

25.5 资源列表：找出技能与优先目标

推荐阅读：立志至少阅读下面其中一本书

☐ Merzirow，J.（ed.）（1990）Fostering Critical Reflection in Adulthood：A Guide to Transformative and Emancipatory Learning（San Francisco，Cal：Jossey-Bass）试读前言部分，第 1～7 页.

☐ Schon，D. A.（1989）The Reflective Practitioner：How Professionals Think in Action（London：Temple Smith）.

☐ Schon，D. A.（1987）Educating the Reflective Practitioner（San Francisco，Cal.：Jossey-Bass）.

自我评估

☐ 再填写一次"学术技能优先顺序组织帮手"的表格，并与上一次的结果进行比较。

☐ 自从进入高校学习之后，你在学术技能方面的信心增加了多少？

☐ 你在哪些领域还想要更进一步？

☐ 你计划用什么方法取得进步？

自我检讨：可转移的技能

☐ 迄今为止，你习得的技能对于其他的课程有什么用处？这些技能可能需要进行什么样的调整，才能应用于另外一种环境？

☐ 迄今为止，你习得的技能对于你以后的工作会有什么用处？这些技能可能要进行什么样的调整，才能应用于工作场合中？

25.6 雇主要求什么技能？

你可以从下面的图中看到，雇主一般都期望来求职的职场新人具备某些"软性技能"，图中"白色的长条"代表雇主对这些技能的期望，"灰色长条"则代表实际具备这些技能的学生的比率，你可以看到两者之间有明显的差距。如果你能在念书期间就培养出这些技能，那么在找工作时你也就会更有竞争力。

许多高等教育课程其实都已提供给学生机会来培养这些技能。只是学生常常不知道自己具备这些技能，因为他们不懂得如何把学术技能"转换"成职场技能。如果学生不知道学术技能与工作职场之间的关联，那么自然就很难向雇主展现这些技能。而这也有可能会影响到他们在工作上的表现，因为他们以为自己不具备这些技能，详情请见图 25-1。

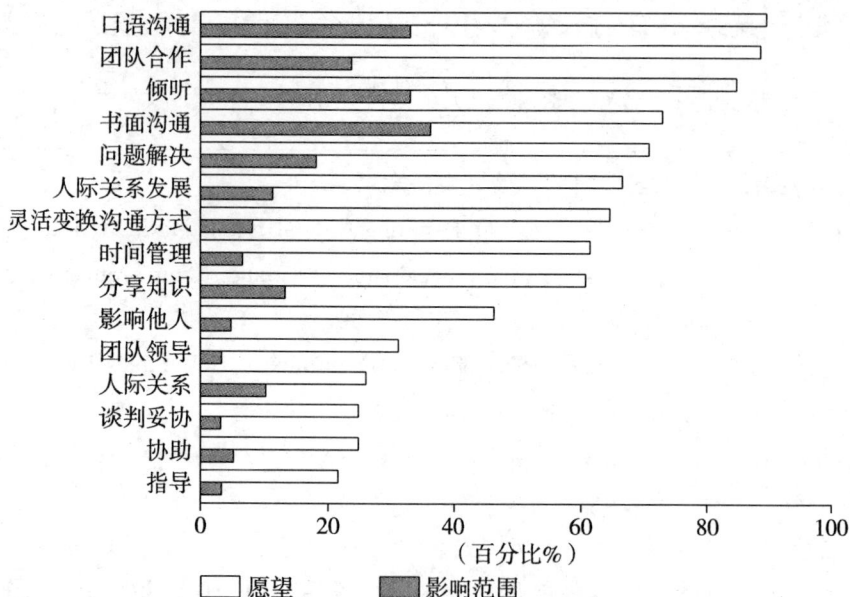

图 25-1　软性技能：雇主的期望与实际的状况一览表

资料来源：TMP Worldwide Research（1998），*Soft Skills*，*Hard Facts*（London：TMP Worldwide Research）.

25.7　把学术技能转换成职场技能

下面列出了一些雇主期望毕业生具备的技能，而这些技能是你在念书期间就可以培养的。除了下列这些技能，你还会想到其他更多的技能。下面这一页的表格可以帮助你找出你确实已经在培养的技能。这个练习在最后一年会特别有用，但是也可以在每次求职之前进行这个练习。

学术活动	可转移的技能与可发展的软性技能
1. 研讨课、练习课等	时间管理/做事有弹性
2. 演讲课	倾听技能；找出与选出重点；书面沟通；资料管理
3. 研讨课、小组合作、小组专题计划	团队合作；谈判妥协；口语沟通；学习接受他人的指示与给予指示；问题解决；倾听；与各种出身背景的人合作；处理不同的意见；人际关系发展
4. 口头报告	上台说话；说服与影响他人；设计案例；时间管理；报告技能；使用视听媒体；计划；分享知识；灵活变换沟通方式
5. 论文写作与其他类型的学术写作	书面沟通的技能；符合字数规定；提出一个论点，并进行有力的论证；在时限内完成工作；任务分析；分享知识；把任务划分成多个部分
6. 数学与统计	问题解决；呈现资料；阐释资料；分享知识
7. 观察	倾听技能；与各种出身背景的人合作；资料管理
8. 研究	时间管理；管理大量的资料；在时限内完成工作
9. 考试	在时限内完成工作；处理压力与危机；计划复习进度

25.8　可转移的主要技能

表格里已经写出其中（雇主要求什么技能?）的前四项，再填上其他你特别擅长的技能，不论是在大学里习得的技能还是在其他地方习得的技能，这些都可以。用具体的例子说明你以前如何习得，或是现在如何运用各项技能

技能、特质与成就	例子
1. 口语沟通	
2. 团队合作	
3. 倾听	
4. 书面沟通	

其他技能

☐ 有效驾照　　☐ 电脑技能　　☐ 语言

资料来源：Stella Cottrell（1999），*The Study Skills Handbook*（Basingstoke：Macmillan-now Palgrave）.

附录

附录一　毕业生的技能与特质

现在，雇主一般都会预期大学生于大学就读期间，除了在专业科目上的知识与理解会有所成长外，同时也能培养出一定的技能、经验与个人特质。下面是从多个相似的"大学毕业生必备条件"列表中整理出来的结果。这些技能和特质有益于改善学生的学业表现，而且对于学生的专业生涯与个人生活也非常重要。

1. 传统知性技能

（1）组织、总结、分析、综合资料的能力。

（2）理解复杂的概念与资料的能力。

（3）批判性地评估、选择与呈现证据的能力。

（4）整理出一般概念、原则与程序的能力。

（5）进行逻辑辩论与实际应用理论的能力。

（6）挑战一般被公认为正确的假设与现行方法的能力。

（7）兼顾深度与广度地学习一个科目的能力。

（8）院系相关的特定技能，包括科技方面的技能。

2. 主要技能

（1）沟通。

（2）数字分析。

（3）信息与沟通技术。

（4）改善自我的表现，其中包括个人发展计划、学术技能、自我检讨、自我引导、自我监控与自我评估。

（5）与他人共事。

（6）问题解决：评估问题的质与量。

（7）沟通。

3. 个人特质

（1）独立自主，包括能够"主动"开启并执行新任务。

（2）适应力强、有弹性、能够接受改变。

（3）能够负起责任。

（4）执意与想象力。

（5）道德认知。

4. 就业准备

（1）上述技能。

（2）职业生涯规划。

（3）了解组织运作的方式。

（4）在工作场合上能够有效地进行行动。

（5）与职业相关的技能。

附录二　高等教育分级标准

（南英格兰教育协会/威尔士高等教育学分协会）

1. 操作环境

（1）环境的特点

第一级　明确的环境，须使用一套特定的标准技能。

第二级　简单但无法预测或复杂但可以预测的环境，须应用多种不同的技能。

第三级　复杂而无法预测的环境，须挑选和应用多种创新的或标准的技能。

（2）责任

第一级　在明确的指导方针下，以有限的自主性执行工作。

第二级　在大的指导原则下，管理执行的过程。

第三级　在大的指导原则下，自行计划管理资源与过程。

（3）伦理

第一级　了解学习领域里的伦理议题，能够就个人信念与价值讨论这些议题。

第二级　了解其学习领域与更广泛的社会及环境之间的关系，能够从一般的伦理观点辩论相关议题。

第三级　了解个人的责任与专业的行为准则，能够在作品中纳入批判的伦理观点。

2. 认知

（1）知道与了解专业科目的知识

第一级　具备一定的常识或概念知识，并以实地调查与恰当的专业术语为主。

第二级　具有详尽的专业课知识，并知道可以将其应用于哪些想法、环境或架构中。

第三级　具备全面且详尽的专业课知识，同时深入专攻其中的某些领域，并了解知识的状态只是暂时的。

(2) 分析能力

第一级　能够在他人的指导下，利用现成的分类或原则进行分析。

第二级　能够在有限的指导下分析多种资料，能够应用学科内的主要理论，并能够比较整合资料的不同方法或技术。

第三级　能够采用各种恰当的技术，独立分析新的或抽象的资料与情况。

(3) 综合能力/创意

第一级　能够按照标准方法，将想法与资料加以收集和分类。

第二级　能够为特定目的，重新整理各种想法或资料。

第三级　能够在有限的指导下，为一特定目的转化抽象的资料与概念，并设计新的解决方法。

(4) 评估能力

第一级　能够利用明确的方法或老师的指导，评估资料的可靠性（信度）。

第二级　能够选择恰当的评估方法，并能够评估所收集的资料的相关性与重要性。

第三级　能够批判性地检查用以支持其结论或建议的证据，包括评估其可靠性（信度）、有效性（效度）和重要性，并能够调查提出相反证据的资料，或找出反驳的理由。

3. 其他可转移的技能

(1) 认知实践

第一级　能够执行基本的技能，了解有哪些必要的工具与材料及其潜在的用处与危害。需要由他人进行评估。

第二级　接到复杂的任务时，能够选择一套恰当的行动，并能以适当的顺序进行执行，以完成任务。能够评估自己的表现。

第三级　能够有自信地且以一定的协调度与流畅度，重复执行复杂的技能，能够从各种可能的行动中选择适当的方法，并能够评估自己与他人的表现。

(2) 自我评估与自我检讨

第一级　主要依赖他人定好的评估标准，但是开始认识到自己的长处与弱点。

第二级　能够评估自己的长处与弱点。能够挑战他人给予的意见，并开始总结出自己的判断标准。

第三级　有自信应用自己的判断标准和挑战他人给予的意见，并能够检讨自己的行动。

（3）学习计划与学习管理

第一级　能够在适当的风气下进行学习，懂得取得和使用多种学习资源。

第二级　对于学习采取可变化、有弹性的学习方法。了解自己的长处，并进行练习活动以改善自己的表现。在简单直接的学习任务中能够独立自主。

第三级　能够在有限的指导下，利用与学科相关的所有资源来管理自己的学习。能够寻求和善用他人的回馈。

（4）问题解决

第一级　能够正确、小心地应用现成的工具或方法，以解决明确的问题，并开始了解问题的复杂性质。

第二级　能够找出问题的基本元素，并能在仔细思考后选择适当的方法解决问题。

第三级　能够自信、灵活地辨识与确定复杂的问题，并能应用恰当的知识与技能解决问题。

（5）沟通与口头报告

第一级　能够按照学科的标准格式进行有效的沟通，并能够简洁明了地报告实践的过程，同时在报告中包含到所有的相关资料。

第二级　能够按照学科的标准格式进行有效的沟通，并能够以多种形式、简洁明了地报告实践的过程，同时在报告中包含到所有的相关资料。

第三级　能够以专业的态度进行有效的辩论，并进行详细且有条理的口头报告。

（6）互动技能与团体技能

第一级　能够履行对他人（老师或同学）的义务，能够提供或支持行动的发端，能够肯定和评估其他的意见。

第二级　能够在一个学习团队中有效地进行互动，并可以给予和接受资料与想法，有必要时能够调整自己的反应。准备好要在学科内发展专业的合作关系。

第三级　能够在学习或专业团队中有效地进行互动，可以肯定或支持领导中心，或是主动进行领导。能够在学习或专业环境中进行谈判、妥协与处理冲突。

译者后记

在本书翻译过程中，我们遵循的原则是努力保持其科学内容的准确性，在此前提下，尽可能使表达符合汉语的习惯。在很多情况下，做到这一点并不容易，这并不单是文字上的问题，更主要的是因为在长期不同的文化背景下，不同的语言已经形成了各自特有的表达习惯和叙述风格。因此，在译文中不可避免有某些句子会带有英语的表达痕迹，希望读者可以理解。由于时间和能力有限，书中难免有纰漏，敬请读者指正。

沈阳广播电视大学的赵亚军、昆明理工大学的王彬、大连交通大学的赵克和苗欣参与了本书的翻译，还要特别感谢曾一凡、张盼会、廖凯、王楠、尹力、胡一川、范子娣、肖锋、王子月、林可、赵佳佳、刘伟、李枝英、侯亚菊、靳豪、伊灿、杨倩、尚丹、郑杰、王芬、张莉、吴比、李瑛、张铎、刘丽微、胡书元、梁晓兰、葛亚梅、牛晓、郝琼、杨阳、余丹、王闪闪、刘亚蒙在本书翻译过程中给予的支持和帮助。

衷心感谢东北财经大学出版社编辑刘佳在本书编辑中给予的指导和帮助。

译者
2013 年 6 月